TUDO É CONSTRUÍDO!
TUDO É REVOGÁVEL!
A teoria construcionista crítica nas ciências humanas

EDITORA AFILIADA

Dados Internacionais de Catalogação na Publicação (CIP)
(Câmara Brasileira do Livro, SP, Brasil)

DeSousa Filho, Alipio
　　Tudo é construido! tudo é revogável! : a teoria construcionista crítica nas ciências humanas / Alipio DeSousa Filho. — São Paulo : Cortez, 2017.

　　Bibliografia
　　ISBN: 978-85-249-2526-9

　　1. Construcionismo crítico 2. Ideologia 3. Sociologia - Filosofia I. Título.

17-03726　　　　　　　　　　　　　　　　　　　　　　　　CDD-301

Índices para catálogo sistemático:

1. Sociologia　301

Alipio DeSousa Filho

TUDO É CONSTRUÍDO! TUDO É REVOGÁVEL!
A teoria construcionista crítica nas ciências humanas

TUDO É CONSTRUÍDO! TUDO É REVOGÁVEL!
A teoria construcionista crítica nas ciências humanas
Alipio DeSousa Filho

Capa: de Sign Arte Visual sobre foto "Ruínas das termas do imperador Antonino" (Cartago – Tunísia), cedida pelo autor.
Preparação de originais: Ana Paula Luccisano
Revisão: Maria de Lourdes de Almeida
Composição: Linea Editora Ltda.
Coordenação editorial: Danilo A. Q. Morales

Nenhuma parte desta obra pode ser reproduzida ou duplicada
sem autorização expressa do autor e do editor.

© 2017 by Alipio DeSousa Filho

Direitos para esta edição
CORTEZ EDITORA
Rua Monte Alegre, 1074 – Perdizes
05014-001 – São Paulo – SP
Tels. (55 11) 3864-0111 / 3611-9616
cortez@cortezeditora.com.br
www.cortezeditora.com.br

Impresso no Brasil — maio de 2017

*A Mauricio, meu companheiro,
que me inspira e alegra-me a vida!*

Sumário

INTRODUÇÃO 9

1. TUDO É CONSTRUÍDO... TUDO É REVOGÁVEL! 19
A teoria construcionista crítica e o seu desconstrucionismo........... 20
De qual construção se trata aqui?.. 32
Crítica ao essencialismo e ao substancialismo 43
Realidade e Real (I)... 52
A realidade é revogável... 73

2. A CONSTRUÇÃO DA REALIDADE SOCIAL........................ 77
O arbitrário social: a realidade social é uma construção,
  uma convenção 78
Realidade e real (II): a realidade é faltosa.. 111

3. A CONSTITUIÇÃO HISTÓRICO-SOCIAL DO SER HUMANO 113
Não há ser humano *in natura*: o humano é o ser da
  linguagem humana 114
Socialização, subjetivação, subjetividade 158
Ação humana, "agência" 170
O retorno da ideologia da "natureza humana" no discurso
  científico contemporâneo: a biologização do social à outrance .. 175

4. A IDEOLOGIA, O DISCURSO IDEOLÓGICO E DE PODER E
   SUA DESCONSTRUÇÃO 239
   Que é ideologia? O discurso ideológico e seus efeitos de poder 240
   Marx e Engels: a ideologia é a inversão do caráter sócio-histórico
      da realidade social 247
   A conceituação pós-marxista de ideologia 254
   A *matrix* da ideologia: o imaginário e o simbólico 268
   Ideologia e "sociedades primitivas" 283
   Ideologia, representações sociais e discurso 295
   Ideologia, indivíduo e sujeito: socialização, subjetivação,
      produção de sujeitos. O indivíduo, a psique e a subjetividade .. 308
   Ideologia, poder, sujeição e dominação 313
   Ideologia, classe social e Estado 323
   Crítica à ideologia: a desconstrução do discurso ideológico 335

5. DESIDEOLOGIZAÇÃO, DESSUBJETIVAÇÃO, SUBJETIVAÇÃO
   CRÍTICA E DESSUJEIÇÃO 341
   Uma teoria desideologizante: desideologização de si e da
      realidade, desalienação 342
   Desideologização e cuidado de si: dessubjetivação, subjetivação
      crítica e dessujeição 358

O PÔR DO SOL EM MARTE É AZUL... 381

REFERÊNCIAS 387

Introdução

*A teoria só deveria surgir quando a ciência
tivesse já sido levada bastante longe.*
Émile Durkheim

A ciência que hesita esquecer seus fundadores está perdida.
Whitehead

Para o espírito científico, todo conhecimento é resposta a uma pergunta. Se não há pergunta, não pode haver conhecimento científico. Nada é evidente. Nada é gratuito. Tudo é construído.
Gaston Bachelard

*A característica parcial de um texto pode
justamente ser a condição da radicalidade de sua visão.*
Judith Butler

"Livros sempre falam de outros livros", disse Umberto Eco. Neste meu trabalho, falarei de vários outros. Farei aparecer diversos autores e seus livros e textos nos quais busquei inspiração, suporte, fundamentação e outros que tomei como objeto de crítica, discordância, refutação. Outros trabalhos e livros com os quais, apresentando suas ideias, construo meus argumentos, construo minhas ideias. Ao dizer que *"durante o tempo de uma leitura, eu vivo na pele de um outro"*, Simone de Beauvoir resumiu o sentimento também de quem escreve, pois, como escrever requer que se leia, cite, aceite ou refute outros que já escreveram antes, quando se escreve, vive-se também na pele de muitos outros. Por sua vez, John Gagnon escreveu assim: *"nenhum escritor jamais foi o primeiro, embora confundir-se com Deus seja uma tentação dos autores, e nenhum escreve sozinho, apesar de talvez muitos se sentirem solitários ao escrever. A parceria em qualquer texto compõe-se de coautores visíveis e invisíveis"*[1].

Mas, como não se escreve sem propósitos, o meu — minha tese central —, neste trabalho, exigiu de mim buscar demonstrar como outros tantos livros, textos e autores construíram, conjunta ou separadamente, participam e comungam de uma perspectiva teórica que chamei de uma *teoria construcionista crítica*. É possível que meu texto e argumentos sejam vistos, por alguns, como uma "mistura" de pensamentos e autores, uma vez que não me sirvo do cardápio das "distinções" e "oposições" produzidas no sestro acadêmico — que Edgar Morin denunciou como a prática das *"disjunções"* teóricas, produtoras de ciências mutiladas e monoteísmos intelectuais[2] — das "separações" de autores, correntes de pensamentos e disciplinas. Todo o meu texto e as reflexões que construí se baseiam na ideia que há muito mais aspectos comuns de análise entre os autores que fiz dialogar que forçadas diferenças e "divergências" entre eles; mas, claro, é preciso buscar os diálogos para que seja possível sair do sestro das separações, pois, do contrário, permanece-se imóvel na certeza de sua impossibilidade — inação antes de qualquer ação. Nas Universidades,

---

1. GAGNON, John. *Uma interpretação do desejo*: ensaios sobre o estudo da sexualidade. Rio de Janeiro: Garamond, 2006, p. 9.

2. MORIN, Edgar. *Para sair do século XX*. Rio de Janeiro: Nova Fronteira, 1986, p. 115, 125, 127.

por toda parte, esse sestro produz não apenas problemas sérios de interpretação e uso dos autores e pensamentos; produz também rivalidades e intrigas entre colegas... E produz doenças sérias do espírito: narcisismos patológicos, vaidades feridas, tentativas de destruição do outro, não raro o que faz que se ponha em prática uma verdadeira máquina de assassinatos (simbólicos) anônimos...

Diferentemente, neste meu trabalho, trarei à luz sentenças, afirmações, proposições e reflexões de autores para mostrar como eles pensaram certas mesmas coisas e andaram pelos mesmos caminhos do pensamento, mesmo, muitas vezes, e em diversas ocasiões de suas obras, dizendo-se afastados de análises que apresentaram como sendo estranhas ao seu próprio pensamento. Busquei relacionar diversos autores, suas ideias, sempre de maneira a demonstrar a pertinência de suas análises e teorias para a constituição de uma teoria construcionista crítica. Espero ter conseguido êxito em meu propósito. O que é central será provar que todos convergem para um entendimento da realidade que parte de premissas comuns, e, de maneira também similar, mas cada um a seu modo, engajando-se na constituição de um conhecimento comum no campo das ciências humanas. Conservo a concepção de Pierre Bourdieu quando escreveu contra o que chamou *"monoteísmo metodológico"*: esse monoteísmo com constância *"dá à arrogância da ignorância a aparência de um fundamento metodológico: a mais elementar sociologia da sociologia ensina que, frequentemente, as condenações metodológicas são uma maneira de tornar a necessidade em virtude, de fingir que se ignora (no sentido ativo) o que, muito simplesmente, se ignora"*[3].

E aproveito a ocasião para também citar o sociólogo Anthony Giddens ao dizer que: *"isso poderá parecer a alguns um ecletismo inaceitável, mas eu nunca consegui temer esse tipo de objeção. Existe um inegável conforto em trabalhar dentro de tradições estabelecidas de pensamento — sobretudo, talvez, em face da grande diversidade de abordagens com que se defronta correntemente quem está fora de uma tradição qualquer. O conforto de pontos de vista estabelecidos pode, entretanto, servir facilmente de cobertura para a preguiça intelectual"*[4].

---

3. BOURDIEU, Pierre. *Poder simbólico*. Lisboa: Difel/Rio de Janeiro: Bertrand Brasil, 1989, p. 25.
4. GIDDENS, Anthony. *A constituição da sociedade*. São Paulo: Martins Fontes, 2003, p. XXIV.

Neste meu trabalho, procuro tornar consistente uma ideia: nas ciências humanas e certas filosofias, pelas análises e reflexões de diferentes pesquisadores e pensadores, constituiu-se uma *teoria construcionista crítica* cujo alcance a tornou verdadeiro *fundamento geral* de nossas análises e interpretações da realidade social. Mas o que não quer dizer que esses mesmos pesquisadores e pensadores não tenham diferenças entre si ou que não seja necessário afastar ou "esquecer" certos aspectos parciais de seus pensamentos que poderiam ser utilizados para, finalmente, ser "demonstrado" que "não se torna possível misturá-los"... Ora, não busquei as divergências e dissensões, mas as similitudes, as convergências e sentidos profundos comuns.

Poderia aqui fazer como Malinowski, quando, escrevendo o livro *Uma teoria científica da cultura*, lembrou que *"o funcionalismo como método é tão velho quanto os primeiros movimentos de interesse pelas culturas"*, acrescentando: *"qualquer pequena contribuição que eu possa ter feito consiste em ter escrito ou colocado o rótulo de funcionalismo num corpo existente de doutrina, método e interesse, e, mesmo ao fazer isso, referi-me em meu artigo inicial sobre o assunto a não menos de vinte e sete precursores"*[5].

Direi igual: uma teorização construcionista crítica, como concepção da realidade social, é tão velha quanto os primeiros estudos das culturas realizados por antropólogos e sociólogos; já a encontramos nas primeiras pesquisas e tendências teóricas desenvolvidas entre o final do século XIX e início do século XX. "Qualquer pequena contribuição" que poderá resultar deste meu trabalho será por haver buscado demonstrar que *temos uma teoria forte de fundamento das ciências humanas*, em ação desde os nossos fundadores e até nossos dias, cuja hipótese central é o caráter *construído* de toda realidade, e por haver sugerido chamá-la *teoria construcionista crítica*.

Desejo que este trabalho seja útil a estudos acadêmicos. Ele contém um certo número de questões que são, sem dúvida, enfrentamentos teóricos de problemas comuns aos estudiosos do pensamento abstrato e teórico.

---

5. MALINOWSKI, Bronislaw. *Uma teoria científica da cultura*. Rio de Janeiro: Zahar Editores, 1962, p. 143.

Espero que ele seja útil a estudantes e professores de diversas áreas, como espero seja útil àqueles que trabalham nas ciências humanas.

Mas escrevi este trabalho com o desejo de que ele possa ser lido também por um público mais amplo, não necessariamente do meio acadêmico. Limpei o texto — o mais que esteve ao meu alcance fazer — de academicismos e mesmo de certas concessões ao gosto do debate acadêmico-universitário. Já se escreveu muitos textos demasiadamente acadêmicos, que não se tornaram úteis senão para um pequeno número de iniciados. Como professor universitário, não gostaria de escrever textos para o interesse apenas de "convertidos". Escrevi-o com o desejo que possa ser lido por um número sempre maior de pessoas, que tenha algum repertório de leitura, embora tenha consciência que ele pode conter algum grau de complexidade e dificuldade.

Tenho o sentimento que a Universidade precisa ir para as ruas. Assim, decidi fazer um texto que muitos possam ler e ver algum sentido para suas vidas. Já disse, em outro de meus textos, que se o conhecimento não serve para pensar e melhorar a vida humana não serve para mais nada de importante. Escrevi-o com esse propósito. O que, creio, uma teoria construcionista crítica oferece como reflexão teórica é, principalmente, uma visão crítica da realidade que torna possível àqueles que assim decidam pensar e, se deliberarem, agir por formas de viver que não se imponham como únicas, universais e inevitáveis, mas como construções que resultem (ou que já sejam resultado) de consensos ético-morais favoráveis à diversidade de seres, desejos, subjetividades e singularidades, sem que, no entanto, exista espaço para qualquer tirania, seja em nome do universal, seja em nome do singular.

Este meu trabalho, então, traz uma tese sobre assunto específico do campo intelectual-científico. Mas, não me restringindo apenas a isso, elaboro também uma reflexão sobre o assunto de uma perspectiva ético-política que, no último capítulo, identifico como um desdobramento da teoria construcionista crítica. Uma ética política que identifico como engajada no questionamento às formas instituídas do social, aceitas e celebradas como únicas e necessárias, ao mesmo tempo em que anuncia as possibilidades (ou potências) do ser dos indivíduos que podem fazê-los ser diferentes, outros, e esses também podendo ser artesãos de outras realidades, mundos, sistemas, sociedades.

Alguém já disse que o trabalho teórico é o espaço para especulações. Uma das especulações que faço hoje, e a trouxe para este trabalho, como se poderá ler no terceiro capítulo, é que, se as ciências humanas e filosofias não enfrentarem a onda avassaladora dos discursos de biologização do social e da extrapolação abusiva dos estudos do biológico a domínios sobre os quais não podem dizer nada, a curto prazo poderemos assistir a uma humilhante derrota das ciências humanas e múltiplas filosofias críticas.

Mas, minha crítica ao que enxergo como uma forte tendência atual em discursos científicos de atribuir-se à biologia a causalidade de fenômenos e práticas sociais e culturais humanas, de longa data atestados como "sociais" pela antropologia e pela sociologia, não é, de minha parte, uma negação da importância dos estudos do biológico, nem dos estudos avançados no campo das ciências médicas, da genética, biologia molecular, neurociência etc. Esses são campos específicos da ciência cuja importância é inquestionável, todos os dias anunciando resultados importantes para o conhecimento do funcionamento do organismo humano, de doenças humanas, suas curas ou alívios. Alguns desses estudos enfrentando, também como as ciências humanas, a fúria de correntes religiosas fundamentalistas, algumas delas decididas a ver em qualquer estudo científico uma ameaça às suas crenças sem fundamento.

Entretanto, aquilo que o entendimento construcionista crítico pretende – e desde os primeiros assinalamentos da antropologia e da sociologia – é trazer a compreensão da primazia do cultural/do social por sobre o biológico humano, mas sem o custo de nenhuma dicotomia. A abordagem do assunto da hominização, da constituição do ser humano como humano, no longo curso da evolução da espécie, já se tornou suficiente para que uma visão construcionista crítica escapasse às armadilhas da dicotomização. É o que procuro explicar no terceiro capítulo, no qual o assunto é tratado.

Um construcionista crítico não rivaliza com biólogos, neurocientistas ou médicos se esses não insistem com extrapolações biologizantes abusivas, que procuram eclipsar o social quando se trata de compreender ações e modos de ser humanos que nada devem ao biológico. Se há aqueles modos e ações que são devidos à natureza biológica do ser humano, há tantas outras práticas, manifestações, maneiras de existir e instituições que o biológico não é nenhuma causa fundante. Os sociólogos, antropólogos, psicólogos, historiadores e filósofos sabem bem distinguir os *"fatos sociais"*, seguindo a velha lição de Émile Durkheim, para quem *"um fato social só pode ser explicado por outro fato social"*[6], ou como também assinalou: *"é portanto necessário ir até a natureza da própria sociedade para se encontrar a explicação da vida social"*[7]. A possibilidade de termos uma medicina personalizada, em que pessoas (não certamente todas!, enquanto perdurarem as profundas desigualdades sociais nas nossas sociedades) poderão ter seu genoma inteiro sequenciado, se é sonho de alguns para antecipar o conhecimento de suas "heranças genéticas", não será, com certeza, útil a identificar tendências a práticas sociais e escolhas morais dessas mesmas pessoas na vida em sociedade. Aliás, nesse domínio, são os próprios pesquisadores da área que dizem: a composição genética (do ponto de vista estrito do ser biológico humano) aponta, em geral, probabilidades, não certezas.

Meu trabalho comporta uma discussão que, certamente, tem relações com temas e discussões realizadas por autores que não serão por mim mencionados. Outros que optamos por fazer apenas breves referências, mas que poderiam ser mais profundamente aproveitados. Nada disso me escapa, mas dei um limite a minha tarefa. Deixo ao leitor a curiosidade de procurar o que mais interessar na leitura, para fazer seus aprofundamentos, cotejamentos e críticas. Como a realidade, o conhecimento também é faltoso. Não tenho a pretensão de "tudo" dizer. É do pensamento totalitário e do discurso ideológico tentarem fazer que se creia que "dizem tudo", que são, como escreveu Slavoj Zizek, uma "verdade-toda"[8]; no quarto capítulo, abordarei demoradamente o assunto da ideologia e do discurso ideológico.

---

6. DURKHEIM, Émile. *As regras do método sociológico*. São Paulo: Abril Cultural, 1978 (Os Pensadores), p. 161.

7. Ibidem, p. 138.

8. ZIZEK, Slavoj. O espectro da ideologia. In: ZIZEK, Slavoj (Org.). *O mapa da ideologia*. Rio de Janeiro: Contraponto, 1996, p. 26.

Este trabalho foi escrito ao longo dos últimos dois anos, mas seu tema central e seus assuntos foram pensados ao longo do meu ensino nos cursos de graduação e pós-graduação em Ciências Sociais e Filosofia na UFRN. O que exponho aqui foi sempre, de alguma maneira, apresentado e discutido com estudantes, em diversos momentos de sala de aula, e a eles agradeço as oportunidades de discussões e reflexões. Também tive a possibilidade e o prazer de discutir algumas ideias deste trabalho, em conversas quase diárias, com colegas, amigos, ex-alunos que são agora também professores de universidades, pesquisadores, e com jovens estudantes da graduação e da pós-graduação, com quem tenho a alegria de compartilhar análises, reflexões. Pela colaboração que representam essas conversas e pelo carinho com o qual se relacionam comigo, verdadeiro apoio, quero expressar meus agradecimentos a Alyson Thiago Freire, Carlos Eduardo Freitas, Andressa Morais, David Loyola Rego, Andrea Aguiar Vasconcelos, Leonardo França Antunes, Kelvis Nascimento, Fernando Joaquim Silva Junior e Leonardo Domingos Braga Silva. Igualmente, muito grato sou ao sociólogo Augusto Cesar Francisco, que me brindou sugestões e estímulos, ele que é um colaborador entusiasta deste meu trabalho. Agradecimentos também tenho a fazer ao psicólogo Robson Henrique Almeida Batista, pelas sugestões e conversas, sempre animadas e cortadas por muitas risadas. Durante o tempo em que escrevi, e para além, contei também com os estímulos de três queridas amigas, Cláudia Formiga, a quem sou grato pelas discussões e sugestões, Laeticia Jalil e Gisele Amaral, a quem também agradeço a associação nas reflexões. E contei com a especial atenção e apoio de Leda Teles, amante dos livros e das artes, a quem tenho como um testemunho da amizade. Por fim, registro aqui o primeiro de todos os estímulos que recebi para escrever este trabalho, que veio de conversa com Maria Lourdes Medeiros, minha aluna na UFRN — querida aluna! — ao comentar texto que publiquei logo depois, cujas ideias são a base deste agora. Ela que fez a escolha de se refugiar num mosteiro beneditino, para uma vida de silêncio e orações, alheia ao barulho do mundo aqui fora, e que me arrisco compreender como decisão nascida de uma experiência de interioridade subjetiva profunda, mas talvez não menos movida pela aflição, acompanhada de alguma resignação esclarecida, frente às diversas construções humanas, sociais e políticas, que, por também nossas escolhas, duram demasiadamente, impondo injustiças, sentimentos de opressão e sofrimentos a tantos e tantas nas nossas sociedades. Ela que, numa decisão que poderia ser considerada, sem nenhum desdém, "egoísta", e com alguma desesperança, escolheu se demitir de qualquer participação nos nossos rituais cotidianos de preservação dessa duração do mundo.

Mas, não obstante algumas ocasiões de desesperança ou ceticismo, possibilidades existem, pois, como escreveu o filósofo Giorgio Agamben: *"o fato de onde todo discurso sobre a ética deve partir é que não existe nenhuma essência, nenhuma vocação histórica ou espiritual, nenhum destino biológico que o homem deve conquistar ou realizar. Essa é a única razão pela qual qualquer coisa como uma ética poder existir: porque é claro que se o homem fosse ou devesse ser tal ou tal substância, tal ou tal destino, não haveria nenhuma experiência ética possível — não haveria senão deveres a cumprir. [...] O homem, com efeito, é e deve ser algo, mas esse algo não é uma essência, nem mesmo propriamente uma coisa: é o simples fato de sua própria existência como possibilidade ou potência"*[9].

Ainda que, de início, não tenha sido escrito com este objetivo, apresentei este trabalho, sem alterações, como tese para a minha progressão para professor Titular de Teoria Sociológica. Aos membros da Comissão Especial de Avaliação, os professores Peter Fry (UFRJ), Luiz Fernando Dias Duarte (UFRJ), Bárbara Freitag (UnB) e Ceiça Almeida (UFRN), meus agradecimentos pelos comentários por ocasião da apresentação.

---

9. AGAMBEN, Giorgio. *La communauté qui vient*: théorie de la singularité quelconque. Paris: La Librairie du XXIe Siècle/Seuil, 1990, p. 47, 48.

1

Tudo é construído... Tudo é revogável!

Ser radical é agarrar as coisas pela raiz.
Mas, para o homem, a raiz é o próprio homem.
Karl Marx

A ação é possível porque o real não está certamente determinado
de todo, mas também porque nenhum sistema de representação
é totalmente fechado sobre si próprio.
Françoise Héritier

O fenômeno que examinarei é muito difundido e muito óbvio, e
seria impossível que outros não o tenham percebido, ao menos
ocasionalmente. Todavia, não tenho visto que se tenha prestado
atenção de uma maneira específica.
John Austin

A teoria construcionista crítica e o seu desconstrucionismo

O assunto deste trabalho envolve a temática da realidade em geral ou ainda a da realidade como problema teórico-filosófico-científico, mas não é esse objeto, tão importante quanto abstrato, que é seu tema central. O seu propósito é mais específico, pois se determina a discorrer sobre fenômenos que, em conjunto, chamamos *realidade social*, e suas teorizações consequentes.

As reflexões que desenvolverei têm como objetivo apresentar os pressupostos, postulados e as principais ideias de uma compreensão teórica da realidade em ciências humanas, e suas implicações epistemológicas, metodológicas, ético-morais e políticas. É fato que se trata de um modo de compreender a realidade que não é dos mais amplificados pelas mídias, ou quase nunca. Essas dão preferência aos pensamentos que concorrem para a naturalização e justificação da realidade existente, evitando toda problematização crítica.

Como resultado da aplicação contínua — dos fundadores aos autores contemporâneos — do entendimento segundo o qual a propriedade fundamental de toda realidade humano-social é seu caráter de *coisa construída*, um vasto conjunto de estudos e reflexões convergiu para uma *teoria geral da construção social da realidade*[10], no que se fundou o que chamarei *uma*

---

10. Se essa é uma perspectiva que começa com clássicos e fundadores das ciências humanas no século XIX, para sociólogos e antropólogos contemporâneos, uma obra seminal dessa abordagem pode ser apontada no estudo de Peter Berger e Thomas Luckmann, publicado pela primeira vez em 1966, sob o título *A construção social da realidade*. Uma *socioantropologia construcionista* é o que vemos sair das páginas desse livro, sem dúvida um bom começo para todo aquele que pretenda se iniciar numa teoria da construção social da realidade. Sem mencionar a obra de Berger e Luckmann, a antropóloga estadunidense e professora da Universidade de Columbia Carole Vance, num artigo de 1988, mencionou a existência do que chamou uma "teoria da construção social" e arrolou as "correntes" que enxergava como sendo aquelas às quais a teoria da construção social teria "recorrido" no curso de sua constituição: interacionismo social, teoria do desvio, teoria dos rótulos, história social, história marxista, estudos transculturais de sexualidade e gênero, antropologia simbólica. Todavia, no mesmo texto, a autora passa a nomear a teoria da construção social de "construtivista" e a seus aplicadores de "construtivistas"; ver em VANCE, Carole. A antropologia redescobre a sexualidade: um comentário teórico. *Physis* [online]. 1995, v. 5, n.1, p.7-32.

vocação construcionista crítica no âmbito das ciências humanas. No estudo dos modos de agir e pensar humanos, padrões culturais incorporados, práticas sociais, modos de produção econômicos, poderes, formas políticas e da realidade social em geral, a compreensão que se firmou é que se trata, em todos os casos, de *realidades construídas*, artefatos inteiramente humanos, invenções culturais, sociais e históricas, convenções sociais. E é essa tese central, de largo emprego em diversos estudos, que, dos autores fundadores aos contemporâneos, constitui uma *teoria de fundamento das ciências humanas*.

Se já está aí há algum tempo, a confiança na hipótese da realidade como *constructo* humano, histórico e cultural fez, ao que parece, que, mais recentemente, viesse a ser, cada vez mais forte, a consciência do caráter *construcionista* de nossas análises em ciências humanas. Desde 1980, numa espécie de autocompreensão de suas próprias práticas de pesquisa e reflexão ou identificação da perspectiva recorrente nos diversos estudos, diferentes autores passaram a empregar os termos *construcionismo social*[11], *teoria construcionista*[12], *perspectiva construcionista*[13], *construcionismo crítico*[14] ou simplesmente *construcionismo*[15] para nomear suas próprias teorizações ou

---

11. GERGEN, Kenneth. *Le constructionisme social*: une introduction. Paris: Delachaux et Niestlé, 2001; PAPERT, Seymour. *A máquina das crianças*: repensando a escola na era da informática. Porto Alegre: Artes Médicas, 1994; HARAWAY, Donna. Gênero para um dicionário marxista: a política sexual de uma palavra. *Cadernos Pagu*, Campinas, n. 22, p. 201-246, 2004; WEEKS, Jeffrey. O corpo e a sexualidade. In: LOURO, Guacira (Org.). *O corpo educado*. Belo Horizonte: Autêntica, 2000; NICHOLSON, Linda. Interpretando o gênero. *Revista de Estudos Feministas*, Florianópolis, v. 8, n. 2, p. 8-41, 2000; NOGUEIRA, Conceição. *Um novo olhar sobre as relações sociais de gênero*: feminismo e perspectivas críticas na psicologia social. Lisboa: Fundação Calouste Gulbenkian, 2000.

12. HALPERIN, David. *San Foucault*: para uma hagiografia gay. Buenos Aires: Ediciones Literales, 2007.

13. PENEDO, Susana López. *El laberinto queer*. Barcelona/Madrid: Egales Editorial, 2008, p. 41,75.

14. HEINER, Robert. *Social problems*: an introduction to critical constructionism. Nova York: Oxford Universty Press, 2006.

15. ERIBON, Didier. *Réflexions sur la question gay*. Paris: Fayard, 1999. Na literatura nacional em ciências sociais, o uso do termo construcionismo aparece, entre outros exemplos, em HEILBORN, Maria Luiza; BRANDÃO, Elaine R. Introdução. Ciências Sociais e sexualidade. In: HEILBORN, Maria Luiza (Org.). *Sexualidade*. O olhar das ciências sociais. Rio de Janeiro: Zahar, 1999; LOYOLA, Maria Andréa. Sexo e sexualidade na antropologia. In: LOYOLA, Maria Andréa (Org.). *A sexualidade nas ciências humanas*. Rio de Janeiro: UERJ, 1998; DUARTE, Luiz Fernando Dias. A sexualidade nas

a de outros, quando os interpretam, comentam. Entretanto, se, a partir de então, essa é uma ocorrência frequente, outros autores existem que empregam os termos *construtivismo, perspectiva construtivista* ou *paradigma construtivista* para nomear suas análises ou aquelas que são objeto de suas observações e críticas, como se não lhes ocorresse fazer uso de outro termo.[16]

De minha parte, advogo a importância de validar o que fazemos em nossos estudos, em ciências humanas, como *construcionismo, perspectiva construcionista*, mantendo o sentido forme do termo *construção*, com o qual temos marcado nossas abordagens, dado título a uma imensidão de textos, empregando-o em nossas análises como nosso genuíno *more geométrico*. Assim, proponho chamar *teoria construcionista crítica* ao conjunto de análises, ideias, pressupostos e postulados, produzidos, sistematizados e

---

ciências sociais: leitura crítica das convenções. In: PISCITELLI, Adriana; GREGORI, Maria Filomena; CARRARA, Sérgio (Org.). *Sexualidade e saberes*: convenções e fronteiras. Rio de Janeiro: Garamond, 2004.

16. Entre outros exemplos, VANCE, Carole. A antropologia redescobre a sexualidade: um comentário teórico. *Physis* [online]. 1995, v. 5, n. 1, p.7-32. Disponível em: http://dx.doi.org/10.1590/S0103-73311995000100001; ver, igualmente da mesma autora, Social construction theory: problems in the history of sexuality. In: NARDI, P.; SCHNEIDER B., *Social perspectives in lesbian and gay studies*. London/New York: Routledge, 1998. Disponível em: http://www2.warwick.ac.uk/fac/arts/history/students/modules/sexuality_and_the_body/bibliography/carole_vance_social_construction_theory_1989.pdf; BUTLER, Judith. *Ces corps qui comptent*: de la matérialité et des limites discursives du sexe. Paris: Éditions Amstrdam, 2009 [a versão original em inglês é de 1993]; RUBIN, Gayle. Pensando o sexo: notas para uma teoria radical das políticas da sexualidade; tradução de Felipe Fernandes (do original) *Thinking sex: notes for a radical theory of the politics of sexuality*. In: NARDI, P.; SCHNEIDER B. *Social perspectives in lesbian and gay studies*. London/New York: Routledge, 1998 [a tradução brasileira está disponível em: http://www.miriamgrossi.cfh.prof.ufsc.br/pdf/gaylerubin.pdf]; GUASCH, Oscar e VIÑUALES, Olga. Introdución. Sociedad, sexualidad y teoria social: la sexualidad en perspectiva sociológica. In: GUASCH, Oscar e VIÑUALES, Olga (Eds.). *Sexualidades*: diversidad y control social. Barcelona: Ediciones Bellaterra, 2003. p. 9-18; FERRÉ, Joan Vendrell. Del cuerpo sin atributos al sujeto sexual: sobre la construcción social de los "seres sexuales". In: GUASCH, Oscar e VIÑUALES, Olga (Eds.). *Sexualidades*: diversidad y control social. Barcelona: Ediciones Bellaterra, 2003, p. 21-43; TIN, Louis-George. *L'invention de la culture hétérosexuelle*. Paris: Éditions Autrement, 2008, entre tantos outros exemplos que poderia mencionar. Não há dúvida que a abordagem construtivista (e desde Piaget) tem uma perspectiva que pode perfeitamente ser também considerada construcionista, mas, considerando seus pontos de partida e fundamentos, não são a mesma teoria e não chegam às mesmas conclusões quando se trata de pensar a realidade social como construto, construção humana. A esse propósito, remeto o leitor ao trabalho de Marileno Gradesso, *Sobre a reconstrução do significado*: uma análise epistemológica e hermenêutica da prática clínica. São Paulo: Casa do Psicólogo, 2000, e igualmente à leitura de Ernest von Glasersfeld, "An Introduction to Radical Constructivism". Disponível em http://srri.umass.edu/vonGlasersfeld/onlinePapers/html/082.html. Acesso em: 15 jul. 2006.

fundamentados em pesquisas e observações empíricas, a partir do emprego da hipótese da construção social da realidade, por diferentes autores e em diversas áreas das ciências humanas: como disse antes, uma *teoria de fundamento* que age nos pesquisadores e teóricos em suas várias disciplinas e que sustenta suas análises. Como teoria, constitui-se em uma síntese de um vasto campo do conhecimento, permitindo elucidar, interpretar ou explicar fenômenos sociais, culturais e históricos. Tornando-se importante destacar, desde agora, que seu desdobramento principal foi dar origem a um *desconstrucionismo crítico* — filosófico, sociológico e antropológico — como procedimento de análise próprio aos estudos e pesquisas que a tomam por válida.

E, nesse sentido, descarto aqui as críticas já lançadas por teóricos como Carole Vance, em texto mencionado antes, e outros, na literatura internacional e nacional, que a acompanham, para quem o construcionismo seria "insuficiente", pois seria um modelo teórico que apenas destacaria a "influência cultural" na construção da realidade, mas essa como algo que já existiria sempre antes, e modelo que também não consideraria as possibilidades de mudanças. Como buscarei demonstrar, a crítica de Carole Vance pode ser útil se aplicada a certas visões construcionistas que se limitaram a apontar o "acréscimo" da "construção cultural" a realidades de normas sociais, corpos, sexualidades, moral etc., como se tudo isso já estivesse sempre lá... Todavia, essa mesma crítica não se torna válida e aplicável à abordagem construcionista crítica que entende que nada do ser das estruturas e instituições humanas preexiste à sua própria construção; nenhum "antes" ao qual o "cultural" daria apenas sua cor... E abordagem que pretende não apenas destacar que a realidade social é, de alto a baixo, construída, mas, por isso mesmo, que toda ela é igualmente revogável, transformável... Porém, alguns logo se apressaram em reproduzir a crítica de Carole Vance como um ponto de vista final sobre o assunto e passaram a considerar o "construcionismo" (com o qual se depararam e como entenderam...) como uma abordagem "limitada", "superada".

Evidente, não se trata aqui de pensar as ciências humanas como constituindo um todo homogêneo e como se elas, desde sempre, estivessem engajadas em um projeto crítico. Compromissos de várias de suas disciplinas com práticas de poder, normalização e controle social foram denunciados em análises por, entre outros pensadores, Michel Foucault. Filósofo que, aliás, buscou mostrar como as próprias práticas disciplinares foram condição de possibilidade da invenção das ciências humanas no século XIX. Ele que também denunciou a contribuição das ciências humanas na construção da ilusão essencialista e transcendentalista da figura de "o Homem", tendo, ele próprio, engajando-se numa filosofia antimetafísica e antiessencialista, assumido de anunciar o seu *"fim próximo"*: *"ele desaparecerá [...] como, na orla do mar, um rosto de areia"*, tal como fez em seu *As palavras e as coisas*[17], tendo também anunciado a "morte" de outras figurações essencialistas da realidade. De todo modo, ainda isso, a história das ciências humanas não torna possível que essas sejam reduzidas a compromissos com práticas de normalização, sujeição e dominação social, pois sua história é também a do desenvolvimento de perspectivas críticas que as dotaram de concepções sobre a realidade humano-social que se tornam elas próprias as vias de ultrapassagem de toda tentação metafísica, essencialista e idealista nas análises. E, por isso, tornando-se desconstruções de discursos ideológicos e de poder que se sustentam nos idealismos e essencialismos metafísicos.

Meu argumento principal é: construindo-se nas reflexões de um amplo conjunto de autores, não necessariamente identificados como pertencentes a uma única corrente de pensamento, nem concordantes entre si, a perspectiva construcionista pode ser constatada no trabalho de análise teórica de muitos estudiosos nas ciências humanas. Ainda que tenha sido preservada a multiplicidade de nomenclaturas de suas diversas correntes e, claro, que essas se mantenham independentes e distintas em suas conceituações, procedimentos metodológicos, tradições de pesquisa.

Como uma teoria de fundo das ciências humanas, concebo a existência de uma teoria construcionista crítica e seu consequente desconstrucionismo como resultado do trabalho de diferentes pesquisadores e autores — com diferenças entre eles, e alguns que nem mesmo reivindicaram ou reivindicam

---

17. FOUCAULT, Michel. *As palavras e as coisas*: uma arqueologia das ciências humanas. São Paulo: Martins Fontes, 1985, p. 404.

o título de *construcionistas* ou *desconstrucionistas* para si —, e, portanto, como síntese de elaborações teóricas, descobertas e conclusões comuns a estudos realizados pela antropologia, sociologia, história, concepções filosóficas, teorias em linguística, psicologia e psicanálise. Se nas ciências humanas podemos listar um número importante de correntes de pensamento, tais como funcionalismo, estruturalismo, marxismo, racional utilitarismo, interacionismo simbólico, fenomenologia, realismo crítico, teoria crítica, pragmatismo, disposicionalismo, teoria figuracionista, complexidade, entre outras, em todas elas vamos encontrar, em alguma medida e sob alguma forma, *construcionismo crítico* nas análises, abordagens, perspectivas.

Entre vários autores considerados fundadores e clássicos que destacaria como iniciadores de uma disposição construcionista e desconstrucionista crítica, lembrarei Marx, Durkheim, Freud, entre outros, mas adiantando que nem tudo do pensamento que elaboraram é inteiramente construcionista/desconstrucionista, mesmo até certos aspectos de algumas de suas obras podendo ser apontados como francamente não construcionistas. Necessário assinalar ainda que o desenvolvimento e aprofundamento dessa disposição construcionista e desconstrucionista crítica sobre a qual venho discorrendo ganham força com as análises de autores contemporâneos, que, a título de exemplificação, destaco apenas alguns, talvez aqueles que mais li ou aqueles que mais gosto: Norbert Elias, Michel Foucault, Pierre Bourdieu, Cornelius Castoriadis, Maurice Godelier, Clifford Geertz, Jacques Derrida, Françoise Héritier, Elisabeth Badinter, Michel Maffesoli, autores que farei aparecer no decorrer do progresso de minhas reflexões neste trabalho[18].

---

18. Desenvolvimento também importante ocorreu com a entrada em cena, a partir dos anos 1980, dos chamados estudos de gênero, sexualidade, estudos gays, *teoria queer*, estudos culturais e estudos pós-coloniais ou da colonialidade, estes últimos mais recentemente. Nesse caso, um conjunto infinitamente maior de autores pode ser mencionado e, para não deixar de dar alguns exemplos, destaco: Gayle Rubin, Judith Butler, Michael Warner, Jeffrey Weeks, David Halperin, Adrienne Rich, Eve Sedgwick, Jack Halberstam, Didier Eribon, Raquel Osborne, Tod Sloan, entre outros. Alguns deles que citarei ao longo do meu texto. O leitor poderá reclamar a ausência de autores/autoras brasileiros, mas, sem a pretensão de uma pesquisa exaustiva de textos brasileiros, posso dizer que aparecem em alguns deles, em geral, na forma de citações ou menções breves a esses mesmos autores da literatura internacional, repercutindo a produção teórica realizada em outros países. Para apenas alguns exemplos, encontrei o uso de "construcionismo social" em MOTT, Luiz. Antropologia, teoria da sexualidade e direitos humanos dos homossexuais. *Bagoas*: estudos gays — gêneros e sexualidades, Natal, v. 1, n. 1,

Algo importante torna-se necessário dizer neste contexto. Quando falamos de desconstrucionismo crítico, isso pode fazer pensar em Jacques Derrida e o que chamou "desconstrução"[19]. Todavia, os fundamentos de uma teoria construcionista crítica e do desconstrucionismo crítico que lhe é intrínseco são bem anteriores e, como já assinalei, um efeito epistemológico e metodológico consequente da disposição para uma (re)leitura da realidade, que, implicando uma modificação no próprio conceito de realidade, ocupa-se em desconstruir suas significações e desvelar o jogo de suas máquinas e dispositivos de produção de sentidos, ideias, conceitos, verdades, discursos.

Para aqueles atuantes nas ciências humanas que dizem "aplicar o método da desconstrução de Derrida", quando poderiam simplesmente assumir que aplicam uma teoria de fundamento de suas próprias áreas de conhecimento, o que falta definitivamente é admitirem que desconhecem os fundamentos de seu próprio campo científico: sua história, seus fundadores, seus clássicos, suas teorias de fundação, seus desdobramentos, suas aplicações. Mas, é fato, alguns assim procedem por pretender, com

---

jul./dez. 2007, p. 15-25, p. 66,67; o uso de "abordagens construcionistas" em PISCITELLI, Adriana. Interseccionalidades, categorias de articulação e experiências de migrantes brasileiras. *Sociedade e Cultura*, v. 11, n. 2, jul./dez. 2008. p. 263-274, p. 267, 268; o uso de *"paradigma desconstrucionista"* em texto de LAGO, Mara Coelho de Souza; GROSSI, Miriam Pillar; NUERNBERG, Adriano Henrique. Dez anos de estudos de gênero no Doutorado Interdisciplinar em Ciências Humanas da UFSC. In: LAGO, Mara Coelho de Souza; GROSSI, Miriam Pillar; NUERNBERG, Adriano Henrique (Org.). *Estudos in(ter)disciplinados*: gênero, feminismo, sexualidade. Florianópolis: Ed. Mulheres, 2010, p. 11; o uso de "construcionismo social" em FACCHINI, Regina; DANILIAUSKAS, Marcelo; PILON, Ana Cláudia. Políticas sexuais e produção de conhecimento no brasil: situando estudos sobre sexualidade e suas conexões. *Revista de Ciências Sociais*, Fortaleza, v. 44, n. 1, jan./jun., 2013, p. 161-193, p. 184, 187; uso de "teorias construcionistas sociais" e "construcionistas" em FACCHINI, Regina; FRANÇA, Isadora Lins; BRAZ, Camilo. Estudos sobre sexualidade, sociabilidade e mercado: olhares antropológicos contemporâneos. *Cadernos Pagu* (42), jan./jun., 2014:99-140, p. 113; referência a "construcionismo" em DUARTE, Luiz Fernando Dias. A sexualidade nas ciências sociais: leitura crítica das convenções. In: PISCITELLI, Adriana; GREGORI, Maria Filomena; CARRARA, Sérgio (Orgs.). Sexualidade e saberes: convenções e fronteiras. Rio de Janeiro: Garamond, 2004, e em HEILBORN, Maria Luiza; BRANDÃO, Elaine R. Introdução. Ciências Sociais e sexualidade. In: HEILBORN, Maria Luiza (Org.). *Sexualidade. O olhar das ciências sociais*. Rio de Janeiro: Zahar, 1999, e em LOYOLA, Maria Andréa. Sexo e sexualidade na antropologia. In: LOYOLA, Maria Andréa (Org.). *A sexualidade nas ciências humanas*. Rio de Janeiro: UERJ, 1998.

19. DERRIDA, Jacques. *Gramatologia*. São Paulo: Perspectiva, 1973; igualmente, *Espectros de Marx*. Rio de Janeiro: Relume-Dumará, 1994.

a etiqueta da desconstrução derridiana, afastar toda aproximação com o "construcionismo" e seu "desconstrucionismo"...

O conceito de *"desconstrução"* em Derrida *("a de-sedimentação, a desconstrução de todas as significações"*[20]*)* segue a linha de crítica à metafísica tradicional, inaugurada por Heidegger, com sua ideia de *"destruição da história da ontologia"*[21] (que Derrida, por sua vez, chamou de *"onto-teologia metafísica"*[22]), perspectiva antecipada por Marx, Nietzsche e Freud. Em *Ser e tempo*, o termo utilizado por Heidegger é "destruição" (*"caso a questão do ser deva adquirir a transparência de sua própria história, é necessário, então, que se abale a rigidez e o endurecimento de uma tradição petrificada e se removam os entulhos acumulados. Entendemos essa tarefa como **destruição** do acervo da antiga ontologia, legado pela tradição"*[23]), mas, ao que parece, Derrida privilegia o termo "desconstrução" por estar mais próximo da ideia de "de-sedimentação"[24] da linguagem, do texto (desvelamento de seus sedimentos, depósitos), o que permite a análise da "historicidade" heideggeriana do ser de todo "ente" (todo objeto em foco: texto, escritura, discurso, realidade), e, portanto, mais próprio à análise desconstrutiva que a ideia de destruição utilizada pelo próprio Heidegger.

A desconstrução (nunca assumida por Derrida como um "método" nem como uma teoria) é um trabalho crítico do pensamento e uma tarefa que procuram investigar e denunciar os limites de um discurso, um texto, mostrando sua dependência a um trabalho de "escritura", portanto, de sua própria tessitura, construção. O trabalho desconstrutivo torna-se uma estratégia de leitura e interpretação de textos (filosóficos, científicos, literários ou outros), produzindo ou buscando significados ocultos, sob as camadas do texto-objeto, para Derrida, construídos e inscritos na escritura do texto em sua própria "clausura", pois, "não há fora-de-texto"[25]: não há,

---

20. DERRIDA, Jacques. *Gramatologia*. São Paulo: Perspectiva, 1973, p. 13.
21. HEIDEGGER, Martin. *Ser e tempo*. Petrópolis: Vozes, 1988, p. 47 e segs.
22. DERRIDA, Jacques. *Gramatologia*. São Paulo: Perspectiva, 1973, p. 13.
23. HEIDEGGER, Martin. *Ser e tempo*. Petrópolis: Vozes, 1988, p. 51 (grifo do autor).
24. DERRIDA, Jacques. *Gramatologia*. São Paulo: Perspectiva, 1973, p. 13.
25. Ibidem, p. 194.

para-além do texto, "significado transcendental"[26], leitura transcendente. A literatura, a filosofia e a ciência apenas sendo compreensíveis em sistemas para os quais estão cegos.[27]

Derrida, com sua "Gramatologia" ou "ciência da textualidade[28]", torna possível que toda realidade seja vista em seu caráter "textual": a realidade é também trabalho de "escritura". E essa deve ser "lida": as suas noções (verdade, conhecimento, vida, razão etc.) devem ser compreendidas como dependentes de um trabalho de produção, construção, citação, repetição.

Pode-se ver, então, a contribuição da "desconstrução" derridiana, voltada originalmente à análise de textos escritos, se é aplicável à análise do discurso social, discurso ideológico, não foi, todavia, concebida como uma perspectiva sociológica ou método de análise da realidade social, com a anterioridade que podemos constatar em diferentes abordagens nas diversas áreas das ciências humanas. E, se a podemos integrar a uma perspectiva (des)construcionista crítica geral, é porque carrega consigo os pressupostos de uma teoria de fundamento das ciências humanas e filosofias que lhe antecedem ou que lhe são contemporâneas[29].

Neste trabalho, utilizo o termo *crítica* repetidas vezes. Esse é termo central para as reflexões que desenvolvo e para a tese central que sustento. A palavra *crítica* pode se prestar a confusões se for empregada em sentido judicativo, como censura ou depreciação. Mas, do grego *kritikê*, significa

---

26. DERRIDA, Jacques. *Posiciones*. Valencia: Pre-Textos, 1977, p. 28 e segs.

27. Ibid. *Gramatologia*, p. 196; a imagem da "clausura" é repetida pelo autor em inúmeras passagens: "clausura de uma época" (p. 18) "clausura da episteme" (p. 118), "clausura histórica" (p. 118) e, igualmente, em *Posiciones*, p. 43.

28. DERRIDA, Jacques. *Posiciones*. Valencia: Pre-Textos, 1977, p. 43.

29. Como ocorre com o uso do termo construcionismo, a utilização dos termos desconstrucionismo ou desconstrucionista é algo que vem se tornando também comum em escritos nas ciências humanas e filosofias. A título de exemplo, encontramos "relativismo desconstrucionista" ou "pensamento desconstrucionista", embora também use "posições desconstrutivistas", em Tod Sloan, Personalidade e ideologia. In: MOREIRA, Virgínia; SLOAN, Tod. *Personalidade, ideologia e psicopatologia crítica*. São Paulo: Escuta, 2002. Parte I, 17-105, p. 75, 77, 92; também em Slavoj Zizek vamos encontrar o uso de "textos desconstrutivistas", em ZIZEK, Slavoj. *Eles não sabem o que fazem*: o sublime objeto da ideologia. Rio de Janeiro: Jorge Zahar, 1990, p. 151.

discernir, compreender, perceber, escolher e outros sentidos similares. Em filosofia e ciências humanas, *crítica* é todo trabalho do pensamento humano, elaborado em reflexões, meditações, intuições, práticas de conhecimento que tornam possível aclarar a compreensão de fenômenos, seres e objetos do mundo humano ou natural. A crítica é o ato do pensamento (que não se deve unicamente ao uso da inteligência conceitual e científica ou racional) e o resultado desse ato como aclaração da realidade, em diversos aspectos oculta, invisível e ignorada. A crítica é assim um trabalho da reflexão humana que visa desvendar a constituição muitas vezes obscurecida da realidade das coisas, dos seres, do mundo natural ou do mundo humano-social. Nesse último, realidades construídas e institucionalizadas pelas ações humanas: ideias, conceitos, práticas, discursos, instituições, verdades, moralidades etc.

O termo crítica tem também um importante sentido que é aquele de uma atitude, uma tomada de posição face às instituições, aos poderes, realidades políticas e sociais. Face aos sistemas de sociedade e seus aparelhos de controle e ao que esses se tornam em relação à vida dos indivíduos como mecanismos de produção de sujeição, coação, dominação, alienação etc., como indagação, interrogação, questionamento do que esses sistemas mantêm como "a" realidade, legitimada por significados, discursos que a consagram, sancionam.

O filósofo Michel Foucault oferece-nos uma importante contribuição para pensar o que é a crítica. Numa conferência cujo título é "Que é a crítica?"[30], a concebe em termos de uma atitude ou tomada de posição que, podendo ser de contestação, resistência ou denúncia, tem por base a transformação do indivíduo, a partir do momento em que esse põe em questão: 1) modos de conhecimento estabelecidos (quadros epistemológicos, formações e delimitações discursivas, horizontes ontológicos) e 2) a sua própria submissão a obrigações e comandos que lhe são impostos e incorporados (sem exame reflexivo). Os dois procedimentos (ou problematizações) se interligam: fazem efeito um sobre o outro. São práticas da

---

30. FOUCAULT, Michel. Qu'est-ce que la critique? (Critique et Aufklärung). *Bulletin de la société française de philosophie*, Paris, v. 82, 2, p. 35-53. 1990.

crítica. Michel Foucault assim a identifica: um tipo de atitude (a *"atitude crítica"*) representada pelas ações do indivíduo (de *"desconfiar, recusar, limitar, encontrar uma justa medida, transformar, buscar escapar, deslocar"*) de não se deixar governar de uma certa maneira pelas "verdades" e "mecanismos de poder" dos sistemas de sociedades que são os nossos. Como sugere: *"a arte de não ser governado tanto assim"*[31]. E indica que *"a crítica teria essencialmente por função o desassujeitamento"*[32], isto é, investimentos do indivíduo (feito sujeito nas sujeições a que é submetido) para a resistência, suspensão ou ultrapassem de sua "governamentalização" levada a efeito *"por mecanismos de poder que se reclamam de uma verdade"*; a crítica seria *"o movimento pelo qual o sujeito se dá o direito de interrogar a verdade sobre seus efeitos de poder e o poder sobre seus discursos de verdade"*[33].

Numa leitura que faz da conferência de Foucault, a filósofa estadunidense Judith Butler destaca que, entre as contribuições do autor, está a de *"nos pedir que repensemos a crítica como a prática na qual pomos em questão os limites de nossos modos de conhecimentos mais certos"*[34]. E, veremos, nossos modos de existência também. E por quê? Conforme Butler, a crítica (em Foucault) conduziria o indivíduo a uma experiência ético-política que tem a ver com a transformação de si por uma forma de conhecimento estranha àquela com a qual se acostumou e por atos orientados por um desejo que corresponde à questão "como não ser governado?": pensando diferentemente do que sempre pensou (redes epistemológicas, confortos ontológicos, categorias operacionais, formas de conhecimento), o indivíduo passa a estabelecer outra relação com a realidade, a verdade, a lei, e com os comandos que o governam (normas, interdições, proibições, coações)[35]. Pela crítica, ele é conduzido a uma nova relação com sua própria submissão a esse conjunto de códigos e preceitos (inevitáveis na vida social), pois, pelo "exame racional e reflexivo", exame crítico, torna-se possível

---

31. Ibidem, p. 38.
32. Ibidem, p. 39.
33. Ibidem, p. 39.
34. BUTLER, Judith. O que é a crítica? Um ensaio sobre a virtude de Foucault. *Cadernos de Ética e Filosofia Política* (USP), São Paulo, n. 22, 2013, p. 163.
35. Ibidem, p. 165.

ao indivíduo-sujeito tomar consciência da *"ilegitimidade fundamental"*[36] da realidade de um certo quadro de normas, instituições, códigos, leis, em seu caráter arbitrário e convencional, sem fundamentos em si mesmo, e que podem ser postos à prova em sua legitimidade. A crítica, diz Butler, "é aquilo que escancara essa ilegitimidade"[37]. Mas é também a atitude política e ético-moral impulsionada pelo desejo de não se permitir ser governando de um certo modo (*"Este desejo, e o maravilhamento que o segue, consiste na principal força motriz da crítica"*[38]): atitude de resistência aos poderes que articulam toda governamentalização dos indivíduos, pois *"ser governado implica, além de ter um modelo imposto sob a sua existência, receber de antemão os termos dentro dos quais sua existência será ou não possível".*[39]

É, pois, com esses sentidos que utilizo o termo crítica ao longo de minhas reflexões neste trabalho.

Se há um postulado que pode resumir a teoria construcionista crítica e seu procedimento desconstrucionista, esse é a afirmação radical segundo a qual *tudo é construído*: isto é, uma compreensão de toda realidade social como resultado de *construções* (invenções, criações, produções, convenções) que, instituindo-se na temporalidade aberta que chamamos "história" e na variação das culturas e sociedades, toma a forma e o sentido que atribuímos ao que chamamos *realidade*, realidade social. Simultaneamente, e esse é um segundo postulado, por essa sua propriedade/qualidade de construto, a realidade social é inteiramente revogável!

O mundo humano-social, em toda sua diversidade e em todos os seus aspectos, é produto de *construção* humana, cultural e histórica. Uma concepção construcionista crítica da realidade humano-social implica compreendê-la como um resultado da ação dos próprios seres humanos nos seus espaços de viver e nas diferenças culturais e históricas. A realidade social existente (incluindo as dimensões imaginárias, simbólicas e subjetivas) é uma construção que decorre das práticas dos indivíduos, grupos, classes

---

36. Ibidem, p. 167-168.
37. Ibidem, p. 168.
38. Ibidem, p. 168.
39. Ibidem, p. 170.

sociais, instituições etc. em sua contínua atuação nos vários espaços em que se distribuem nas diferentes sociedades e épocas. Esse caráter de *coisa construída* da realidade humano-social — experimentada de diversas formas na vida cotidiana pelos indivíduos: línguas, religiões, leis, normas sociais, valores, moral, sexualidade, ideias, padrões culturais, economias etc. — foi apontado por diversos estudos. Nesses termos, a teoria construcionista crítica constitui um modo de pensar teórico-filosófico-científico que se aplica ao estudo das organizações sociais complexas que são as sociedades e culturas humanas e à compreensão de nossa existência nelas e implica uma radical relativização da realidade.

De qual construção se trata aqui?

Antes de prosseguir, algumas observações tornam-se necessárias para compreensão do uso da palavra *construção* neste texto.

Quando, nas ciências humanas, dizemos que tudo é construído, que a realidade humano-social é inteiramente construída pelos próprios seres humanos, não estamos pensando numa ação humana livre dos constrangimentos sociais, culturais e históricos. Há o que construímos por nossas escolhas, mas há o que nos constrói sem que escolhamos. A ação humana é sempre situacional: há contextos em que se torna possível e outros nos quais pode ou não ocorrer. A construção da realidade é ela própria uma ação a partir de dados disponíveis, a partir, portanto, de certas condições, condicionamentos, situações e contextos e dependente das próprias invenções humanas. Mas, não é demais repetir, *dados* e *condições* que são sempre construções humanas e sociais, que nenhuma definição racional, histórica, política ou cultural consegue eternizá-las ou impedir que possam vir a existir, modificar-se ou desaparecer. O ser humano é sempre criador e criatura de seu próprio fazer, e mesmo os constrangimentos que se lhes impõem ou as rupturas que abrem novas condições são, uns e outros, produtos de sua própria ação.

Igualmente, ao pensarmos a construção do espaço de sociedade, não estamos propondo entender que a realidade se institui num gracioso balé de concordâncias ou num pacífico aparecer de estruturas, que vão se agrupando até formar a ordem social. Sabemos que os sistemas de sociedade humanos são associações de práticas, relações e instituições sociais, acompanhadas de representações simbólicas, inscritas em culturas e em processos históricos e, quase sempre, processos plenos de lutas, conflitos, disputas e interesses divergentes. E com ou sem ações planejadas, sistemas que se determinam a instituir verdades, vontades, poderes, mecanismos de controle etc. Disputas e lutas que podem se determinar a conquistas imediatas ou a travar longas batalhas pela institucionalização de modelos econômicos, padrões culturais, padrões sexuais, conceitos morais, jurídicos, científicos etc. Excetuando-se talvez o caso das sociedades indígenas, tribais ou o das chamadas "sociedades primitivas" (tal como, por certo tempo, a antropologia as nomeou), diferentemente, nos sistemas de sociedade dotados de classes sociais, Estado e poderes os mais diversos, as lutas por hegemonia e controle social são decisivas nos processos de construções e sedimentações de instituições, práticas, dispositivos e conceitos sociais.[40]

A construção da realidade social não é, pois, a história de uma construção harmônica, pacata. Obra de uma história sem indivíduos, sujeitos ou grupos e classes, e sem seus interesses.

As análises desenvolvidas por Marx e Engels, a propósito do que chamaram de *"luta de classes"* na história, trazem fortemente a percepção dos processos de estruturação social como dominados pelos conflitos de interesses, lutas entre posições antagônicas de classes ou grupos. Como disseram: *"a história de todas as sociedades existentes até hoje foi a história das lutas de classes"*[41].

---

40. O que aqui dizemos sobre as sociedades indígenas ou tribais (do passado ou atuais) deve ser relativizado, pois, ainda que "internamente" essas sociedades não sejam divididas por forças que disputam entre si, e mesmo se organizem para evitar toda divisão que ameace a unidade do grupo (como indicou o antropólogo Pierre Clastres, em seu *A sociedade contra o Estado*. Rio de Janeiro: Francisco Alves, 1990), não está fora da história dessas sociedades conflitos e guerras com grupos ou tribos vizinhas ou habitantes de territórios próximos. O que certamente é determinante na construção de suas cosmologias e modos de organização social e política.

41. MARX, Karl; ENGELS, Friedrich. Manifesto do Partido Comunista. In: *Cartas filosóficas e outros escritos*. São Paulo: Editorial Grijalbo, 1977, p. 84.

Lembremo-nos das análises de Nietzsche, que, com sua filosofia da *tocha* e do *martelo*, não poupou palavras para apontar as lutas e violências contidas na institucionalização da realidade. Processo de lutas, disputas, guerras, pela posse de espaços, indivíduos, corpos. Como pensou, tudo proveio de obscuras relações de poder. A construção de toda realidade implica sempre a institucionalização vitoriosa de certo domínio de indivíduos, ideias, normas, práticas, verdades, e que corresponde sempre à derrota e exclusão de outros indivíduos, ideais, práticas. A construção da realidade social não é a história de fundações solenes, graciosas, de inspirações divinas, que se narra nos monumentos e nas memórias bem ajustadas. Ao contrário, é a história das baixezas, dos golpes, dos silêncios impostos, da vilania, da sujeição, da hipocrisia. A cada monumento bem erguido corresponde um silêncio, uma dor, uma subtração. Não é, pois, a história de construções consensuais e harmoniosas, obras do tempo, mas de consensos fabricados, silêncios impostos, violências institucionalizadas, batalhas travadas. Para um vencedor, há sempre um vencido. Há sempre o que ficou de fora, o que caiu na batalha, o que foi silenciado, esses que não aparecem nas solenidades das instituições, nos monumentos das vitórias. Como escreveu em sua *Genealogia da moral*: "*o início de tudo grande na terra foi largamente banhado de sangue*"[42]. Ou: "*o desenvolvimento de uma coisa [...] é a sucessão de processos de subjugamento que nela ocorrem [...] juntamente com as resistências que a cada vez encontram*"[43], ou ainda: "*Quanta realidade teve de ser denegrida e negada, quanta mentira teve de ser santificada, quanta consciência transtornada, quanto "Deus" sacrificado? Para se erigir um santuário, é preciso antes destruir um santuário*"[44].

Em obras mais recentes, são muitos os autores que destacam os antagonismos em confronto e as disputas na construção histórica da realidade. Michel Foucault, possivelmente o pensador contemporâneo que mais radicalizou a hipótese da construção (ou invenção) sócio-histórica da realidade social e política, escreveu diversos trabalhos para demonstrar

---

42. NIETZSCHE, Friedrich. *Genealogia da moral*. São Paulo: Companhia das Letras, 1998, p. 55.
43. Ibidem, p. 66.
44. Ibidem, p. 83.

a formação de certos saberes a partir de relações políticas e de poder na sociedade, as lutas e os processos de disputas presentes no surgimento de instituições, ideias, conceitos, discursos, códigos e normas. Leitor de Nietzsche, mas igualmente de Heidegger, Foucault incorporou em suas genealogias o elemento heideggeriano crucial da *historicidade do ôntico*, isto é, da *presença*, dos entes, das formas de existência do ser de todas as coisas: "*o primado ôntico da questão do ser*"[45]. Suas *histórias* da loucura, sexualidade, clínica médica, prisões, entre outros exemplos, trazem os fatos que lançam no palco da história efetiva os enfrentamentos que subjazem no nascimento de diversas instituições dominantes e vigentes nas nossas sociedades moderno-contemporâneas, que, sem sua *historicidade*, aparecem como "naturais", como encarnações de essências/substâncias que, nos seus "em-si-mesmo", representariam "necessidades", ou como coisas nascidas da tranquilidade de bons sentimentos, ideias e vontades.[46] Foucault inspirou, e inspira até hoje, outros tantos estudos nas ciências humanas que buscam abordar a *historicidade* de instituições, saberes, técnicas e dispositivos que se instalam na realidade de nossas sociedades.

A ideia da construção da realidade como harmoniosa e pacífica, como história sem lutas, disputas, enfrentamentos de poder, sem tentativas de

---

45. Ver HEIDEGGER, Martin. *Ser e tempo*. Petrópolis: Vozes, 1988. Como diz: "*a determinação de historicidade se oferece antes daquilo a que se chama história (acontecimento pertencente à história universal). Historicidade indica a constituição ontológica do "acontecer" próprio da presença como tal. [...] Essa historicidade elementar da presença pode permanecer escondida pra ela mesma, mas pode também ser descoberta e se tornar objeto de um cuidado especial. [...] Se a historicidade fica escondida para a presença e enquanto ela assim permanecer, também se lhe nega a possibilidade de questionar e descobrir factualmente a história. A falta de história fatual não é uma prova contra a historicidade da presença mas uma prova a seu favor, enquanto modo deficiente dessa constituição ontológica.*" (Ibidem, p. 48-49). É ontológico o primado do ente sobre o ser: o primado ôntico da questão do ser. Eis porque o recurso à historicidade é condição para a compreensão do ser, pois "*o ser é sempre o ser de um ente*" (Ibidem, p. 35), em sua manifestação ôntica, em uma (sua) concreção. Não existe o ser-em-si-mesmo, não existe ser (essencial) anterior ao *ser-ente*, ao ente, ao ser-aí; assim Heidegger pensou a filosofia como uma "*ontologia fenomenológica*": uma "*analítica da existencialidade da existência*". (Ibidem, p. 69)

46. Para as obras de Michel Foucault, ver *História da loucura*. São Paulo: Perspectiva, 1978; *Vigiar e punir*: história da violência nas prisões. Petrópolis: Vozes, 1977; *O nascimento da clínica*, Rio de Janeiro: Forense-Universitária, 1980; *História da sexualidade*, Rio de Janeiro: Graal, 1985; ver, igualmente, escritos e entrevistas nos quais estão sempre presentes a arqueologia e a genealogia da invenção sócio-histórica de instituições sociais e dispositivos moderno-contemporâneos, a história da produção e instituição da realidade, quase todos reunidos em FOUCAULT, Michel. *Dits et écrits I e II*. Paris: Gallimard, 2001.

captura de indivíduos para a sujeição e para o controle social, é a *ideia ideológica da história*, a *ideia ideológica da realidade*. O que os estudos construcionistas críticos pretendem mostrar é que a realidade social é um objeto construído em disputas e lutas nas quais se enfrentam forças ou agentes em oposição, nem sempre dispondo do mesmo poder nem das mesmas condições, e nem sempre disputas dentro de "regras" estabelecidas que favoreçam igualmente os agentes. Nos sistemas de sociedades que são os nossos, "regras" que, em geral, sendo "elaboradas" por quem já detém mais poder e mais controle das condições e situações, dão, por antecipação, às forças e agentes que as impõem as possibilidades de seu sucesso. É nesse sentido que análises e teorizações que abusam da noção de "jogo", como presumida categoria para compreensão da vida social, ao suspenderem as desigualdades existentes entre os agentes e forças em luta na sociedade, e reduzindo-a à pueril imagem de um campo de parceiros, com ou sem a intenção de fazê-lo, ofertam uma leitura ideológica da realidade social: legitimação de posições de classe, hierarquias, reificação do *status quo*, mascaramento da sujeição de indivíduos e grupos, tudo como parte de um pretendido "jogo societal"! Algo que, na experiência imediata do cotidiano, podendo fugir à nossa observação, não tem escapado à reflexão teórico-filosófico-científica nos estudos sobre a construção social da realidade: para que algo se institua, tome o lugar do verdadeiro, do normal, do sagrado, alguma outra coisa, representada como o seu contrário, é destituída do social – é *foracluída*[47] – em processos que nada tem de um jogo, nos quais sequer se pode falar de existência de "regras", pois frequentemente dotados de aberta violência, opressão, destruição.

Mas, nas disputas pelo controle social, pela hegemonia ou pelo estabelecimento de dispositivos de poder, em que pese que algumas estruturas e mecanismos possam ser "planejados", torna-se um erro pensar que o fenômeno da emergência de uma sociedade ou cultura segue uma via inteiramente consciente de sua organização ou, como o sociólogo alemão Norbert Elias contestará, que seja *"resultado de um pensamento racional"*[48].

---
47. Noção sobre a qual tratarei mais diretamente no capítulo seguinte.
48. ELIAS, Norbert. *A sociedade dos indivíduos*. Rio de Janeiro: Jorge Zahar, 1994, p. 14.

Construído não quer dizer *conspirado*, intencionalmente premeditado. Em grande medida, as construções sociais e boa parte de seus resultados são involuntárias e inesperadas ou imprevisíveis. Destaco aqui as reflexões do filósofo Cornelius Castoriadis: as origens das sociedades e de suas estruturas e instituições são atos do *"domínio da criação"*[49] histórica humana, nem sempre previstos ou previsíveis, possuindo resultados que nem se buscava nem se garantia, e cujas articulações e relações de seus diversos elementos são, como o autor apontou, de caráter *"sui generis"*, uma realidade *"que desconhecemos e deformamos ao se querer captá-la como pura causação ou puro encadeamento de sentido, como liberdade absoluta ou determinação completa, como racionalidade transparente ou sequência de fatos brutos"*[50].

O mundo humano-social está povoado de instituições que não foram concebidas racionalmente nem de maneira conspiratória, e até mesmo nos surpreendemos como existem tão aplicadas a seus fins. Sistemas de parentesco, línguas, padrões sexuais, esquemas de percepção, sistemas de classificação, costumes e práticas do trabalho, entre outros exemplos, são realidades instituídas que, inculcadas na experiência inicial do indivíduo humano, no mundo particular no qual nasce e é socializado, não são, todavia, realidades que se possa atribuir caráter racional e consciente, plenamente planejados pela mente humana, com propósitos definidos. O que seria correspondente a lhe atribuir fundamentos seguros. Mas o que também não invalida a análise que aponta os efeitos de sujeição e dominação de instituições e mecanismos de controle que emergem na construção social do espaço de sociedade.

Quando insistimos com o caráter de *coisa construída* da realidade social, também não significa pensar a realidade como algo superficial, frágil, modificável ao sabor dos ventos, passível de ser alterada pelo simples desejo dos indivíduos. Embora, como tratarei em capítulo adiante, o desejo individual se torne peça chave de mudanças que cada um queira empreender em sua própria vida e na realidade social, as remodelações e

---

49. CASTORIADIS, Cornelius. *A instituição imaginária da sociedade*. Rio de Janeiro: Paz e Terra, 1982, p. 58 e segs.

50. Ibidem, p. 152.

transformações da realidade não ocorrem sem o seu peso sobre os ombros dos que atuam para modificá-la.

Dizer que a realidade é uma construção não quer dizer que esta seja uma irrealidade, uma fantasia, uma quimera. O construído se institucionaliza, objetiva-se e, como consequência, produz seu regime epistemológico (ideológico) realista de verdade. O instituído se estabelece, passa a existir concretamente e a agir sobre todos, fazendo valer seus imperativos.

A realidade construída perdura, torna-se instituição, estrutura, moldagem, não sendo o caso de pensá-la como de fácil demolição[51]. Aqui, poderia dizer sobre a realidade aquilo que o sociólogo francês Pierre Bourdieu, estudioso do *habitus*, aplica ao assunto: a realidade muda, porém, perdura mais do que muda. O que não é o equivalente a dizer que seja impossível mudar a realidade. O ser humano (individualmente, em classes, grupos etc.), sendo o construtor da realidade, pode igualmente modificá-la, revogá-la, produzir novas construções, realizar novas escolhas. Embora nada disso seja algo do plano da pura vontade individual, mas submetido a circunstâncias, contextos e mesmo às próprias estruturas sociais que já existem e dominam.

Mas não se trata também de fazer da "realidade" algo cujo estatuto é o de uma materialidade inquebrantável. Que sejam destacadas aqui as reflexões da filósofa estadunidense Judith Butler, ao criticar abordagens *construtivistas*[52] que concebem a "construção" como algo finalizado de

---

51. Quando o sociólogo polonês Zygmunt Bauman pensou as formas "líquidas" da realidade, certamente foi no sentido de caracterizá-las como *estados* da realidade em geral ou de setores da realidade na experiência contemporânea, que, como estados ou formas, podem ser tão duráveis como as formas "sólidas". Ao que parece, no pensamento de Bauman, a fluidez das formas líquidas pode ser tão durável e permanente como a solidez das sólidas. Assim, ainda que líquidas, as formas contemporâneas da vida, do amor ou do homem (como quer Bauman) não são, por isso, menos instituídas e institucionalizantes. E certamente é por essa razão que o sociólogo diz que se tornou "a principal metáfora para o estágio presente da era moderna". Se pode ser metáfora de uma época, é porque é capaz de fundar, produzir e constituir a realidade dessa época, o que não se torna possível se não passa por investimentos de inculcação, institucionalização, estruturação, sedimentação etc. Aliás, para desespero do próprio Bauman, que vê na "modernidade líquida" uma ameaça aos ideais e instituições de uma pretendida modernidade cuja realidade teria sido "sólida". Para o assunto ver, BAUMAN, Zygmunt. *Modernidade líquida*. Rio de Janeiro: Zahar, 2001; e, do mesmo autor, *Vida líquida*. Rio de Janeiro: Zahar, 2009.

52. Em seus textos, a autora não fala de *construcionismo*, mas de "construtivismo", "construtivismo linguístico", "construtivismo linguístico radical". Assinalo essa diferença pois a tomo como

uma vez por todas, firmemente estabilizado e estável, tornando-se "*um determinismo*", pois não inclui a ação humana que a modifica, implicando "*a evacuação ou o deslocamento da potência do agir humano*"[53]. Pretendendo, no centro mesmo de sua abordagem, instalar as noções de instabilidade, flexibilidade, falha, fissura etc., que fazem aparecer as "*instabilidades constitutivas das construções*", Butler traz, para a reflexão sobre a construção social da realidade, "*a possibilidade de uma desconstrução*", como algo inerente ao processo mesmo de toda construção[54].

Ora, não resta dúvida que a autora tem toda razão ao lançar suas críticas ao "construtivismo" e, por extensão, podemos dizer, a "construcionismos" que esquecem o caráter revogável de toda realidade pelo seu próprio caráter de coisa construída. Com a ideia de construção do ser humano e de toda realidade social, não se trata de estabelecer um determinismo sociológico do tipo "a sociedade constrói suas instituições e, após essa construção, os indivíduos nada podem fazer, nenhuma variação advirá". Adotar o ponto de vista da força da instituição social não equivale a transformar os indivíduos em meros sujeitos passivos, restando poucas coisas que, em nossas sociedades, nos distinguiriam de autômatos de aspecto humano.

Nos assuntos relativos à compreensão do termo *construção*, cabe ainda abordar dois outros aspectos cruciais que são também objeto das ponderações de grande clareza da filósofa Judith Butler. Discorrendo prioritariamente sobre sexualidade e gênero, mas apresentando reflexões cuja natureza alcança uma teoria da realidade em geral ou uma ontologia

---

importante: a crítica ao que ela chama de "construtivismo linguístico" tem todo o sentido de um afastamento deliberado da análise idealista da realidade por uma filósofa que pratica uma análise materialista no melhor dos seus termos: ela parte verdadeiramente das práticas sociais para a análise dos domínios que fez de seu interesse. E, igualmente, que a faz uma pensadora construcionista crítica e desconstrucionista no sentido com o qual aplico esses termos neste trabalho. Ver, a esse respeito, seus livros BUTLER, Judith. *Problemas de gênero*: feminismo e subversão da identidade. Rio de Janeiro: Civilização Brasileira, 2003; BUTLER, Judith. *Ces corps qui comptent*: de la matérialité et des limites discursives du "sexe". Paris: Éditions Amsterdam, 2009.

53. Butler, Judith. *Ces corps qui comptent*: de la matérialité et des limites discursives du "sexe". Paris: Éditions Amsterdam, 2009, p. 22 (tradução nossa).

54. Ibidem, p. 24 (tradução nossa).

(ou ontogênese) do ser social, a autora critica abordagens que reduzem a realidade a puros fenômenos linguísticos ou discursivos, isto é, à realidade esvaziada da "materialização" que lhe é constitutiva, tornando-a uma mera construção idealista, o que a autora denuncia como um "monismo linguístico" ou "linguisticismo": *"onde tudo é sempre exclusivamente linguagem"*[55]. Sorte de "idealismo linguístico" que nunca se vê encarnado, materializado, a realidade sendo representada como um *"artifício manipulável"*, e a construção linguística *"dotada do poder de criar de maneira determinista"*[56]. Quando a realidade deixa de ser vista em sua força constitutiva, em seu peso e concreção na vida dos indivíduos, em seus corpos, no tempo, na história. Se, na abordagem do gênero sexual, a autora é crítica do entendimento que reduz a "construção cultural" a um "destino invariável", ocasião em que "cultura" torna-se uma verdadeira "segunda natureza", ela, do mesmo modo crítico, recusa toda ideia de construção sem sua materialização consequente.

    E, segundo aspecto, a autora completa sua crítica chamando atenção para o erro de concepções sobre construção da realidade que a entendem como um conjunto de ações que seriam impostas a algo "prévio", "pré-existente" (matéria, objeto, dados primários, natureza, corpo etc.), que funcionaria como uma espécie de anterioridade já dada, com primazia sobre todo o resto, contra a qual a "construção" nada poderia ou poderia muito pouco. Essa seria reduzida ao mero "acréscimo humano" sobre superfícies já dadas, realidades desprovidas de qualquer interferência humana. Entendimento que fracassa em capturar que, em quase tudo que diz respeito ao mundo humano-social, à experiência humana do existir, o "prévio" da realidade é já-também constituído inteiramente nos atos sociais dos seres humanos ao, agindo nela, referindo-se a ela, significando-a, reiterando-a, citando-a, constituem-na nos atos mesmos dos enunciados discursivos e outros atos que a definem, delimitam, embora *"mascarem frequentemente [...] essa delimitação primeira"*.[57] Especialmente para o assunto do "sexo" e do "gênero", Butler ataca as concepções que pretendem

---

55. Ibidem, p. 20.
56. Ibidem, p. 20.
57. Ibidem, p. 26.

que o gênero seja uma construção cultural sobre algo prévio, que seria o "sexo" (e esse erroneamente compreendido como algo biológico, anterior, invariável, definitivo e nunca construído), quando, como decisivamente analisa a autora, é o sexo (ou o que chamamos de) tão construído quanto é o gênero, nas reiterações, repetições e citações sociais que, produzindo um — o gênero —, produzem o outro — o sexo[58].

Evidente, as observações concernentes à ausência de "algo prévio", como presumido substrato anterior sobre o qual os seres humanos atuariam, não são negação daqueles elementos que, compondo a materialidade objetiva do mundo e do próprio organismo humano, são partes constituintes que integram o intercâmbio e a interação do ser humano com o que é exterior e independente da sua vontade. Por assim dizer, as coisas materiais, fenômenos naturais, e, por isso mesmo, coisas e eventos que, não escapando à interação individual ou coletiva, desempenham um papel basilar na vida humana.

Talvez seja mesmo o caso de lembrar que condições climáticas, geográficas, fenômenos físicos, químicos e biológicos ocorrem, em suas causas e relações, independentes da ação e vontade humanas, tornando-se condições a partir das quais os seres humanos atuam condicionados por elas. Não se pode pensar em morar nas regiões glaciais dos polos da Terra sem se proteger do frio (o que requer vestimentas e abrigos apropriados), assim como não se pode imaginar a vida no deserto sem artefatos culturais que protejam do clima altamente seco, do calor, da água escassa e temperaturas que variam entre 40 °C, de dia, e abaixo de zero, à noite. E, é bem certo, a vegetação que o ser humano dispõe na tundra ártica não é a mesma que

---

58. Ibidem, p. 15 e segs. Como arremata em outro de seus textos: *"Se o caráter imutável do sexo é contestável, talvez o próprio construto chamado "sexo" seja tão culturalmente construído quanto o gênero; a rigor, talvez o sexo sempre tenha sido o gênero, de tal forma que a distinção entre sexo e gênero revela-se absolutamente nenhuma. [...] Resulta daí que o gênero não está para a cultura como o sexo para a natureza; ele também é o meio discursivo/cultural pelo qual "a natureza sexuada" ou "um sexo natural" é produzido e estabelecido como "pré-discursivo", anterior à cultura, uma superfície politicamente neutra sobre a qual age a cultura. [...] Essa produção do sexo como pré-discursivo deve ser compreendida como efeito do aparato de construção cultural que designamos por gênero"* [...] *"o gênero não deve ser meramente concebido como a inscrição cultural de significado num sexo previamente dado, [...] tem de designar também o aparato mesmo de produção mediante o qual os próprios sexos são estabelecidos"*. Idem, *Problemas de gênero*: feminismo e subversão da identidade. Rio de Janeiro: Civilização Brasileira, 2003, p. 25-26.

lhe oferecem as florestas tropicais, o que faz que variem enormemente tipos de frutos, sementes, grãos etc. que podem estar disponíveis à alimentação humana. E, variando animais terrestres, aquáticos, aves etc., eis porque os habitantes das diversas regiões do planeta alimentam-se de acordo com o que lhes oferece a natureza ou se torna possível cultivar de acordo com solos, climas, faunas. Do mesmo modo, a contínua vida na floresta torna-se a base para uma dieta e ritmos de trabalho, descanso, sono e vigília que constituem variáveis que gerarão uma fisiologia e um metabolismo dos seus habitantes que não corresponderão aos daqueles que vivem no meio urbano e vice-versa.

Mas, em que pesem os determinantes do meio ambiente, o que aos estudos construcionistas importa destacar é que a atuação humana, nesses espaços geográficos, na interação com esses, é aquela que funda o mundo específico humano, mundo não natural, mundo não existente sem os atos humanos. Atuação capaz de construir alternativas que tornam possível a vida da espécie mesmo nos ambientes aparentemente mais hostis. Interação na qual a ação humana e, portanto, a linguagem humana (ao ocupar-se com a realidade/meio envolvente) é aspecto capital no surgimento daquilo que, em cada ambiente, será reconhecido como *construção humana*: o que nomeamos o *cultural*, *realidade social*; com mais toda a ordem de instituições, estruturas, costumes, relações, práticas e atividades que, seguramente não decorrendo do ambiente natural como tal, são engendrados e sedimentados pela e na linguagem do fazer que é designadamente humano e que se torna a base do mundo humano específico.

Mundo produzido a partir de dados da natureza, circunstâncias e processos que, sendo restritivos, delimitantes ou configurantes, em alguma medida, são, todavia, ao mesmo tempo e eles próprios, contingências, acasos e "vazios", pois serão sempre situações do possível, da invenção, da criação no vácuo da anterioridade da ação humana.

Não há o que seja humano previamente ao humano. Suas "necessidades" não são inerentes a nenhuma natureza que lhe anteceda, são engendradas no processo mesmo no qual o ser humano, produzindo seu mundo, produz a si próprio. E suas instituições não existem porque cumprem funções-funcionais, porque contribuem para o atendimento de fins, possuem eficácia, são de uso cômodo, prático, utilitário. Sorte de truísmo que não permite que se enxergue que *elas existem porque foram criadas, inventadas e instituídas*. E se todas as instituições "funcionam", são úteis a algum propósito, é que se lhes dão propósitos, e elas agem para cumpri-los bem. Isso não lhes dá qualquer fundamento transcendente ou inerente. A ação humana de construir o mundo humano específico se dá, em boa parte de sua atividade, sem qualquer fundamento racional prévio ou transcendental, e sem que os próprios agentes dessa ação possam prever todos os seus efeitos.

Mas, como um pouco antes mencionei o assunto da "análise materialista", é preciso dizer o que está em jogo para não parecer um pouco tolo enfatizar a natureza materialista da análise construcionista crítica. Permanece nas ciências humanas a tentação de um tosco economicismo que somente enxerga como "materialista" e "crítico" o pensamento que sobrecarrega sua análise com o que chama o "elemento econômico" da realidade social, e, para análises que assim não procedam, chamam-nas pejorativamente de "idealistas" ou "culturalistas" e que, por isso, não seriam críticas. Ora, o que torna uma análise materialista não é fazer do econômico a chave de explicação da realidade social, mas considerar as *práticas* dos agentes sociais como fundamento da realidade (em suas diferentes e diversas instâncias, regiões, esferas) e, por via disso, considerar o caráter histórico (epocal, transitório, precário, particular) de toda realidade instituída. É na materialidade dessas práticas que residem os fundamentos da realidade histórica e cultural, sem a análise das quais não se pode compreender como uma cultura ou sociedade chegou a ser o que é em seus traços ou num dado momento histórico. Mais se considere a ação humana na construção da realidade, mais materialista o ponto de vista da análise.

Crítica ao essencialismo e ao substancialismo

Para o sociólogo francês Michel Maffesoli, o *"esquema substancialista que marcou o Ocidente"* tem nas noções moderno-contemporâneas de Ser, Deus, Estado, Instituição, Indivíduo, Identidade, Bem, entre outras, seus avatares: *"substâncias servindo de fundamento a todas as análises dominantes"*[59]. Para o autor, essas noções obedecem e satisfazem ao *"Fantasma do Uno"*[60], fantasmática do Único, que nos persegue culturalmente: um fantasma fundador dos monoteísmos ideológicos, morais e políticos, tanto quanto produzido por esses, que, negando a pluralidade, o politeísmo de valores, a diversidade cultural e histórica do mundo social e do ser humano, construíram os caminhos para autoritarismos assim denunciados: *"os exemplos históricos não faltam, ilustrando que a redução ao Único religioso, ideológico, moral, leva inevitavelmente aos piores totalitarismos"*[61]. O que tem várias expressões: etnocentrismos, racismos, opressões sexuais, fundamentalismos religiosos, despotismos morais, apoiados em ideias ideológicas de "cultura", "tradição cultural", "crença", "fé", "divino", "natureza", "lei", "moral", "humano" etc.

Variando um pouco o autor, diria que o Fantasma do Uno não é apanágio do Ocidente, embora sua história guarde numerosos exemplos. Na cena mundial, não é de hoje que vemos quanto tão fortemente são praticados fundamentalismos morais e religiosos (todos filhos da ideologia do Único como o Verdadeiro, o Divino, o Moral, o Cultural) em culturas orientais ou em sociedades não reconhecidas como fazendo parte do que se convencionou chamar "cultura ocidental". O fanatismo das vertentes extremistas do islamismo, não raro convocando "guerras santas" contra o "Ocidente", as correntes culturais e políticas homofóbicas da África Subsaariana, as violências praticadas contra as mulheres na Índia e em países controlados por regimes mulçumanos extremistas, justificadas como "tradição cultural", a submissão imposta a minorias étnicas, o racismo, o aniquilamento físico, simbólico ou de direitos de homens ou mulheres, em razão de atos de dissidência de qualquer natureza, em diferentes países não "ocidentais", entre outros exemplos, não testemunham a favor de um "não-Ocidente" pluralista, cultivador da diversidade,

---

59. MAFFESOLI, Michel. Homossociabilidade: da identidade às identificações. *Bagoas*: estudos gays — gêneros e sexualidades, Natal, v. 1, n. 1, p. 15-25, jul./dez. 2007, p. 22.

60. MAFFESOLI, Michel. *La transfiguration du politique*. Paris: Éditions Grasset & Fasquelle, 1992, p. 43.

61. Idem. *La part du diable*: précis de subversion postmoderne. Paris: Flammarion, 2002, p. 117 .

reconhecente da pluralidade dos seres humanos, seus desejos, escolhas, modos de vida. Em suma, o discurso ideológico e de poder que apaga a diversidade do mundo, da vida e do ser humano encontra-se espalhado e é praticado para além da divisão "cultura ocidental" e culturas "não ocidentais". Aliás, divisão alimentada por uma visão também essencialista, pois imagina cada uma dessas "bandas" do mundo como essências culturais separadas, homogêneas, como se não estivessem constituídas de práticas sociais e históricas as mais diversificadas, às vezes díspares, mas, ao mesmo tempo, e por certos casos, muito próximas também na similitude de práticas, crenças, instituições e estruturas sociais que sustentam sujeições, opressões, violências[62].

E se para Michel Maffesoli o tempo presente ("pós-moderno"; para ele, tempo de subversões, rebeliões pluralistas, politeístas, subterrâneas e de utopias intersticiais[63]) já fez soar com força as trombetas de sua "*declaração de guerra ao esquema substancialista*"[64], com o que estamos de acordo!, não é menos certo que, nas nossas sociedades, continuam a vigorar as concepções essencialistas/substancialistas de matizes variados, e que continuam

---

62. Fora da dicotomia Ocidente/Oriente, vale lembrar que o antropólogo Pierre Clastres, escrevendo sobre os índios guarani, do Paraguai, revelou existir no pensamento desses indígenas uma "recusa ao Um" ("o Um é o Mal") que "*os levou todos os tempos a procurar um outro espaço, para lá conhecer a felicidade de uma existência curada de sua ferida essencial de uma existência desdobrada sobre um horizonte liberto do Um*"... a busca da "Terra sem mal", "*onde nada do que existe pode ser dito Um*". Traduzindo o mito guarani, assim escreveu: "*O modo de existência do Um é o transitório, o passageiro, o efêmero. [...] Atirado para o lado do corruptível, o Um torna-se signo do Finito. A terra dos homens só encerra em si imperfeição, podridão, feiura: terra feia, o outro nome da terra má. [...] O Um: ancoragem da morte. A morte: destino daquilo que é um. Por que são mortais as coisas que compõem o mundo imperfeito? Porque são finitas, porque são incompletas. Aquilo que é corruptível morre de inacabamento, o Um qualifica o incompleto. [...] O mal é o Um. O Bem não é o múltiplo, mas o dois, ao mesmo tempo o um e o seu outro, o dois que designa verdadeiramente os seres completos*" (CLASTRES, Pierre. A sociedade contra o estado. Rio de Janeiro: Francisco Alves, 1990, p. 120-121)

63. Ver, sobre o assunto, MAFFESOLI, Michel. A sombra de Dionísio: contribuição a uma sociologia da orgia. Rio de Janeiro: Graal, 1985; MAFFESOLI, Michel. O tempo das tribos: o declínio do individualismo nas sociedades de massa. Rio de Janeiro: Forense-Universitária, 1987; MAFFESOLI, Michel. A conquista do presente. Natal: Argos, 2001; MAFFESOLI, Michel. Sobre o nomadismo: vagabundagens pós-modernas. Rio de Janeiro/São Paulo: Record, 2001; MAFFESOLI, Michel. Utopie et divin social. Loxias: revue du Centre de Recherches Littéraires Pluridisciplinaires, Paris, n. 2-3, p. 427-441, 2002; MAFFESOLI, Michel. O instante eterno: o retorno do trágico nas sociedades pós-modernas. São Paulo: Zouk, 2003.

64. MAFFESOLI, Michel. Homossociabilidade: da identidade às identificações. Bagoas: estudos gays – gêneros e sexualidades, v. 1, n. 1, jul./dez. 2007, Natal, EdUFRN, p. 22.

a disputar a hegemonia do pensamento e das práticas sociais. Se é possível concordar que importantes e profundas redefinições do simbólico estão a ocorrer, que práticas sociais dissidentes, de caráter transgressivo, transformador, estão a modificar a realidade no aqui e no agora ou que, cada vez mais e em maior número, pessoas e grupos questionam e desestabilizam sacrossantas instituições sociais e que práticas escancaradas ou subterrâneas sinalizam profundas mutações, é também um fato que esses movimentos não alcançaram ainda os complexos mecanismos que mantêm em funcionamento a máquina social, de modo a alterar de uma vez por todas suas engrenagens e desarticular os discursos que lhe dão sustentação ideológica, legitimação. Claro, sobre a "permanência" do "fantasma do Uno", é preciso aceitar a observação que, no processo histórico, *"às vezes, a acentuação recai sobre a pluralidade, a complementariedade das formas e das forças, às vezes, ao contrário, é valorizado o que é unificado, monovalente e unidimensional"*[65]. Mas, é também bem certo, a valorização do unidimensional permanece em alta e, por meio de essencialismos, substancialismos, reducionismos, fazendo a cabeça de muitos.

Na atualidade, como antes na história do pensamento humano, as concepções essencialistas são responsáveis, entre outras formulações, pela ideia de uma "natureza humana" única e comum, seja como produto de um substrato biológico fixo, seja por uma "psicologia" ou "moral" ou "cultura" universais. Concepções que recorrem principalmente a idealismos ou a realismos deterministas, de vários tipos, seja de caráter economicista, seja biologizante, psicologizante, transcendentais metafísicos ou outros. O que explicaria certas características ("essências" comuns e universais) do "gênero humano" e da "cultura humana", todas dadas e igualadas.

As teses mais difundidas pretendem que os atos humanos sejam presididos por "instintos" do passado evolutivo da espécie, em sua luta por sobreviver e pela vontade de se reproduzir: seriam os instintos da competição, agressão, altruísmo, sobrevivência, impulso sexual. Por uma carga genética herdada daqueles que nos precederam como hominídeos, predisposições biológicas, cerebrais, genes e cromossomos seriam responsáveis

---

65. MAFFESOLI, Michel. *A transfiguração do político*. Paris: Grasset & Fasquelle, 1992, p. 40.

não apenas por nossa constituição física, mas igualmente por nossos comportamentos sociais e escolhas subjetivas, morais, psíquicas, que já nasceriam conosco, tão herdados como a cor dos olhos. Por "decisões" econômicas invariáveis e universais, seria o ser humano o ser do cálculo, da computação, da lógica e de racionalidades "econômicas" previsíveis, não orientadas por normas sociais, mas por definições estratégicas no "jogo social", geradoras de "escolhas racionais", "racionalidade instrumental". Ou por "traços psicológicos" assentados em "leis" de "estratégias evolucionistas" ou de "continuidade biológica", por aí se reconheceriam as "essências" de homens e mulheres, a "psicologia sexual" e de "sedução" masculina e feminina, ou ainda a "boa fortuna genética" dos "adaptados" e "equilibrados" e os "percalços" e "infortúnios" dos "desajustados", "portadores de transtornos", "inadaptados".

As visões essencialistas têm atualmente ampla difusão pelas mídias e adesões até mesmo inesperadas no meio científico e acadêmico.

Tem ganhado audiência um determinismo biológico cujo emprego tem redundado não apenas na extrapolação abusiva do uso da biologia ao âmbito da análise de fenômenos sociais, culturais e históricos. Mas, igualmente, tem sido fonte para a produção de especulações sobre a vida humana em sociedade (instituições sociais, relações sociais, poderes, padrões de cultura, moral etc.), sem qualquer consideração por aquilo que as ciências humanas disseram, até aqui, sobre a realidade social.

Para um observador atento, não terá escapado ver, nos últimos anos, as investidas de certos estudiosos da neurociência e da chamada psicologia evolucionista em suas tentativas de explicarem comportamentos individuais ou coletivos, práticas culturais ou históricas, ações sociais e políticas, a adoção de valores morais ou inúmeras outras atitudes humanas, a partir da ideia que essas devem seus fundamentos, suas causas, a fatores biológicos. Isto é, os seres humanos pensariam e agiriam condicionados por instintos, aptidões inatas, legados biológicos variados — heranças de uma história que seria a de sua gênese e evolução a partir de uma espécie animal (os primatas superiores) —, ou por fatores biológicos como genes, fisiologia, funcionamento celular, atividade cerebral autônoma etc. O que chamarei, fazendo uso de expressão empregada pelo sociólogo alemão

Robert Kurz, "*biologização do social*"[66], ou, como uma variação, quando for o caso, *biologização do ser humano*, que tanto é fundamento como derivação de uma tendência de *naturalização da realidade social*.

Seja em sua versão mais dogmática, seja em sua versão modificada (que Linda Nicholson chamou de "fundacionalismo biológico"[67]; nesse caso, distingue-se por procurar "coexistências" com aspectos sociais), o certo é que temos, nos dias atuais, um forte retorno ao biológico, que tem produzido seus enganos quando aplicado a âmbitos para os quais continuam valendo os pressupostos que constituíram as ciências sociais. Como ensinou Émile Durkheim, um de seus fundadores: os fenômenos sociais são de caráter *social* e *humano*. As causas de fenômenos sociais devem ser buscadas em outros fatos sociais antecedentes.[68] Qualquer outro fundamento em seu lugar (a natureza, o sagrado, o não humano) configura o obscurecimento dos sistemas de sociedade e organizações culturais como bases e fundamentos de instituições, relações sociais, códigos morais, normas, convenções. Tal elisão do social seria a impossibilidade mesma das ciências sociais, pois o que equivaleria a uma ciência da sociedade sem social. Isto é, a substituição ou supressão de realidades sociais, históricas, humanas, subjetivas, coletivas ou individuais por presumidos dados da "natureza biológica" do ser humano ou por "influências" da Natureza, sem mais nada.

Porém, atualmente, é cada vez mais reafirmada a existência de uma pretendida "natureza humana", como se essa fosse uma realidade que existiria em si mesma, dada e definitiva, e não como parte de processos e construções históricas, sociais e culturais nos quais o indivíduo humano é produtor e produto ao mesmo tempo. Aliás, nada diferente do que foi, até aqui, a história da hominização do ser humano, como estudada pela história, paleoantropologia, arqueologia: uma longa história de constituição do animal primata em ser humano, um longo processo no qual, para esse advir como humano, somente se tornou possível com a entrada

---

66. KURZ, Robert. *Os últimos combates*. Petrópolis: Vozes, 1997, p. 191 e segs.

67. NICHOLSON, Linda. Interpretando o gênero. *Revista Estudos Feministas*, CFH/CCE/UFSC, v. 8, n. 2, Brasil, Santa Catarina, 2000, p. 8-41.

68. DURKHEIM, Émile. *Regras do método sociológico*. São Paulo: Abril Cultural, 1978 (Os Pensadores).

em cena da linguagem propriamente humana, dos favores da cultura, dos acréscimos e empréstimos socialmente produzidos e adquiridos no curso de sua existência.

É esse último fato, o da constituição da realidade propriamente humana em coexistência com a constituição da realidade social, o que faz que as análises sociológicas e antropológicas afastem a hipótese do "natural" ou da "natureza" como substâncias (substratos, entes) por si mesmas constitutivas do ser humano, do social, do mundo característico humano, sem mais, sem a presença e ação humanas. Pois, tratando-se da realidade humano-social, e aqui exclusivamente[69], essas "substâncias" simplesmente não existem ou não são "atuantes" sem-já a atuação e interação humanas. Não há qualquer natureza *in natura* no espaço de sociedade, assim como não há no ser humano, considerado até mesmo do ponto de vista do seu ser biológico. Toda "natureza" na vida social do ser humano, a sua e a que lhe é exterior, está sempre-já sob os efeitos de uma interação/relação modificadora que decorre da presença humana. Quando se trata da vida do ser humano e do mundo humano específico que é daquele uma criação, a *natureza natural* simplesmente não existe. O "natural" nunca é ele mesmo, pois encontra-se sempre abordado pela linguagem humana (modos do existir humanos, procedimentos, operações do fazer humano) e, por isso, alterado, modificado, matéria de algum investimento/atravessamento/ moldagem das linguagens culturais, sociais e históricas humanas.

Voltarei ao assunto de uma pretendida "natureza humana" e à biologização do social em capítulo mais adiante.

Outras visões essencialistas existem que sugerem ainda a existência de um poder eterno e transcendente, autor do mundo e da vida, fundamento

---

69. Queremos evitar a incompreensão e todo mal-entendido em torno do que é central como assunto deste trabalho: a realidade social. Bem é sabido que a Natureza age por si mesma em diversos fenômenos, independente da vontade humana, de sua atuação e mesmo de sua existência. Da botânica à astronomia, passando por padecimentos de doenças do organismo humano que são devidos a fatores biológicos, genéticos, os fenômenos são os mais diversos. No campo da saúde humana, todavia, é cada vez mais frequente a concordância de médicos sobre a existência de disparadores sociais (emocionais, psicológicos etc.) para ocorrências de doenças, distúrbios e adoecimentos que permaneceriam adormecidos geneticamente não fossem os gatilhos sociais, emocionais, psicológicos, isto é, de novo aí a "natureza" não agindo sozinha, por si mesma, mas agindo enquanto agida pelo social.

de toda realidade, ou existência de forças sobrenaturais, não humanas, vibrantes e criadoras. Visões que recorrem às explicações místicas, esotéricas: ideias de divino, sagrado, energias cósmicas, segredos da natureza, expansão espiritual, consciência cósmica, ressonância cosmológica etc., para fundamentarem atuações humanas nas culturas e na história. Daí as crenças em poderes sobrenaturais, em espíritos, vidas passadas, revelações, profecias, comunicação com mortos, comunicação com extraterrestres.[70] Crenças que alimentam e são alimentadas por artificiosas fantasias de poderes exclusivos de pessoas especiais, com capacidades de predizer o futuro, realizar profecias, curas etc. Toda uma linguagem essencialista e mistificadora para explicar práticas culturais, instituições sociais e históricas, sem que essas crenças e ideias apareçam como produções do imaginário social humano.[71]

De larga aceitação, ganha adeptos pelo mundo uma visão que pretende reunir num só argumento o biológico, o psicológico e o transcendente. Versão que ambiciona que a natureza seja detentora de uma "mente inteligente", vista como uma "realidade mais alta", que "não é matéria nem consciência": são as ideias de "mente imanente", "teleomorfismo", "sincronia", "holismo". Visão que cresce principalmente entre aqueles que se entregam à confiança da *ideologia New Age*, bastante bem descrita e analisada pelo francês Michel Lacroix. Como assinala o autor, a ideologia da Nova Era, que caiu no gosto daqueles que flertam com a idealização e romantização do "Oriente", fazendo de um de seus temas privilegiados o anúncio de "novos tempos", oferta uma mistura de astrologia com medicinas alternativas, geobiologia com dietética, espiritualidade oriental

---

70. No período da Copa do Mundo de Futebol, no Brasil, em 2014, os portais de notícias e jornais trouxeram a seguinte informação: em Goiânia, instituição que se dedica a estudar ações de espiritualidade confirmou que extraterrestres aprovaram a Copa do Mundo no Brasil e que, para os ETs, o Mundial é peça fundamental na "transição planetária". Segundo afirmam seus líderes, "*a comunicação com ETs é feita por médiuns e a doutrina é bem semelhante ao espiritismo*". Disponível em: http://copadomundo.uol.com.br/noticias/redacao/2014/06/25/ets-aprovam-copa-e-veem-jogos-de-naves--em-cima-dos-estadios-dizem-ufologos.htm. Acesso em: 25 jun. 2014.

71. Aliás, sobre a produção de crenças, e situando o fenômeno no cérebro, na frequência com o que isso é feito hoje, ver livro de SHERMER, Michael. *Cérebro & crença*: de fantasmas e deuses à política e às conspirações — como nosso cérebro constrói nossas crenças e as transforma em verdades. São Paulo: JSN Editora, 2012.

com práticas físicas, meditação transcendental com física das partículas, psicologia com ecologia, gnose e extraterrestres, atendendo a todos os gostos e fregueses. Mas deve seu sucesso ao fato de responder a demandas de sofrimento, angústia e adoecimento de indivíduos cansados do combate cotidiano da vida, para a qual somente têm como explicações as próprias ideias essencialistas, naturalizadoras e mistificadoras da realidade. Mas justamente ideias que subtraem deles as suas próprias capacidades de ação para modificarem a realidade da qual padecem. Indicando o "sentido da existência" em coisas como "missões divinas", "reencarnações", "salvação do planeta" ou "salvação da humanidade", a ideologia Nova Era oferece, como toda ideologia, respostas metafísicas a anseios de segurança, harmonia, tranquilidade, felicidade e paz, para indivíduos que vivem em realidades cuja dinâmica não lhes assegura nada disso ou muito pouco[72].

Ressalte-se ainda que, tentando darem-se ares de sérias e profundas, essas visões, que pululam nas prateleiras de autoajuda de livrarias e bancas de jornal, fazem de tudo para fundamentar seus devaneios em literatura que chamam de "científica" ou "filosófica". Já de algum tempo, passaram a se referir à física quântica e a estudos em psicologia e filosofias, tentando legitimar crenças sem fundamento com o que, quase como numa alegoria, chamam "apoio no pensamento científico". Não raramente, físicos de todas as partes estão intervindo no debate intelectual para denunciar imposturas e engodos de "gurus", "místicos" e "movimentos Nova Era" no uso de noções e conceitos da física, sem qualquer pertinência e consistência. Filósofos e sociólogos têm feito o mesmo.

Mas, qualquer que seja sua versão, Nova Era ou outra, o substancialismo/essencialismo místico-esotérico, ao tempo em que esvazia o social e a história de seu papel e força, investe a esfera imaginária e simbólica de nossas sociedades com ilusões necessárias ao seu funcionamento como máquinas de produção de ficções cuja aparência não pode ser de algo precário, passageiro, substituível, revogável, mas de algo cuja existência repousaria em presumidos fundamentos secretos e transcendentais, esses próprios sendo fundamentos de causalidades de permanência e relações

---

72. Ver, por inteiro, LACROIX, Michel. *L'idéologie du new age*. Paris: Flammarion, 1996.

do mundo cósmico e social "ainda não compreensíveis ao ser humano". Mas, como tantas vezes já se assinalou, é o ser humano o único animal que tem a consciência antecipada de sua morte, e a ilusão produzida, por ele próprio, de permanência (reprodução, duração e eternidade) da realidade dos mundos cósmico e social anda, em diversas culturas e até aqui, de par com a vontade de imortalidade, de invulnerabilidade à morte. Fenômeno cuja generalidade não o torna menos *construto* humano que todos os outros!

Em qualquer de suas versões, os essencialismos correspondem a *universalismos acríticos* e a *substancialismos metafísicos, a-históricos e naturalizadores*, que se tornam a base para a convicção na existência de um ser humano *in natura*, anterior e independente da linguagem, da socialização na cultura, independente e anterior à sua entrada no espaço de sociedade. Assim como também para a aceitação da realidade como algo irrevogável, insubstituível.

Contra as ideias substancialistas e essencialistas de naturalização e eternização da realidade, que pretendem que esta seja um todo bem definido, que obedece a progressos lineares, finalidades e sentidos transcendentes à ação humana e à história, um pensamento construcionista crítico traz a compreensão da realidade humano-social, em toda sua diversidade, como um conjunto de singularidades arbitrárias, sem vocação, finalidade ou sentidos prévios que a organizem. Esses são inteiramente produzidos pelos próprios indivíduos humanos no processo da construção e institucionalização da realidade.

Realidade e Real (I)

Como parte dos pressupostos empregados pela abordagem construcionista crítica, considerar a distinção entre *realidade* e *real* é algo que se faz notar, ainda que, nos estudos precedentes, não tenha sido designada nos termos de uma díade de sentido conceitual, como aqui apresento. Pelo uso de um ou pelo uso do outro termo, isoladamente, ou por uma relação entre os dois, não é menos certo que se pretendeu expressar os múltiplos aspectos constituintes da realidade social. Às vezes, termos tomados como expressão de seus aspectos antagônicos. Não me será possível aqui lidar com todos os aspectos do assunto nem o situar na obra de numerosos autores, tarefa para outro trabalho. O tratamento que darei será o de isolar e sintetizar os principais fundamentos dessa distinção e como se aplicam ao que é tema central deste trabalho.

Em breve artigo que publiquei em 2007, em boa parte retomado aqui[73], busquei caracterizar o que se poderia compreender como sendo a "realidade" e o "real", como dimensões da realidade social, a partir também de procurar demonstrar como aparecem descritas e analisadas em certos autores. Bom número de pensadores e autores modernos e contemporâneos, embora nem sempre explicitamente, construiu seus sistemas teóricos ou parte deles utilizando-se desses termos, ora como sinônimos, ora como distintos, e ainda como forças opostas. De todo modo, a divisão desses termos é algo que se inscreve nos procedimentos metodológicos das ciências humanas e filosofias quando parecem seguir o que o filósofo Alain Badiou assim resumiu: "*todo acesso ao real é também sua divisão. [...] É o ato dessa divisão, por meio do qual o semblante é arrancado e ao mesmo tempo identificado, que podemos descrever como sendo o processo de acesso ao real*"[74]. Desconsiderando que o autor nomeia "real" o que neste meu trabalho designo por *realidade*, o que gostaria de destacar é "*o ato de divisão*" como procedimento que torna possível à análise de um "*semblante*" da realidade que está sempre colado a ela e que oculta e nega o real. É preciso a destruição desse semblante para que se possa conhecer a realidade e o real.

No cotidiano, habituamo-nos a pensar que aquilo que experimentamos como sendo a *realidade* (de nossa sociedade, de nossa cultura, de nosso tempo histórico, mas também de nossa vida) corresponde a uma totalidade fechada, concluída, sem mais outras possibilidades – esse é o semblante da realidade. Assim, o particular se confunde com o universal, o presente com todo o tempo (passado e futuro), o instituído se confunde com o "natural", o construído com o imutável, não se fazendo distinção

---

73. DeSOUSA FILHO, Alipio. Por uma teoria construcionista crítica. *Bagoas*: estudos gays – gênero e sexualidades, Natal, v. 1, n. 1, p. 27-59, jul./dez. 2007.

74. BADIOU, Alain. *Em busca do real perdido*. Belo Horizonte: Autêntica Editora, 2017, p. 24

entre aquilo que se vive no atual e num certo espaço e circunstância, que admitimos como "a realidade", e as infinitas possibilidades que a ultrapassam — o que designo por *real*.

Todavia, não se trata de conceber a realidade como o inautêntico, o falso. A realidade é provisória, precária, faltosa, imperfeita, mas nada há além dela, como fundo autêntico que viria, em socorro da verdade, para lhe revelar ou substituir. O único que há é a virtualidade (potencialidade, possibilidade) de outra realidade: factível, possível, se construída pela ação humana. Possibilidades de novos arranjos, novas estruturas, novas configurações de outra realidade. Mas sempre construtos humanos, históricos, culturais. Conquanto o contexto da frase seja outro, o da reflexão sobre a fenomenologia como possibilidade metodológica para a filosofia, mas em obra cujo tema geral tem inteira relação com o que abordo neste trabalho, Heidegger deixou em Ser e Tempo uma magnífica formulação que podemos introduzir aqui: *"mais elevada do que a realidade está a possibilidade"*[75]. Isto é, para além da realidade existente, outras possibilidades existem. Há mais realidades possíveis que apenas a realidade instituída.

De modo geral, nos nossos estudos em ciências humanas e múltiplas filosofias, se por *realidade* entendemos os domínios do mundo humano instituído, prático ou simbólico, na cotidianidade repetida, sempre no presente, através das instituições e relações sociais — e cuja dominância as sociedades transformam num dado universal, necessário, inevitável e imutável —, o *real* é o lastro do qual a realidade extrai os elementos com os quais se ergue, constrói suas estruturas e configurações. E igualmente é um conjunto indefinido de dados ou elementos disponíveis não utilizados, alternativas, variantes, que, ultrapassando a realidade, contendo outras possibilidades (de realidade), existe como *ilimitado*, como *potência*.

Entre real e realidade apresenta-se uma distinção importante porque, enquanto o real é a dimensão das possibilidades, alternativas, matéria insurgente, infindável, por sua vez, a realidade, enquanto o existente, o finalizado e o atual, é um recorte do real mas que não o esgota. Enquanto o real é matéria e potência, a realidade é forma e ato. A realidade é desenho

---

75. HEIDEGGER, Martin. *Ser e tempo*. Petrópolis: Vozes, 1988, p. 69.

específico, singular, é um tipo particular de composição, arranjo, organização. A realidade é uma concretude material e empírica que particulariza o real, é um ordenamento único do material múltiplo, caótico e complexo que é o real. Em oposição ao que é manifesto e ao que se instituiu, o real é o que existe como infinitude, diverso, heterogêneo e não evidente.

Nesses termos, o real não é estranho à realidade, mas essa é pelo real ultrapassada, esse que contém o que não foi incluído, o que foi *foracluído* pela realidade no processo de sua institucionalização. O real é o que não está institucionalizado nem sancionado na ordem simbólica e, por conseguinte, também não sancionado pelo discurso ideológico da realidade instituída. Enquanto a realidade é um número finito de combinações e configurações, uma seleção de caráter arbitrário (isto é, que ocorre no acontecer histórico-social anônimo, coletivo, impessoal e de natureza aleatória, contingente e epigenética[76]), o real contém as possibilidades excluídas, os demais dados existentes, os arranjos não realizados, outras combinações possíveis de institucionalização, ou ainda aquilo que, nunca vindo a se instituir, existe como modos possíveis de ser, realidades virtuais, ou ainda também aquilo que, recusando sua institucionalização, antagoniza com a realidade instituída.

O real constitui uma constante ameaça à realidade institucionalizada. Embora abarcando a realidade (a parte instituída do real), como instância que inclui todos os demais dados, elementos e entes, e como potência que faz surgir outras possibilidades, o real rivaliza com a realidade, seja pleiteando o seu lugar, seja por antagonizar sem pleitear institucionalização, mas sempre a desestabilizando, ao destituí-la da aparência de finita, toda, fixa, única, universal e irrevogável. O real contém em si a realidade, mas a extrapola, enquanto, por sua vez, a realidade tenta abarcar o real, mas ocultando-o, negando sua existência. Tentativa que fracassa: o real resiste à domesticação e condena ao insucesso todos os esforços de anulá-lo. Haverá sempre real que resiste e insiste contra a realidade instituída.

---

76. Sobre o assunto do *arbitrário*, dedicaremos toda uma extensa parte no próximo capítulo, situando principalmente a contribuição da sociologia de Pierre Bourdieu sobre o que chamou de "arbitrário cultural".

Nos modos de abordar construcionistas da realidade, em disciplinas que variam da sociologia à psicanálise, o real, com ou sem esse nome, é fluxo permanente, movimento ininterrupto. O real é devir, vir-a-ser. Mas é também o que pode não vir a ser ou que nunca virá a ser. O real é a capacidade criativa, produtiva e de ação (outros dizem, de "agência") humanas. O real torna possível a emergência de outras e novas formas, estruturas, modalidades de laços, relações, outras institucionalizações e simbolizações. O real, para o melhor e para o pior, repercute a capacidade criadora da imaginação humana ou imaginário humano. Ele é também o desejo inconsciente, a pulsão, a fantasia, o delírio e a alucinação, em todas as suas variações, positivas e negativas, que podem ir da arte às patologias do psiquismo, passando pela filosofia, ciências etc.

Real perturbador, a realidade instituída ("ordem simbólica", "estrutura", "linguagem") *sitia* de várias formas as suas múltiplas aparições.

A título de exemplo do que se pode encontrar na literatura teórico-filosófico-científica a propósito dessa distinção, mencionarei brevemente algumas teorizações de importância. A partir dessas próprias teorizações, extraio a conclusão de que o uso do conceito de *real* se presta à distinção que, neste trabalho, proponho existir como um dos pressupostos de uma teoria construcionista crítica — nem sempre explicitamente e nem sempre desenvolvido — que o enxerga como algo diferenciado do que é conceituado como *realidade*.

A primeira dessas teorizações que destaco é a do psicanalista francês Jacques Lacan, que, em seu ensino, apresentou uma conceituação para o termo *real* que se tornou de bastante interesse para as ciências humanas. Embora variando muito as definições que propunha a cada nova ocasião desse ensino, e ainda que mais voltado à abordagem da realidade psíquica de delírios e alucinações de sujeitos psicóticos, o conceito de Real, em Lacan, contém definições que, mais e mais, foram sendo aplicadas à análise da vida social e política de nossas sociedades. Sem dúvida, ter se apoiado principalmente nos estudos de Ferdinand de Saussure, Lévi-Strauss e George Bataille, para uma releitura de Freud, é motivo bastante para que a teorização de Lacan sobre o *real*, com empréstimos epistemológicos e teóricos da filosofia e das ciências humanas, tenha repercutido nas análises sobre fenômenos e acontecimentos da vida social e política nas nossas sociedades. Aliás, os aproveitamentos das teses de Lacan para teorizações fora do âmbito da psicanálise, para análises, por exemplo, da política e da vida social, ganharam sempre mais aplicações. Em prefácio a trabalho recentemente publicado, e a propósito da tese lacaniana *"o que é expulso do simbólico retorna no real"*, o filósofo brasileiro Vladimir Safatle assinalou: *"sua fórmula não descrevia apenas o modo psicótico de lidar com conflitos psíquicos. Mesmo que o psicanalista francês não percebesse, sua fórmula descrevia também a maneira como que sociedades incapazes de reconhecer simbolicamente seus conflitos, incapazes de inscrever seus antagonismos nas sendas da narrativa histórica são assombradas pelo retorno bruto de uma violência real"*[77] —, ao que poderia acrescentar, violência (da aparição) do real.

Como revelaram Elisabeth Roudinesco e Michel Plon, nascido sob a influência do pensamento de George Bataille — para o qual, para as sociedades humanas e suas instituições, poder-se-ia distinguir dois "polos estruturais": *"de um lado, o homogêneo, ou campo da sociedade útil e produtiva, e de outro, o heterogêneo, lugar de irrupção do impossível de simbolizar. Com a ajuda desse último termo, ele especificou a noção de parte maldita. [...] Bataille inventou o termo heterologia... a heterologia era, para ele, a ciência do irrecuperável, que tem por objeto o 'improdutivo' por excelência: os restos, os excrementos, a sujeira. Numa palavra, a existência 'outra', expulsa de todas as normas: loucura, delírio etc."*[78] —, o conceito de *real*, em Lacan, remete ao que, no psiquismo do indivíduo humano, excede a experiência da realidade institucionalizada e sancionada nos significantes e significados que essa produz, a chamada "ordem simbólica" ou simplesmente "o simbólico" — e, como diz, *"o simbólico, eu lhes ensinei a identificá-lo como a linguagem"*[79].

Se a experiência da realidade é a da entrada do indivíduo humano na linguagem (humana), no simbólico, no mundo externo, representando

---

77. SAFATLE, Vladimir. Prefácio. DUARTE-PLON, Leneide. *A tortura como arma de guerra*. Rio de Janeiro: Civilização Brasileira, 2016, p. 15.

78. ROUDINESCO, Elisabeth; PLON, Michel. *Dicionário de psicanálise*. Rio de Janeiro: Jorge Zahar, 1998, p. 645.

79. LACAN, Jacques. *O seminário — livro 1*: os escritos técnicos de Freud. Rio de Janeiro: Jorge Zahar, 1986, p. 90.

sua saída do "caos imaginário" pela *"função mediadora do simbólico"*[80] — para Lacan, o imaginário correspondendo aos fenômenos de ilusão, sedução e engodo; o simbólico constituindo a experiência da nomeação das coisas, objetos, seres, nomeação da realidade em geral; experiência do "pacto" de nominação, sem o qual *"não haverá mundo algum"*[81], mundo que é também *"muro da linguagem"*[82] —, por sua vez, o *real* é conceituado como uma espécie de fenômeno bruto do psiquismo inconsciente que continuamente comparece, faz-se presente por intermédio de alguma manifestação, mas sem racionalização e simbolização possível na linguagem da ordem simbólica: *"a função simbólica constitui um universo no interior do qual tudo o que é humano tem de ordenar-se"*[83]; e na própria medida em que se esvai, desaparece, extravia-se e, empreendendo sua fuga, escapa à sua significação, inserção na linguagem. Como diz: *"O real, ou aquilo que é percebido como tal, é o que resiste absolutamente à simbolização. Afinal de contas, o sentimento de real, não se apresenta ele no seu máximo na manifestação abrasadora de uma realidade irreal, alucinatória?"*[84]

Como o real se manifesta? Já tendo situado que a realidade do indivíduo humano é *"caracterizada pelo seu lugar no mundo simbólico, ou, em outros termos, no mundo da palavra"*[85], mundo da linguagem, para Lacan (e desde Freud), na experiência da fala, experiência de falhas (de significantes, sentidos, atos falhos), não cessam as aparições disso que resiste à simbolização (nomeação, lugar na linguagem). Mas aparições pela via do "impensável": *"sempre que ele mostra a ponta do nariz, ele é impensável"*[86]. Abordar o real é *"abordar esse impossível"*.[87] Mas não porque o real seja privado de alguma

---

80. Idem. *O seminário — livro 2*: o eu na teoria de Freud e na técnica da psicanálise. Rio de Janeiro: Jorge Zahar, 1985, p. 214.

81. Idem. *O seminário — livro 2*: o eu na teoria de Freud e na técnica da psicanálise. Rio de Janeiro: Jorge Zahar, 1985, p. 215.

82. Idem. *O seminário — livro 2*: o eu na teoria de Freud e na técnica da psicanálise. Rio de Janeiro: Jorge Zahar, 1985, p. 307 e segs.

83. Idem. *O seminário — livro 2*: o eu na teoria de Freud e na técnica da psicanálise. Rio de Janeiro: Jorge Zahar, 1985, p. 44.

84. Idem. *O seminário — livro 1*: os escritos técnicos de Freud. Rio de Janeiro: Jorge Zahar, 1986, p. 82.

85. Idem. *O seminário — livro 1*: os escritos técnicos de Freud. Rio de Janeiro: Jorge Zahar, 1986, p. 97.

86. Idem. *O seminário — livro 23:* o sinthoma. Rio de Janeiro: Jorge Zahar, 2007, p. 121.

87. Ibidem, p. 121.

coisa — *"no real, nada é privado de nada [...]. Por definição, o real é pleno"*[88]; *"o real é absolutamente sem fissura"*[89]. Embora tenha dito, posteriormente, nos anos 1958/1959, que o real é *"feito de cortes"*. Ele é "o impossível" porque não se presta à simbolização... mas porque o campo do sentido é *"essencialmente distinto do real"*: *"o campo do sentido é distinto dele"*[90]. Em outro de seus escritos, assinalou: *"o real é ou a totalidade ou o instante esvanecido"*[91].

E como a pulsão, em Freud, o real não se liga a nada: *"Seu estigma, o do real como tal, consiste em não se ligar a nada. Pelo menos é assim que concebo o real"*[92]. O real é sem lei, sem ordem: *"Falo do real como impossível na medida em que creio justamente que o real [...], é preciso dizê-lo bem, o real é sem lei. O verdadeiro real implica ausência de lei. O real não tem ordem"*[93]. E ainda: *"o real põe fogo em tudo"*[94].

Para Lacan, o real, como *"o que resiste absolutamente à simbolização"*, é também da ordem da *"falta"*: falta de significante/representante. Como o desejo — pois, *"o desejo é uma relação de ser com falta"*[95]; o desejo é *falta* (de objeto; e esse objeto não sendo coisa nenhuma: não é objeto único, fixo, representável, encontrável) —, o real *"padece de significante"*[96]; como *falta*, real e desejo (interligados) não cessam de aparecer, colocar-se, inscrever-se. Mas a *falta* lacaniana não é falta negativa: pois, é *"falta ... através do que o ser existe [...]. O ser se põe a existir em função mesmo dessa falta"*.[97]

Lacan, como esclarece Roudinesco e Plon, posteriormente acrescenta à conceituação do real uma outra dimensão, a partir da clínica da psicose. Desenvolve a análise do fenômeno da alucinação como aquilo que ocorre

---

88. Idem. *O seminário — livro 4*: a relação de objeto. Rio de Janeiro: Jorge Zahar, 1995, p. 224.

89. Idem. *O seminário — livro 2*: o eu na teoria de Freud e na técnica da psicanálise. Rio de Janeiro: Jorge Zahar, 1985, p. 128.

90. Idem. *O seminário — livro 23*: o sinthoma. Rio de Janeiro: Jorge Zahar, 2007, p. 130.

91. Idem. O simbólico, o imaginário e o real. In: *Nomes-do-Pai*. Rio de Janeiro: Jorge Zahar, 2005, p. 45.

92. Idem. *O seminário — livro 23*: o sinthoma. Rio de Janeiro: Jorge Zahar, 2007, p. 119

93. Ibidem, p. 133.

94. Ibidem, p. 117.

95. Idem. *O Seminário - livro 2*: o eu na teoria de Freud e na técnica da psicanálise, p. 280.

96. Idem. *O seminário — livro 7*: a ética da psicanálise. Rio de Janeiro: Jorge Zahar, 1988, p. 149.

97. Idem. *O seminário 2*: o eu na teoria de Freud e na técnica da psicanálise. Rio de Janeiro: Jorge Zahar, 1985, p. 280, 281.

pelo reaparecimento, no real, do que não foi simbolizado ou do que foi recusado pelo sujeito: *"o que é recusado na ordem simbólica ressurge no real"*[98]. O real expressaria o advento de um *impossível na palavra* nos termos dos significantes dados e socialmente compartilhados. *"Com efeito, se os significantes foracluídos do simbólico retornam no real, sem serem integrados no inconsciente do sujeito, isso quer dizer que o real se confunde com um 'alhures' do sujeito. Fala e se exprime em seu lugar através de gestos, alucinações ou delírios, os quais ele não controla"... Torna-se "o lugar da loucura"*[99].

Em que uma tal conceituação interessa a este meu trabalho? Não se tratando de reduzir a complexidade do assunto e nem tampouco sua especificidade no campo do qual se origina e aplica-se, as definições propostas podem perfeitamente se integrar a uma leitura das relações entre indivíduo e sociedade, fundamento de todos os assuntos que abordo neste trabalho. Ainda mais porque a relação indivíduo e sociedade tem, entre outras de suas formas, aquela da relação "eu e o outro", própria da intersubjetividade dos processos humanos na construção social da realidade, que tanto exprime a interação comunicativa humana como também expressa, na dependência ontológica do ser humano ao outro, suas relações, identificações, confrontos e conflitos, nos quais se constitui e têm lugar todas essas dimensões da falta, do desejo, do real e da realidade.

Nas reflexões do filósofo esloveno Slavoj Zizek, encontramos o emprego do conceito de real (extraído da teoria lacaniana) para análises políticas e sociais. Sobre a existência da realidade em relação a um real fora dela, o autor assinala que a "realidade" da realidade instituída é inseparável de sua operação de expulsar, deixar fora, afastar "algo" — operação de foraclusão. Este algo foracluído, não deixando de existir, *"retorna sob a forma de aparições espectrais"*[100]. Essas "aparições espectrais" constituem, ao mesmo tempo, uma manifestação-sintoma da existência de um real foracluído. E, tal como em Lacan, essas aparições do real são a parte da

---

98. Idem. *O seminário — livro 3*: as psicoses. Rio de Janeiro: Jorge Zahar, 1988, p. 22.

99. ROUDINESCO, Elisabeth; PLON, Michel. *Dicionário de psicanálise*. Rio de Janeiro: Jorge Zahar, 1998, p. 646.

100. ZIZEK, Slavoj. O espectro da ideologia. In: ZIZEK, Slavoj (Org.). *Um mapa da ideologia*. Rio de Janeiro: Contraponto, 1996, p. 26.

realidade que, não simbolizada, não nomeada, emerge e *"dá corpo àquilo que escapa à realidade (simbolicamente estruturada)"*[101]. Por essa razão, diz Zizek, *"não existe realidade sem o espectro, [...] o círculo da realidade só pode ser fechado mediante um estranho suplemento espectral"*[102]. Ainda que as coisas aqui sejam ditas como uma espécie de invariável absoluto, uma lei, com o que estamos em desacordo, mas é bem certo que a maneira pela qual a realidade das sociedades humanas tem sido estruturada corresponde a um tal processo. Conforme assinala: *"Mas, por que não existe realidade sem o espectro? Lacan fornece a resposta precisa a essa pergunta: (o que vivemos como) a realidade não é a 'própria coisa', é sempre já simbolizado, constituído e estruturado por mecanismos simbólicos — e o problema reside no fato de que a simbolização, em última instância, sempre fracassa, jamais consegue 'abarcar' inteiramente o real. [...] Dito de maneira simples, a realidade nunca é diretamente 'ela mesma'; só se apresenta através de sua simbolização incompleta/falha. As aparições espectrais emergem justamente nessa lacuna que separa perenemente a realidade e o real, e em virtude da qual a realidade tem o caráter de uma ficção (simbólica): o espectro dá corpo àquilo que escapa à realidade (simbolicamente estruturada). [...] para que emerja (o que vivenciamos como) a 'realidade', algo tem que ser foracluído ela — em outras palavras, a 'realidade', tal como a verdade, nunca é, por definição, 'toda' [...]"*[103].

Um outro importante aspecto que é ressaltado por Zizek é aquele que, na constituição da realidade histórico-social, tal como no caso do psiquismo, implica também um "recalcamento primário". Recalcamento de um antagonismo social traumático em torno do qual a realidade de toda sociedade se estruturaria: divisão e luta de classes, divisão sexual etc. — *"uma dificuldade, um empecilho que origina simbolizações sempre renovadas, mediante as quais nos esforçamos por integrá-lo e domesticá-lo [...], mas que, ao mesmo tempo, condena esses esforços a um derradeiro fracasso."*[104]. Esse "recalcamento" do antagonismo social (para Zizek, o real da luta de classes, por exemplo, no capitalismo), sobre o qual se funda a realidade histórico-social de uma certa sociedade, é o que a manifestação espectral tenta ocultar (operação

---

101. Ibidem, p. 26.
102. Ibidem, p. 26.
103. Ibidem, p. 26.
104. Ibidem, p. 27.

ideológica), para que, preenchendo o *"buraco do real"*[105], a realidade possa aparecer como uma realidade-toda, uma verdade-toda. O real, como antagonismo social recalcado, *"não é mais do que o nome do limite imperscrutável que é impossível de objetivar, situado dentro da totalidade social, já que ela mesma é o limite que nos impede de conceber a sociedade como uma totalidade fechada"*[106].

Esse entendimento leva o autor a uma importante conclusão: *"essa interpretação do antagonismo social ... como Real, e não como (parte da) realidade social objetiva, também permite que nos oponhamos à desgastada linha de argumentação segundo a qual temos que abandonar a noção de ideologia, já que o gesto de distinguir a 'simples ideologia' e a 'realidade' implica uma 'visão divina' epistemologicamente insustentável, isto é, o acesso à realidade objetiva tal como 'realmente é'"*[107]. Por que para Zizek essa linha de argumentação não deve prevalecer? Por que ela não acerta ao propor o abandono da análise de ideologia? (Como se sabe, hoje, para alguns autores, nem mesmo mais caberia falar da ideologia como existindo... o que não passa de grosseiro erro ou má-fé intelectual...) E por que não tem nada de exata a ideia que acusa a análise de ideologia (ou a denúncia do caráter ideológico de certas manifestações da realidade e discursos) como insustentável, por sua pretensão de acesso a uma verdade (oculta) da realidade, quase como uma "visão divina"? É porque, como o autor explica, a análise em termos de ideologia ou de denúncia do caráter ideológico de nossa experiência social dirige-se a um outro alvo e não à "revelação da realidade" (como um "em si" ontológico, ou, como se diz também, revelação do que "está por trás" da ideologia). Como esclarece: *"O importante é que a própria constituição da realidade social implica o 'recalcamento primário' de um antagonismo, de modo que o esteio fundamental da crítica da ideologia — o ponto de referência extra-ideológico que nos autoriza a denunciar o conteúdo de nossa experiência imediata como 'ideológico' — não é a 'realidade', mas o real 'recalcado' do antagonismo"*[108]. Aliás, Zizek, em outro de seus escritos, dirá que a ideologia, funcionando como uma "fantasia", antecipa a falha que a constitui intrinsecamente, ao visar

---

105. Ibidem, p. 26.
106. Ibidem, p. 27.
107. Ibidem, p. 30.
108. Ibidem, p. 30.

tapar o "buraco do real", o buraco aberto pelo abismo que se instaura com a instituição (infundada) da "lei" da realidade social e entre essa e o antagonismo dos excessos que dela escapam; quando propõe entender a ideologia como *"fantasia social"*, que transformará em seguida na noção de *"fantasia ideológica"*. Como dirá: a fantasia "é, pois, *uma contrapartida necessária do conceito de antagonismo: a fantasia é precisamente a maneira como a clivagem antagônica é mascarada. Em outras palavras, a fantasia é um meio de a ideologia levar antecipadamente em conta sua própria falha*"[109]. Assim é que dirá também o autor, na mesma obra, que *"foi precisamente por causa dessa concepção dos 'excessos' sociais que Lacan sublinhou ter sido Marx quem inventou o sintoma: a grande realização de Marx foi demonstrar como todos os fenômenos que se afiguram à consciência comum como simples desvios, simples deformações e degenerações contingentes do funcionamento 'normal' da sociedade [...] são produtos necessários do próprio sistema, ou seja, são os lugares em que transparece sua 'verdade', seu caráter antagônico imanente*"[110].

Por sua natureza, o real se manifesta no que vai do crime mais bárbaro às interrogações da filosofia, da ciência e da arte — que, cada uma a sua maneira, põem em xeque as representações que sustentam a imagem da realidade como uma *verdade-toda*: realidade sem falhas, plena, homogênea, harmoniosa, *realidade-toda* (já vimos antes com Zizek... "*a 'realidade', tal como a verdade, nunca é, por definição, 'toda'*") —, passando pelos atos transgressivos que, no anonimato da vida cotidiana, podem ser os atos de caráter mais ou menos clandestino, secreto, passageiro, nômade que podem conduzir ao ilegal, ao criminoso, mas igualmente podem levar ao prazer, ao gozo, à fruição hedonista. O real é também o que se manifesta nos movimentos políticos que reivindicam transformações sociais que implicam remodelações importantes da economia, da política ou do simbólico, transformações das estruturas e relações sociais, práticas e concepções culturais e morais.

O real existe como contraparte da realidade, é aspecto constituinte da vida social, coexistindo no interior da realidade instituída, do estabelecido.

---

109. Idem. *Eles não sabem o que fazem*: o sublime objeto da ideologia. Rio de Janeiro: Jorge Zahar, 1992, p. 124.
110. Ibidem, p. 125.

Nas ciências humanas, designado por diferentes termos e exemplificado de muitas maneiras, o real foi abordado por análises sociológicas, e consequentemente pressuposto como existindo integrado à própria realidade.

Em artigo de 2007, já mencionado, apresentei, entre outros casos, as análises do sociólogo francês Michel Maffesoli como um exemplo de pensamento teórico que considera a existência de uma instância operante na vida social que permanentemente rivaliza com a realidade instituída: por dentro e contra o *social oficial* age uma *socialidade oficiosa*[111]. Numa interpretação do pensamento do autor, situei como "realidade" o "social oficial" e como "real" a "socialidade oficiosa". Mas o próprio autor, até então, em nenhuma de suas obras, havia empregado a fórmula "realidade/real" como um duplo oposto-complementar no sentido que empreguei na interpretação de suas análises à época da publicação de meu artigo. Mas, em obras de 2012 e 2014[112], pela primeira vez, a fórmula tem sua aparição nas formulações do autor, como a explicitar (e designar) o que antes era intrínseco ao seu pensar, mas sem fórmula, denominação. Retomando sempre os mesmos esquemas, o autor aponta, nos numerosos fenômenos que dizem respeito à vida cotidiana nas nossas sociedades contemporâneas, a ação de uma "potência" intrínseca à própria realidade mas que não deixa de atuar contra ela e suas formas institucionalizadas que tem todos os traços do *real*, tal como descrevi antes. Em seu livro *A sombra de Dionísio*, chamou-a de *"centralidade subterrânea"*[113] e, em seu *O tempo das tribos*, nomeou-a de *"potência subterrânea"*[114]: uma força desempenhando o papel de uma *"toupeira"* a minar as bases do edifício social institucionalizado. Como explica: *"sua ação, no entanto, é ora secreta, ora discreta, ora notória. Quando não se exprime nessas formas de efervescência que são as revoltas, as festas,*

---

111. MAFFESOLI, Michel. *Homo eroticus*: des communions émotionnellles. Paris: CNRS Éditions, 2012, p. 19.

112. MAFFESOLI, Michel. *Homo eroticus*: des communions émotionnellles. Paris: CNRS Éditions, 2012, e, igualmente, MAFFESOLI, Michel. *L'ordre des choses*: penser la postmodernité. Paris: CNRS Éditions, 2014.

113. MAFFESOLI, Michel. *A sombra de Dionísio*: contribuição a uma sociologia da orgia. Rio de Janeiro: Graal, 1985, p. 15.

114. MAFFESOLI, Michel. *O tempo das tribos*: o declínio do individualismo nas sociedades de massa. Rio de Janeiro: Forense-Universitária, 1998, p. 45 e segs.

os levantes e outros momentos quentes das histórias humanas, ela se hiperconcentra no segredo das seitas e das vanguardas, sejam elas quais forem, e se hipoconcentra nas comunidades, nas redes, nas tribos, em suma, nos fatos menores da vida quotidiana..."[115]. Força que tem algo de *"monstruosidade"* pelo fato de não se deixar enquadrar facilmente, repugnando todos os poderes da ordem (econômicos, políticos, militares, eclesiásticos e ideológicos) que recusam o que é de caráter heterogêneo, complexo, plural e incontrolável. Se para esses poderes, o planejamento e a administração da vida política e social (e da vida, ela mesma), em suas formas e fórmulas, tornam-se a razão de ser de todos os seus investimentos, por sua vez, a que se destina essa força obscura, mas viva, que é a potência subterrânea vitalista? Para o autor, destina-se a *"triunfar sobre a morte de todos os dias"*[116], isto é, suplantar os mecanismos de poder, repressões, ideologias do "bem" e da "segurança", engenharias sociais e morais, os controles sociais, incluindo aqueles que se dizem voltados à "promoção da vida", mas que são experimentados por todos como *"imposições mortíferas"*, *"faces da morte"*. Como encarnação da vontade vitalista do querer-viver mundano, o poderoso *"querer viver societal"*[117], a potência subterrânea torna-se a resistência permanente contra as diversas "mortes" — espécie de "antecipações" da Morte na qual não se acredita (que outra coisa seja que não apenas o fim da vida): a vontade de viver, o desejo de vida, portanto, o vitalismo ingovernável como a energia dessa potência (o real, e seu tanto de "irrealidade"[118]), se traduzirmos as ideias fundamentais da sociologia maffesoliana.

Para o autor, por força dessa potência, tem existência uma *"oficiosa socialidade"* que age permanentemente *"para além da sociedade oficial"*[119]. Como diz: *"Verdadeira potência instituinte que, além, aquém, ao lado do poder instituído,*

---

115. Ibidem, p. 46.
116. Ibidem, p. 48.
117. Ibidem, p. 46.
118. Ibidem, p. 46. No pensamento de Michel Maffesoli, o sentido de um vitalismo ingovernável é plenamente bergsoniano. É a ideia do "élan vital" como impulso para a vida, impulsão que vence a morte. Cf. BERGSON, Henri. *L'évolution créatrice*. Paris: Presses Universitaires de France, 1940.
119. MAFFESOLI, Michel. *Homo eroticus*: des communions émotionnelles. Paris: CNRS Éditions, 2012, p. 19.

rege a realidade social na totalidade"[120]. Seriam exemplos dessa socialidade oficiosa as "astúcias" cotidianas dos indivíduos, suas "trampolinagens", "artes da existência", resistências organizadas ou espontâneas, e uma *"sabedoria dos limites"*[121] (que agiria como uma dose de ceticismo frente aos apelos para a adesão incondicional à ordem, mas igualmente como ceticismo contra os ataques e confrontos diretos, e como antídoto para a aderência aos "amanhãs cantantes" religiosos ou políticos). Tudo que, em conjunto ou dispersamente, comporia uma potência que ativaria a socialidade (e a sociabilidade oficial), para o melhor e para o pior. Potência de resistência às inércias, aos constrangimentos sociais e às pretensões de padronização e monoteização da existência, mantidas pelos gestores da vida (governos, igrejas, mercados etc.), tornando-se ela própria a potência que instaura o vigor de um "politeísmo de valores" que faz fracassar toda tentativa de captura e domesticação da diversidade que a caracteriza[122].

Não podemos deixar de pensar também numa aproximação dessa "sociologia do real" com as análises formuladas por Gilles Deleuze e Félix Guattari. Autores que igualmente trazem teorizações sobre o real, em sua relação com o desejo, tal como o entendem os dois filósofos.

Como escrevem em seu O *anti-édipo: capitalismo e esquizofrenia*: *"no real tudo é possível, tudo se torna possível"*[123]. E por quê? Esses dois pensadores, entregando-se a uma reflexão sobre o desejo distinta das teorias clássicas da psicanálise, psicologias, para as quais, como criticam, *"o desejo é legal, tudo bem, é muito útil, mas é preciso que ele entre em quadros — quadros do ego, quadros da família, quadros sociais, quadros simbólicos [...]. E, para isso, são necessários certos procedimentos de iniciação, de castração, de ordenação das pulsões"*[124],

---

120. Ibidem, p. 20 (tradução nossa).
121. MAFFESOLI, Michel. *A conquista do presente*. Natal: Argos, 2001, p. 126 e segs.
122. Ver, a propósito do que se diz aqui, além das obras já citadas, outros de seus trabalhos. MAFFESOLI, Michel. A conquista do presente. Natal: Argos, 2001; MAFFESOLI, Michel. *Sobre o nomadismo*: vagabundagens pós-modernas. Rio de Janeiro: Record, 2001; MAFFESOLI, Michel. *A parte do diabo*: resumo da subversão pós-moderna. Rio de Janeiro/São Paulo: Record, 2004.
123. DELEUZE, Gilles; GUATTARI, Félix. *O anti-édipo*: capitalismo e esquizofrenia. Lisboa: Assírio & Alvim, 1974, p. 26.
124. GUATTARI, Félix; ROLNIK, Suely. *Micropolítica*: cartografias do desejo. Petrópolis: Vozes, 1986, p. 216.

diferentemente, elaboram uma teoria que propõe entender por desejo "*o modo de produção de algo*": "*o desejo é sempre o modo de construção de algo*"[125]. E como formulou Félix Guattari: "*eu proporia denominar desejo a todas as formas de vontade de viver, de vontade de criar, de vontade de amar, de vontade de inventar uma outra sociedade, outra percepção do mundo, outro sistema de valores*"[126].

Entendendo o desejo como "*produtor e criativo*", os criadores da "esquizo-análise"[127] o tornam a inspiração e aspiração dos indivíduos (e não apenas como *sujeitos*) por novas realidades, que somente se tornam possíveis na produção desejante do Real. Como escrevem: "*se o desejo produz, produz real. Se o desejo é produtor, só o pode ser na realidade e da realidade. O desejo é esse conjunto de sínteses passivas que maquinam os objetos parciais, os fluxos e os corpos, e que funcionam como unidades de produção. O real resulta disso, é o resultado das sínteses passivas do desejo como autoprodução do inconsciente. Ao desejo não falta nada, não lhe falta o seu objeto. É antes o sujeito que falta ao desejo, ou o desejo que não tem sujeito fixo; é sempre a repressão que cria o sujeito fixo. O desejo e o seu objeto são uma só e mesma coisa. [...] O ser objetivo do desejo é o Real em si mesmo. [...] Não é o desejo que exprime uma falta molar no sujeito, é a organização molar que tira ao desejo o seu ser objetivo*"[128].

Retomando a "vontade de potência" nietzschiana e, igualmente, o "vitalismo" bergsoniano, postos a serviço de uma teoria do desejo, Deleuze e Guattari contrapõem-se a ver o desejo como algo nebuloso e algo "a canalizar", "a disciplinar" nas diversas "modelizações" sociais. Embora reconhecendo a hegemonia da "*lei proibitiva*", e todos os seus representantes ("Lei do Pai", "Castração", "Simbólico", "Estado" etc.), e suas tentativas de normalização e disciplinarização, Deleuze e Guattari o formulam como uma positividade que, "*enquanto formação coletiva*", é capaz de criação "*tanto em práticas imediatas quanto em projetos muito ambiciosos*"[129] no campo social.

---

125. Ibidem, p. 216.
126. Ibidem, p. 215.
127. Assim como chamaram seu projeto terapêutico crítico, alternativo à psicanálise clássica.
128. DELEUZE, Gilles; GUATTARI, Félix. *O anti-édipo*: capitalismo e esquizofrenia. Lisboa: Assírio & Alvim, 1974, p. 25-26.
129. GUATTARI, Félix; ROLNIK, Suely. *Micropolítica*: cartografias do desejo. Petrópolis: Vozes, 1986, p. 215.

Assim, temos que, nessa teoria do *desejo*, como força e modo de construção de novas possibilidades de realidade (éticas, estéticas, políticas, ideias, conceitos, relações etc.), o seu "ser objetivo" é o Real. E como dizem: *"a existência de uma repressão social que atinge a produção desejante não afecta absolutamente nada o nosso princípio: o desejo produz real, ou a produção desejante mais não é do que a produção social. Não se trata de reservar ao desejo uma forma de existência particular, uma realidade mental ou psíquica que se opusesse à realidade material da produção social. As máquinas desejantes não são máquinas fantasmáticas ou oníricas distintas das máquinas técnicas e sociais, e que as viriam duplicar"*[130].

Se não é o caso de tomar tudo isso por certo, e cada uma das formulações dos autores vistos até aqui como "coincidindo" com o que seria "a realidade", nas diferenças e até mesmo disparidades entre eles, conhecemos não apenas o modo como diferentes pensadores procuraram e procuram compreender os fenômenos humanos como tais, em sua materialidade, imanência, como também podemos reconhecer os avanços patentes de pensamentos que concebem os processos humanos na fonte mesma da vida humana na sua forma social, psicológica, moral, política. Se a propósito de um único assunto como o real e o desejo temos distintas concepções, mas não sendo o caso de "avaliar" (em vão...) qual delas corresponde aos "fatos da realidade", todas elas permitem pensar a singularidade dos processos humanos e pensar a construção da realidade social, pelos próprios seres humanos, como o único fato com o qual esses têm que se haver, irremediavelmente, pois nele constroem destinos, possibilidades, alternativas, ainda que, também por esse fato, nada esteja garantido, a realidade seja faltosa, o desejo não cesse de ser desejante, e tudo seja efêmero. Mas o que também permite que nos coloquemos à distância da realidade instituída e abrandemos sua força.

Sendo o desejo capaz de variação, mudança, errância, ele é dotado da aptidão para produzir a diversidade, a heterogeneidade e a complexidade. Assim, desejo e real têm as formas do múltiplo, do plural. Mas não apenas,

---

130. DELEUZE, Gilles; GUATTARI, Félix. *O anti-édipo*: capitalismo e esquizofrenia. Lisboa: Assírio & Alvim, p. 27.

desejo e real manifestam-se um no outro. Sitiar o real com as muralhas da realidade instituída requisitou sempre a vigilância do desejo e a desconfiança com a diversidade e a heterogeneidade do real.

Sobre a desconfiança com a diversidade e a heterogeneidade do real, e também sobre o correlato esforço dos sistemas de realidade ao tentarem reduzir tudo ao "único" (o Um, o Uno), talvez seja possível pensar, ao menos para o caso das sociedades estruturalmente similares (no Ocidente ou no Oriente, capitalistas ou não, e cristãs ou não), o que o historiador Paul Veyne dirá, escrevendo livro sobre Michel Foucault: *"Esta é mesmo, desde Platão, nossa maneira habitual de pensar. O múltiplo é uma expressão imperfeita do Uno"*[131]. Todas as manifestações do real seriam como expressões imperfeitas ou parciais de uma verdadeira realidade (essências ou substâncias): nada de singularidades, nada de realidades além da realidade instituída e consagrada, tudo devendo ser explicado a partir de realidades últimas e verdadeiras.

Se a distinção entre realidade e real pode ser clara para o pensamento e o conhecimento teóricos, não o é, todavia, igualmente para o pensamento humano ordinário e comum. O modo como os indivíduos ordinariamente representam a realidade leva a que o pensamento tenda a enxergá-la como toda, una, sem discrepância entre realidade e real. Na experiência humana, em todas as formas de sociedades conhecidas, por força da predominância do imaginário e do simbólico, isto é, do fenômeno do ideológico, os indivíduos mantêm com a realidade uma relação na qual essa aparece como uma totalidade plena, sem vazios, sem furos, e sem nenhum "para além", sem qualquer vestígio do real, e esse como os dados foracluídos, mas disponíveis, como a instância das possibilidades não instituídas. No domínio do real está o humano, em suas multiplicidades, diferenças, disparidades, incompletudes, imperfeições; a perfeição, a completude, o homogêneo, não existindo, mais não são que projeções idealizadas do discurso ideológico. Em capítulo mais adiante, voltarei ao assunto.

Embora o real, como o foracluído, seja *o-que-está-fora*, ele está *sempre-aí* na realidade, atuante, insistindo, resistindo. A relação entre real e realidade é

---

131. VEYNE, Paul. *Foucault*: sa pensée, sa personne. Paris: Albin Michel, 2008, p. 115.

da ordem de uma agonística em que nem sempre há superação dos antagonismos, vitória final, mas atrito, fricção incessantes, não obstante seja também dessa relação conflituosa que nasçam os novos arranjos, combinações, laços, quando esses conseguem produzir novas simbolizações, cujos efeitos são capazes de produzir sentidos para o existir humano, criando "novas realidades". O real é o que não deixa que a realidade estanque, conserve-se conservadoramente. Quando voltar à fórmula de Alain Badiou talvez resulte válido: "*se o real é o impasse da formalização [...] tudo vai começar por uma afirmação inaceitável do ponto de vista da própria formalização, que prescreve o que é possível, a saber, a afirmação de que o impossível existe*"[132] — e sua existência é o que mesmo faz que a realidade não seja sempre a mesma.

A realidade não consegue anular os efeitos da manifestação do real, como instância de possibilidades variadas que investe contra a realidade instituída. Os sistemas humanos de sociedade veem retornar, para frequentarem esses mesmos sistemas, aquilo mesmo que excluem: outros dados e arranjos possíveis.

Para um outro exemplo de como o real aparece sempre nos cenários da realidade bem instalada, o real como criador de mais possibilidades de realidade, é bastante lembrar as invenções científicas e tecnológicas. Essas estão sempre aí a acrescentar objetos à realidade, novos objetos no mundo. Dos nossos moderníssimos smartphones às estações espaciais (cidades espaciais), passando pelas diversas máquinas domésticas e robôs humanizados, e outras máquinas por vir, vivemos cotidianamente com acréscimos e inserções modificadores da realidade, alteradores da paisagem do mundo, que apenas pelas óbvias razões de seus impactos econômicos se tornam mais visíveis — e anunciados e difundidos na publicidade para seu consumo — que aqueles outros acréscimos e inserções de caráter moral, político, social. Esses, diferentemente, como impactam sobre a realidade cultural e social, modificando instituições e produzindo redefinições nos planos simbólico, político e moral, não são admitidos como "objetos" novos, úteis, funcionais, mas sempre como ameaças à "realidade".

---

132. BADIOU, Alain. *Em busca do real perdido*. Belo Horizonte: Autêntica Editora, 2017, p. 34.

Porém, não se trata aqui de trazer de volta a antiga distinção entre aparência e essência. Embora essa seja uma distinção válida e necessária para o estudo dos diversos fenômenos (naturais ou sociais), para o desenvolvimento da distinção aqui apresentada não se trata de compreender a *realidade* como a aparência e o *real* como a essência. A relação entre real e realidade é de uma outra ordem.

Apenas em um sentido se pode tomar a *realidade* como uma *aparência*. Sua consistência, naturalidade, universalidade e inevitabilidade são aparências que o real desmantela, para o melhor e para o pior. O real desconstrói a imagem de verdade-toda com a qual a realidade aparece, pondo em colapso sua representação de realidade-plena, completa. O real é capaz de revelar as falhas e a incompletude da realidade, do existente, do instituído, do atual, desmentindo sua "excelência", sua "totalidade". O real, coexistindo, mas, ao mesmo tempo, rivalizando com a realidade, irrompe e desencadeia "furos" em sua aparência de coerência, consistência, exatidão, harmonia, plenitude.

Não se trata também de tomar a realidade como o *imediato* e o *visível*, e o real como seu *fundo verdadeiro*, mas *invisível*, sua sombra, seu duplo. Trata-se de entender que a realidade tem um estatuto próprio — o de uma construção arbitrária, convencional, histórica e cultural — e isso é verdadeiro como tal, não é ilusão, embora se apoie na representação ilusória humana de que essa é uma realidade-toda, única, inevitável, eterna e necessária. A realidade não é a aparência falsa do real, não é a inversão de um real que está oculto e a ser descoberto, ela é *uma forma particular* do real, a *realidade instituída* — que procura, na ideologia, como tratarei mais adiante, a consagração simbólica que lhe atribua à propriedade de ser a única forma possível; o próprio real sendo negado como múltiplas possibilidades.

Para a concepção construcionista crítica, não há outra realidade paralela (como fundo, sombra, essência) além da realidade construída existente: não há outra realidade convizinha a ser vivida agora ou no pós-morte. Não há uma outra realidade a ser atingida por caminhos da "iluminação", da "salvação" (ou do "pecado"). É na realidade instituída (imperfeita, incompleta, falha, em permanente transformação e modificável por decisão humana) que vivemos e podemos atuar. E é assim que a modificamos e podemos revogá-la inteiramente.

Na distinção que proponho aqui, não se deve imaginar que o real seja *perfeito* (por sua potência, variedade, infinidade) e a realidade *imperfeita* (por parcial, precária, imediata, efêmera). Não repetirei o erro denunciado pelo filósofo Clément Rosset, no seu *O princípio de crueldade*, que chamou atenção para a tendência de certo pensamento em considerar a realidade como *insuficiente* e, por isso, imperfeita e mesmo ininteligível, somente podendo ser conhecida mediante o recurso a um princípio exterior a ela. Como escreveu: *"com efeito, não há nada no real, por infinito e incognoscível que ele seja, que possa contribuir para sua própria inteligibilidade: se é obrigado a buscar seu princípio em outro lugar, a tentar encontrar fora do real o segredo desse próprio real. Daí a ideia de uma* **insuficiência** *intrínseca do real: o qual careceria sempre, se posso dizer assim, e isto em todos os sentidos do termo, de sua própria 'causa' "*[133]. Pensamento que, para o autor, muito presente na filosofia ocidental, e equivalente a um *"princípio de realidade insuficiente"*, busca, em algo fora da própria realidade, sua causa, sua fundação e sua justificação, tornando-se também pensamento de menosprezo pela realidade imediata, presente, vivida. Como assinalou: *"essa depreciação pela realidade imediata é uma expressão particularmente eloquente do 'princípio de realidade insuficiente' que constitui o credo comum a toda denegação filosófica do real"*[134].

Formulando o seu próprio *"princípio de realidade suficiente"*, Clément Rosset acusa o pensamento filosófico tradicional de dissimular a sua verdadeira dificuldade em relação à realidade: *"dificuldade que, se reside secundariamente no caráter incompreensível da realidade, reside antes de tudo e principalmente em seu caráter doloroso. Dizendo em outras palavras, suspeito muito de que a desavença filosófica com o real não tenha por origem o fato de que a realidade seja inexplicável, considerada apenas em si-mesma, mas sim o fato de que ela seja* **cruel** *e que consequentemente a ideia de realidade suficiente, privando o homem de toda possibilidade de distância ou de recurso com relação a ela, constitui um risco*

---

133. ROSSET, Clément. *O princípio de crueldade*. Rio de Janeiro: Rocco, 2002, p. 14. (grifo do autor)
134. Ibidem, p. 15.

permanente de angústia e de angústia intolerável"[135]. Conclui o filósofo que "*a tarefa mais alta e mais difícil*" do ser humano é "*acomodar-se ao real, encontrar sua satisfação e seu destino no mundo sensível e perecível*"[136]. Mas "acomodar-se" aí não deve ser entendido como uma entrega alienada à realidade, naturalizada e eternizada, mas como inserção na realidade que, sem nenhuma outra "dimensão" (pós-realidade, espiritual, metafísica), existe como o que, erguida pelas ações humanas, é também onde temos que estar vivos e atuantes para, por nossas próprias ações, transformá-la, alterá-la.

O real, como instância do múltiplo, do ilimitado, é caótico e desordenado, é profusão de possibilidades e impossibilidades. Somente a "ordem" é "ordenada". E é, por isso, que é uma ficção, uma construção arbitrária, uma convenção — que necessita da ideologia para subsistir, pois somente na ideologia a ordem é "ordem", e uma realidade "plena", "consistente", sem "furos".

Mesmo a representação do universo físico foi, até antes de modernas descobertas da astronomia (com os estudos da cosmologia e astrofísica), uma representação que em muito devia à ideologia sua imagem, sobretudo às representações mítico-religiosas: uma ordem cósmica absoluta e perfeita. Sabe-se, hoje, que o universo é uma diáspora explosiva, caótica e em contínua expansão. O real e suas múltiplas possibilidades... Algumas delas imprevisíveis e incontroláveis...

A realidade é revogável...

Rivalizando com o essencialismo substancialista, o pensamento construcionista crítico tem por fim a desconstrução de toda visão que procura fundamentar a existência da realidade em essências/substâncias naturais, universais e transcendentais, fixas e imutáveis. Por essa razão, a análise construcionista crítica da realidade torna-se também, como já adiantei, um

---

135. Ibidem, p. 17. (grifo do autor)
136. Ibidem, p. 25.

desconstrucionismo cujo primeiro objeto é o discurso ideológico. Discurso de naturalização, eternização e legitimação da realidade instituída.[137]

Trazendo o entendimento de que a realidade do mundo humano-social e suas particularidades são construções dos próprios indivíduos humanos, a teoria construcionista crítica traz consigo, como uma consequência epistemológica (e política), a compreensão que essa realidade é igualmente por eles modificável. Essa pode ser desconstruída, refeita, inteiramente modificada, revogada. Este pode ser o segundo postulado fundamental dessa teoria: a realidade é revogável! Tudo é revogável!

Para o que foi dito até aqui, a ideia central é a que não há realidade (do que quer que seja) que não resulte de processos que a engendram e conservam, assim como a transformam. Processos que são eles próprios resultados de práticas sociais e históricas humanas. O caráter construído da realidade não é determinante apenas do seu caráter convencional, instituído, mas igualmente é determinante na sua transformação. A realidade que é construída pelos seres humanos é também por eles transformável, revogável, por suas próprias decisões.

A compreensão construcionista procura também trazer o entendimento que a realidade, embora dure, ela muda, e está sempre a mudar, ainda quando parece a mais firme e assegurada por uma aparente "força das coisas" (como na visão impressionista que temos da realidade na vida cotidiana, narrada nos mitos, poemas e canções como "força" enigmática, misteriosa). "Força das coisas" que mais não é que a representação que fazemos delas, atribuindo-lhes um poder supra-histórico e supra-humano indecifrável. Não é demais repetir: *"tudo que é sólido desmancha no ar"*...[138] Construcionismo e desconstrucionismo de Marx e Engels. O construído dura, mas também muda, desintegra-se, e se sua duração e desintegração ocorrem por mecanismos objetivos, estes são também resultados de ações humanas, ainda que essas ações nem sempre definam seus objetivos.

---

137. Todo o quarto capítulo abordará o assunto do *discurso ideológico*, sua gênese e funcionamento e seu papel na construção social da realidade.

138. MARX, Karl; ENGELS, Friedrich. Manifesto do partido comunista. In: *Cartas filosóficas e outros escritos*. São Paulo: Grijaldo, 1977, p. 87.

Uma consciência em nosso tempo expande-se: a do caráter construído das coisas e do seu igual caráter revogável. Ainda que não seja consciência geral, é cada vez mais comum que mais pessoas hoje, nas diversas sociedades complexas moderno-contemporâneas, que alguns teóricos chamam "pós-modernas", não admitam mais ser submetidas a convenções, instituições, crenças e "verdades" sem questioná-las e colocá-las à prova, sabendo de sua natureza arbitrária, convencional. Não fosse porque ainda não é geral, poderíamos dizer que a consciência de nosso do tempo é desconstrucionista, e o é pela consciência do caráter construído de toda realidade e, por essa razão, também inteiramente revogável. E se, até aqui, há demasiado da realidade social que dura tanto, é menos por alguma "lei da duração" intrínseca a essa ou pela "força das coisas" e mais porque as coletividades humanas, e dentro delas seus poderes, classes e grupos — mas também todos nós! —, decidem não a modificar, nem mesmo modificar algumas de suas instituições. Mas, o que é certo, há no ar, nos ambientes, por toda parte, uma insurgência geral contra a dominância do único, do hegemônico, do dominante, de verdades (únicas) aceitas: pluralidade, diversidade, heterogeneidade, deserções, dissidências, reivindicação de uma democracia real e radical, com liberdade e direito à diferença, com paridade na participação social, pouco importando a igualdade econômica... Cada vez mais, escutamos falar disso e podemos observar suas práticas! E, certamente, pela compreensão do caráter construído e arbitrário de tudo e, por isso mesmo, da legitimidade da revogabilidade também de todas as coisas!

2

A construção da realidade social

Se a forma é fluida, o sentido é mais ainda.
Nietzsche

*O sentido não se constitui senão por meio
de estruturas de coerção do significante.*
Michel Foucault

*Dizer que uma sociedade funciona é um truísmo,
mas dizer que tudo, numa sociedade, funciona é um absurdo.*
Claude Lévi-Strauss

Haverá sempre uma distância entre a sociedade instituinte e o que é, cada instante, instituído — e esta distância não é nem um negativo nem um déficit, ela é uma das expressões da criatividade da história, o que a impede de condensar-se para sempre na "forma por fim encontrada" das relações sociais e das atividades humanas, o que faz com que uma sociedade contenha sempre mais do que apresenta. O que é não é jamais fechado. O que é é aberto, ou o que é é sempre, também, a ser.
Cornelius Castoriadis

O arbitrário social: a realidade social é uma construção, uma convenção

Quem conhece a teoria desenvolvida por um dos criadores da sociologia no século XIX, o francês Émile Durkheim, sabe que as características que ele atribui ao *fato social*[139] correspondem à descrição da realidade em geral: exterior, objetiva, geral, independente e coercitiva. É assim como também a realidade é percebida por aqueles que a ela estão submetidos. É certo, nessa sociologia, a construção da realidade social confunde-se com o processo mesmo de sua institucionalização, isto é, o processo de estabelecimento, fixação e reificação do espaço de sociedade e seus códigos próprios, normas, valores, crenças, padrões, definições morais etc. Realidade que constitui um modo de vida cultural e histórico, mas vividos pelos indivíduos como uma realidade universal, irreversível e independente do concurso da ação humana. Como assinalou o autor: *"não é verdade que a sociedade só é composta de indivíduos; ela inclui também coisas materiais, que desempenham um papel essencial na vida comum. O fato social às vezes se materializa a ponto de se tornar um elemento do mundo exterior. Por exemplo, um determinado tipo de arquitetura é um fenômeno social; ora, ele se concretiza em parte em casas, edifícios de todo tipo, que, uma vez construídos, tornam-se realidades autônomas, independentes dos indivíduos. O mesmo ocorre com as vias de comunicação e de transporte, com os instrumentos e as máquinas empregados na indústria ou na vida privada e que exprimem as condições da técnica em cada momento da história, da linguagem escrita etc. A vida social, que desse modo como que se cristalizou e se fixou em suportes materiais, encontra-se por isso mesmo exteriorizada, e é de fora que ela age sobre nós"*[140]. Assim é que também Durkheim definiu a sociologia como *"a ciência das instituições, da sua gênese e do seu funcionamento"*[141].

Cabe, agora, abordar como culturas e sociedades equivalem a convenções e arranjos arbitrários, estabelecidos no decurso da história e na

---

139. DURKHEIM, Émile. *As regras do método sociológico*. São Paulo: Abril Cultural, 1978 (Os Pensadores).

140. DURKHEIM, Émile. *O suicídio*. São Paulo: Martins Fontes, 2000, p. 404.

141. Idem. *As regras do método sociológico*. São Paulo: Abril Cultural, 1978 (Os Pensadores), p. 82.

trajetória antropológica humana, pela ação de agentes instituintes, criadores da realidade, os seres humanos. E igualmente cabe abordar como a realidade das sociedades institucionaliza-se e autonomiza-se, ganhando a aparência de independente da ação desses mesmos seres humanos. E como também essa mesma realidade se transforma, é transformada pela ação humana, embora nem sob inteira liberdade nem inteira determinação, e nem sempre também conduzida pela racionalidade consciente e intencional.

É bem sabido que não é possível (e é mesmo algo que as ciências sociais e históricas tornaram um objetivo vão) encontrar o *grau zero* (um "*zero ontológico*" à la Bulgakov?[142]) da fundação da realidade em geral, da realidade social ou da realidade de todas as coisas (o mesmo se apresentando como problema igual para as ciências da natureza e do universo), na vã pretensão da descoberta dos artifícios, peças, processos, dinâmicas, personagens e intencionalidade de todos os começos. E conquanto alguma parte da realidade social seja produto de ações conscientes, planejadas, previamente definidas, torna-se importante compreender, de início, que a emergência dos espaços de sociedade e cultura e a invenção de suas instituições, normas, técnicas, discursos, o aparecimento de um imaginário próprio, ocorrem, em grande medida, num acontecer histórico e antropológico obscuro e desconhecido em muitos de seus aspectos.

Conceber o que experimentamos e chamamos realidade social como *realidade construída* não é ideia desprovida de fundamentação. Se definimos a realidade das sociedades e culturas pelas estruturas, instituições, práticas e crenças que as configuram e por elas são mobilizadas, a intervenção humana e a invenção cultural e histórica são o fundamento de tudo existente. No espaço de sociedade, nada há que exista previamente à existência do ser humano e prévio à sua ação na sua contínua *exteriorização* no mundo[143].

Como assinalam os estudos em antropologia, sociologia e história, tratando-se de criatura inteiramente dependente de sua própria ação para

---

142. Ver, a propósito do assunto, HRYSCHKO, Myroslav Feodosijeviè. A sofiologia de Bulgakov como filosofema: não-ontologia e ontogênese. *Trans/Form/Ação* [online]. 2010, v. 33, n. 1, p. 203-224. ISSN 0101-3173. http://dx.doi.org/10.1590/S0101-31732010000100010.

143. Para o conceito de exteriorização, ver BERGER, Peter; LUCKMANN, Thomas. *A construção social da realidade*. Petrópolis: Vozes, 1986, p. 76 e segs.

constituir-se como ser social e para constituir os espaços que tornam possível sua existência, o ser humano se distingue por ter que produzir seu "habitat", à falta de um natural como disponível às demais espécies. E no qual viabilizará as condições que tornarão possível a vida humana, sem semelhança com nenhuma outra. É esse "habitat" artificialmente produzido por diversificados atos que chamamos "mundo humano", "mundo social", "realidade social".

Aos estudiosos das sociedades humanas, sempre chamou atenção o fato de essas serem extremamente variadas e variáveis, embora possuindo certos aspectos comuns e duráveis. Para as ciências humanas e diversas filosofias, a variabilidade das organizações sociais humanas corresponde ao seu caráter contingente, convencional, arbitrário. O processo de emergência das sociedades e suas instituições sociais, seguramente muito complexo, não correspondendo a nada que seja um princípio único, fixo e previsível. No âmbito da existência das sociedades e culturas humanas, o que é seu sinônimo é diversidade, diferença, disparidade, pluralidade.

Na *noite dos tempos* de todos os começos, o surgimento das culturas e sociedades não foi evento que obedeceu a causalidade desconexa da presença e atividade dos seres humanos ou causalidade exterior que prescindiu da existência humana: entes celestes, seres superiores extraterrestres, natureza consciente, desígnios supra-históricos etc. Para as ciências humanas e históricas construcionistas, as sociedades e suas instituições correspondem a arranjos contingentes, fortuitos, particulares, acidentais, mas sempre como resultados das intervenções humanas no vazio ("na falta de", "a partir do nada") e no acaso (imprevistamente). Aqui, como nos estudos da astrofísica, o vazio tem sua força. As sociedades e culturas, com suas estruturas, instituições, relações sociais e imaginários coletivos, emergem a partir de complexos cruzamentos de variáveis, fatores e elementos dispersos, mas todos como fatos oriundos da presença e ação humanas.

E mesmo quando se trata de examinar esses fatos e seus desdobramentos, não há aí também causalidade única, mas complexidades insondáveis, aleatórias, escolhas, seleções, decisões que não estão ao alcance de nenhuma ciência determinar, definir, explicar. A fundação da realidade das sociedades, a realidade social, é sem a racionalidade e determinações controláveis, pretendidas por algumas correntes de pensamento ou fantasiadas pela opinião comum. É bom lembrar aqui a lição do historiador Paul Veyne: *"a causalidade histórica é sem primeiro motor"*, isto é, *"não existe jamais fenômeno fundamental, primazia de um fator sobre outro, mas apenas relações recíprocas e deslocamentos perpétuos entre eles"*.[144] E um pouco mais das sábias palavras do historiador: escrevendo sobre o pensamento do filósofo Michel Foucault, e sobre a recusa desse em pensar a realidade como algo cujas origens repousariam numa causa ou entes ("sujeitos") transcendentais, metafísicos, trans-históricos ("sujeito fundador da verdade", "cumplicidade primeira" da origem), Paul Veyne situa assim as análises foucaultianas: as origens da realidade *"são devidas a acontecimentos do acaso: daí 'o princípio de singularidade da história do pensamento'. [...] Se os conceitos advêm, as realidades também advêm; elas são provenientes do mesmo caos humano. Elas não derivam de uma origem, elas se formam por epigênese, por adição e modificações, e não a partir de uma pré-formação; elas não obedecem a um crescimento natural como as plantas, não desenvolvem aquilo que haveria preexistido como um germe, mas são constituídas no correr do tempo por estágios imprevisíveis, bifurcações, acidentes, encontros com outra série de acasos, em direção a um resultado não menos imprevisto. [...] Tudo age sobre tudo, tudo reage contra tudo"*[145].

A realidade social é *construto* porque ela é sempre obra, criação humana, e é invenção particular, pontual, singular, específica. Não existe a criação da realidade em geral, mas sempre realidade particular. A realidade é eventual, e imprevisível. Evocando mais uma vez as análises de Paul Veyne, eis como ele resume o que chamou de *"princípio"* de onde deriva o pensamento de Michel Foucault: *"nas coisas humanas, não existe e não pode existir senão singularidades de um momento [...], pois o devir da humanidade é sem fundamento, sem vocação nem dialética que o ordenaria; cada época não é senão um caos de singularidades arbitrárias, saídas da concatenação caótica precedente"*[146].

A vida social somente se estabelece como tal por sua estruturação e institucionalização, o que implica sempre-já a atuação humana:

---

144. VEYNE, Paul. *Foucault*: sa pensée, sa personne. Paris: Albin Michel, 2008, p. 84. (tradução nossa)
145. Ibidem, p. 83-84 (tradução nossa).
146. Ibidem, p. 79.

exteriorização, repetição, rotinização, interiorização, aprendizagem social do instituído, tudo isso somente se realiza pela presença e ação humanas. Tratando-se da vida em sociedade, nenhuma realidade (do que quer que seja) toma forma e se estabelece por "causalidades" ou "determinações" estranhas ao agir humano. Os grupos humanos constroem sociedades e culturas mediante a organização de espaços nos quais suas atividades dão forma a maneiras de viver e, nos processos de construção desses espaços, põem em ação modelos, padrões, mecanismos, instituições e estruturas regulares e reguladores de modos de pensar, sentir e agir. E para cujo funcionamento os seres humanos também acionam e manipulam os mais diversos imaginários e representações, embora sem necessariamente a racionalidade consciente ao fazê-lo.

O caráter próprio do mundo humano-social é ser essa criação dos indivíduos humanos, embora esses mesmos indivíduos representem a realidade desse mundo por eles criado como um produto autonomizado, transcendente, imodificável. Sendo muito comum uma representação da realidade que a situa como produto da ação de poderes não humanos, seja a natureza, seja entes sobrenaturais, eternos e infinitos, admitidos como deuses, divindades. Uma tendência comum nas sociedades humanas até aqui, por força de seus próprios modos de estruturação, por nelas operarem representações que ratificam suas realidades como "naturais", "divinas", independentes do agir humano. Representações que, no fundamental, constituem aquilo que o sociólogo Émile Durkheim nomeou de *"mundo imaginário"* e *"simbólico"*, com cujo auxílio todos os sistemas de sociedade contam. Como magnificamente escreveu: *"o homem acaba por se ver prisioneiro desse mundo imaginário de que ele é, no entanto, o autor e o modelo."*[147] E mais adiante, na mesma obra: *"A vida social, em todos os seus aspectos e em todos os momentos da sua história, só é possível graças a vasto simbolismo"*[148].

Toda uma perspectiva de estudos em ciências humanas — que se modifica do funcionalismo ao materialismo histórico, passando pelo

---

147. DURKHEIM, Émile. *As formas elementares da vida religiosa.* São Paulo: Edições Paulinas, 1989, p. 84.

148. Ibidem, p. 288.

estruturalismo, pelo interacionismo simbólico, fenomenologia, teoria ator-rede, figuracionismo etc., e mesmo que seja necessário apontar suas diferenças e divergências — procura evidenciar o quanto os sistemas de sociedade são construções que procuram se validar no imaginário e no simbólico. Isto é, que se valem da produção de representações, significações imaginárias e mitos para atribuir sentidos ao construído e ao institucionalizado, que, de outro modo, não conseguiriam ser admitidos, assimilados e legitimados.

Assimilado por meio de imagens, representações, crenças, mitos, discursos, relações sociais e ritos cotidianos, de forte pregnância, o simbólico funciona como uma linguagem, é uma linguagem. Isso porque a realidade se exprime não diretamente, mas por meio de uma dicção metafórica, alegórica, figurada, a própria realidade confundindo-se com sua *forma simbólica*. Aquilo que é vivido como a realidade (de uma sociedade, cultura, época histórica) encerra a todos que estão a ela submetidos numa totalidade simbólica. Todo um conjunto de estudos em ciências humanas igualmente chama essa totalidade de "ordem simbólica", e, desde Lévi-Strauss, falamos em "função simbólica" e "eficácia simbólica" para destacar a força e o papel do simbólico na vida social de nossas sociedades, como instância e via pela qual os indivíduos acessam, aderem e aquiescem à ordem social, essa tornando-se, como escreveu Pierre Bourdieu, "uma imensa máquina simbólica".[149]

O simbólico, lançando mão de seu componente imaginário, é capaz de oferecer fundamento ao que não tem fundamento, tornando-se a matriz da produção de todos os significados que legitimam a realidade, outorgando validade à realidade, justificando seus imperativos, injunções. O simbólico constitui a dimensão na qual ocorre a tomada de sentido dos fenômenos, fatos, instituições e estruturas que configuram o que, para um grupo humano (coletividade, sociedade, cultura) constitui "a realidade".

Mas é preciso ter do simbólico e do imaginário um conceito apropriado para evitar toda divagação sem fundamento. Nem o imaginário nem o simbólico são realidades pré-existentes ao social, nem permanentes, são

---

149. BOURDIEU, Pierre. *A dominação simbólica*. Rio de Janeiro: Bertrand Brasil, 1999, p. 18.

igualmente construções epocais, culturais e humanas e, assim, transitórios, passageiros, modificáveis. Quando mencionamos o papel do imaginário e do simbólico na ideologização da realidade, não o fazemos com a ideia que seja algo diferente de uma produção humana (nem o imaginário nem o simbólico são de outra ordem que realidades de caráter humano-social) e que seja algo imodificável. E lembrar que se trata sempre de produções contextualizadas e particulares.

Embora em muitas análises apareça como uma estrutura, melhor se compreende o simbólico como uma linguagem, um discurso. E, como tal, o simbólico é dinâmico e redefinível a qualquer tempo. Responde a contextos e a injunções que são em si próprios decisivos para produções discursivas, ideais, significantes e significações.

Criticando certas visões essencializadoras e naturalizadoras, a filósofa Judith Butler agrega à definição do simbólico uma observação que recupero aqui por sua agudeza: diante do simbólico, estamos em presença da *"regulação temporalizada da significação"*[150]. Uma observação que não apenas localiza no tempo a produção simbólica mas situa também seu controle, subordinação e regulação por poderes, normas, ordens, disputas, lutas. Antes de tudo, trata-se sempre de uma produção de significações e sentidos em contextos particulares, sob certas condições, regras, imposições e interesses. E que satisfaz a certas condições de criação prévias, reguladas e reguladoras, não apenas definidoras do seu modo de produção mas igualmente dos seus conteúdos, ideações, indivíduos, sujeitos. Por tudo isso, não há simbólico neutro. Para lembrar, todavia, que o simbólico dura e perpetua-se, busca por muitas formas perdurar em seu ser, Butler fala também de uma *"rigidificação estrutural"*[151] de produções simbólicas e ideológicas (normas, conceitos, concepções etc.), mas o que não o lança fora da dinâmica temporal e histórica e da espacialidade cultural e social. Ele próprio redefinido em vista de todos esses elementos de fundo e submetido a todas as possíveis ressignificações no curso dinâmico dos movimentos e alterações da realidade social.

---

150. BUTLER, Judith. *Ces corps qui comptent*. Paris: Éditions Amsterdam, 2009, p. 36 (tradução nossa).

151. Ibidem, p. 36 (tradução nossa).

Na produção imaginário-simbólica ocorre a *transubstanciação*[152] da realidade. Essa converte-se em algo diferente de uma construção humana, cultural e histórica, tornando-se uma obra de entes divinos, resultado de leis cósmicas, fato da natureza, desígnios transcendentais, tudo sem a ação humana, ou se torna objeto do qual essa ação participa mas sem qualquer poder: a realidade como eterna, invariável, necessária e funcional a algum imperativo mais potente que o agir humano. Verdadeira ficcionalização da realidade, é esse fenômeno que a torna propriamente realidade assimilável, aceita, repetível.

Assim, não é muito dizer, a realidade social, a realidade de nossos sistemas de sociedade (e qualquer deles) contém sempre algo de ficcional. Os sistemas de sociedade se tornam "realidade" (vivida como independente da ação humana, imodificável, poder que não pode ser contestado, permanente etc.) graças à ficção imaginário-simbólica que engendra veracidade, verossimilhança, ao que, de outro modo, apareceria como (de fato é!) invenção humana arbitrária, convencional, passageira, imperfeita, podendo até ser durável, mas inteiramente modificável, revogável, reversível.

Um fenômeno de diferentes maneiras observado por pensadores como Nietzsche, Marx, Durkheim, Freud e, mais contemporaneamente, Michel Foucault, Clément Rosset, Slavoj Zizek, Michel Maffesoli, ao insistirem sobre o caráter ficcional da realidade. Não disse Freud que "*as religiões da humanidade devem ser classificadas entre os delírios de massa*"[153]? E que "*todo

---

152. O termo transubstanciação remete à transformação de uma substância em outra. É usado, nas tradições católica e luterana, para explicar a conversão, através das palavras pronunciadas pelo padre, do pão e vinho, respectivamente, em corpo e sangue de Cristo. Um dos dogmas do catolicismo, é considerada um *mistério*. O simbólico tem também os seus "mistérios" e "dogmas", e funciona também pelo pensamento mítico-mágico-religioso, sendo as religiões uma de suas materializações mais expressivas. Falando de poder simbólico, Pierre Bourdieu apela à noção de transubstanciação para dizer: "*O poder simbólico, poder subordinado, é uma forma transformada, quer dizer, irreconhecível, transfigurada e legitimada, das outras formas de poder: [...] o trabalho de dissimulação e de transfiguração (numa palavra, de eufemização) que garante uma verdadeira transubstanciação das relações de força fazendo ignorar-reconhecer a violência que elas encerram objetivamente e transformando-as assim em poder simbólico, capaz de produzir efeitos reais sem dispêndio aparente de energia.*" (BOURDIEU, Pierre. *O poder simbólico*. Lisboa: Difel/Rio de Janeiro: Bertrand Brasil, 1989, p. 15; grifos do autor)

153. FREUD, Sigmund. *Mal-estar na civilização*. Rio de Janeiro: Imago, 1974, p. 100 (Obras Completas, v. XXI).

aquele que partilha um delírio jamais o reconhece como tal"[154]? Tendo o autor igualmente identificado as *"doutrinas religiosas como ilusões"* e alertado assim os seus leitores: *"Não devem as suposições que determinam nossas regulamentações políticas serem chamadas também de ilusões?"*[155]. Realidade que, como construção (que se pode deixar de repetir ou aderir, facultativa, contingente, epocal, casual, eventual...), termina, como pensou o filósofo Clément Rosset, por produzir seu duplo numa "outra realidade", metafísica, que, à falta de sentido dessa aqui, do presente e do cotidiano, simula o seu sentido alhures, num "outro mundo". Como diz: *"a realidade é efetivamente idiota. Porque, antes de significar imbecil, idiota significa simples, particular, única em sua espécie. Tal é bem a realidade, e o conjunto dos eventos que a compõem: simples, particular, única ... idiota [...]. [essa] encontra um campo de expressão mais vasto na duplicação do real em geral [...]. Não é mais um duplo do acontecimento que é então requerido, mas um duplo da realidade em geral, um "outro mundo" chamado a dar conta deste mundo-aqui, que permaneceria para sempre idiota se considerado tal como em si-mesmo."*[156]

Nesse sentido, vale lembrar que a ficção da arte põe a nu aquilo que permanece oculto na "ficção da realidade": essa é também, como no caso da arte, a criação, invenção, produção de um mundo, com seus personagens, roteiros, dramas, conflitos, crenças, relações. A ideia que "um outro mundo é possível" talvez não encontre correspondente igual como na arte. A literatura, o teatro, o cinema, a novela de TV, a música e a pintura são capazes de criar todo um mundo paralelo, alternativo, possível!, que anunciam que, para além da realidade instituída, existem outras possibilidades.

Mas, é como instância da transubstanciação da realidade dos sistemas de sociedade — isto é, da eufemização de seu caráter não neutral como sistema de dominação, sujeição, poder, que implica toda ordem social — que o imaginário e o simbólico se tornam os domínios por excelência do ideológico. Assunto sobre o qual retornarei no quarto capítulo.

---

154. Ibidem, p. 100.
155. Idem. *O futuro de uma ilusão*. Rio de Janeiro: Imago, 1974, p. 47 (Obras Completas, v. XXI).
156. ROSSET, Clément. *Le réel et son double*. Paris: Gallimard, 1984, p. 52-53 (tradução nossa).

Na extensa reflexão que faz sobre o lugar que o imaginário e o simbólico ocupam na vida social, o filósofo Cornelius Castoriadis aponta a *"dominância do momento imaginário"* (isto é, da produção de significações sociais, representações e simbolismos), no processo de institucionalização da realidade, como a fonte de sua *"autonomização"* relativamente à sociedade e aos indivíduos que a produzem. Autonomização que também propicia que os indivíduos não reconheçam o imaginário das instituições, e suas relações com elas, como produtos também de suas próprias criações.[157]

Assim, o autor sugere que é no *imaginário* que uma sociedade procura *"o complemento necessário para sua ordem"*[158], recorrendo a esse para produzir significações que lhe atribuam sentidos e fundamentos dos quais está destituída — fenômeno comum a toda ordem social. Não é por outra razão que arremata: o imaginário *"está na raiz tanto da alienação como da criação na história"*.[159] E é esse componente imaginário de toda ordem social que funciona como instância da sanção simbólica (reconhecimento, aprovação, consagração) de sua realidade instituída. Como acrescenta: *"a instituição da sociedade é toda vez instituição de um magma de significações imaginárias sociais, que podemos e devemos denominar um mundo de significações. [...] O que unifica uma sociedade é a unidade de seu mundo de significações. [...] a sociedade se institui instituindo um mundo de significações, porque a emergência do social-histórico é emergência da significação e da significação como instituída"*.[160]

Na mesma obra, Castoriadis assinala igualmente que, não sendo a realidade das sociedades humanas produto de nenhuma causa transcendente, causalidade fora da história, natureza, determinidade única e inscrita nas próprias coisas ou "lei" da evolução, a realidade é continuamente fundada e estabilizada no domínio social-histórico da *"criação"*[161] humana,

---

157. CASTORIADIS, Cornelius. *A instituição imaginária da sociedade*. Rio de Janeiro: Paz e Terra, 1982; para a noção de "autonomização", ver p. 139 e segs., e, para a ideia de "dominância do momento imaginário", ver p. 159 e segs.

158. Ibidem, p. 156

159. Ibidem, p. 161.

160. Ibidem, p. 404-405.

161. Ibidem, p. 58.

ela é sempre, pois, *realidade instituída*[162]. Para o autor, é de criação humana (invenção, produção, fabricação), numa palavra, de *construção*, que se trata sempre quando estamos diante do social e da história.

Para esse modo de pensar construcionista crítico, não há realidade instituída sem as práticas humanas e processos que conduzem à sua institucionalização, não há realidade fundada sem as práticas e processos de sua fundação. Mesmo quando se trata daqueles domínios que o senso comum compreende como naturais, tais como corpo, sexo, aí também se encontram processos de aprendizagem, formação cultural e histórica. Isto é, atividade humana. E se não é possível, para muitos casos, determinar a gênese precisa de certos processos e dinâmicas, existência de instituições, normas, costumes, crenças, é bem certo que em todos eles se trata sempre de resultados da atividade de seres humanos (como indivíduos, grupos, classes etc.), em suas diversas atuações e ações no mundo. Ações aleatórias, contingentes, no vazio, mas sempre como o agir especificamente humano para a construção de seu mundo próprio de viver, e pela organização de arranjos, estruturas, códigos, normas etc. que vão se configurando como espaços de sociedade e cultura inteiramente particulares, convencionais, arbitrários e propriamente humanos. Nunca iguais entre si em todos os aspectos, nem correspondentes a qualquer lei natural ou universal, desígnios transcendentes, imperativos extra-históricos.

É nesse sentido que há todas as razões para, nas ciências humanas, falarmos em *arbitrário cultural*[163] (que igualmente poderíamos chamar *arbitrário social* ou *arbitrário cultural-social* e falarmos também de *arbitrário histórico*) quando pensamos os sistemas humanos de sociedades e culturas. Todos eles de caráter convencional, constituídos a partir da conjugação de elementos econômicos, culturais, ideológicos, políticos e históricos, dando origem a arranjos estruturais, compostos de instituições, códigos, normas etc. Nos termos de Bourdieu, como "arbitrários culturais", os sistemas de sociedade configuram-se como arranjos que se organizam a partir de escolhas (culturais, sociais, históricas) aleatórias, contingentes,

---

162. Ibidem, p. 151; todo o seu livro trata dessa tese.
163. BOURDIEU, Pierre. *Economia das trocas linguísticas*. São Paulo: Edusp, 1998.

embora, quando se tornam instituições ou estruturas, determinem-se a objetivos (sociais, políticos) bem precisos.

Parte importante da obra do sociólogo francês pode ser entendida como um tratado geral sobre o modo como as sociedades humanas se constituem como sistemas arbitrários de signos, códigos, categoremas de percepção, normas, *habitus*, crenças, instituições, relações etc. Para o autor, toda ordem social se institui por meio de *"lógicas de consagração simbólica"* de processos objetivos, fazendo que a própria imposição do sistema de sociedade (e a sujeição social que implica) se realize pela via simbólica. Situo sua socioantropologia como construcionista crítica/desconstrucionista, que, empregando sempre a perspectiva da construção social da realidade, ocupou-se com a demonstração dos efeitos simbólicos da *"construção social naturalizada"*. Isto é, realidades que, sendo de "natureza social", mas ganhando a aparência de "natureza natural" nos processos de imposição simbólica, fixam-se como coisas não construídas, realidades dadas, como dotadas de fundamento em si mesmas, necessárias e funcionais. Bourdieu produziu uma teorização do social que chamou atenção para o fenômeno da criação *ex nihilo* (a partir do nada...) da realidade, isto é, numa espécie de *"magia performativa"*, a linguagem e as formas simbólicas criam a realidade de categorias, instituições, ritos, práticas e sujeitos onde antes não havia nada (das categorias, instituições, ritos, práticas e sujeitos fundados). É dessa criação que as instituições sociais fazem-se passar por fundadas sobre boas razões para existirem, embora não se apoiem sobre qualquer fundamento último. O autor procurou demonstrar ainda que as sujeições (é mais comum o autor falar de "dominação") a que os indivíduos estão submetidos no espaço da cultura realizam-se, prevalentemente, através da sua forma simbólica, quando mecanismos de força se transmutam em operações de sentido. E, como arrematou em um de seus últimos escritos, *"a ordem social funciona como uma imensa máquina simbólica que tende a ratificar a dominação"*.[164] É propriamente essa máquina simbólica que é capaz de fazer aquilo que é arbitrário (isto é, de caráter convencional, contingente, particular) ganhar a aparência de universal, imodificável, eterno, necessário

---

164. BOURDIEU, Pierre. *A dominação masculina*. Rio de Janeiro: Bertrand Brasil, 1999, p. 18

etc. O caráter arbitrário da realidade instituída, apagando-se como arbitrário, torna-se o próprio sistema de sociedade, a própria ordem como tal: o arbitrário cultural.[165]

Na análise dos fenômenos da construção social da realidade, o autor os descreve como atos de *"magia performativa"*, atos de *"instituição"*, *"golpe de força simbólica"*, atos de *"imposição arbitrária"*[166], capazes de criar a realidade, sempre a partir de dados existentes e disponíveis, mas sempre como dados fabricados pela ação humana, e sempre capaz de criar ou acrescentar "realidade" onde antes não havia nada (da realidade fundada). E construção que, mesmo buscando "apoiar-se" em traços que aparecem como "naturais", nada mais é que ato de produção de convenções casuais, contingentes, particulares, epocais e sempre obras humanas. Como dirá: *"a realidade é social de alto a baixo"*[167].

Duas observações aqui sobre o sentido do que Pierre Bourdieu chama de "arbitrário" e "magia performativa". O termo "arbitrário" não deve ser entendido no sentido de aplicação de força, imposição violenta, ato despótico, abusivo, mas na acepção (diria, dos estudos da linguística e estruturalistas) do que se pode fazer ou deixar de fazer, facultativo, casual, eventual, aleatório, imotivado, que não tem fundamento único e último nem lógico. Assim, na sua obra, como nos estudos sociológicos e antropológicos em geral, tem o sentido do construído, do convencional.

Sobre a ideia de "magia performativa": apoiando-se na "teoria dos atos de fala" de John Austin[168] e igualmente na "teoria da magia social" de Marcel Mauss[169], o autor concebe o ato de construção da realidade como a magia de criar (imaginária e ilusoriamente, num primeiro momento, mas, em seguida, com todos os efeitos práticos e de materialização)

---

165. Para todos esses assuntos, ver, entre outros trabalhos do autor, BOURDIEU, Pierre. *O poder simbólico*. Lisboa: Difel/Rio de Janeiro: Bertrand Brasil, 1989; BOURDIEU, Pierre. *Economia das trocas linguísticas*. São Paulo: Edusp, 1998; BOURDIEU, Pierre. *A dominação masculina*. Rio de Janeiro: Bertrand Brasil, 1999.

166. BOURDIEU, Pierre. *Economia das trocas linguísticas*. São Paulo: Edusp, 1998, p. 97-116.

167. Ibidem, p. 110

168. AUSTIN, John. *Quando dizer é fazer*. Porto Alegre: Artes Médicas, 1990.

169. MAUSS, Marcel. *Sociologie et anthropologie*. Paris: Presses Universitaires de France, 1997.

delimitações, regiões, mundos, categorias, instituições etc. a partir do ato da linguagem de nomear, designar, citar, reiterar. Isto é, produções discursivas que, como assinalou Austin, tem, entre outros traços, o de ser *performativo*, sendo, pois, um enunciado/um proferimento com poder de criar realidade. Reconhecente da filosofia da linguagem, e em particular a Austin, ao esse sugerir como é possível "fazer coisas com palavras", como diz seu título original *How to do things with words*, isto é, como palavras, falas, discursos e enunciados produzem efeitos que se materializam em ações, objetos, coisas, Pierre Bourdieu adota a mesma tese, mas decidido a completá-la para além dos limites da linguística e da filosofia da linguagem. Escreve sua obra para afirmar que a eficácia mágica dos enunciados performativos é inseparável da existência de instituições e indivíduos capazes de fazê-los funcionar. A magia performativa da construção social da realidade está no fato que, ali onde não existia nada (categoria, norma, instituição etc.), com a "simples" aparição, emergência, atuação, repetição da linguagem, palavras, conceitos, ideias e atos, nascem realidades antes inexistentes. Assim quando a construção/instituição do social é um *ato de magia social* capaz de criar a realidade ex nihilo... do nada...[170] E que se mantém e reproduz-se com o auxílio da ação repetida dos agentes, sujeitos, através de múltiplos mecanismos, dispositivos, "campos".

O caráter performativo (criador) da linguagem e do discurso é reconhecido por diversos estudiosos: a linguagem institui a realidade. Os fantasmas, deuses, extraterrestres, sentimentos etc. existem como realidades da linguagem. E agem sobre nós, agimos com eles, agimos enquanto agidos por essas realidades: temendo, acreditando, especulando, vivenciando... O discurso midiático é um bom exemplo do caráter performativo da linguagem e do discurso na criação de realidades. Quando na locução dos telejornais se anuncia: "O Brasil inteiro se emociona com o assassinato de Matheus" ou, noticiando a agonia do papa João Paulo II, dias antes de sua morte, "O mundo inteiro reza pelo papa", locuções acompanhadas de imagens, cenas etc., temos exemplos de casos em que as palavras, a locução e o discurso criam realidades e verdades inexistentes (as metonímias do discurso ampliando grandemente o universo dos indivíduos do mundo

---

170. BOURDIEU, Pierre. *Economia das trocas linguísticas*. São Paulo: Edusp, 1998, p. 100.

com efetiva participação em cada um desses casos: uma pequena parte transfigurada/transubstancializada em um todo/um inteiro ideológico. Mas, o que é próprio ao discurso ideológico é ser metonímico...). E o que era, no início, uma locução torna-se fato, dado, realidade. Na tela da TV (ou na web ou nos textos de toda mídia) nasce a realidade onde antes não havia nada: o Brasil inteiro, o mundo inteiro...

A ideia que a linguagem cria a realidade não deve, todavia, levar a que se creia que a realidade criada exista apenas como linguagem. Uma espécie de idealismo levado a seus últimos efeitos. A linguagem dos proferimentos/dos discursos/das ideias realiza os seus efeitos performativos precisamente porque se materializa em estruturas, instituições, dispositivos, normas, códigos e relações muito concretas, o que faz que deixem de ser apenas "linguagem".

Falando do assunto, não há como não o relacionar ao pensamento de Michel Foucault. Retornemos a ele. Para o caso de diversas realidades surgidas no mundo moderno-contemporâneo, o autor se perguntava como certas ideias e sujeitos sociais surgem como *figuras de discurso* de épocas, séculos, a partir da atuação de certos agentes sociais e, por conseguinte, da atuação de certas instituições, suas normas, técnicas, saberes. A genealogia foucaultiana pode ser, sem sombra de dúvida, incluída também na análise do efeito performativo da linguagem, do discurso e, assim, do efeito performativo mágico das palavras, dos conceitos, das ideias, mas sempre como efeitos de práticas sociais, instituições, técnicas e/ou saberes de um período, época ou contexto históricos ou sociedade particular. Razão pela qual, tantas vezes, produziu proposições que, para alguns, e à primeira vista, podem ter parecido bizarrices intelectuais: "*a loucura não pode ser encontrada no estado selvagem. A loucura só existe em uma sociedade, ela não existe fora das normas da sensibilidade que a isolam e das formas de repulsa que a excluem ou a capturam*"[171], quando analisou o aparecimento da psiquiatria e do asilo psiquiátrico, no século XIX, que reduziram a loucura ao estatuto de doença mental.[172] Ou quando, tratando do assunto da

---

171. FOUCAULT, Michel. *Ditos e escritos*. Rio de Janeiro: Forense Universitária, 2002, v. I, p. 163.

172. Ver, por inteiro, FOUCAULT, Michel. *História da loucura na idade clássica*. São Paulo: Perspectiva, 1978.

sexualidade, escreveu: "*Não se deve concebê-la como uma espécie de dado da natureza que o poder é tentado a pôr em xeque, ou como um domínio obscuro que o saber tentaria, pouco a pouco, desvendar. A sexualidade é o nome que se pode dar a um dispositivo histórico*"[173], na ocasião em que pretendeu demonstrar como, nas sociedades europeias a partir do século XVIII, o trabalho de diversos poderes na gestão das práticas sexuais — que, ao inventarem patologias, perversões, neuroses, vícios, manias, aberrações, desvios, "espécies sexuais", mas também prazeres, excitações, incitações, gozos, tornando-os "princípios de classificação e inteligibilidade", "encravando-os nos corpos, introduzindo-os nas condutas" — agiu para a *invenção* da "sexualidade", produzindo-a como um dado biológico, orgânico, psicológico.[174]

As análises de Michel Foucault, produzidas debaixo do céu nietzschiano, iluminaram a filosofia do século XX com a crítica antimetafísica e antissubstancialista, ao escancarar a realidade construída das noções, conceitos, ideias, práticas e instituições, agora não mais como verdades universais e transcendentes, coisas naturais, mas como, de fato, invenções, criações, engenhos (performativos, mágicos) de práticas e de discursos que, num dado momento, fazem surgir, do nada, algo inexistente antes e que, após seu surgimento, passa a existir como se sempre estivera no mundo.[175]

Do nada... a realidade! Não é essa a força da elocução de todas as divindades dos diversos mitos e religiões? No mito judaico-cristão, não é assim que está narrado: "*Deus disse: faça-se a luz! E a luz foi feita*"[176] ?

Como a língua e os signos linguísticos em Ferdinand de Saussure[177], as sociedades e culturas são sistemas convencionais, ratificados pelo uso

---

173. FOUCAULT, Michel. *História da sexualidade I*: a vontade de saber. Rio de Janeiro: Graal, 1985, p. 100.

174. Ibidem, p. 37 e segs.

175. Numa perspectiva foucaultiana, os anormais, loucos, psicopatas, pervertidos, pedófilos, delinquentes, indivíduos associais, doentes e portadores de transtornos do mundo moderno-contemporâneo (que cresce mais a cada dia hoje, incluindo as crianças, como diagnosticadas nas escolas, pelos "diagnósticos" da psiquiatria, psicologia, psicopedagogia e da neurociência!) não são mais que produtos do discurso de ciências, saberes e técnicas de controle e dominação social que, produzindo suas noções e conceitos, criam as figuras ("sujeitos") sociais que lhes são necessárias.

176. Gênesis, 1, 3.

177. SAUSSURE, Ferdinand de. *Curso de linguística geral*. São Paulo: Cultrix, 1995.

e pelo consentimento social e coletivo, mas ignorados como convenções por aqueles que deles fazem uso cotidiano. Tornam-se também *entidades psíquicas*[178], constituídas no processo de sua aprendizagem, na aquisição de seus códigos, regras, instituições etc., tornando-se inconscientizadas. Aliás, a teoria do arbitrário cultural-social deve algo às reflexões do linguista suíço. Para Saussure, os falantes-sujeitos de uma língua não são os autores conscientes dos significados que expressam quando as utilizam. Preexistentes aos indivíduos, já estando convencionados, os significados e os significantes se impõem e são inteiramente interiorizados e inconscientizados. Os falantes de uma língua podem até produzir modificações no uso que fizerem dela, mas somente a partir de se situarem no interior de suas regras e de compartilharem seus significantes e significados institucionalizados. Como diz: *"o signo linguístico escapa à nossa vontade"*.[179]

Cada sociedade (ou cultura), como sistema particular, constitui uma combinação finita de dados infinitos. Combinações a partir de dados disponíveis, mas sempre dados produzidos pela ação humana. E em que pese que, no acontecer antropológico e histórico, certas combinações ou arranjos estruturais ocorram em razão de injunções objetivas na origem, ainda assim, não deixam de ser associações contingentes, temporais, epocais, tornando-se sistemas de sociedades contingentes e arbitrários. Embora se imponham aos indivíduos como realidades universais, necessárias e inevitáveis.

Essa compreensão sobre como surgem e conservam-se as culturas e sociedades humanas é comum a muitos autores, mesmo quando pertencentes a correntes teóricas tidas por diferentes ou divergentes.

Destacarei aqui brevemente a contribuição do antropológico Claude Lévi-Strauss (que não se separou de Durkheim tanto quanto alguns dizem[180]), responsável, em grande medida, por fazer surgir o *estruturalismo*

---

178. Ibidem, p. 80. Na definição do signo linguístico, o autor o situa como uma "entidade psíquica".
179. Ibidem, p. 85.
180. Desde Durkheim, as formas de classificação, representações, crenças, instituições, costumes etc. deixam de ser compreendidas como "formas universais" (de um ente transcendental, espírito,

em ciências sociais, por sua atenção voltada ao estudo das *estruturas*[181]. Essas entendidas como modelos estáveis que permitem a combinação de variantes (no sentido da linguística) e integram variáveis (também como nos modelos da linguística ou da matemática) num sistema, num arranjo. Sugerindo não confundir a *"matéria-prima das relações sociais"* com as "estruturas", Lévi-Strauss propõe entendê-las como "modelos teóricos" que correspondem *"a fenômenos cujo caráter de sistema não foi percebido pela sociedade"*[182], pelos seus próprios integrantes. As estruturas são sempre a descobrir, as estruturas profundas estão sempre mascaradas por modelos conscientes (estruturas aparentes), narrados pelos indivíduos da cultura, mas modelos deformadores da estrutura profunda: *"somente é possível dizer que uma estrutura superficialmente dissimulada no inconsciente torna mais provável a existência de um modelo que a mascare, como uma tela, para a consciência coletiva"*.[183] Para o estudo das estruturas, o autor distingue os fenômenos conscientes dos inconscientes, para, por meio dessa delimitação, separar as regras e normas conscientes para chegar às convenções subjacentes, à infraestrutura cultural, que funcionaria em um nível inconsciente profundo.

O autor concebe que os estudos antropológicos poderiam traduzir as estruturas profundas em modelos teóricos cujas propriedades tornariam possível comparar estruturas de culturas diversas independentemente dos elementos "culturais" específicos (suas "matérias-primas") que as compõem. O que o levou a formular a concepção sobre a recorrência de um *"código*

---

natureza ou razão humana), passando a ser compreendidas como "formas sociais", isto é, arbitrárias (relativas a um grupo particular) e socialmente construídas. Ver, entre outras obras, DURKHEIM, Émile. *As regras do método sociológico*. São Paulo: Abril Cultural, 1978 (Os Pensadores); DURKHEIM, Émile. *As formas elementares da vida religiosa*. São Paulo: Paulinas, 1989; DURKHEIM, Émile. *Da divisão do trabalho social*. São Paulo: Martins Fontes, 1977; DURKHEIM, Émile. *Sociologie et philosophie*. Paris: PUF, 1996.

181. Ver, entre outras obras, LÉVI-STRAUSS, Claude. *As estruturas elementares do parentesco*. Petrópolis: Vozes, 1982; LÉVI-STRAUSS, Claude. *O pensamento selvagem*. Campinas: Papirus, 1989; LÉVI-STRAUSS, Claude. *Antropologia estrutural*. Rio de Janeiro: Tempo Brasileiro, 19--; LÉVI-STRAUSS, Claude. *Antropologia estrutural II*. Rio de Janeiro: Tempo Brasileiro, 1989; LÉVI-STRAUSS, Claude. *Tristes trópicos*. Lisboa: Edições 70, 1986; LÉVI-STRAUSS, Claude. *A oleira ciumenta*. São Paulo: Brasiliense, 1986; LÉVI-STRAUSS, Claude. *Le regard éloigné*. Paris: Plon, 1983.

182. LÉVI-STRAUSS, Claude. A noção de estrutura em etnologia. In: LÉVI-STRAUSS, Claude. *Antropologia estrutural*. Rio de Janeiro: Tempo Brasileiro, 19--, p. 319.

183. Ibidem, p. 318.

universal"[184], que, na diferença fenomênica das culturas, tornaria possível estabelecer equivalências formais ou homologias estruturais entre elas. A descoberta dessas homologias dependeria, em grande parte, do "estudo das estruturas" ser capaz de traduzir aquilo que está num nível profundo de invisibilidade (para os próprios indivíduos na cultura) num código universal, isto é, numa matriz de similaridade entre estruturas culturais, e que não permitiria apenas supor analogias, mas igualmente apreender "leis de transformação" que tornariam possível compreender a passagem de uma estrutura a outra. Aliás, sublinhe-se aqui a questão da *transformação da estrutura*, contra afirmações segundo as quais o estruturalismo lévi-straussiano não abordaria senão o seu aspecto estático. Uma leitura de má-vontade ou mesmo incompreensão de afirmações do autor como esta: *"para além da diversidade empírica das sociedades humanas, a análise etnográfica pretende atingir invariantes"*[185].

Em vários de seus escritos, para o fenômeno da invariância, da recorrência ou da existência das equivalências e homologias estruturais, o autor apresenta como "causa" a atividade de *estruturas inconscientes* profundas (ou a "atividade inconsciente" do ser humano). Diversas formas de vida social obedeceriam a algumas relações e modelos fundamentais numa espécie de linguagem comum, ligadas a estruturas inconscientes similares[186]. E como afirma: *"é preciso e basta atingir a estrutura inconsciente, subjacente a cada instituição ou a cada costume, para obter um princípio de interpretação válido para outras instituições e costumes"*[187].

Certamente, "leis universais", "atividade inconsciente", "invariantes" não foram pensadas pelo autor como coisas diferentes que *fatos sociais, produções humanas, construções culturais* no processo da constituição do ser humano na história de sua hominização e, ao mesmo tempo e como condição dessa história, na atividade de construção do espaço de sociedade e, com isso, produção de culturas particulares. Portanto, matérias sociais e

---

184. LÉVI-STRAUSS, Claude. Linguagem e sociedade. In: LÉVI-STRAUSS, Claude. *Antropologia estrutural*. Rio de Janeiro: Tempo Brasileiro, 19--, p. 79.

185. LÉVI-STRAUSS, Claude. *O pensamento selvagem*. Campinas: Papirus, 1989, p. 275.

186. Idem. *Antropologia estrutural*. Rio de Janeiro: Tempo Brasileiro, 19--, p. 74 e segs.

187. Idem. *Antropologia estrutural*. Rio de Janeiro: Tempo Brasileiro, 19--, p. 37.

culturais, objetos de estudos das ciências humanas. Assim, nenhum risco de um universalismo substancialista, de caráter idealista, crença em eventos sobrenaturais ou leis naturais. Nenhum essencialismo naturalizante ou psicologizante da realidade, mas tentativa de enxergar, em certos fenômenos comuns às sociedades e culturas humanas, certas tendências à construção de estruturas similares, equivalentes, tendo nelas a fonte mais profunda da aparição de certas lógicas sociais, regras, sistemas, códigos etc. (línguas, sistemas de parentesco, moral, religião, organização do trabalho, direito) em diferentes grupos humanos. Nada que corresponda à ideia de que a realidade humano-social seja outra coisa que *realidade construída, realidade instituída*. Afinal, para Lévi-Strauss, os invariantes culturais são... *culturais, sociais*. Para o autor, só há unidade da espécie humana em termos biológicos, tudo o mais é diversidade cultural e, nela, a descoberta de invariantes em termos culturais não representa a reposição do tema da "natureza humana" única em quaisquer outros termos. Aliás, é por reconhecer a unidade biológica da espécie, mas, ao mesmo tempo, a ampla diversidade cultural dos povos humanos, com a invariância de certas instituições, estruturas e lógicas culturais, que o autor pode construir um posicionamento profundamente crítico de todo racismo[188], seguindo os passos de Franz Boas, que lhe antecedeu com escrito sobre o tema.[189]

Ao examinar as estruturas profundas, subjacentes aos fenômenos sociais, culturais, e que seriam invisíveis à observação imediata (*"mais difícil se torna apreender a estrutura profunda, por causa dos modelos conscientes e deformados que se interpõem como obstáculos entre o observador e seu objeto"*, ou *"cujo caráter de sistema não foi percebido pela sociedade"*[190]), Lévi-Strauss aproxima-se, por exemplo, de algumas das análises de Marx (a ideia desse de uma infraestrutura invisível, oculta, matriz da vida social: o modo de produção) e também de Freud (e sua teoria do inconsciente, como

---

188. Idem, Raça e história. In: LÉVI-STRAUSS, Claude. *Antropologia estrutural dois*. Rio de Janeiro: Tempo Brasileiro, 1989, p. 328-366; Igualmente, Race et culture. In: LÉVI-STRAUSS, Claude. *Le regard élogné*. Paris: Plon, 1983, p. 21-48.

189. BOAS, Franz. Raça e progresso. In: BOAS, Franz. *Antropologia cultural*. Rio de Janeiro: Zahar, 2004, p. 67-86

190. LÉVI-STRAUSS, Claude. A noção de estrutura em etnologia. In: LÉVI-STRAUSS, Claude. *LÉVI-STRAUSS*. São Paulo: Abril Cultural, 1980 (Os pensadores), p. 9.

estrutura que subjaz a muitas ações humanas). Os modos como Marx e Freud conceberam a realidade dos fenômenos que estudaram têm, na ideia de estruturas profundas e desconhecidas dos indivíduos, a base de teorizações que, com seus modelos teóricos, apontaram a dominância e também a recorrência de lógicas e mecanismos que não apenas jogam papel importante na fundação e manutenção dos sistemas sociais mas igualmente tornam-se a chave para compreender conteúdos dos estados e processos da experiência subjetiva e das práticas humanas.

Uma nota aqui é importante: muito já se criticou o estruturalismo pelo assunto da "estrutura", do "invariante", do "universal". Todavia, esse deixa de ser um problema se não entendermos por *estrutura* algo que existe por si próprio, fixo, invariável, permanente e por "invariante" ou "universal" algo natural, como se, em alguma ocasião, o estruturalismo lévi-straussiano tivesse sugerido que as estruturas são outra coisa que constructos humanos e sociais e não se transformassem. Se não tomarmos por "estruturalismo" o que alguns de seus críticos definem ou mesmo certas versões que se querem por tal, mas considerarmos a contribuição do próprio Lévi-Strauss, na definição do que seriam as estruturas culturais, aquilo que ele considerou como "invariante" ou "universal" nunca teve o sentido do "natural", "eterno" ou "transcendental": o universal ou o invariante, no pensamento lévi-straussiano, nunca deixou de ser algo construído pelos diversos grupos humanos. E quando diz que a *"atividade inconsciente do "espírito"*[191] produz realidades objetivas não se trata aí de nenhuma entidade sobrenatural ou imaginária, substância incorpórea transcendente, mas realidade inteiramente humana e social. Leitor de Freud, Lévi-Strauss compreende o inconsciente, enquanto fenômeno humano, como um fenômeno social e universal. Em Freud, o inconsciente não é do além, de outro mundo que não seja o mundo humano. É uma linguagem do psiquismo humano, cuja gênese e funcionamento pertencem ao campo das relações do ser humano com seus outros semelhantes, nos processos de socialização na cultura e nas trocas intersubjetivas, manifestando-se por muitas vias. Sem dúvida, foi também ter considerado a hipótese do

---

191. Idem. *Antropologia estrutural*. Rio de Janeiro: Tempo Brasileiro, 19--, p. 74.

inconsciente que permitiu a Lévi-Strauss propor uma análise da cultura em termos de seus sistemas simbólicos (linguagens) como "estruturas profundas". Não sem razão, foi na junção do pensamento de Freud com o pensamento de Lévi-Strauss que o teórico da psicanálise Jacques Lacan realizou uma teorização do inconsciente que assim resumiu: "*o inconsciente é estruturado como uma linguagem*"[192], formulação pela qual o autor dessubstancializou e desbiologizou o inconsciente, definindo-o como "*o discurso do Outro*"[193], termo que qualifica a alteridade, realidade exterior ao indivíduo na dimensão do Outro.[194]

No pensamento lévi-straussiano, como para a teoria construcionista crítica, o caráter invariante (ou recorrente) de certas estruturas, por comum a diferentes grupos, não representa um substancialismo naturalista nem idealismo transcendentalista de qualquer espécie, uma vez que aquilo que toma por universal (em sua recorrência) é, igualmente como o particular, resultado de ações humanas, culturais, sociais e históricas, não preexistindo em relação aos seres humanos e ao seu mundo sob qualquer forma. No pensamento de Lévi-Strauss, o *invariante* não é sinônimo do *natural* nem do *imutável*. E o que define o cultural não é o universal: *a cultura é o relativo e o particular* (encontra-se ali onde está a norma, a regra, a invenção arbitrária, a convenção, a construção variável)[195]. E a *invariância* não é a imutabilidade da estrutura, mas o fenômeno da existência, numa generalidade de experiências culturais humanas, de similitudes de estruturas e homologias (na origem e funções) de sistemas, categorias de classificação, representações, equações e procedimentos de organização social – os *invariantes estruturais*. Fenômeno descrito como resultante dos modos comuns a muitos grupos humanos no agir no mundo, ao construírem suas relações com a natureza e com o próprio mundo humano. Ainda assim, agir sempre relativo,

---

192. LACAN, Jacques. *O seminário – livro 11:* os quatro conceitos fundamentais da psicanálise. Rio de Janeiro: Jorge Zahar, 1988, p. 193.

193. LACAN, Jacques. *Escritos*. São Paulo: Perspectiva, 1992, p. 255.

194. Idem. *O seminário: livro 2*: o eu na teoria de Freud e na técnica da psicanálise. Rio de Janeiro: Jorge Zahar, 1985.

195. Para o assunto, ver, especialmente, LÉVI-STRAUSS, Claude. *As estruturas elementares do parentesco*. Petrópolis: Vozes, 1982, p. 41-49.

contextualizado, contingente, que se exerce entre e por meio de códigos disponíveis num ambiente, numa cultura e numa história particulares: *"Não se espera encontrar qualquer código operando em qualquer lugar"*[196].

Aliás, a ocupação com os "invariantes estruturais" é algo do pensamento de Lévi-Strauss que é continuidade do programa de Durkheim para a sociologia, que começa a ter existência pelas suas contribuições no século XIX, ao defender, em *As regras do método sociológico*, que a sociologia, fazendo uso do "método comparativo", deve procurar, na *variação* (no tempo histórico) e na *diversidade* (cultural), as *"similitudes estruturais"* e as *"homologias funcionais"* dos fenômenos sociais. Sabendo-se que, no pensamento de Durkheim, as formas que toda uma tradição filosófica metafísica tomou por universais e transcendentais tornaram-se *formas sociais*, isto é, socialmente determinadas, arbitrárias, relativas a um grupo particular.[197]

Igualmente, a hipótese sobre estruturas inconscientes é um legado que, como o próprio Lévi-Strauss explicita, ele reconhece nos estudos de etnologia que lhe precedem e, principalmente, nos estudos de Franz Boas, quando esse distingue "modelos conscientes" e "inconscientes" dos fenômenos culturais. Como dirá: "É a Boas que cabe *o mérito de ter, com uma lucidez admirável, definido a natureza inconsciente dos fenômenos culturais*"[198]. E afirma também que é pelos estudos das *"condições inconscientes da vida social"* ou da *"natureza inconsciente dos fenômenos coletivos"* que a antropologia constrói suas "diferenças" com a história e retira *"sua originalidade"*.[199]

A motivação pelo estudo das *estruturas profundas inconscientes* — tendo buscado encontrar sua generalidade, como *forças motoras* atuantes em diversas culturas, mas *ocultas, mascaradas* (pelos "modelos conscientes") e *desconhecidas* pelos seus praticantes — faz Lévi-Strauss, em seus diálogos com a psicanálise, considerar a hipótese do psiquismo inconsciente como componente estruturante não apenas do indivíduo humano, mas

---

196. LÉVI-STRAUSS, Claude. *A oleira ciumenta*. São Paulo: Brasiliense, 1986, p. 215.

197. Ver, a esse propósito, DURKHEIM, Émile. *As regras do método sociológico*. São Paulo: Abril Cultural, 1978 (Os Pensadores) e, igualmente, DURKHEIM, Émile. *As formas elementares da vida religiosa*. São Paulo: Paulinas, 1989.

198. LÉVI-STRAUSS, Claude. *Antropologia estrutural*. Rio de Janeiro: Tempo Brasileiro, 19--, p. 35.

199. Ibidem, p. 13-41.

igualmente estruturante do espaço de cultura e da sociedade. Mas sem que tenha aberto mão do fundamental de sua perspectiva (que, direi, profundamente construcionista): a atividade inconsciente humana se situa nos próprios espaços de cultura e sociedade nos quais os indivíduos existem, espaços nunca universais ou homogêneos em seus conteúdos. Não há inconsciente se não há humano, e somente há humano no e por meio do espaço de cultura/sociedade. Como diz: *"Não nego as pulsões, as emoções, o fervilhar da afetividade, mas não concedo a essas forças torrenciais uma primazia: elas irrompem num cenário já construído, arquitetado por imposições mentais"*.[200] Isto é, imposições de linguagens culturais, sociais, que se tornam "mentais", categorias da mente.

Desse modo, não é demasiado sugerir o engano das tendências teóricas que se comprazem em afirmar que praticam a "crítica ao estruturalismo", e isso como correspondendo à crítica ao uso da noção de estrutura na análise da realidade social, tanto quanto o equívoco daqueles que falam de um existente "pós-estruturalismo" como sinônimo de ruptura com o que consideram ser o essencialismo e o dogmatismo do estruturalismo que essas próprias correntes inventaram... Tudo isso é mesmo mais inconsistente que verdadeiro! Talvez estejam recusando a própria conceituação errada que produziram ou lutem contra a banalização de um conceito de estrutura afastado do que pensou Lévi-Strauss, ao reduzirem o estruturalismo a um pensamento essencialista ou idealista. Algumas vezes, fazendo uso tão genérico do termo que induz à atrapalhada conceituação ou a sérios problemas de interpretação.

Nos ritos acadêmicos de banalização da "crítica ao estruturalismo", as confusões se tornam ainda maiores quando se considera, por exemplo, Michel Foucault e Pierre Bourdieu como exemplos de "críticos" do estruturalismo. Algo que não se sustenta se se quer afirmar com isso que esses autores são "contrários" à ideia de que existem estruturas (profundas, inconscientes) como forças e mecanismos atuantes na construção da realidade, tanto quanto em sua transformação, e que seja possível apreendê-las pela análise teórica. Seriam eles negadores da estabilidade das estruturas,

---

200. LÉVI-STRAUSS, Claude. *A oleira ciumenta*. São Paulo: Brasiliense, 1986, p. 249.

pois o que representaria imputar ao social e à história uma estaticidade errônea. Os dois seriam, com mais os "pós-estruturalistas", observadores principalmente das mudanças, rupturas e variações que não repousariam sobre nenhuma dependência a elementos estruturais ou estruturantes. Ora, a leitura dos dois autores permite enxergar que, em suas obras e reflexões, as estruturas estão lá, como constitutivas da realidade social, incluindo as estruturas profundas e inconscientes: como *habitus*, campo, poder simbólico, violência simbólica, dominação simbólica, poder, relações de poder, dispositivos de poder, sujeito, assujeitamento, discurso, episteme etc.

Antes de passar ao pensamento dos dois autores, convém lembrar: se levado a sério, o que se deve entender por "pós-estruturalismo" (que alguns associam a Foucault e a Derrida) não é um antiestruturalismo. O pós-estruturalismo não é a negação do conceito de estrutura ou um princípio de poder e agência dos indivíduos que, finalmente, ver-se-iam livres do "fardo das estruturas". Os equívocos de leituras apressadas fizeram alguns acreditarem que, no "pós-estruturalismo", alforriados das análises que os mantinham presos às estruturas, os indivíduos conheceriam a nova condição de "sujeitos autônomos", com "capacidade de agência". Bem ao contrário, a partir de Foucault e Derrida, o que se apontou foi que as ideias de consciência e intencionalidade do indivíduo, como aparecem na tradição filosófica que concebeu o "sujeito da consciência", conferiam uma agência aos indivíduos que deixavam de admitir a condição de *sujeitos* de todos eles. A novidade da abordagem de Foucault não é negar o peso das estruturas ou sua inexistência, como uma realidade recorrente, mas apontar que não há indivíduo que se constitua fora de teias de coerções de significantes, redes de relações de poder, ordens de discursos, dispositivos, instituições, não havendo, em nenhum sentido, aquele que não seja constituído como sujeito de alguma sujeição. Como bem apontou Susana López Penedo, *"no contexto em que Foucault e Derrida começaram a publicar seu trabalho, a interpretação dominante de agência e estrutura conferia uma intencionalidade ao sujeito. Em outras palavras, os indivíduos, como sujeitos de livre pensamento, eram a base sobre a qual se concebia a ação, tanto política como moral. [...] o pós-estruturalismo questiona essa suposição e planteia que os sujeitos não são criadores autônomos de si mesmos ou de suas realidades sociais, senão que os sujeitos estão imersos em uma complexa rede de relações sociais. [...] Dessa forma, o sujeito não existe previamente às políticas ou às estruturas sociais, senão que se constitui, precisamente, através de acordos sociopolíticos específicos. O pós-estruturalismo considera que a ideia de indivíduo como agente autônomo deve ser desconstruída, contestada e questionada*"[201].

Em Pierre Bourdieu, a pertinência do conceito de estrutura para seu pensamento teórico aparece inúmeras vezes, mesmo que, em certas ocasiões, tenha afirmado *"romper com o paradigma estruturalista"* ou que *"desejava reagir contra o estruturalismo e a sua estanha filosofia da ação"*[202]. Mas autor que, em diversas ocasiões, recorreu ao uso do termo "estrutura" em suas teorizações. Para conceber os sistemas sociais como "arbitrários" ou o "poder simbólico", apelou à noção de "estruturas estruturadas" e "estruturantes"[203].

Talvez seja o conceito de *habitus* aquele com o qual o autor melhor demonstra a relação entre estrutura, inconsciente e ação humana. Como escreveu: *"o habitus, sistema de disposições inconscientes que constitui o produto da interiorização das estruturas objetivas e que, enquanto lugar geométrico dos determinismos objetivos e de uma determinação, do futuro objetivo e das esperanças subjetivas, tende a produzir práticas"*[204]. Ou ainda: *"as disposições (habitus) são inseparáveis das estruturas (habitudines, no sentido de Leibniz) que as produzem e as reproduzem"*[205].

É certo, o autor não deixou de assinar também que com a noção de *habitus* desejava destacar seu caráter de habilitação e capacitação para a ação, embora uma descrição de caráter neutro, pois uma habilitação para a ação que tanto pode ser no sentido da transformação como da reprodução da realidade. Como disse: *"desejava pôr em evidência as capacidades criadoras, ativas, inventivas, do* habitus *e do agente"*[206]. E mais adiante: *"o* habitus, *como indica a palavra, é um conhecimento adquirido e também um haver, um capital*

---

201. PENEDO, Susana López. *El laberinto queer*. Barcelona/Madrid: Egales Editorial, 2008, p. 85.
202. BOURDIEU, Pierre. *O poder simbólico*. Lisboa: Difel/Rio de Janeiro: Bertrand Brasil, 1989, p. 61.
203. Ibidem, p. 8-9.
204. Idem. *Economia das trocas simbólicas*. São Paulo: Perspectiva, 2007, p. 201-202.
205. Idem. *A dominação masculina*. Rio de Janeiro: Bertrand Brasil, 1999, p. 55.
206. Idem. *O poder simbólico*. Lisboa: Difel/Rio de Janeiro: Bertrand Brasil, 1989, p. 61.

[...] o habitus, *a* hexis, *indica a disposição incorporada, quase postural [...] de um agente em ação*"[207]. E arremata: "*a noção serve para referir o funcionamento sistemático do corpo socializado*".[208]

Conceber a existência de estruturas (e estruturas inconscientes, inconscientizadas), sua recorrência nas culturas e na história, não é antagônico à reflexão sobre a construção da realidade por indivíduos que, embora a elas submetidos, capacitam-se para a ação, que pode ser tanto a ação de reprodução e perpetuação da realidade quanto a ação de criação ou ruptura e transformação. Embora há que se assinalar que muito mais vezes as estruturas concorram para produzir nos indivíduos "*uma relação de cumplicidade ontológica com o mundo*"[209]. Isto é, relação de aceitação da realidade tal como essa se apresenta, relação de consentimento das estruturas de poder e dominação ou relação de dependência, por mais que essas relações estejam assentadas em representações imaginárias que impedem os indivíduos de compreenderem que, em boa medida, são mais livres para modificarem a si mesmos e modificarem a realidade do que lhes é permitido saber. E como escreveu Bourdieu, em um de seus últimos trabalhos, "*o eterno, na história, não pode ser senão o produto de um trabalho histórico de eternização. O que significa que, para escapar totalmente do essencialismo, o importante não é negar as constantes e invariáveis, que fazem parte, incontestavelmente, da realidade histórica: é preciso reconstruir a história do trabalho histórico de des-historicização, ou, se assim preferirem, a história da recriação continuada das estruturas objetivas e subjetivas da dominação*".[210]

Em Foucault, a menção à existência de estruturas e seus efeitos históricos, políticos, de discurso e de "produção de sujeitos", em seu caráter visível-invisível, é assunto que aparece de muitas maneiras, conquanto não seja o caso de dizer que utilizou do método próprio das análises estruturais, bem ao contrário. O próprio autor, em conferência no Brasil, assim disse: "*nem Deleuze, nem Lyotard, nem Guattari, nem eu nunca fazemos análise de estrutura, não somos absolutamente estruturalistas. [...] Diria, jogando com as palavras*

---

207. Ibidem, p. 61.
208. Ibidem, p. 62.
209. Ibidem, p. 62.
210. Idem. *A dominação masculina*. Rio de Janeiro: Bertrand Brasil, 1999, p. 100.

gregas dynamis e dynastheia, que procuramos fazer aparecer o que na história de nossa cultura permaneceu até agora escondido, mais oculto, mais profundamente investido: as relações de poder"[211]. Todavia, ainda que tenha se manifestado assim, não faltou, em seus livros, escritos e conferências, a referência a *estruturas* como existindo, e ainda porque não é a menção a essas e sua consideração nas análises teóricas que faz de um autor um estruturalista. Isso, aliás, é o que parece não entender aqueles que se põem a combater o fantasma do estruturalismo que eles próprios criaram e passaram a gerir.

Para o leitor de Foucault, não é estranho as incontáveis vezes que o termo *estrutura* aparece em sua obra. Talvez os *soi-disant* "pós-estruturalistas" e aqueles que fazem do termo estrutura um sinônimo de essencialismo e substancialismo sintam alguma vertigem se se dedicarem a contar o número de ocasiões em que o termo é empregado pelo autor em contextos que ali atua como conceito decisivo. Sempre no sentido das formas mais ou menos permanentes de instituições, dispositivos, práticas, tecnologias de produção de saber e sujeitos, poderes etc., todos como formas históricas, cuja existência é não apenas dependente de se exercer como práticas, mas igualmente como conjuntos, complexos, disposições, ordens, condições, modos, isto é, estruturas. Além disso, nas análises do autor, essas existindo sempre ocultas em sua natureza de engenhos resultados de enfrentamentos de poder, disputas (cognitivas, de conhecimento, saber, políticas, ideológicas etc.), que se erguem em suas "vitórias" como realidades sem história (essa história mesma que levou a que fossem "vitoriosas"). Tornando-se a estrutura (dispositivo, instituição, saber, prática), com história, historicidade, uma realidade dada, natural, universal. A dimensão oculta da realidade que funda as instituições, as relações e práticas na história, que, sem que seja apenas isso, dá sustentação às mil tecnologias e modos de governo das condutas dos indivíduos nas sociedades, pois ignorados quanto ao que são em sua ocultação, vindo a constituir em seus efeitos o que o próprio Foucault admitiu ser *"um inconsciente de nossa conduta coletiva"*.

---

211. FOUCAULT, Michel. *A verdade e as formas jurídicas*. Rio de Janeiro: Nau Editora, 2005, p. 30. Na versão brasileira do texto, não há tradução para os termos gregos utilizados pelo autor. Na citação, emprego os termos "dynamis" e "dynastheia", adotando tradução proposta pela colega Gisele Amaral dos Santos, professora de Filosofia Antiga do Departamento de Filosofia da UFRN.

Ressaltando a importância das descobertas de Durkheim e de Freud a propósito da existência de uma *"estrutura comum"* do desconhecimento ou da não consciência, por parte dos indivíduos, sobre o que funda a realidade de suas vidas como sujeitos sociais e sobre o que funda a realidade social, Michel Foucault assinalou: *"os psicólogos, os psicanalistas, e mais precisamente Freud, descobriram que, para além da consciência, há algo que é o inconsciente. Os sociólogos como Durkheim e, em um sentido mais moderno, Lévi-Strauss, descobriram que vivemos os fenômenos coletivos que guiam nossa conduta individual sem que tenhamos consciência deles. Haveria, pois, um inconsciente de nossa conduta coletiva como há um inconsciente de nossa conduta individual"*[212].

Por sua vez, em *A dominação masculina*, reivindicando a aproximação de sua análise com a de Michel Foucault, quanto às teses desse para uma historicização da sexualidade e contra sua naturalização, Pierre Bourdieu diz esforçar-se *"por fazer ver o inconsciente que governa as relações sexuais e, de modo mais geral, as relações entre os sexos, não só em sua ontogênese individual, como também em sua filogênese coletiva, isto é, em sua longa história, em parte imóvel, do inconsciente androcêntrico"*[213]. E mais adiante: *"Isto quer dizer que a sociologia genética do inconsciente sexual encontra seu prolongamento lógico na análise das estruturas dos universos sociais em que este inconsciente se enraíza e se reproduz"*[214]. E assinala, sua análise pretendeu ser, ao mesmo tempo, uma *"arqueologia objetiva de nosso inconsciente"* ou, como diz páginas adiante na mesma obra, *"um trabalho de socioanálise ... capaz de operar a objetivação das categorias desse inconsciente"*.[215] Ou, como diz em *O poder simbólico*: *"a história é também, como se vê, uma ciência do inconsciente"*[216]. E, para o temor daqueles que veem um risco de "des-historicização" e "naturalização" da realidade (especialmente da dominação) ao se conceber a "constância trans-histórica"

---

212. FOUCAULT, Michel. La inquietud del otro. *Cuadernos Transhumantes*. Medellín: Universidad de Antioquia, 1999, n. 1, p. 2.

213. BOURDIEU, Pierre. *A dominação masculina*. Rio de Janeiro: Bertrand Brasil, 1999, p. 123.

214. Ibidem, p.125.

215. Ibidem, p. 9; 13 e segs. Nessa obra, o autor aborda a construção dos corpos, dos gêneros e representações do sexual na sociedade dos berberes da Cabília, mas a análise tem todos os traços de uma teoria da construção do gênero e do sexual em geral, a partir da hipótese da dominância de um "inconsciente androcêntrico" em nossas culturas, de uma maneira mais larga e profunda.

216. Idem. *O poder simbólico*. Lisboa: Difel/Rio de Janeiro: Bertrand Brasil, 1989, p. 105.

de estruturas profundas inconscientes, práticas sociais, representações sociais, *habitus* e mecanismos objetivos da reprodução social, Bourdieu adverte que a realidade (da economia, do poder, do gênero, do sexo etc.) está *"profundamente enraizada nas coisas (as estruturas) e nos corpos"*[217].

Nos autores que se ocupam da reflexão sobre a estruturação social, e sobre a existência e atuação de estruturas profundas e inconscientizadas que sustentam a sujeição e a dominação, não há a negação da realidade dos indivíduos como capazes de ação, que, portadores do inconsciente, do desejo e da imaginação, tornam-se também os agentes das mudanças, redefinições e revogações do social, indivíduos com agência, capacidade de agir, deliberar, escolher (assunto ao qual votaremos logo adiante). Assim como não há sociedade sem agentes humanos da ação, seja para sua conservação, seja para sua transformação — pois não há sociedade sem indivíduos, para cujo assunto vale lembrar as análises de Norbert Elias[218] —, não há espaço de sociedade sem estruturas. Nem Foucault nem Bourdieu contestaram esse entendimento.

Ainda sobre as críticas mal fundamentadas ao estruturalismo, a antropóloga Françoise Héritier, considerada sua sucessora pelo próprio Lévi-Strauss, em seu livro *Masculino/Feminino: o pensamento da diferença*, aponta que os estudos estruturalistas não negam a variabilidade cultural e o caráter dinâmico das sociedades; o que procuram é evitar a *"atomização culturalista"*[219]. Procuram demonstrar que, embora o caráter altamente singular da experiência cultural, as sociedades e as culturas podem ser aproximadas e comparadas. Entendendo por sociedade *"um conjunto integrado de práticas e de representações simbólicas dessas práticas, inscrito ao mesmo tempo numa cultura e numa história, e cujos mecanismos de integração e de associação são comparáveis aos que são empregados em outras sociedades"*[220], a autora observa ainda que *"se trata bem de mecanismos e não dos próprios traços culturais singulares"*.[221]

---

217. Ibidem, p. 122.
218. ELIAS, Norbert. *A sociedade dos indivíduos*. Rio de Janeiro: Jorge Zahar, 1994.
219. HÉRITIER, Françoise. *Masculin/Féminin*: la pensée de la différence. Paris: Odile Jacob, 1996, p. 34 (tradução nossa).
220. Ibidem, p. 35; tradução nossa.
221. Ibidem, p. 35; tradução nossa.

Para a autora, a quem não se pode deixar de reconhecer, em suas análises, um construcionismo antropológico crítico, associar *"o dado fenomenológico variável das sociedades [...] a mecanismos invariantes subjacentes [...] que ordenam esse dado e lhe conferem seu sentido e que convém fazer aparecer sob os fatos"* é uma das maneiras de compreender os fenômenos culturais e o *"homem social"*[222]. Modo de compreender que, buscando a invariância, não descuida da variação como *"diversidade contingente"*, arbitrária, convencional, construção humana que conhece também seus constrangimentos e impedimentos, e esses também como *"fenômenos de estrutura"*[223]. Acentuar a invariância (a recorrência) de certos mecanismos na estruturação social de diversas culturas não é o mesmo que afirmar que esses mecanismos são naturais ou necessários. Nem do mesmo modo imodificáveis. Ser recorrências, que tornam possíveis comparações etnográficas e sociológicas, não as faz menos construções sociais e humanas e modificáveis.

Assim, não se torna teoricamente consistente propor o abandono do conceito de estrutura por se ver nisso "dogmático estruturalismo". A análise que concebe a existência de estruturas como existindo e as tem como traços comuns na estruturação social das sociedades humanas não se torna por isso essencialismo ou universalismo abstrato e idealista. Podemos mesmo dizer, falar de sociedade (e de cultura) sem considerar a existência de estruturas é pretender *"uma sociologia sem sociedade"* — fazendo aqui uso de fórmula do antropólogo Pierre Clastres[224], embora para dizer o inverso dele, que, na ocasião em que a empregou, o fez para criticar o marxismo e o estruturalismo. Valendo lembrar mais uma vez o que escreveu Françoise Héritier: *"se todas as constituições sociais, no sentido amplo, possuem uma coerência situada no agenciamento dos traços fatuais que as compõem, resta que esse agenciamento, que tem todas as aparências da necessidade, não faz senão atualizar uma série de possibilidades entre outras que poderiam talvez convir igualmente. [...] Toda sociedade ou toda cultura corresponde*

---

222. Ibidem, p. 36; tradução nossa.
223. Ibidem, p. 37; tradução nossa.
224. CLASTRES, Pierre. Os marxistas e sua antropologia. *Almanaque 9*: cadernos de literatura e ensaio — pensamento e política. São Paulo: Brasiliense, 1979, p. 95-101.

de fato a associações contingentes de traços pertinentes situados em cada de seus diferentes registros"[225].

Quando a abordagem construcionista crítica pensa a construção da realidade social como resultado de convenções sociais particulares, culturais e históricas, não se trata de sugerir que as sociedades humanas constituam mera reunião de traços irredutíveis, tornando-se incomparáveis umas às outras. No tocante à estruturação social, muito há de semelhante entre as sociedades humanas existentes e, em parte, essa semelhança certamente se deve a experiências comuns do ser humano no processo de sua exteriorização no mundo e por efeito da *institucionalização* de suas ações, o que *tem absolutamente a ver com o caráter singular da espécie humana*: uma espécie que somente se constituiu (e se perpetua como tal) na sua inteira dependência a ter que produzir o mundo de que necessita e depende para existir, pois, diferentemente das demais espécies, não possui *habitat* natural próprio e nem dispõe de equipamento biológico que a predisponha à vida sem recorrer a artefatos extraorgânicos. E é essa necessidade imperiosa que é, ela própria, uma base comum que pode ser reconhecida na similitude e homologia de certas respostas e soluções na construção dos espaços de sociedade, mas, ao mesmo tempo, também a fonte de toda a diversidade cultural e histórica que aflorará, pois variarão enormemente as alternativas de que se valem as comunidades humanas para enfrentarem esse imperativo absoluto e ontológico. Variação que corresponde, e na mesma medida, ao caráter arbitrário de cada *habitat* particular (cultura, sociedade) e ao seu caráter convencional e contingente. O que não é, para o todo dessa questão, o mesmo que situar o problema em termos de uma "natureza humana"

---

225. HERITIER, Françoise. *Masculin/Féminin*: la pensée de la différence. Paris: Odile Jacob, 1996, p. 36 (tradução nossa). Aliás, a procura por ligações em comum entre culturas, povos, sociedades, atuais ou do passado, ou entre este e o presente, é bem mais que a hipótese de uma única corrente de pensamento. Em pesquisa recentemente divulgada, cientistas chegaram à conclusão que pinturas feitas há 10 mil anos, no interior de cavernas, por seus antigos habitantes, estão constituídas de imagens que guardam similaridade com as que são produzidas, ontem ou hoje, por pessoas sob o efeito de drogas. Com padrões homólogos, os cientistas concluíram que possivelmente os primeiros pintores estavam sob o efeito de alucinógenos quando produziram suas obras. Foram analisadas principalmente composições que imitam estruturas cerebrais, redes neurais, "acessíveis" pelas alucinações provocadas pela ingestão de plantas com propriedades psicoativas.

universal e a-histórica que se imporia ao ser humano, determinando suas ações, escolhas, deliberações.

Como assinalei antes, o que é comum ou recorrente não tem a qualidade do *natural*, do *universal* e do *necessário*. E nem se impõe aos grupos humanos como matéria ou fenômenos a-históricos. Tanto quanto o que varia e o que porta diferenças, o comum e o recorrente são *construtos* da ação humana, criações que os seres humanos realizam para tornar possível sua existência, em espaços próprios de viver, sem os quais a vida humana não se tornaria possível, pois essa carece de bases biológicas para se afirmar ao natural. O ser humano como tal não podendo existir senão como construto de si mesmo, criatura de suas próprias ações, constituindo-se por seus atos no trajeto de sua existência e manifestação no mundo.

Se alguma coisa pode ser dita em termos de "necessidade", pela qual certas instituições e estruturas existem e não outras, somente o poderá ser no sentido dado pela perspectiva construcionista. As estruturas e instituições existentes numa sociedade estão ali em lugar de outras possibilidades e, em todos os casos, sempre como convenções: "*trata-se de construir o social e as regras que lhe permitam funcionar*"[226], e sempre de modo relativo, variável e histórico. E em nenhum caso por razões "transcendentes", "insondáveis" ou "justificadas".

Por todas essas observações precedentes, eis como podemos reapresentar um dos postulados principais da teoria construcionista crítica: a construção da realidade cultural, social e histórica (de economias, costumes, religiões, línguas, leis, saberes, técnicas, corpos, sexualidades, moral...) é resultado, desde todo o seu começo, de atos humanos de criação a partir de dados disponíveis, mas dados que são também construídos... A humana ação antes de tudo... *No princípio estava a ação humana, e a ação estava com o ser humano, e a ação é o ser humano...*[227].

---

226. Ibidem, p. 27 (tradução nossa).

227. O leitor conhece o livro de João que integra o Novo Testamento, o Evangelho segundo São João, e reconhece a paráfrase. Nele, o autor assim começa: "*No princípio era o Verbo, e o Verbo estava junto de Deus e o Verbo era Deus*" (João, 1,1).

Realidade e real (II): a realidade é faltosa

A pretensão da realidade instituída em fazer crer que é universal (comum, rotineira) e necessária somente é sustentável até o ponto em que permaneça intocável a verdade de seu caráter particular (restrito) e convencional. A realidade instituída (ou institucionalizada) não seria o que é — todo o seu peso, força e pregnância sobre todos os indivíduos — sem que não fosse capaz de fazer "desaparecer" todas as possibilidades (de outra realidade) que sufoca e exclui. O que somente obtém pelo discurso ideológico que fabrica sobre si própria: discurso de naturalização, universalização e eternização da realidade.

Como a realidade instituída consegue operar com esse desaparecimento? Por *foracluir* (excluir) como irracional, patológico, anormal, a-social, não-cultural e não-humano tudo aquilo que não foi institucionalizado. Isto é, o *foracluído* da institucionalização é não apenas o que ficou de fora mas é, ao mesmo tempo, *o que não pode ser incluído*, institucionalizado, conforme o discurso ideológico de sua invalidação.

As operações de "universalização" e "eternização" do que é apenas uma forma particular e histórica da realidade é a mais fundamental, entre todas as outras, para a obtenção do desaparecimento do seu caráter particular, arbitrário, convencional e contingente. Igualmente como para o "desaparecimento" de toda outra possibilidade não inscrita na realidade instituída.

De algum modo, está de volta aqui o assunto da distinção e do antagonismo entre real e realidade. É o real, como o *inumerável*, que é foracluído. O real, que podemos defini-lo nos mesmos termos com que o filósofo Cornelius Castoriadis falou de um *"fundamento ilimitado e insondável sobre o qual repousa toda sociedade dada"*[228].

Pela foraclusão de outras possibilidades, dados, alternativas, a realidade instituída é sempre faltosa: há nela o que, por exclusão, lhe falta.

---

228. CASTORIADIS, Cornelius. *A instituição imaginária da sociedade*. Rio de Janeiro: Paz e Terra, 1982, p. 137.

Ela nunca é toda, completa. A incompletude da realidade instituída lhe constitui e contra todo o esforço dessa de parecer toda.

Uma abordagem construcionista crítica não refuta a realidade como uma aparência imediata das coisas, mas a compreende como um construto arbitrário, de caráter convencional, incompleto, falho, parcial, modificável, reversível. Assim, por conseguinte, constitui-se como uma teoria cujo objeto principal é a crítica à ideologia, essa como o discurso que pretende que a realidade seja toda, plena, acabada, irreversível, natural ou divina.

Para a teoria construcionista, todavia, a crítica da realidade como uma construção arbitrário-convencional (e seu caráter ficcional, idiota) não implica uma negação do presente em favor seja do passado, seja do futuro. Se, de fato, a ideologia implica uma hipóstase do presente, a crítica à ideologia como crítica da petrificação do tempo presente (eternizando o arbitrário cultural-social-histórico) não se torna uma negação do presente, numa espécie de retirada da vida.

Ao contrário, para a teoria construcionista crítica, é no presente, é no viver a vida e no querer a vida no presente, no aqui e no agora, no querer um mais-de-vida no hoje, sem retiradas para passados ou futuros distantes, que se coloca a importância do ato da crítica em favor da desconstrução da representação da realidade como uma realidade-toda, fechada, conclusa, denunciando o seu caráter revogável, que pode e deve ser modificada no presente.

3

A constituição histórico-social do ser humano

Não há natureza humana.
Sartre

Se o ser fosse apenas o que é, não haveria nem sequer lugar para se falar dele. O ser se põe a existir em função mesmo da falta.
Jacques Lacan

O Homo sapiens *é sempre,*
e na mesma medida, Homo socius.
Peter Berger e Thomas Luckmann

Suspeito um pouco dessa noção de natureza humana [...]. Não foi estudando a natureza humana que os linguistas descobriram as leis da mutação consoante, nem Freud os princípios da análise dos sonhos, nem os antropólogos culturais a estrutura dos mitos.
Michel Foucault

> *Quando procuramos caracterizar as raças biológicas através de propriedades psicológicas particulares, afastamo-nos da verdade científica, quer definindo-as positivamente, quer negativamente. [...] diversidade intelectual, estética e sociológica não está unida por nenhuma relação de causa e efeito à que existe, no plano biológico, entre certos aspectos observáveis dos agrupamentos humanos. [...] Há muito mais culturas humanas que raças humanas.*
> Claude Lévi-Strauss

> *Mal se expulsam os preconceitos inatistas, eles retornam com rapidez.*
> Frédéric Rognon

Não há ser humano *in natura*: o humano é o ser da linguagem humana

O ser humano não é natural. Apesar de como ser vivo possuir uma realidade biológica, é inteiramente artificial, é um artefato de suas próprias mãos, e um artefato do tempo, da história. A cada nascimento, o ser humano repete, em parte, a história de sua evolução, de seu desenvolvimento como espécie totalmente singular entre todas as outras. A história da constituição do ser humano como humano, sua hominização e humanização, é prova maior de que ele somente veio a existir como ser singular entre todas as demais espécies animais através unicamente de atividades e ações que, construindo o seu habitat específico (o espaço de sociedade, a cultura), também o constituíram, e vice-versa; o que o fez advir na forma que evoluiu até a espécie atual e ao que somos como humanidade. Agindo, na contínua exteriorização, o ser humano não apenas construiu, por sua ação, o mundo que necessitava, mas igualmente construiu a si mesmo num longo processo. Essa compreensão aparece bem expressa nos termos de Simone de Beauvoir, quando escreveu: *"o homem [o ser humano]... é um ser que não é dado, que se faz ser aquilo que ele é. Como disse muito acertadamente Merleau-Ponty, o homem não é uma espécie natural: é uma ideia histórica. [...] Foi dito que a espécie humana era uma antiphysis; a expressão não é exata porque o homem não poderia contradizer o dado natural; mas é pela maneira como ele o assume que isso constitui a verdade; a natureza não possui realidade para o ser humano senão como algo retomado por sua ação: sua própria natureza não sendo exceção*"[229]. Evidente, a autora não ignora que o ser humano pertence à espécie *Homo sapiens*. Mas sabe bem, e como irei abordar o assunto logo adiante, que essa espécie se distingue de todas as demais, não sendo, de fato, simples espécie animal natural entre outras.

Sem o amparo de estruturas e procedimentos que, desde seus primeiros trabalhos, os antropólogos chamaram de "culturais", os seres humanos não se desenvolvem nem teriam se desenvolvido até aqui, o que determinou não apenas a gênese das culturas humanas mas igualmente o próprio destino da espécie: fora dos espaços de cultura que o tomem ao seu encargo e que o produzam, não há garantia de vida para o ser humano no mais elementar nível biológico animal.

Na conclusão dominante dos estudos da antropologia, arqueologia e paleoantropologia, até o presente, o processo da evolução humana corresponde à origem e evolução do *Homo sapiens*, como espécie distinta de outros hominídeos, dos grandes símios e mamíferos dotados de placenta. Considerando sua forma atual, o ser humano evoluiu durante o Pleistoceno. Os cientistas estimam que o *Homo sapiens arcaico* evoluiu entre 400.000 e 250.000 anos atrás, tendo migrado para fora do continente africano, onde teria surgido em torno de 50-100.000 anos atrás[230].

Esses estudos mostram como a evolução humana é caracterizada por uma série de importantes alterações morfológicas, fisiológicas, de

---

229. BEAUVOIR, Simone de. *Le deuxième sexe* – I: les faits et le mythes. Paris, Gallimard, 1976, p. 75-76 (tradução nossa).

230. Ver, entre outros estudos, LEAKEY, Richard. *L'origine de l'humanité*. Paris: Hachette Littératures, 1997; COPPENS, Yves; PIC, Pascal. *Aux origines de l'humanité*: de l'apparition de la vie à l'homme moderne (Tomo 1). Paris: Fayard, 2002; FOLEY, Robert. *Os humanos antes da humanidade*. Assis: EdUNESP, 2006; TUDGE, Colin. *O elo*: a incrível descoberta do ancestral mais antigo do ser humano. São Paulo: Agir, 2010; REICHHOLF, Josef. *O enigma da evolução do homem*. Lisboa: Instituto Piaget, 1997.

desenvolvimento cognitivo e comportamental que ocorreram com a separação do último ancestral comum entre humanos e os outros primatas, cerca de 5 a 7 milhões de anos atrás, e que aconteceram pelos efeitos, sobre si mesmo, das atividades e atuações desse ser em evolução. Não sendo, pois, uma "evolução natural", mas produto de complexos processos e dinâmicas que tiveram origem nas suas atuações e atividades que, não resta dúvida, sem elas não teriam ocorrido. O conhecimento estabelecido até aqui retrata a história da hominização como uma interação peculiar entre o *natural* (o biológico) e o que chamamos de *cultural*, que mais não é que os efeitos da ação humana sobre o mundo e sobre o próprio ser que o engendra. A modelagem física e biológica desse ser consistindo, em última instância, em resultados dessa interação, na qual a ação humana, incidindo sobre o mundo, incide sobre seu agente. Para a maior parte dos cientistas, a evolução humana ocorre sob o primado da cultura produzida pelo próprio ser humano, pois, sem ela, não teria ocorrido a complexificação do seu equipamento biológico. Assim, a evolução do ser humano segue um curso inteiramente específico, que somente se torna compreensível à luz do entendimento do fenômeno que o paleoantropólogo Richard Leakey chamou *"retroação positiva"*[231]: um fluxo de retroalimentação permanente e em cadeia, no qual a interação da complexificação do mundo com a complexificação do organismo humano ocorre em sucessão temporal como um fenômeno único permanente. Mundo humano aumentado, complexificado, por um ser humano mais complexo, aumentado por novas habilidades e propriedades, incidindo sobre esse, que se tornará também mais complexo, aumentando suas capacidades cognitivas, comportamentais, o mundo será por ele também complexificado, aumentado. Um agindo sobre o outro indefinidamente. É a singularidade de uma espécie cuja ocorrência tem a ver, e mesmo só acontece, com o inevitável ato criador (inteiramente em suas mãos) das condições indispensáveis à sua existência, criando a si mesmo enquanto cria o seu mundo. O ser humano, agindo agido pelo mundo e atuando sobre esse, que ele próprio criou, resulta uma criatura de suas próprias ações, uma criatura de si mesmo. Como resumiu o

---

231. LEAKEY, Richard. *L'origine de l'humanité*. Paris: Hachette Littératures, 1997, p. 113.

antropólogo estadunidense Clifford Geertz: *"isso significa que a cultura, em vez de ser acrescentada, por assim dizer, a um animal acabado ou virtualmente acabado, foi um ingrediente, e um ingrediente essencial, na produção desse mesmo animal. [...] Submetendo-se ao governo de programas simbolicamente mediados para a produção de artefatos, organizando a vida social ou expressando emoções, o homem determinou, embora inconscientemente, os estágios culminantes do seu próprio destino biológico. Literalmente, embora inadvertidamente, ele próprio se criou"*[232]. Definido como membro da espécie *Homo sapiens*, a única subespécie do ramo *Homo* sobrevivente, o ser humano adquiriu a anatomia que possui hoje há apenas cerca de 200 mil anos, atingindo o comportamento complexo atualmente conhecido (cérebro altamente desenvolvido, raciocínio abstrato, habilidade de simbolização e conceituação, resolução de problemas) há cerca de 50 mil anos. É definido, na sua forma atual, como *Homo sapiens sapiens*. Nesse processo em que a espécie se constituiu, construindo seu mundo específico, o ser humano tornou-se o único animal capaz de produzir o fogo, cozinhar seus alimentos, vestir-se, produzir e utilizar diversas tecnologias, falar, capaz de inventar a escrita, a arte, o único a ter capacidades de simbolização e conceituação e, por todas as evidências, o único a ter a consciência de si mesmo e a consciência antecipada da morte.

Mais recentemente, conclusões a que chegaram importantes estudos da área afirmam que os seres humanos e os grandes macacos africanos — chimpanzés, gorilas e orangotangos — seguiram caminhos muito diferentes desde sua separação, depois de seu último ancestral comum. Os humanos e esses símios modernos evoluíram em direções totalmente distintas, e tomaram caminhos distintos na linha evolutiva. Depois dessa separação, desde que dividiram o último ancestral comum com os humanos, não apenas os seres humanos evoluíram, esses macacos evoluíram também. Razão pela qual, hoje, os estudos científicos da área não tomam mais os macacos dos dias atuais (nem mesmo os chimpanzés) como espécimes que teriam similaridades com um não identificado ancestral comum. Nosso ancestral comum era um hominídeo dessemelhante de qualquer dos macacos existentes hoje. Tal foi a conclusão a que chegou uma equipe

---

232. GEERTZ, Clifford. *A interpretação das culturas*. Rio de Janeiro: Guanabara, 1989, p. 59-60.

de cientistas dos Estados Unidos e Espanha, liderada pelo cientista Sergio Almécija, que situou um espécime que foi nomeado de *Orrorin tugenensis* ("homem original de Tugen Hills", região da atual Quênia onde foi encontrado) em um intervalo intermediário entre um não identificado ancestral comum dos humanos e dos símios e a linhagem que chegou ao *Homo sapiens* moderno. O *O. tugenensis* parece intermediário entre os macacos do Mioceno e os *Australopithecineos*, ancestrais imediatos do gênero Homo.[233] A equipe apoia suas teses no estudo de um fêmur, encontrado em 2000 naquela região, por Martin Pickford e Brigitte Senut, paleoantropólogos do Museu Nacional de História Natural de Paris, que asseguram ser o fêmur de um hominídeo que teria vivido há aproximadamente seis milhões de anos, e que seria uma das mais antigas evidências fósseis do bipedismo humano.[234] O *O. tugenensis* passou a ser considerado o primeiro hominídeo bípede, ainda que um bipedismo ocasional, o que recua no tempo o andar ereto na espécie, pois a evidência mais antiga que se tinha era a do fóssil de uma fêmea nomeada *Ardipithecus ramidus*, apelidada de Ardi, que teria vivido entre 4,4 milhões de anos.[235] Para esses cientistas, o último ancestral comum que ligou seres humanos e símios não foi um antropoide que marchava curvado, pendurava-se em árvores e com características similares aos chimpanzés atuais. O antropoide comum entre o ser humano e o macaco era um primata diferente de qualquer um que existe hoje. Mas esse assunto tão específico não é de interesse aqui. A teoria da evolução humana interessa a uma teoria construcionista crítica como parte de uma ampla abordagem sobre o caráter construído da realidade social, cultural e histórica, o que inclui a história (o processo) da origem e constituição das instituições sociais e do próprio ser humano como

---

233. ALMÉCIJA, Sergio; TALLMAN, Melissa; ALBA, David M.; PINA, Marta; MOYÀ-SOLÀ, Salvador; JUNGERS, William L. The femur of Orrorin tugenensis exhibits morphometric affinities with both Miocene apes and later hominins. *Nature Communications*, n. 4, 2013. www.nature.com/naturecommunications

234. B. SENUT; M. PICKFORD; D. GOMMERY; P. MEIN; K. CHEBOI et Y. COPPENS. First hominid from the Miocene (Lukeino Formation, Kenya). *Comptes Rendus de l'Académie de Sciences de la Terre et des planètes*/Éditions scientifiques et médicales, v. 332, p. 137-144, Paris, 2001.

235. WHITE, Tim D. et al. Ardipithecus ramidus and the Paleobiology of Early Hominids. *Science*. DOI: 10.1126/science.1175802 , 64, 326, 2009.

membro de uma espécie única que é ela agente e criadora de uma história de que é inteiramente o seu artífice.

Mas os cientistas que se ocuparam (e se ocupam) com os estudos da evolução humana não apenas observaram os períodos históricos, etapas e ramos particulares da espécie em seu aparecimento, desaparecimento, continuidade, descontinuidade. Também abordaram algo essencial: a história da acumulação e transmissão de aquisições que a própria história dessa evolução representa e foi capaz de promover, configurando-se em desenvolvimentos e modificações na espécie humana — que vão do biológico ao cultural, o que se exprimiu nas transformações anatômicas, morfológicas, genéticas, fisiológicas, mas igualmente aquisição de habilidades, hábitos, costumes, modos de organização social, ideias, tecnologias etc. — tornando-se as características próprias da espécie, suas aquisições vão se transmitindo e transferindo, seja por mecanismos biológicos, seja através de linguagens únicas da espécie.

Entretanto, chamará a atenção de estudiosos da história, sociologia, antropologia social e linguística, em especial, o fenômeno da *transmissão cultural*, de uma geração a outra ou de um grupo a outro, das práticas e linguagens próprias à espécie que, ao mesmo tempo, se constituíram nos mecanismos da fabricação do mundo propriamente humano e também da constituição do ser humano como tal. Descobrindo-se que, em grande parte, não foram as heranças biológicas que foram responsáveis e capazes de transferir o legado histórico do trajeto antropológico humano. Para certos atributos da espécie (entre os quais, a fala, o andar ereto, o uso de ferramentas, as emoções, os sentimentos, as crenças, a consciência de si, o reconhecimento, os laços de parentesco, as leis sociais...), a transmissão e perpetuação do legado da evolução, isto é, esses mesmos atributos, foram realizadas pela linguagem cultural e social, sem a qual teriam sido interrompidas, mesmo toda a compleição física e mesmo todo o equipamento biológico com o qual nascem os filhos da espécie em sua forma atual. Tornaram-se, pois, aquisições sem fundamentos biológicos, condutas e atividades que não foram geneticamente transmitidas e orientadas, e para as quais cooperou apenas o suporte da complexa linguagem especificamente humana, transmitida e apreendida por meio de diferentes mecanismos, dispositivos, códigos, instituições sociais. A aprendizagem social dessa linguagem tornando-se, para as ciências humanas, o veículo decisivo de transmissão de toda a cultura construída e sem cuja transferência não haveria continuidade da espécie[236].

É por essa compreensão que, para as ciências humanas e múltiplas filosofias, não há qualquer lugar para a ideia segundo a qual "antes de ser modelado pelas linguagens culturais e sociais, o ser humano já é dotado de *instintos naturais*", o que o especializaria e o definiria como ser, dotando-o de uma "natureza natural" quanto a comportamentos, práticas, atividades, tal como se pode verificar em espécies animais. Como crê a "ingenuidade" humana e, incansavelmente, repetem alguns, mesmo dentro das universidades e como "conhecimento científico": "nem tudo do ser humano é de origem social". Se há aqueles para os quais a afirmação constitui parte de suas políticas de extrapolação abusiva das conclusões de suas áreas científicas (biologia, neurociência, fisiologia etc.), para a análise de fenômenos que não são do domínio de suas compreensões, e inteligíveis apenas a sociólogos, antropólogos, historiadores, psicólogos e filósofos, há também, para a difusão da máxima, os favores de uma mídia que, ao que parece, devota-se continuamente à ideologia de naturalização da realidade social: programas na TV, com "especialistas" entrevistados por apresentadores que "conhecem" o assunto tanto quanto o convidado; reportagens ou artigos em revistas, jornais e internet sobre as "últimas pesquisas" que "revelam as bases biológicas do comportamento humano". Nas universidades e até mesmo no interior das próprias ciências humanas, nas últimas décadas, sob os efeitos desse discurso, surgiu um forte apelo por um "diálogo" entre "natureza e cultura" ou "entre as ciências do biológico e do social", como um caminho para a realização daquela máxima.

Ora, as ciências humanas e os filósofos moderno-contemporâneos, já por mais de um século, e não sem razão, ocuparam-se em delimitar os

---

236. Os estudos de antropologia cultural falam disso e todo um amplo conjunto de trabalhos, pesquisas e autores, de ontem e de hoje, poderia ser citado. A extensa lista que resultaria encheria páginas e mais páginas, mas, a título de exemplo, os vários autores mencionados e citados na extensão deste trabalho tornam-se suficientes. Todos eles e suas reflexões e teorizações são demonstrações dessa compreensão.

domínios do social, do cultural, do político e do histórico, e não há que voltarmos atrás, por apelos de um "diálogo" que, antes que pretender estabelecer conexões entre fenômenos, têm sido um convite às ciências humanas a que abandonem as premissas que fundam e organizam seu próprio campo científico, historicamente um tipo de conhecimento que é, ao mesmo tempo, crítica da realidade. Desde seus começos, as ciências humanas empreenderam o diálogo com o conhecimento biológico, mas subordinando-o a corretas premissas que conseguiram demonstrar a primazia da cultura quando se trata do conhecimento da realidade humano-histórico-social. O pretendido "diálogo" atual mais não é que o canto de sereia de uma tal "ciência tolerante", "ciência não-radical", ciência do "meio-a-meio" (uma metade é o "cultural", outra metade, o "natural") ou ciência das indistinções apagadoras das especificidades, mas desde que toda a realidade histórica e toda a realidade da existência humana sejam colocadas sob a primazia do biológico, do natural. Novamente valeria lembrar Simone de Beauvoir, ao dizer que *"uma vez que aceitamos uma perspectiva humana, definindo o corpo a partir da existência, a biologia se torna uma ciência abstrata"*[237]. Para o corpo humano, o corpo do ser-social-histórico humano, o seu biológico está submetido a padrões, normas, códigos, costumes, leis sociais-culturais, instituições. A ciência biológica nada tem a dizer sobre esse corpo-social, corpo-sociedade, corpo-história. Ela tem algo a dizer sobre o corpo-*in natura*, o corpo-sem-cultura-sem-sociedade-sem-história, mas esse corpo no ser humano não existe! Essa ciência, a biologia, torna-se uma "ciência abstrata", ciência de um objeto-abstrato, corpo-abstrato, que não-é, que não existe.

Sobre a ideia de "instintos humanos", a melhor resposta ao assunto talvez tenha sido produzida pelo filósofo Gilles Deleuze, ao dizer que, no caso humano, são as *instituições* que substituem o que, nos animais, são os *instintos*: *"Toda instituição impõe a nosso corpo, mesmo em suas estruturas involuntárias, uma série de modelos, e dá à nossa inteligência um saber, uma possibilidade de previsão, assim como de projeto. Nós reencontramos a conclusão*

---

237. BEAUVOIR, Simone de. *Le deuxième sexe* – I: les faits et le mythes. Paris: Gallimard, 1976, p. 76 (tradução nossa).

seguinte: o homem não tem instintos, ele faz instituições. O homem é um animal se despojando da espécie"[238]. E não posso deixar de citar mais uma vez John Gagnon, ao finalizar artigo em que discorria sobre o impacto de pesquisas sobre a sexualidade nos Estados Unidos, nos anos 1950: "*Minha sugestão é que se façam pesquisas que tomem as pessoas em sua particularidade cultural, examinando o caráter artificial e inventado da humanidade. Com demasiada frequência, os apelos à biologia ou à natureza têm impedido a discussão ou servido como uma defesa especial dessa ou daquela ideologia. O que se sugere é uma postura de pesquisa que esgote o social, o psicológico e o cultural, antes de recorrer a uma natureza desconhecida*"[239].

Outra descoberta importante das ciências humanas foi a da transmissão cultural e histórica dos atributos que conferiram o estatuto de humano ao ser da espécie *Homo sapiens sapiens* e que essa transmissão não para de se repetir na história de cada um que nasce nas diversas sociedades e culturas ontem e hoje. Ainda que o senso comum que construímos das coisas nos faça pensar que a espécie "nasce pronta", é somente por aprendizagem social que adquirimos, peça por peça, todos os atributos que nos tornam humanos. Muitíssimo menos longo, é evidente!, que o processo da hominização, o processo através do qual ocorre essa aprendizagem é, todavia, similar em termos ontogenéticos. Os estudos da psicologia, psicanálise, sociologia, entre outros, demonstrarão que a filogênese (o registro da espécie) se repete na ontogênese (o registro de cada filho do ser humano que nasce, o do indivíduo). Entre outros pensadores, Freud atinou para o fenômeno: "*a ontogênese pode ser considerada uma recapitulação da filogênese*"[240].

E por quê? Em razão da mais absoluta falta ontológica determinante do ser do (indivíduo) humano: pertencemos a única espécie animal sem qualquer especialização e direção biológicas dos atributos que tornam

---

238. DELEUZE, Gilles. Instincts & institutions. In: CANGUILHEM, George. *Textes et documents philosophiques*. Paris: Hachette, 1960, p. 137 (tradução nossa).

239. GAGNON, John. *Uma interpretação do desejo*: ensaios sobre o estudo da sexualidade. Rio de Janeiro: Garamond, 2006, p. 108.

240. FREUD, Sigmund. *Três ensaios sobre a teoria da sexualidade*. Rio de Janeiro: Imago, 1972, p. 130 (Obras Completas, v. VII).

possível sua existência. Sem uma natureza cromossômica, genética, biológica de sua conduta e atividades, o ser humano torna-se dependente de ter que aprender tudo que o tornará um ser em condições de existir, seja como mero exemplar biológico da espécie (é preciso estar vivo e, pois, alimentar-se, ingerir água!) seja como ser social, ele tudo terá que saber e aprender a fazer por ensinamentos de um outro ser humano. A história da constituição do ser humano como humano passa por aquisições e acumulações de qualidades e características que somente serão reconhecidas como sua "natureza" porque preenchem o que, sendo vazio no ser humano, é natureza preenchida nas outras espécies animais por heranças genéticas, especialização biológica. Mas, definitivamente, o que é natureza natural nas demais espécies, no ser humano é aprendido, adquirido e, por ele próprio, construído. É isso o que o torna o único animal desesperadamente dependente da cultura, como sobre o assunto assim escreveu Clifford Geertz: *"o homem é precisamente o animal mais desesperadamente dependente de tais mecanismos de controle, extragenéticos, fora da pele, de programas culturais, para ordenar seu comportamento"*[241].

Assunto que, dentre outros pensadores, ocupou também Freud, ao pensar o *desamparo* do ser humano como algo com consequências históricas, sociais e psíquicas. Primeiro, há um "fator biológico" determinante: a prolongação da dependência do filhote da espécie após o nascimento. Como assinalou: *"o fator biológico é o longo período de tempo durante o qual o jovem da espécie humana está em condições de desamparo e dependência"*[242]. Aqui, já se assinale, não se trata, no pensamento de Freud, do biológico ser determinante como presença, mas como *ausência*. Ele é (o que) *falta*, não o que causa, gera, dirige. Não ser biologicamente especializado e orientado, como as demais espécies, é o que faz que o ser humano seja biologicamente desamparado: um ser de falta. Aliás, o tema da "falta" no ser humano é de muitas outras maneiras teorizadas por Freud e, posteriormente, por Jacques Lacan, como aspecto central em torno do qual se estrutura o inconsciente, a sexualidade e o desejo humanos. Mais adiante, voltarei a esses assuntos.

---

241. GEERTZ, Clifford. *A interpretação das culturas*. Rio de Janeiro: Guanabara, 1989, p. 56.
242. FREUD, Sigmund. *Inibições, sintomas e ansiedade*. Rio de Janeiro: Imago, 1976, p. 179 (Obras Completas, v. XX).

Para Freud, o "desamparo biológico" corresponde à fase da vida da criança humana que necessita de uma ajuda alheia para aliviar as tensões do organismo e sua preservação: a criança humana não sendo capaz de realizar sozinha as ações que satisfarão a sede, a fome, a proteção contra o frio, o calor e demais necessidades fisiológicas, emite sinais de sua ansiedade (ainda sem qualquer conteúdo psíquico) face ao perigo de estar só. O desamparo é evitado no auxílio humano que torna possível a satisfação das demandas orgânicas; satisfação que se torna fonte da espera (suportável) da próxima satisfação. Como escreveu: "*a situação, portanto, que ela considera como um 'perigo' e contra a qual deseja ser protegida é a de não satisfação, de uma crescente tensão devida à necessidade, contra a qual ela é inerme*"[243].

Segundo, há o "*desamparo psíquico*"[244], representado pela incapacidade de a criança de lidar com as exigências pulsionais herdadas da espécie por não possuir, na primeira infância, um aparelho psíquico adequado para responder às demandas pulsionais ("*dominar psiquicamente as grandes somas de excitação que o alcançam quer de fora, quer de dentro*"[245]) e saber lidar com a excitação, a satisfação e a falta. Não se tratando mais da necessidade de satisfazer demandas orgânicas, agora, no desamparo psíquico, o que se torna amparo à criança são investimentos libidinais que ocorrem nas relações com aqueles outros humanos que a acolhem, que lhe dão vida psíquica, quando, na nova dinâmica pulsional, são a linguagem, o afeto, o reconhecimento do outro o que dará suporte ao desamparo. É o suporte ao desamparo que fará que esse seja o que gera a dependência ontológica dos seres humanos a outros seres humanos (dependência também psíquica), indefinidamente, do nascimento à morte.

Mas, para Freud, o desamparo psíquico tem também a forma do desamparo do ser humano frente a forças, pulsões e excitações oriundas de sua vida mental — e essa produzida nas suas relações com o outro, nas interações sociais — que se tornam ameaças a ele próprio. Freud, em

---

243. Ibidem, p. 161.
244. Ibidem, p. 166.
245. Ibidem, p. 170.

O futuro de uma ilusão, as chamou de *"forças temíveis"*[246]: pulsões destrutivas, paixões agressivas, agressividade com relação a si mesmo, agressividade com relação ao outro, formações psíquicas reativas.[247] Uma realidade controlada por regras morais, sociais, por coerção externa, que, para o autor, ao se aplicarem, acarretam efeitos na esfera psíquica, e nem sempre com resultados positivos. Existir como um ser moral e social exige a internalização dos *"ideais culturais"*, das *"exigências da civilização"*[248]: *"a palavra 'civilização' descreve a soma integral das realizações e regulamentos que distinguem nossas vidas das de nossos antepassados animais, e que servem a dois intuitos, a saber: o de proteger os homens contra a natureza e o de ajustar os seus relacionamentos mútuos"*[249]. Como se sabe, a realidade do desamparo humano, assim como acabamos de ver sua definição, está entre as hipóteses de Freud para o surgimento das diversas instituições sociais e históricas. Entre outros exemplos em sua obra, assim ele escreveu sobre a origem das religiões nas culturas: *"a origem da atitude religiosa pode ser remontada, em linhas muito claras, até o sentimento de desamparo infantil"*.[250] Pode-se dizer que, em Freud, o suporte ao desamparo é o dado antropológico da existência humana que se torna o fundamento da construção e instituição das organizações sociais pelo ser humano, sem as quais não tem lugar o seu próprio desenvolvimento individual e coletivo. Embora nem sempre representem o caminho de sua satisfação, liberdade e felicidade. Bem ao contrário, representam também frustrações, insatisfações, renúncias, sofrimentos.[251] Reconhecente de que o ser humano não possui um organismo com comando e particularização biológicas, na visão do criador da psicanálise, se ele não dispuser do

---

246. Idem. *O futuro de uma ilusão*. Rio de Janeiro: Imago, 1974, p. 34 (Obras Completas, v. XXI).

247. Idem. *Mal-estar na civilização*. Rio de Janeiro: Imago, 1974, p. 134 e segs. (Obras Completas, v. XXI); Ver também do autor, *Além do princípio de prazer*. Rio de Janeiro: Imago, 1976 (Obras Completas, v. XVIII).

248. Idem. *Mal-estar na civilização*. Rio de Janeiro: Imago, 1974, p. 134 e segs. (Obras Completas, v. XXI), p. 106, 114.

249. Ibidem, p. 109.

250. Ibidem, p. 90.

251. Ver, por exemplo, FREUD, Sigmund. *Totem e tabu*. Rio de Janeiro: Imago, 1976 (Obras Completas, v. XIII) FREUD, Sigmund. *O mal-estar na civilização*. Rio de Janeiro: Imago, 1974, p. 95 e segs. (Obras Completas, v. XXI); FREUD, Sigmund. *O futuro de uma ilusão*. Rio de Janeiro: Imago, 1974 (Obras Completas, v. XXI).

cultural/do social que o acolha e o erija, perecerá em poucas horas, ou, de outro modo, sem direção cultural, não será capaz de qualquer agir, qualquer conduta, não possuirá qualquer código da linguagem humana, nele inexistente como dado orgânico, inato, pois não é portador de nada que o seu ser biológico lhe forneça nesse âmbito. Uma realidade que em seu ser é pura *falta*. O ser humano, ao nascer, não sendo portador de nenhuma linguagem (modo de ser, comportamento, instruções, língua etc.) que o distinga como humano, de modo inato, como herança da vida embrionária ou fetal, adquirirá toda a linguagem do mundo particularmente humano, a Linguagem humana, por meio de sua socialização nas culturas. Podemos igualmente acrescentar que, em Freud, o desamparo é o fenômeno que traduz o caráter frágil e trágico da existência humana, ao representar, do nascimento à morte, a condição de dependência do ser humano de um outro seu semelhante. O que lhe renderá uma condição de vulnerabilidade permanente, pois, incluindo as situações nas quais o outro pode ser uma ameaça, existem também aquelas nas quais simplesmente poderá não haver nenhum outro.[252] Tendo sua existência irremediavelmente ligada ao outro — e na relação com esse constituindo-se, construindo a si mesmo —, o humano é também o ser que é afetado emocional e psiquicamente por essa ligação, nas trocas e interações com seus semelhantes, para o melhor e para o pior. Dessas trocas e interações, não sai ileso.

Dessa maneira, o desamparo de que aqui se fala é a condição de um ser a quem falta a especialização e direção biológicas, falta de uma pré-formatação natural, como é o caso de todos os animais (incluindo a especialização de órgãos, o que no caso humano conhece alterações introduzidas pelas culturas e práticas sociais). Ainda que a cultura empregue imediatamente-já a linguagem humana para ampará-lo, quando forja seu

---

252. Mais recentemente, o tema é retomado pela filósofa estadunidense Judith Butler em um belíssimo texto. Fala ela de *"vulnerabilidade primária"*: *"o fato é que a infância constitui uma dependência necessária que nunca deixamos para trás. Os corpos devem todavia ser apreendidos como algo que se entrega para ser cuidado. Compreender a opressão vital é precisamente entender que não há maneira de desfazer-se desta condição de vulnerabilidade primária, de ser entregue ao contato com o outro, incluso — ou precisamente quando — não há outro e não há suporte para nossas vidas"*. Cf. BUTLER, Judith. Al lado de uno mismo: en los límites de la autonomía sexual. In: BUTLER, Judith. *Deshacer el género*. Barcelona: Paidós, 2006, p.35-66 (tradução nossa).

destino social, sua inserção, o ser humano chega ao mundo desamparado de todos os recursos que o tornarão especificamente humano. Seu destino social, sua nomeação como humano, sua inserção nas relações e instituições sociais, resultante de um longo percurso na linguagem, podem ser situados como consequência direta do desamparo primário ou ontológico mencionado antes. E se não há nomeação, inserção, destino social, o indivíduo não se elevará do seu desamparo primordial.

O que chamamos de linguagem humana, ou simplesmente Linguagem, são os modos de ser, procedimentos, ações, condutas, métodos e artefatos produzidos pelos próprios seres humanos, o que representa a via da superação do estado de desamparo com que esses vêm ao mundo por sua falta de especialização e direção biológicas. Nossa espécie não possui instintos especializados nem aptidões, disposições e comportamentos transmitidos biologicamente. Os seus indivíduos não trazem do nascimento (geneticamente, cromossomicamente) as informações que precisam para sobreviver nem aquelas que os dotariam das "características da espécie". Cada filho do ser humano que nasce necessita de um grupo humano (por toda a sua vida e não apenas na infância, como a maior parte dos mamíferos) para adquirir as práticas, as condutas, as técnicas, os recursos e as experiências que garantam os sucessos acumulados das gerações anteriores nas suas relações com o meio ambiente, o meio envolvente, e na produção das condições materiais e sociais de sua existência. Isto é, nenhum filho da espécie traz do nascimento o tipo de Linguagem que pertence exclusivamente ao ser humano; esta é aprendida, inteiramente adquirida por meio de ensinamentos sociais, culturais.

Esse assunto leva a que o leigo da ciência ou a opinião popular tragam a questão sobre a existência da linguagem entre os animais, às vezes como resistência (ou contestação) ao saber teórico-filosófico-científico, por esse conceber a existência de *uma linguagem* que é exclusivamente humana. Ora, é bem certo que todos os animais têm uma linguagem para se comunicar com os demais de sua espécie e com todos os outros: as interações entre animais ocorrem por variados canais (visual, auditivo, olfativo) e as informações trocadas podem ser sinais comunicativos sobre variadas coisas: identificação do emissor, aviso de presença de predadores, fontes de alimento e água, a corte sexual etc. E hoje sabemos, por estudos de biólogos, que mamíferos, aves, peixes e até insetos usam objetos naturais em seu habitat como ferramentas para "facilitar" suas vidas, o seu uso não sendo uma linguagem exclusivamente humana. Mas a linguagem animal não necessita ser aprendida, nem ela é extrapolada (e extrapolável) por nenhuma espécie. Cada uma das espécies animais nasce com sua linguagem própria (códigos, sinais) e não a varia, e sua transmissão ou é inteiramente biológica para a maior parte das espécies ou apreendida por imitação e repetição para o caso de certas outras e certos tipos de habilidades, mas sempre específicas à espécie, não ocorrendo de uma espécie ensinar a outra diferente suas habilidades. O caso dos macacos que utilizam pedras para abrir castanhas ou outras oleaginosas se é exemplo que pode ilustrar uma habilidade passada adiante para filhotes, novas gerações, não é, todavia, comportamento que a espécie tenha transmitido a outra nem introduzido qualquer inovação por aquisição de aprendizado extrínseco à imitação e repetição. Exceto os casos de adestramentos ou de aprendizagens em contextos de laboratórios, muito frequentes nos experimentos com primatas não humanos, é raro o caso animal em que se pode falar de aprendizagem de linguagem. No meio animal natural, espontâneo, mesmo no caso das "espécies sociais" (especialmente certos grupos de primatas), a comunicação por alguma linguagem de sinais somente está disponível para as espécies através da continuidade biológica, e não há casos de criação espontânea ou variação de novos códigos, sinais. Como observaram estudiosos de primatas não humanos, mesmo os macacos antropoides mais sofisticados não estão dotados da capacidade de aprendizagem e transmissão de linguagem a que chegaram os seres humanos. E as diferenças de organização e funções da específica linguagem humana com relação à "linguagem animal" são bastantes grandes[253].

    No caso humano, tudo se passa diferentemente. Toda a linguagem específica do humano é a ele transmitida, ensinada e adquirida pela ação de um outro semelhante que, já dotado dos signos e códigos culturais,

---

253. Ver, por exemplo, VAUCLAIR, Jacques; DEPUTTE, Bertrand L. Se représenter et dire le monde: développement de l'intelligence et du langage chez les primates. In: PIQ, Pascal; COPPENS, Yves. *Aux Origines de l'humanité*, v. 2, Paris: Fayard, 2002, p. 288-329.

está capacitado a fazer sua transmissão. Essa não se realiza por nenhuma via biológica, e é inteiramente susceptível a variações e modificações que podem ser introduzidas no curso da história das coletividades humanas. O ser humano cria e recria a linguagem. Como explicam os estudiosos do assunto: *"Não tenho dúvida de que, nos bate-papos do dia a dia, nossa linguagem tem o mesmo propósito que os ruídos dos animais. [...] Algum tipo de linguagem existe entre os animais. Os historiadores não precisam explicá-la; ela é natural. Outro tipo de linguagem pertence exclusivamente ao homem"*[254]. E essa não vamos encontrar em nenhuma espécie animal: *"a linguagem também é o poder de cantar em coro, de encenar uma tragédia, de promulgar leis, de compor versos, de rezar em agradecimento, de fazer um juramento, de confessar pecados, de fazer uma reclamação, de escrever uma biografia, de redigir um relatório, de resolver um problema algébrico, de batizar uma criança, de assinar um contrato de casamento, de encomendar a Deus a alma do pai de alguém. [...] Os atos arrolados [...] constituem a verdadeira distinção entre os homens e os animais"*[255].

Porém, há mais: entre outras formas da linguagem humana, a existência das línguas definitivamente situa os seres humanos do outro lado da vida animal: as línguas humanas são gramaticais, nominativas, pronominais, utilizam-se de pronomes para situar aqueles que (inter)agem, situando um indivíduo em relação a outro: *"a língua humana visa a algo que não visam os chimpanzés nem os rouxinóis: objetiva fazer do ouvinte um ser que não existia até que se dirigissem a ele"*[256]. Línguas da fala humana, da palavra humana, que aproxima e afasta, convence e engana. A palavra humana que só é, que só existe, porque, como indicou Lacan, *"alguém acredita nela"*.[257] Mas que é acreditar aí? Não é a concordância com nada, é a existência de um reconhecimento que somente pode ocorrer se intervém um humano. Ainda que seja para reconhecer algo no *"grunhido do porco"*: *"quando alguém se coloca a questão de saber o que ele quer fazer crer"*. Diz Lacan: *"A palavra é*

---

254. ROSENSTOCK-HUESSY, Eugen. *A origem da linguagem*. Rio de Janeiro: Record, 2002, p. 37, 40.
255. Ibidem, p. 38, 40.
256. Ibidem, p. 43.
257. LACAN, Jacques. *Seminário I*: os escritos técnicos de Freud. Rio de Janeiro: Jorge Zahar, 1983, p. 272.

essencialmente o meio de ser reconhecido"[258]. O *"domínio da palavra"* é, pois, essencial ao humano, esse que requer reconhecimento do outro, mesmo que seja o reconhecimento *"que se tem ainda algo de humano"*. Não tendo o domínio da palavra, os animais emitem sons que fazem crer que exigem algum reconhecimento, quando o domínio (humano) da palavra humana entre em cena: *"Eis porque, num certo sentido, se pode falar da linguagem dos animais. Há uma linguagem dos animais na medida exata em que há alguém para compreendê-la"*[259].

A fala, a palavra e a linguagem também situam o ser humano em algo que é unicamente humano: o tempo — o antes, o depois, o passado, o futuro, o nascimento, a morte, a lembrança. Conhecer ou buscar conhecer o que estava antes do nascimento, as origens, os ancestrais, os predecessores, assim como imaginar, fantasiar e planejar o que será o subsequente da vida é algo que distingue humanos de animais. Dirá Eugen Rosenstock-Huessy: *"o animal nasce, mas não pode penetrar o tempo que antecede seu próprio nascimento. Uma densa cortina impede-lhe o conhecimento dos antecedentes. Ninguém diz ao animal qual é sua origem. Mas nós, as igrejas e tribos de tempos imemoriais, elevamos toda a humanidade acima da dependência do mero nascimento. Abrimo-lhes os olhos para suas origens e predecessores. [...] A origem da fala humana é a fala da origem humana! Falando uma língua, o homem tornou-se e continua a tornar-se humano"*[260]. Narrar as origens, os começos... buscá-los no tempo mítico ou histórico é uma ação bem humana. O autor dirá ainda que a humanidade verdadeiramente se constituiu e distingue-se quando iniciou a prática do sepultamento dos mortos. Não é o nascimento o evento que distingue humanos e animais. Esses também nascem, mas o nascimento é um fato zoológico. O que os diferencia é a morte e o tratamento que os seres humanos dão a ela. É a sepultura que dá origem a uma outra relação com o nascimento, com a vida, com o tempo. A linguagem da morte, do encômio fúnebre, do enterro e do obituário é que institui a comunidade humana dos antecessores e sucessores, ancestrais e descendentes, e serve

---

258. Ibidem, p. 273.
259. Ibidem, p. 273; para as passagens em itálico e entre aspas, igualmente Ibidem, p. 272-273.
260. ROSENSTOCK-HUESSY, Eugen. *A origem da linguagem*. Rio de Janeiro: Record, 2002, p. 70-71.

de ponte para um tempo que transcende a existência física. Assim, dirá o autor: *"o funeral não é uma adaptação à natureza. É uma revolução completa, para além e longe da natureza, revolução que institui o conhecimento recíproco, uma irmandade de homens, algo totalmente desconhecido no mundo animal. [...] o túmulo se transforma no útero do tempo"*[261].

Esses fatos dão conta da especificidade da linguagem humana no trato com o mundo, com os fatos do mundo e da vida, e no trato com a natureza. Linguagem que é transmitida de geração a geração, socialmente, historicamente, linguagem incorporada por aprendizagem. E, para a realidade do ser humano, sem a linguagem, não há pensamento, sentimento, emoção, consciência. O pensamento pensa na linguagem disponível ao ser humano. O sentimento e a emoção sentem na linguagem humana aprendida. A consciência é consciência na específica linguagem humana.

Embora existam linguistas e psicólogos, como o canadense Steven Pinker, que defendem que, nos seres humanos, capacidades linguísticas seriam inatas, ao conjunto de tudo que chamamos linguagem humana (incluindo as línguas faladas e escritas), as ciências humanas sempre tiveram por um fenômeno cuja realidade requer aprendizado social e cultural, tornando-se uma aquisição, um artefato, sem equivalente na natureza das demais espécies e não constituindo inatismo no caso humano. Se, para Pinker, *"todos os bebês vêm ao mundo dotados de capacidades linguísticas. [...] Os bebês vêm ao mundo dotados dessas capacidades. Não as aprendem a base de escutar a seus pais"*[262], para um importante número de antropólogos, sociólogos, psicólogos e linguistas, os bebês humanos não vêm ao mundo dotados de nada que se possa chamar linguagem humana. Até mesmo o organismo biológico dos bebês chega ao mundo incompleto e, sem a direção dos aprendizados sociais/culturais, cairia (e feneceria) no puro caos físico. Entre outros, chamou atenção para o assunto o antropólogo Clifford Geertz, para quem *"quanto ao homem, o que lhe é dado de forma inata são capacidades*

---

261. Ibidem, p. 72.
262. PINKER, Steven. *El instinto del lenguaje*. Madrid: Alianza Editorial, 2009, p. 288-289 (tradução nossa).

*de resposta extremamente gerais".*²⁶³ Mas, a tese inicial de Steve Pinker é logo refeita pelo próprio autor ao ter que reconhecer que *"durante os primeiros meses não acontece nada interessante do ponto de vista linguístico. Uma época em que os bebês produzem gritos, grunhidos, suspiros, estalidos e outros ruídos associados com a respiração, a digestão e outras atividades involuntárias"* e, como reconhece, as crianças humanas, até quase aos dez meses, *"não passando de fonetistas universais"*, isto é, emissores de sons *"iguais em todas as línguas"*²⁶⁴.

O que é absolutamente certo é que a fala, que é uma exclusividade humana, nunca se exprime na vida do filhote da espécie senão já na forma de uma língua concreta: aquela a que o filhote humano foi submetido ao aprendizado. As crianças humanas não falam todas as línguas humanas, mas apenas aquelas as quais forem submetidas ao aprendizado. Não trazem "depositada" no cérebro a língua que reconhecerão mais tarde como "materna". Simplesmente porque não trazem nenhuma língua consigo. A língua materna o é por aprendizagem, por aquisição, por imposição do grupo ao qual pertence. Não nascem com as línguas, e, como foi observado: *"as línguas não 'nascem'. O homem tem de aprender a falar, assim como tem de aprender a escrever"*²⁶⁵.

Nenhuma criança humana virá a falar se não for antes falada por outro ser humano adulto, socializado por uma cultura e uma língua específicas. Não falará se não estiver na fala dos entes que dela se ocupam e se esses não lhe ensinarem as palavras, seus sentidos e as regras para utilizá-las. Os humanos não carregam, de modo inato, línguas que estariam prontas para dispararem na boca dos bebês por informação sobre a região do mundo na qual nasceram e por algum comando quanto à língua que terão que usar. Embora a criança humana somente tenha todas as condições da fala por volta dos 18 meses, após a formação da câmara sonora da faringe, o que requer a descida da laringe, a exigência dessas condições não torna a fala humana um fenômeno natural, algo que a espécie portaria e conservaria como atributo congênito e por herança biológica. Nem o cérebro nem

---

263. GEERTZ, Clifford. *A interpretação das culturas*. Rio de Janeiro: Guanabara, 1989, p. 58.
264. Ibidem, p. 290.
265. ROSENSTOCK-HUESSY, Eugen. *A origem da linguagem*. Rio de Janeiro: Record, 2002, p. 187.

o aparelho fonador (ou o trato vocal) são as bases para a existência das línguas e da fala humana. As línguas e a fala são realidades sociais e psíquicas que, embora necessitem de cérebros, aparelhos fonadores e tratos vocais em bom estado e em bom funcionamento, não são eles, todavia, os seus meios produtores, mas o processo que chamamos de socialização por uma cultura, por uma sociedade. Processo sem o qual simplesmente não haverá o que se possa chamar *ser humano*. Aliás, socialização que tanto é responsável pelo aprendizado da língua quanto é pela modelação da voz (o que os fonoaudiólogos chamarão de forma e cor da voz), cada pessoa adquirindo seu timbre único, por conformidades anatômicas próprias e por modelação da cavidade oral, palato, dentes, língua e lábios, em atividades e usos que sempre terão relações com as práticas culturais e condições sociais (que variam de regiões a condições de classe social). Não sem razão podemos destacar uma "voz" peculiar associada a culturas, línguas, povos, classes, dentre outros fatores, porque os fonemas, como unidades fonológicas mínimas de uma língua, são pronúncias adquiridas (aprendidas) que condicionam todo o resto. Incluindo a musculatura vocal, com consequências mais ou menos definitivas, que se pode observar quando do aprendizado de outras línguas, seus novos fonemas, em geral, funcionando como obstáculos à boa pronúncia de "línguas estrangeiras". Mas, ao menos quanto aos fonemas, não há nenhum Noam Chomsky[266] ou Steven Pinker defendendo que sejam inatos.

---

266. Noam Chomsky, linguista estadunidense, sugere que, no ser humano, é inata a capacidade para criar e organizar frases. Capacidade que faria parte da herança genética da humanidade. O ser humano, independentemente de socialização, seria portador de uma *"gramática universal"*, pois haveria *"o órgão da linguagem"* que, *"como os outros" [...], seu caráter básico é uma expressão dos genes"*. Toda língua seria o *"resultado da atuação recíproca de dois fatores: o estado inicial e o curso da experiência"* (CHOMSKY, Noam. Linguagem e mente. Brasília/DF: EdUnB, 1998, p. 19). Os genes determinariam o *"estado inicial"*, um dispositivo (um "dado de entrada", cerebral) que receberia a experiência e transformaria em língua, o "dado de saída". Mais: *"A aquisição da língua se parece muito com o crescimento dos órgãos em geral; é algo que acontece com a criança e não que a criança faz. E embora o meio ambiente importe claramente, o curso geral do desenvolvimento e os traços básicos do que emerge são pré-determinados pelo estado inicial. Mas o estado inicial é uma posse comum aos homens"* (Ibidem, p. 23). Embora Chomsky não desconsidere a exposição da criança à língua materna, e o que aprenderá com isso, ele crê existir um conjunto de princípios e parâmetros que permitem à criança o desenvolvimento da linguagem nos primeiros anos de vida. Nesse âmbito de sua atuação, o autor é adepto das teses do inatismo. O que nunca poderá ser comprovado, pois não há ser humano sem direção cultural, que se possa levar a laboratório para

As lendas de crianças que nascem falando são muitos comuns no folclore, na mitologia ou na fabulação cotidiana popular. Em seu livro já citado, Steven Pinker traz o caso de um bebê londrino, noticiado pelo jornal *The Sun*, em 21 de maio de 1985, que "nasceu falando" e cuja primeira frase foi "a vida no céu é maravilhosa". O fantasioso caso seria o de uma menininha que seria uma reencarnação e que nasceu "cantando louvores aos céus"[267]. E em data bem próxima ao caso de Londres, é noticiado, por rádios, jornais e TVs, o caso ocorrido na cidade de Mossoró, no Rio Grande do Norte, no nordeste do Brasil, de uma criança que, ao sair do ventre materno, teria "voado como um morcego" pelas dependências da humilde casa dos seus pais, enquanto profetizava a data do "fim do mundo": ao mundo restava pouco mais de três meses! Era noite e rapidamente a "profecia" se espalhou na cidade, tendo animado intermináveis conversas, à porta da casa do "menino-morcego", entre curiosos que vieram testemunhar o impressionante "fato". No outro dia, os jornais da cidade traziam entrevistas com obstetras e psiquiatras que tentavam "explicar" tudo como o caso de uma "mãe alucinada" com um possível aborto.

Mas, pelas apostas de alguns cientistas em certas hipóteses, a fantasia da criança que "nasce falando" parece excitar não apenas o imaginário popular.

E de fantasias em torno da criança humana, como naturalmente dotada da capacidade de fala, bipedismo, instinto de sobrevivência etc., porque seria portadora de uma linguagem genética ancestral, poder de ação instintual, talvez a mais célebre seja as figuras das "crianças selvagens", "meninos-lobos". Não sendo o caso de desconsiderar o papel do imaginário e da fabulação mítica na vida cotidiana, o fato é que, nas narrativas

---

verificação dessa hipótese/especulação científica. O ser humano é sempre-já um ser-de-uma-cultura, por ela apropriado, submetido a aprendizado particular, incluindo o aprendizado para criar e organizar frases, não sendo possível testar a existência de uma gramática inata e universalmente existente como um patrimônio genético. E, para o assunto, vale o que já dissemos antes: o universal não é o natural. O muito de universal e invariante da existência humana nas culturas humanas não pode deixar de ser compreendido como algum resultado do fato dos grupos humanos viverem experiências comuns em sua exteriorização no mundo das coisas, relação com o meio ambiente envolvente, com a Natureza, com os fenômenos celestes etc.

267. PINKER, Steven. *El instinto del lenguaje*. Madrid: Alianza Editorial, 2009, p. 287 (tradução nossa).

sobre casos de crianças encontradas em selvas, descobertas em arredores de cidades, afastadas do convívio humano, há um *quantum* de imprecisão e inverossimilhança que o conhecimento teórico-científico não pode ignorar. O mais provável é que crianças abandonadas à própria sorte, em selvas e terrenos baldios, virem comida de animais selvagens ou logo morrem, pela mais absoluta falta de condições do organismo humano sobreviver em situações para as quais não tem qualquer proteção. Em alguns casos admitidos como verdadeiros, embora as circunstâncias das descobertas sejam sempre duvidosas (já não suspeitava disso Lévi-Strauss?[268]), em geral, são casos de crianças abandonadas com alguma socialização. Fala-se sempre de crianças com seis, oito ou mais anos, que, quando "encontradas", manifestaram variados graus de debilidade mental, mas alguma conformidade com o ser humano. Até aqui, não há caso conhecido de criança humana que tenha, desde o nascimento, crescido sob os cuidados de macacos, elefantes, lobos ou leões. As meninas Amala e Kamala, conhecidas como meninas-lobo, supostamente encontradas pelo Reverendo Singh, em 1920, na Índia, tornou-se exemplo conhecido do pouco que separa, em certos casos, a produção de certas fantasias e a manipulação voluntária. E, não podemos deixar de lembrar, entre outros personagens, Tarzan e Mogli são definitivamente personagens da ficção literária. O primeiro, criado, em 1912, pelo escritor estadunidense Edgar Rice Burroughs. Mas, é bom recordar, ele chega grandinho na selva africana, como náufrago, juntamente com seus pais, aristocratas ingleses, que, de quebra, dão de cara com uma cabana cheia de livros e onde passam a viver por algum tempo. Imortalizado no cinema por Johnny Weissmuller, o personagem Tarzan deu seu contributo à fantasia dos heróis sobreviventes na selva, vivendo na companhia de animais. O menino Mogli, desenho animado da Walt Disney de 1967, criado por lobos, tornou-se ele próprio o "menino-lobo" do imaginário de crianças em muitas partes. Mas, de algum modo, essas narrativas fabulosas guardam alguma relação com toda uma tradição mítica sobre crianças abandonadas (que inclui heróis, deuses ou mortais: Dionísio, Rômulo, Moisés...), anotada e interpretada por estudiosos da

---

268. LÉVI-STRAUSS, Claude. *As estruturas elementares do parentesco*. Petrópolis: Vozes, 1982, p. 43.

mitologia como Gilbert Durand. Escrevendo sobre práticas, em povos mais primitivos, de *"rituais de abandono ou de exposição dos recém-nascidos sobre o elemento primordial, água ou terra"*, o autor sugere que *"esse abandono sobredetermina ainda o nascimento miraculoso do herói ... [...]. O abandono é uma espécie de redobramento da maternidade e como que a sua consagração à Grande Mãe elementar"*[269], a Terra, a Mãe Natureza. Entre outros desdobramentos do assunto feitos pelo autor, aquele que nos interessa aqui é a relação dos mitos das crianças abandonadas com esse imaginário de "consagração" da Natureza como *"berço telúrico"*[270], de onde tudo vem e para onde tudo retorna (o sepulcro também é um *"berço ctônico"*[271]). O "duplo nascimento" (filho de humano), pelo abandono/exposição à Terra (filho da natureza), um *"redobramento da maternidade"* e do nascimento, representando o roteiro mítico de uma "dupla filiação" do ser humano, bem pode ser admitida como a descrição imaginária do drama humano sobre as origens do seu ser, sobre os começos em geral, sobre as Origens...

A fantasia presente em todas essas narrativas é que há um "comportamento natural" da espécie humana que já poderia ser encontrado nas crianças, sendo as "crianças selvagens" sua prova irrefutável. Elas conseguiriam sobreviver sem a cultura humana, sem a proteção de outro ser humano, e ainda assim tornar-se-iam humanas, com todos os atributos da espécie, o que provaria também que, no mundo animal e natural, haveria igualmente uma "cultura" (não hostil ao humano, uma linguagem animal e natural de harmonia, integração) de que o ser humano pode se valer para realizar sua existência. Uma singela ideia, mas plena de desconhecimento do que é o humano, a Natureza e o mundo animal. E ideia que, por razões científicas, é contestada por diversos estudiosos das ciências humanas. Tratando do assunto, Claude Lévi-Strauss dirá: "é possível *esperar ver um animal doméstico, por exemplo, um gato, um cachorro ou uma ave de galinheiro, quando se acha perdido ou isolado, voltar ao comportamento natural que era o da espécie antes da intervenção exterior da domesticação. Mas nada de semelhante pode

---

269. DURAND, Gilbert. *As estruturas antropológicas do imaginário*. Lisboa: Editorial Presença, 1989, p. 164.

270. Ibidem, p. 164.

271. Ibidem, p. 164.

se produzir com o homem, porque no caso desse último não existe comportamento natural da espécie ao qual o indivíduo isolado possa voltar mediante regressão. [...] As "crianças selvagens", quer sejam produto do acaso quer da experimentação, podem ser monstruosidades culturais, mas em nenhum caso testemunhas fiéis de um estado anterior"[272]. Isto é, no caso humano, não há "estado anterior" à socialização na cultura, simplesmente porque não há um ser *in natura*, anterior à Linguagem, anterior à sua entrada no mundo humano-social, única via de constituir-se como ser humano.

É lugar comum entre os estudiosos da linguagem dizer que a história dos indivíduos bebês repete a história da espécie. A linguagem e mais especialmente a fala não são eventos súbitos, não aparecem "prontas" na história da espécie e não são um acidente inexplicável. Como esclarece o paleoantropólogo Richard Leakey, o assunto da origem da fala no ser humano divide os estudiosos entre duas correntes principais, a saber: aquela que defende que a linguagem falada surge de um salto cognitivo súbito, "*uma capacidade que foi uma consequência secundária do crescimento do volume de nosso cérebro*" e seria um fenômeno recente (a posição de Chomsky); e uma outra que defende que a fala evoluiu num longo período (ao menos dois milhões de anos), como "*produto da seleção natural agindo sobre diversas capacidades cognitivas [...] de nossos ancestrais não humanos. Segundo essa hipótese, dita da continuidade, a linguagem evoluiu progressivamente no curso da pré-história humana, a partir da aparição do gênero Homo. [...]: é antes o volume do cérebro que teria aumentado em seguida a aparição da linguagem, e não o inverso*"[273] (a posição de Steven Pinker e do próprio Richard Leakey). Para o autor, o aparecimento e desenvolvimento progressivo da fala segue um "*modelo cognitivo social*" que tem a ver com as vantagens (no processo da seleção natural, hominização) do comportamento cooperativo e de divisão social complementar, contrário à agressividade, aumentando a capacidade de comunicação entre nossos ancestrais. Uma espécie de protofala já existia entre o *Homo habilis* (entre três e dois milhões de anos atrás):

---

272. LÉVI-STRAUSS, Claude. *As estruturas elementares do parentesco*. Petrópolis: Vozes, p. 43.
273. LEAKEY, Richard. *L'origine de l'humanité*. Paris: Hachette, 1997, p. 154, 156-157 (tradução nossa).

"Suponho, então, que não é senão com a aparição do Homo habilis que começa a existir uma forma de linguagem falada. [...] Suponho que se tratava de uma espécie de protolinguagem, simples em seu conteúdo e sua estrutura, mas constituindo um meio de comunicação superior ao que dispunham os grandes macacos e os australopitecos"[274]. E também acrescenta: *"a linguagem criou de fato um abismo entre o Homo sapiens e o restante do mundo animal"*[275].

Como sabemos, a opinião que resiste a entender a linguagem e a fala como uma aquisição social e histórica no desenvolvimento humano, e essas como exclusividades humanas, é a mesma que concebe a existência de um "comportamento natural" e "instintos" humanos, e tudo como capacidades que viriam instaladas no cérebro humano desde sempre. Esse compreendido como uma máquina autônoma, atemporal, dotada de funções inteligentes endogênicas, portadora de incríveis programas (capacidades físicas, fala, comportamentos psicológicos, hábitos, ideias, costumes, posicionamentos morais e políticos), com que já nasceriam os indivíduos ou coletividades inteiras. Toda a vida social e mental humana vista como um mero processamento de dados, previamente instalados na vida embrionária e fetal. A tendência do senso comum (mas não apenas!) à naturalização de toda realidade encontra campo fértil nas "evidências" das capacidades e faculdades humanas que parecem vir todas "de dentro para fora" do corpo.

Em múltiplas áreas das ciências e não apenas as do âmbito das ciências humanas, é o "de fora" que vem da cultura, do social, que tem sido estudado como importante fator de modificações e acréscimos ao organismo humano (acréscimos fisiológicos, metabólicos, anatômicos) e, destacadamente, tem sido estudado como incremento para o desenvolvimento do cérebro humano e, entre outros fatos, a linguagem e a fala com um papel exclusivo decisivo. Para a paleontologia e antropologia (apoiando-se em estudos da neurociência), o desenvolvimento do cérebro é compreendido como um resultado, desde a pré-história humana, de uma complexa relação com o ambiente externo, tornando-se o produto de uma interação

---

274. Ibidem, p. 165 (tradução nossa).
275. Ibidem, p. 156 (tradução nossa).

na qual podemos dizer que o cérebro se constitui no curso da exteriorização humana no mundo. Assim, tão construído, social e historicamente, como tudo o mais concernente ao ser humano. De Lucy (fóssil de um *Australopithecus afarensis* de 3,2 milhões de anos, descoberto na Etiópia em 1974) aos humanos modernos atuais, o cérebro aumentou de volume de 350-400 cm³ a 1450 cm³, com diferenças morfológicas e funcionais, para o que os paleoantropólogos supõem o contributo de nova alimentação, com o domínio da técnica do fogo, estratégias de caça, uma vida mais ativa, comportamentos de grupo mais elaborados e vidas coletivas mais complexas. Ao incorporar conquistas "de fora", os humanos gradualmente foram adquirindo um organismo mais eficaz que dos seus ancestrais e um cérebro mais complexo, o que permitiu também *"uma gestão cognitiva mais complexa do meio envolvente"*[276]. Para antropólogos como Clifford Geertz, o cérebro humano não é *"um sistema endogenamente acionado e independente de contextos"*[277], influências, estímulos externos. O autor é enfático ao assumir que: *"o fato de o cérebro e a cultura terem evoluído juntos, numa dependência recíproca para sua própria realização, tornou insustentável a concepção do funcionamento mental humano como um processo intracerebral intrinsecamente determinado. Que seria ornamentado e ampliado, mas dificilmente gerado, por recursos culturais — a linguagem, o rito, a tecnologia, o ensino [...]. Nosso cérebro não se encontra num tonel, mas em nosso corpo. Nossa mente não se encontra em nosso corpo, mas no mundo. E quanto ao mundo, ele não está em nosso cérebro, nosso corpo ou nossa mente: este é que, juntos com os deuses, os verbos, as pedras e a política, estão nele"*[278]. Em seu *A origem da humanidade*, assim escreveu Richard Leakey: *"logo que as culturas se tornam mais complexas, nossos cérebros seguem o mesmo movimento, fenômeno que, por sua parte, impulsiona nossas culturas em direção a uma complexidade maior ainda"*[279].

O que aqui digo sobre a especificidade da linguagem humana e do ser humano não deve ser confundido com *"especismo"*, como escreveu sobre o

---

276. Ver, entre outros estudos, Yves Coppens; Pascal Picq, *Aux origines de l'humanité: de l'apparition de la vie à l'homme moderne*, p. 292 e segs.

277. GEERTZ, Clifford. *Nova luz sobre a antropologia*. Rio de Janeiro: Jorge Zahar, 2001, p. 181.

278. Ibidem, p. 181.

279. LEAKEY, Richard. *L'origine de l'humanité*, p. 113.

assunto o bioético australiano Peter Singer[280]. Conforme o autor, *"o especismo [...] é o preconceito ou a atitude tendenciosa de alguém a favor dos interesses de membros da própria espécie, contra os de outras. [...] os especistas permitem que os interesses de sua espécie se sobreponham aos interesses maiores de membros de outras espécies"*[281]. Para ele, *"a maioria dos seres humanos é especista"*[282], porque acredita que os seres animais não humanos devem ser usados e sacrificados para a promoção dos interesses mais triviais da espécie humana, sem qualquer consideração pelos interesses das demais espécies.

Embora o autor esqueça de dizer que, na vida animal, todas as espécies são "especistas", pois todas "buscam defender seus próprios interesses", sem nenhuma "consideração" pelas outras (os tubarões não deixarão de comer arraias, lulas, lagostas e tartarugas para saciarem sua fome), e que o ser humano, por sua linguagem moral, tornou-se capaz de produzir reflexões, juízos e consensos ético-morais que podem constituir considerações a favor de sua própria espécie e de outras — ainda que nem sempre tenha agido assim —, não há o que objetar aos seus posicionamentos, ao defender que os animais devem ser tratados como seres sencientes que são, embora sem pensamento e autoconsciência[283]. E, por isso, devendo ser tratados com a mesma consideração que os humanos, conforme uma filosofia moral que admite a prescrição da igualdade como um princípio de tratamento para

---

280. SINGER, Peter. *Libertação animal*. São Paulo: Martins Fontes, 2013.
281. Ibidem, p. 11-15.
282. Ibidem, p. 15.
283. Assunto controvertido, não é seguro dizer, todavia, que todos os animais são sencientes, como é, sem dúvida, seguro dizer que todos os seres humanos são dotados de pensamento e autoconsciência. Mas, ao menos é certo, para o caso de certas espécies animais, expressões muito próximas daquilo que entendemos como "pensamento" se manifestam em diversos comportamentos. Observações da vida, ao natural, de macacos, elefantes, felinos, cães, animais marinhos, entre outros exemplos, têm permitido conclusões a esse respeito. Uma impressionante e comovente história me foi narrada por uma sobrinha sobre caso ocorrido, na rua onde mora, de um cachorro adulto que se pôs ao lado de um filhote de cachorro, que havia sido atropelado minutos antes, como que para assegurá-lo que ali ficaria para evitar que fosse novamente atropelado, pois, interpondo-se como obstáculo entre o cãozinho e os carros, que não paravam de transitar e buzinar, serviria de amparo e vigilância, ainda que nada mais podendo ser (nem socorrista, nem policial, com suas ações específicas) e, como podemos supor, sem saber nada daquilo que é. A cena durou até a chegada de pessoas que se ocuparam de cuidar do cão ferido. Histórias como essa têm sido registradas em diferentes momentos e lugares.

todos os seres, independentemente de suas diferenças e mesmo desigualdades de fato. Seguindo o utilitarismo de Jeremy Bentham, o autor concebe a igualdade como ideia moral que deve ser afirmada como um princípio de consideração igualitária de todos os seres, seus interesses e necessidades, nenhum podendo ser desconsiderado em seu ser por suas diferenças ou eventuais desigualdades (mesmo aquelas entre humanos e animais; uma diferença factual de sexo, etnia ou capacidade, por exemplo, não pode justificar desigualdades na consideração de necessidades e interesses). O bioético lembra ainda que, para o caso dos animais, nosso especismo não considera ainda aquilo que Bentham apontou como *"a característica vital que confere a um ser o direito a igual consideração"*: a capacidade de sofrer, sentir dor ou prazer e felicidade. *"A capacidade de sofrer e de sentir prazer é suficiente para assegurar que um ser possui interesses — no mínimo o interesse de não sofrer. [...] Se um ser sofre, não pode haver justificativa moral para deixar de levar em conta esse sofrimento"*[284]. Como as espécies animais (sobretudo mamíferos e aves, destaca o autor) têm sistemas nervosos que respondem a sensações de prazer e dor, que se pode observar na manifestação de sinais externos, não é razoável supor que não sofram e, então, advoga Peter Singer, não sendo justificável admitir que não mereçam tratamento igualitário na consideração da dor e do sofrimento: *"não há justificativa moral para considerar que a dor (ou o prazer) sentida pelos animais seja menos importante do que a mesma intensidade de dor (ou prazer) experimentada por seres humanos"*[285].

Não sendo o caso aqui de se estender longamente sobre o assunto, cabe apenas dizer que o nosso (justificado) amor pelos animais e uma ética de respeito às suas vidas, contra maus-tratos e violências, não pode nos levar a negar a especificidade humana, o que concerne unicamente à espécie humana, incluindo as suas debilidades para a vida (ao natural) sem os artifícios culturais que é capaz de criar. Isso não é especismo, nem antropocentrismo. O próprio Peter Singer não deixa de reconhecer que *"os seres humanos apresentam um sinal comportamental que os animais não humanos não têm: uma linguagem desenvolvida. Os outros animais podem comunicar-se*

---

284. Ibidem, p. 13-15.
285. Ibidem, p. 24.

uns com os outros, mas, ao que tudo indica, não da maneira complexa como o fazemos[286]. O conhecimento teórico-científico (produzido por biólogos, primatólogos, etólogos, psicólogos, sociólogos, antropólogos, linguistas, historiadores, filósofos) sobre as diferenças que nos singularizam como humanos e sobre aquelas que definem a natureza animal não pode ser ignorado em nome do combate justo ao especismo. Nesse ponto, causa espanto o posicionamento do autor, ao preceituar que a vida humana não é sempre preferível à de outros animais. Para sua argumentação, escolhe o infeliz exemplo de uma situação hipotética em que tivéssemos de optar entre salvar um "deficiente mental" e um animal, caso no qual a preferência por salvar uma vida humana em detrimento da vida de um animal não se justificaria. Como afirma: *"Se tivéssemos de optar entre salvar um ser humano normal e um deficiente mental, provavelmente preferiríamos manter vivo o ser humano normal [...]. Em casos normais, a preferência por salvar uma vida humana em detrimento da vida de um animal, quando precisamos fazer uma escolha, é baseada nas características de seres humanos normais, e não no simples fato de serem eles membros da nossa espécie. É por isso que, quando consideramos pessoas que carecem das características de seres humanos normais, não podemos mais dizer que a vida delas deve sempre ser preferida à de outros animais"*[287]. Um argumento grandemente equivocado. Para sairmos do especismo, o caminho não é valorizar animais em detrimento dos seres humanos, quaisquer que sejam as condições de saúde e vida desses.

Mas a crítica ao que chamou de especismo do ser humano é bastante justa e merecedora de ser seguida. Aliás, as denúncias feitas pelo autor sobre a "experimentação animal" em pesquisas conduzidas por médicos, psicólogos, psiquiatras, neurocientistas, biólogos, em laboratórios e universidades, não apenas revela o nível de crueldade praticado contra animais indefesos (choques elétricos, torturas, cegueira, esmagamento, centrifugação, lesões múltiplas, radiação, fome, estresse, asfixia, testes com drogas, cirurgias mutiladoras, concussão, entre outros exemplos),

---

286. Ibidem, p. 22.
287. Ibidem, p. 33.

revela, como assinala o autor, a *"futilidade da maior parte dessas pesquisas"*[288], "inúteis" ou "sem sentido"[289], para assuntos e problemas para os quais já não se produz mais novidades, tendo a ciência já construído seu conhecimento sobre vários deles, não sendo mais necessário repetir os mesmos experimentos[290]. A manutenção de certos experimentos somente se explica pelos lucros fabulosos que proporcionam a empresas criadoras de "cobaias", instrumentos e equipamentos manipulados pelos cientistas em suas pesquisas. E também, como denuncia o autor, pelo dinheiro que circula nas próprias universidades e laboratórios na forma de financiamentos e bolsas de pesquisa. Como ele assinala: *"toleramos crueldades infligidas a membros de outras espécies que nos indignariam se realizadas na nossa. O especismo permite que pesquisadores considerem os animais sujeitos a experimentos como itens de equipamento, instrumento de laboratório, e não criaturas vivas, que sofrem"*[291].

Mas, embora tenha havido muito avanço na eliminação de experimentos em animais, esses ainda são muito praticados e legitimados no discurso de certas áreas da ciência, pela permanência da curiosa ideia de *semelhança* entre humanos e animais, contrariando o próprio especismo que concebe a superioridade dos primeiros em detrimento dos segundos. Hoje, essa ideia, cada vez mais difundida, ganha um novo sentido.

Na crescente onda contemporânea de biologização do social, essa ideia torna-se central e indispensável para a produção de discursos ideológicos de naturalização da existência humana. Ela transforma o ser humano num animal como outro, sem diferenças, e o apresenta como um ser cujos sentimentos, emoções, práticas e comportamentos estão biologicamente definidos ou pré-definidos, ou que podem sofrer interferência por intervenções medicamentosas, e o que poderia parecer uma negação do especismo é, ao final, um falso igualitarismo e uma distorção da compreensão do que é o ser humano.

---

288. Ibidem, p. 65.
289. Ibidem, p. 73.
290. Ibidem, p. 37 e segs.
291. Ibidem, p. 101-102.

Mas, decididos a negar o ser socialmente construído que é o humano, certos cientistas procuram fazer crer que os comportamentos e reações animais (nos laboratórios!) servem para conclusões sobre o "comportamento humano"! Por exemplo, deixar filhotes de chimpanzé separados de suas mães, por horas ou dias, isolados, sem contato com outros macacos ou seres humanos, serve para conclusões de psicólogos acerca das "consequências da privação materna", dos efeitos do desamparo na infância. Não sendo suficiente todo o sofrimento imposto aos animais, sua extenuação e mesmo a morte, para os psicólogos que se ocupam com esse tipo de experimento, a conclusão (fantástica, fenomenal, fascinante!) é que *"a privação prolongada de cuidados maternos em crianças pequenas pode ter efeitos graves e de longo alcance sobre seu caráter"*[292]. Surpreendente, não?! Que falta faz que os animais falem! Poderiam advertir que são animais e não humanos e que, se querem saber algo sobre o efeito do desamparo materno, é bastante observar o caso humano, e ainda de mais importante conseguiriam descobrir que as consequências não são exatamente as mesmas. Aliás, outro exemplo de Peter Singer são os experimentos de "indução" de "psicopatologias" nos animais: angústia, depressão, ansiedade, perturbações gerais. Pesquisas que alimentam apenas a si próprias, em puras repetições sem mais novidades, criam mil situações artificiais para produzirem, por exemplo, a "depressão" em animais. Confinar macacos em períodos longos de isolamento, em câmaras fechadas, impacientando-os, levando-os ao desespero, fazendo-os gritar, sacudirem-se ou jogarem-se contra as paredes, serve para conclusões como *"o confinamento produziu comportamento psicopatológico grave e persistente, de natureza depressiva"* ou *"isolamentos podem ser acompanhados de marcantes alterações de comportamento"*, porém, o óbvio: *"novas pesquisas serão necessárias para uma confirmação"*[293].

É essa ideia ideológica da semelhança entre humanos e animais o que tem fundamentado a chamada "experimentação animal" até hoje. Práticas de testes de drogas, cosméticos, alimentos, venenos, medicações, produtos sanitários, herbicidas etc., que impõem sofrimentos a animais,

---

292. Ibidem, p. 48.
293. Ibidem, p. 50-52 e segs.

e cujos resultados a que chega a maior parte das pesquisas, concluem os próprios pesquisadores e cientistas!, não servem para os seres humanos. Curiosamente, apenas depois de impor horríveis sofrimentos e quase sempre a morte a milhões de animais (em geral, os animais morrem após os experimentos ou são sacrificados: são gatos, cães, porcos, coelhos, macacos, ratos, *hamsters*, sapos, peixes, entre outros tantos), cientistas e pesquisadores "descobrem" que para os seres humanos, não sendo exatamente como eles, seus experimentos se tornam inúteis. Como assinala Peter Singer: *"entre dezenas de milhões de experimentos realizados, pode-se considerar que apenas alguns contribuem para pesquisas médicas importantes"*[294].

Sem o reconhecimento das diferenças e do que é especificamente humano, negamos o próprio ser humano, e não apenas seus interesses e direitos específicos, mas, e talvez ainda mais importante, sua realidade específica como ser de uma espécie que requer condições a serem sempre produzidas por ela própria, que a separem do ambiente puramente natural e animal. Ignorar isso é negar as condições que tornam possível a existência humana. Como já vimos, sem o amparo do espaço da cultura/sociedade e sem os cuidados da linguagem humana, nenhum indivíduo da espécie se constitui como tal. Trata-se de um dado antropológico irremovível: a história da hominização é ela própria uma história do afastamento do ser humano de sua natureza meramente animal e, por isso, afastamento também da natureza como habitat imediato. O que rendeu ao ser humano aquilo que é *"próprio ao homem"*: *"a partir de um mesmo potencial nervoso, em um mesmo lapso de tempo, os macacos e nós consolidamos destinos bem separados. Divergência genética e pressões ambientais específicas deram também a nossos primos da floresta, incontestavelmente, uma dignidade, mas uma dignidade que lhes é própria"*[295].

É também por essa história que a relação do ser humano com a natureza é bastante diferenciada daquela que as demais espécies animais mantêm com ela. Não é fato ignorado por ninguém que a natureza não

---

294. Ibidem, p. 59.
295. COPPENS, Yves Préface. In: PIQ, Pascal; COPPENS, Yves. *Aux Origines de l'humanité*, v. 2, Paris: Fayard, 2002, p. 10-11 (tradução nossa).

raramente se torna intolerável ao ser humano (e até mesmo a diversas espécies animais). Sobreviver a intempéries, a catástrofes, a peçonhas, a ataques de outros animais, a doenças, à fome e à sede prolongadas, entre outros exemplos, não é algo que o ser humano pode realizar sem que não tenha que enfrentar a natureza como antagonista. Enfrentar ou escapar de tudo aquilo que representa ameaça à sua existência requer que o ser humano busque uma proteção ou defesa cultural (e tudo o que isso passou a significar: de simples casas aos medicamentos), o que nem sempre representa estar em harmonia com o cosmos e todas as espécies animais e microrganismos (e seus "direitos" e "interesses"). Tudo isso implica e exige uma relação com a natureza que nada tem a ver com especismo antropocêntrico, mas com a sobrevivência do ser humano nas coletividades nas quais vive. Somente com tecnologia humana avançada é possível uma ação capaz de evitar colisões de meteoros com a Terra, que podem vir a ser devastadoras para a vida no planeta; o vírus mortal somente pode ser enfrentado com pesquisa científica médica e tratamento profilático ou terapêutico; a peçonha do inocente inseto somente pode ser combatida com soro terapêutico adequado; a mordida de um macaco requer tratamento com medicação própria; a alimentação humana, por condicionamentos históricos, não dispensa cultivos, apropriação e domesticação de produtos de natureza vegetal e animal, entre tantos exemplos que poderiam multiplicar as distinções que nos separam da vida espontânea animal e natural. Como escreveu Joan Vendrell Ferré: *"os seres humanos — me refiro agora estritamente ao Homo sapiens sapiens — faz tempo que perderam toda possibilidade de relação imediata com o mundo — com tudo aquilo que podemos significar com a ideia de 'mundo' —; qualquer relação humana com a 'realidade' precisa das medicações que os humanos construíram ao longo da história sociocultural"*[296].

Podemos pensar o fenômeno da falta de especialização e direção biológicas como o *paradoxo da falta*: uma carência que constitui, a um só tempo, o fato que, se permanece *falta*, inviabiliza a existência humana, mas igualmente o fato que, em sua determinidade ontológica, sob a demanda

---

296. FERRÉ, Joan Vendrell. Del cuerpo sin atributos al sujeto sexual: sobre la construcción social de los "seres sexuales". In: GUASCH, Oscar; VIÑUALES, Olga (Eds.). *Sexualidades:* diversidad y control social. Barcelona: Edicions Bellaterra, 2003, p. 21.

de sua supressão, torna-se ele próprio o que torna possível que se constitua o ser humano, a vida humana. Essa falta — nunca plenamente resolvida, preenchida — define a singularidade da espécie humana, como aquela que, entre todas as demais, depende de um mundo extraorgânico para existir, pois esse não se encontra estabelecido na natureza, como os demais *habitats* naturais, e mundo que somente a própria espécie é capaz de construir, produzir. E pelo qual e no qual o ser humano se constitui como ser específico e cada indivíduo de um modo singular. Falta de instintos, falta de uma pré-formatação natural, carência de capacidades inatas, ausência de atributos natos, carência de qualidades congênitas. É, pois, pela via da *falta*, na busca do "preenchimento" do que é privação, vazio, carência, ausência, insuficiência — e não há alternativa senão seu preenchimento, embora permaneça sempre *falta*; pois haverá sempre incompletude, dependência ao outro, falta do que é faltante, embora nunca se sabendo o que poderá ser falta, e, em dimensões diversas, mesmo nunca se sabendo o que ela é exatamente —, que advém a existência humana, e que ela se torna experiência diversificada e sempre mutável. É na falta de ser (nenhuma definição prévia, e nenhum objeto plenamente adequado, adaptado, ajustado) que o ser humano se constitui, torna-se humano, e, por isso, sem nunca se saber ao certo o que pode vir a ser, e podendo modificar-se, variar.

A falta de um substrato biológico que determine, regule e sustente sua existência, anterior ao nascimento e permanente, foi aspecto da realidade do ser humano também abordado pelo filósofo Henri Bersgon, ao tratar dos hábitos incorporados e inconscientizados como uma *"inteligência"* social adquirida. Para o autor, a capacidade do ser humano de produzir e adotar hábitos, com intensidade e regularidade, tornou possível "*o todo da obrigação*" do "como fazer", do "como ser" humano: o que *"não se tratará, aliás, senão das sociedades humanas tais como elas são ao sair das mãos da natureza"*[297]. Na história e nas sociedades humanas, em toda a sua diversidade, o hábito "*se encaminha para uma imitação do instinto*"[298]: "*o hábito o mais potente,*

---

297. BERGSON, Henri. *Les deux sources de la morale et de la religion*. Paris: PUF, 1982, p. 20 (tradução nossa).

298. Ibidem, p. 21 (tradução nossa).

aquele cuja força é feita de todas as forças acumuladas, de todos os hábitos sociais elementares, é necessariamente aquele que imita melhor o instinto"[299]. Tal como o instinto é responsável pelas ações que estão pré-formadas na natureza dos animais, o hábito inconscientizado "pré-formata" as ações culturais, sociais e históricas humanas.

Com um sentido próprio, mas o que não quer dizer sem qualquer relação com o que digo aqui, bem ao contrário, para a investigação psicanalítica, é também por uma *falta* que se instituem a realidade do inconsciente humano e a linguagem inconsciente. O inconsciente é constituído pela falta. Primeiro, porque, como dirá Lacan, no ser humano, o inconsciente substitui o que lhe falta biologicamente: o instinto. Se, nos animais, o instinto é uma espécie de saber, o *"saber instintual"*, mas esse inexistindo no ser humano – *"que manifestamente não possui nenhum saber instintual [...] Não há senão o inconsciente a dar corpo ao instinto"*[300] –, toda determinação de comportamento e atuações pelo instinto, como ocorre nos animais, é substituída, no ser humano, por um saber inconsciente, e sua linguagem própria. Mas ainda assim não correspondendo a nenhuma pré-formatação, pois, não preexistindo a nada (ao nascimento, ao social, à linguagem...) esse saber é socialmente aprendido e, em última instância, constituído sob o domínio do simbólico, como esse se apresenta em cada cultura. Lacan assim escreve sobre o assunto: *"nós imaginamos que o inconsciente é alguma coisa como um instinto, mas isso não é verdade. Nos falta o instinto, e a maneira pela qual reagimos está ligada não a um instinto, mas a um certo saber veiculado não tanto por palavras mas pelo que chamo de significantes"*[301] – como é sabido, os "significantes", em Lacan, são da ordem do simbólico, são significantes de uma ordem simbólica existente. Dirá Lacan, em outra de suas obras: *"falta o que denomino as vias pré-formatadas. O homem parte do nada"*.[302] Segundo,

---

299. Ibidem, p. 20 (tradução nossa).

300. LACAN, Jacques. *R. S. I.*, p. 192, 196. Disponível em: http://gaogoa.free.fr/SeminaireS.htm (tradução nossa).

301. Idem. *Conférences et entretiens dans des universités nord-américaines:* le symptome. Disponível em: http://aejcpp.free.fr/lacan/1975-12-01.htm (tradução nossa).

302. Idem. *O seminário 2:* o eu na teoria de Freud e na técnica da psicanálise. Rio de Janeiro: Jorge Zahar, 1985, p. 146.

porque o objeto do desejo é objeto faltoso, objeto perdido que o sujeito do desejo busca reencontrar. Objeto que não existe como tal e que, por isso, é *objeto causa do desejo* — que Lacan designou por "objeto a": *"um cavo, um vazio, ocupável, nos termos de Freud, por não importar que objeto, e cuja instância só conhecemos na forma de objeto perdido, **a** minúsculo*"[303].

Algo mais sobre o ser humano, a sua existência e a falta foi dito pelo filósofo Jean Paul Sartre e por Lacan. O primeiro escreveu que *"o homem é fundamentalmente desejo de ser, e a existência desse desejo não deve ser estabelecida por uma indução empírica; resulta de uma descrição a priori do ser do Para-si, posto que o desejo é falta [...]. Quanto ao ser que é objeto desse desejo, sabemos a priori qual é. O Para-si é o ser que é para si mesmo sua própria falta de ser. E o ser que falta ao Para-si é o Em-si"*[304]. Para Sartre, o ser humano procura evitar a angústia que lhe traz a consciência de que é livre para escolher, optar, decidir, e simplesmente (psicologicamente, metafisicamente) almeja "coincidir" com os seres que simplesmente "são", sem consciência que estão aí, sem absolutamente nenhuma consciência daquilo que são, que podem existir sem o doloroso sofrimento da escolha e da constituição de si por seus próprios atos, nem mesmo dependendo deles para ser (é o *"ser-em-si"*), como, por exemplo, os seres animais, os seres inanimados. O fato objetivo é que é uma verdade que o ser humano é ser consciente de si mesmo, dotado de autoconsciência e reflexão (o *"ser-para-si"*) e, irremediavelmente, fadado a ter que escolher o que ser e fazer, pois, não sendo *ser-em-si* dado, determinado, invariavelmente o mesmo, vê-se obrigado a ter que se decidir pelo que ser, pelo que quer para o outro, para o mundo. Uma das proposições mais conhecidas do pensamento de Sartre é a que predica a condição de liberdade dos seres humanos: *"não escolhemos ser livres: estamos condenados à liberdade [...], arremessados na liberdade"*[305]. Nossa própria falta de ser ("ser-em-si") nos obriga a ter que agir para, peça por peça, inventarmo-nos livremente, pois, ou inventamo-nos ou não existimos. Estamos condenados a ter que usar da "liberdade" da falta de ser

---

303. LACAN, Jacques. *O seminário 11:* os quatro conceitos fundamentais da psicanálise. Rio de Janeiro, Jorge Zahar, 1985, p. 170.

304. SARTRE, Jean-Paul. *O ser e o nada*. Petrópolis: Vozes, 2007, p. 692.

305. Ibidem, p. 597.

(mas liberdade que "não escolhemos"... fomos "arremessados"...) para, livremente, fundarmo-nos, fundar nossa existência.

Lendo Sartre, encontramo-nos com mais um pensador antimetafísico que recusa a noção de "natureza humana" e que se exprimiu dizendo *"a existência precede a essência"*[306], ou *"a produção precede a existência"*[307], o que dá no mesmo, pois, a produção da existência é o fabricar-se humano, pelo próprio humano, por sua falta a ser. É em vista dessa ideia que Sartre também pensou a existência como *possibilidade* e *projeto*, sem que possuam, a priori, nenhuma garantia de realização.

Para Sartre, o ser humano não possui nenhuma "essência" ou destino preestabelecidos, não tendo sido criado para nenhum propósito definido, seja por "Deus", deuses, seja pela evolução natural ou por qualquer outra razão extra-histórica, transcendental, metafísica. O ser humano existe existindo, tendo que se construir e construir seu mundo, construir seus sentidos e significados no zero de significados que é o mundo sem ou "antes" do humano. É o ser humano que deve decidir o que fazer de si mesmo e do outro, o que incluir no mundo. Como escreve: *"o Para-si não é primeiro homem, para ser si mesmo depois, e não se constitui como si mesmo a partir de uma essência humana dada a priori"*[308]. Ou como escreve em *O existencialismo é um humanismo*: *"que significará aqui dizer-se que a existência precede a essência? Significa que o homem primeiramente existe, se descobre, surge no mundo; e que só depois se define. O homem [...], se não é definível, é porque primeiramente não é nada. Só depois será alguma coisa e tal como a si próprio se fizer. Assim, não há natureza humana, visto que não há Deus para a conceber. O homem é, não apenas como ele se concebe, mas como ele quer que seja, como ele se concebe depois da existência, como ele se deseja após este impulso para a existência; o homem não é mais que o que ele faz"*[309].

É por essa razão que, para Sartre, o desejo envolve o reconhecimento, pelo ser humano, da falta não de alguma coisa que já existe, mas de algo

---

306. Idem. *O existencialismo é um humanismo*. Lisboa: Editorial Presença, 1970, p. 213 e segs.
307. Ibidem, p. 214.
308. Idem. *O ser e o nada*. Petrópolis: Vozes, 2007, p. 637.
309. Idem. *O existencialismo é um humanismo*. Lisboa: Editorial Presença, 1970, p. 216.

que ainda não é, e ele mesmo em primeiro lugar, e de algo que ainda não tomou forma, não há no mundo. Assim, o desejo se constitui na criação de um vínculo entre a consciência e a liberdade (e a consciência dessa liberdade), algo que só experimenta o ser-para-si, e que abrange a *falta de ser* do ser humano, mas, igualmente, sua capacidade de imaginar outras possibilidades (de ser, de realidade), para além do que existe, e a condição de liberdade de fazer que essas possibilidades existam. O desejo envolveria sempre uma negação (que é também falta) que antecederia toda criação, quando no mundo passa a florescer a diversidade, a multiplicidade de seres. Diz Sartre, em *O ser e o nada*, belamente: "*é pela realidade humana que a multiplicidade vem ao mundo, é a quase-multiplicidade no cerne do ser-Para-si que faz com que o número se revele no mundo*"[310]. E mais adiante: "*o Para-si é o ser que não pode coincidir com seu ser-Em-si. [...] é verdade que o Para-si é o ser pelo qual os existentes revelam sua maneira de ser. O Para-si não é somente o ser que constitui uma ontologia dos existentes, mas também o ser pelo qual sobreveem modificações ônticas ao existente enquanto existente. Esta possibilidade perpétua de agir, ou seja, de modificar o Em-si em sua materialidade ôntica, em sua 'carne', deve ser considerada, evidentemente, como uma característica essencial do Para-si; como tal, deve encontrar seu fundamento em uma relação originária entre o Para-si e o Em-si*"[311].

Por sua vez, em seus *Seminários*, com claros empréstimos de Sartre, mas por também sua leitura de Hegel, Lacan é outro dos pensadores moderno-contemporâneos que propõe entender a relação do ser humano com a *falta*. A partir de uma *teoria do desejo* e de vincular o desejo ao que funda a posição de sujeito do ser humano na realidade da linguagem e de conceber o desejo como uma "negatividade" que transcende a qualquer adesão empírica ou experiencial, imaginária ou não, Lacan assim define o que seria o desejo: "*o desejo é uma relação de ser com falta. Esta falta é falta de ser, propriamente falando. Não é falta disto ou daquilo, porém falta de ser através do que o ser existe. [...] Se o ser fosse apenas o que é, não haveria nem sequer lugar para se falar dele. O ser se põe a existir em função mesmo dessa falta. É em função*

---

310. Idem. *O ser e o nada*. Petrópolis: Vozes, 2007, p. 193.
311. Ibidem, p. 532.

dessa falta, na experiência de desejo, que o ser chega a um sentimento de si em relação ao ser. É do encalço dessa para-além, que não é nada, que ele volta ao sentimento de um ser consciente de si, que é apenas seu próprio reflexo no mundo das coisas. Pois, ele é o companheiro dos seres que estão aí diante dele, e que, com efeito, não sabem que são"[312]. A "negatividade" do desejo deve ser compreendida não como algo negativo que seria intrínseco ao desejo, nem esse como recusa à sua própria satisfação, mas como o que expressa a inaptidão de todos os objetos da dimensão do empírico ou da fantasia imaginária como objeto "adequado", que "satisfaça". Realidade do desejo que é a de um ser que não conhece a condição de ser-sem-falta (um "ser-em-si"), que existe sempre, como ser que a falta sempre está, com a falta no desejo: *"através do que o ser existe"*, pois, sendo falta, nunca se agarrará a nada como único, final, eterno, invariável, insubstituível. Aliás, quando poderíamos concluir, com o autor, que, de uma dimensão de negatividade na experiência do ser humano — "nesta *falta de ser, ele se dá conta de que o ser lhe falta, e que o ser está aí, em todas as coisas que não sabem que são. E ele se imagina como um objeto a mais, pois não vê outra diferença. Ele diz — Eu sou aquele que sabe que sou. Infelizmente, mesmo que ele saiba que é, não sabe absolutamente nada daquilo que é. Eis o que falta em qualquer ser*"[313] —, o desejo como falta passaria para uma dimensão de "positividade", pois, capaz de manter o indivíduo numa relação consigo próprio e com o outro (e com o mundo e a vida) que não é a de fechamento, na presunção de que sabe aquilo que é e o que quer, e o que lhe "satisfaz", podendo existir aberto sempre à criação, à experimentação, às trocas com o outro, na invenção de si e da realidade. Claro, se não ocorrer também de o desejo se transformar em escravização que se torne o que Clément Rosset chamou de "atração pelo vazio": desejo sem complemento de objeto tangível, que gera aqueles *potentados do gozo* cuja realização é o exercício puro e simples do seu desejo e do seu gozo, mas no desprezo permanente por todos os objetos do mundo, até a alucinação pelo desejo do fim do mundo[314].

---

312. LACAN, Jacques. *Seminário II:* o eu na teoria de Freud e na técnica da psicanálise. Rio de Janeiro: Jorge Zahar, 1985, p. 280-281.

313. Ibidem, p. 281.

314. ROSSET, Clément. *O princípio de crueldade.* Rio de Janeiro: Rocco, 2002, p. 61-67.

Mas a ideia de *desejo como falta* somente se torna compreensível se acompanharmos as teorizações de Lacan nas quais relaciona real, falta, desejo e seu *objeto a*, e que se apoiam na teoria freudiana da pulsão. A teoria da pulsão sexual Freud apresenta em *Três ensaios sobre a teoria da sexualidade*[315]. Nesse texto, a pulsão sexual humana é retratada como a fonte das excitações sexuais, libido, erotismo, escolha de objeto, perversões, mas, principalmente, como o que não tem objeto único nem fixo, todo e qualquer objeto, indiferentemente, podendo ocupar o lugar de objeto de satisfação da pulsão em seu retorno. O objeto da pulsão sendo variegado, diverso, indiferente, a própria pulsão pode ser definida como caótica e também como "sem objeto". Lacan retoma essa ideia para falar de uma "falta" de objeto da pulsão na sexualidade humana (como Freud já havia feito) mas igualmente para falar de uma *falta* no *desejo* (por também suas ligações com a pulsão). E chamará essa *falta* (de objeto) — esse *"oco, ... um vazio"* — de *"objeto a"*[316]; e, como se trata de uma falta de objeto, nenhum correspondente a "o objeto", apenas numa dimensão no real, ele, não sendo nenhuma coisa, é, sugere Lacan, o que Freud chamou de A Coisa: *"essa coisa, o que do real [...], do real primordial, diremos, padece do significante"*[317]. O objeto *a* não é, portanto, nenhum objeto com o qual o sujeito entra em relação. Sem significante, permanecendo como falta, *o objeto a* torna-se *objeto causa do desejo*: *"o objeto a não é a finalidade, a meta do desejo, mas sim sua causa. Ele é causa do desejo na medida em que o próprio desejo é algo não efetivo, uma espécie de efeito baseado e constituído na função da falta"*[318].

Mas, para o problema que abordo aqui e para todo o assunto principal deste meu trabalho, a *falta (de ser)* no ser humano é um dado antropológico (ontológico) do ser de uma espécie singular. O ser humano, não sendo especializado e dirigido biologicamente, como vimos, não seguindo nenhum destino prévio, está sempre às voltas com ter que se

---

315. FREUD, Sigmund. *Três ensaios sobre a teoria da sexualidade*. Rio de Janeiro: Imago, 1972 (Obras Completas, v. VII).
316. LACAN, Jacques. *O seminário 11:* os quatro conceitos fundamentais da psicanálise. Rio de Janeiro: 1988, p. 170.
317. Idem. *O seminário — livro 7:* a ética da psicanálise. Rio de Janeiro: Jorge Zahar, 1988, p. 149.
318. Idem. *O seminário — livro 10*: a angústia. Rio de Janeiro: Jorge Zahar, 2005, p. 343.

criar e inventar-se (ser) frente à sua falta de (não) ser; esse ter que *fazer-se*, *construir-se*, requerendo inevitavelmente o querer, a vontade, o desejo, tanto quanto estes os agenciando, e sem o que não há potência, força, ação para a animação e construção do que quer que seja. Algo pode ocorrer que se permaneça na *falta*, pura e simplesmente, em suas várias formas, e nisso vem o perecimento (físico ou simbólico, psíquico) do ser.

Quando, nas ciências humanas, na investigação psicanalística e em diversas filosofias, acentuamos o assunto da falta, não se trata de ausência de uma natureza biológica perdida, não mais existente, extinta, apagada. No ser humano, ela nunca existiu, em nenhum momento, nem filogeneticamente nem ontogeneticamente. Nunca houve "natureza humana" na qual o ser humano pôde ter se agarrado... A falta não é ausência de algo que já esteve antes e que se pode buscar ou ter de volta (como algo perdido). É falta de algo desde sempre inexistente...

É nessa particularidade da espécie que o ser humano é lançado à destinação forçada a ter que criar os espaços, equipamentos e recursos próprios para o seu viver, sob o abrigo de formas e soluções que, não existindo na natureza, restam a ser inventados, quando, inventando seu mundo, o ser humano inventa-se, e protege-se física, social e psiquicamente. Todo um conjunto de criações que, complementando o organismo humano, dotando-o de atributos que não lhe são naturais, foi chamado, no início do século XX, por Alfred Kroeber de "o superorgânico"[319]: "*os nossos meios de voar estão fora dos nossos corpos. Uma ave nasce com um par de asas, mas nós inventamos o avião. [...] O nosso meio de viagem marítimo é exterior aos nossos dotes naturais. Fazemo-lo e servimo-nos dele: a baleia original teve de transformar-se num barco*"[320].

Contra todas as ilusões do senso comum e da opinião popular, não existe corpo humano que fique de pé e em condições de andar, agir, falar, reagir etc. sem que uma cultura/uma sociedade o tome a seu encargo e produza-o, organize-o, dê-lhe vida. Sem os *"mecanismos extragenéticos"*[321] ("superorgânicos") da cultura e *"não dirigido por padrões culturais [...]*,

---

319. KROEBER, Alfred. *A natureza da cultura*. Lisboa: Edições 70, 1993, p. 39-79.
320. Ibidem, p. 43-44.
321. GEERTZ, Clifford. *A interpretação das culturas*. Rio de Janeiro: Guanabara, 1989, p. 56.

o comportamento do homem seria virtualmente ingovernável, um simples caos de atos sem sentido e de explosões emocionais, e sua experiência não teria praticamente qualquer forma"[322]. É esse dado de sua dependência à cultura, ao espaço de sociedade e ao seu semelhante, que marca os seres humanos de uma experiência comum que é terem que se haver com a construção de mundos favoráveis ao seu viver e desenvolvimento, mundos apropriados ao existir humano e que não correspondem a nada de similar aos habitats de todos os demais animais (orientados por seus instintos), ambientes peculiares que não se encontram estruturados na natureza.

Se a exteriorização e a necessidade de criação de um habitat humano próprio são realidades comuns à espécie, sendo esta inteiramente dependente do seu próprio gesto de criação para existir, os produtos resultantes desse processo não são, todavia, os mesmos. São extremamente variáveis, tornando o mundo objetivado e institucionalizado pela ação humana algo inteiramente diversificado, plural, tanto quanto o ser humano que neste(s) mundo(s) habita por efeitos deste(s) sobre ele. Daqui, pois, não se depreende a existência de uma "natureza humana" universal, que estaria baseada nessa condição de espécie totalmente abandonada ao vir-a-ser. É essa condição mesma que faz que nenhuma natureza universal (única e natural) exista, pois sua "natureza" é inteiramente construída em cada "habitat" (cultura, sociedade), de modo particular e variável historicamente. Desse modo, embora algo comum à espécie — nada mais que seu desamparo e falta — esteja na base da construção de mundos humanos, criação de sistemas, estruturas e instituições sociais, estes não são os mesmos em todas as partes, sendo muito variados, configurações muito particulares. Sendo todos da ordem da construção, da criação humana e, por isso mesmo — e esta é a tese central deste trabalho! —, sendo também inteiramente reversíveis, revogáveis, modificáveis.

O ser humano, porque *"ocupa uma posição peculiar no reino animal"*[323], está dotado daquilo que Peter Berger e Thomas Luckmann, entre outros

---

322. Ibidem, p. 58.
323. BERGER, Peter; Luckmann, Thomas. *A construção social da realidade*. Petrópolis: Vozes, 1985, p. 69.

autores, chamaram de sua *"abertura para o mundo"*[324] e, por essa abertura (*"a plasticidade do organismo humano e sua susceptibilidade às influências socialmente determinadas"*[325]), tornando-se *"um ser que se produz a si mesmo"*[326], pois nunca existe já dado, mas, e por isso também, tanto quanto pode ser o autor de si e de seu mundo (criando-o e modificando-o), igualmente torna-se um ser passível de apropriação cultural/social e de sujeições/assujeitamentos em suas diversificadas formas: *"uma dada ordem social precede qualquer desenvolvimento individual orgânico. Isto é, a ordem social apropria-se previamente sempre da abertura para o mundo..."*[327].

Esse assunto deve ser entendido como sendo aquele que aborda a questão de todos os começos e origens do mundo humano-social. A abertura para o mundo, como propriedade plástica do ser humano, torna possível não apenas que ele "adapte-se" (como a visão conservadora frequentemente afirma) a diversos mundos mas que seja ele moldado pelos mundos que ele próprio constrói, assim como também favorece que se modifique e possa modificar esses mesmos mundos. Quanto à modelagem do ser humano pelas culturas e sociedades nas quais existem, o sociólogo Norbert Elias a chamou de *"moldagem sociogênica"* e assim abordou o assunto: *"cada ser humano necessita de vários anos para moldar sua auto-regulação por outras pessoas — uma moldagem social que o faz assumir uma forma especificamente humana. O que falta ao homem em termos de predeterminação hereditária, em seu trato com os outros seres, tem que ser substituído por uma determinação social, uma moldagem sociogênica das funções psíquicas"*[328].

Entre todos os demais animais, a especificidade do ser humano o torna único no dado antropológico (ontológico) de sua dependência a ter que existir existindo. Nem na história social da espécie, nem na história do indivíduo, há ser humano prévio a qualquer experiência da existência. E mesmo o que poderia ingenuamente ser admitido como "essência"

---

[324]. Ibidem, p. 70.
[325]. Ibidem, p. 72.
[326]. Ibidem, p. 72.
[327]. Ibidem, p.75.
[328]. ELIAS, Norbert. *A sociedade dos indivíduos*. Rio de Janeiro: Jorge Zahar, 1994, p. 37-38.

não o é, pois, o que é mais certo!, simplesmente não há o que possa ser chamado essência do humano ou da "natureza humana" (ou "natureza" das instituições), quando se entende por isso algum conteúdo prévio, fixo, eterno, infinito e alheio a todo ato humano e história social. O que o discurso ideológico (ou a ingenuidade) chama de "essência das coisas" é ela própria um derivado da ação humana, uma construção, invenção, criação. Não é substância permanente, que subsiste por si, realidade suprema, sem causa, mas realidade produzida, causada, impermanente... e assim é o ser humano, a realidade que chamamos sociedade, cultura, história.... As "essências" de tudo desaparecem, volatilizam-se, quando enxergamos a precedência da ação humana na atividade engendradora das realidades.

Os seres animais não fogem às suas espécies, não podem fugir. Os seres humanos, embora também seres animais, todavia, devem tudo fazer, como vimos, para advir como humanos, e não têm uma "espécie" única e fixa na qual se agarrar. Mas, também por isso, podem, a toda hora, (re)inventarem-se e divergirem, perderem-se, tornarem-se dissidentes, heresiarcas, podem fugir à "espécie". O que há para se agarrar são as construções culturais intrinsecamente precárias. Isso explica porque as máquinas sociais não cessam de trabalhar com as técnicas da repetição, reiteração e citação para reafirmação da "espécie", seus "tipos" padrões, pois nada está garantido na "natureza" dela, simplesmente porque não há essa natureza (seus comportamentos, condutas, pensamentos), substância, substrato permanente e único. Deserdar da "espécie", fugir dos padrões, ser diferente do pretendido pelo sistema cultural, variar, divergir, transgredir são sempre coisas possíveis para o ser humano. Os atos transgressivos, subversivos, heréticos e as atitudes de ruptura com o estabelecido são possibilidades no ser humano. O que nunca será possível ao ser animal das demais espécies. O animal não tem a possibilidade da deserção. Por limites de sua especialização biológica, os animais corresponderão sempre ao que biologicamente estão determinados a ser. Estão fadados a ser antes mesmo do nascer. É extensa a lista de estudiosos, pesquisadores e cientistas das mais diversas áreas que não cansam de lembrar as especificidades que nos separam dos animais, nossa artificialidade como seres.

Nesse sentido, a observação sociológica indicou a todos nós que adotamos uma visada construcionista crítica e que concebe os sistemas sociais como tendo que se haver com o problema do ser humano mutável, plástico — e, por isso, também, incontrolável, ingovernável —, que esses sistemas se apropriam do dado da falta de direção e especialização biológica para fazer com que os indivíduos humanos sejam dirigidos por padrões, normas, costumes, crenças e instituições a que serão submetidos. E cujo trabalho procura evitar toda deserção desses sistemas, buscando, continuamente, mantê-los a eles vinculados, admitindo-os como necessários, universais e inevitáveis. Embora nem sempre o êxito seja certo, e quase sempre não é!, os sistemas de sociedade operam com vistas ao sucesso da modelagem social e ideológica dos indivíduos a eles submetidos. Veremos, no nosso último capítulo, como, todavia, se torna possível rivalizar, transgredir e escapar aos controles e sujeições dos sistemas sociais.

Socialização, subjetivação, subjetividade

Tudo isso porque o ser humano só existe no processo de sua construção. Como explicam Peter Berger e Thomas Luckmann, a inextricável conexão entre a humanidade do ser humano e sua formação/constituição por sociedades e culturas são inseparáveis. É valendo-se da *socialização*[329], entre outros mecanismos, que os sistemas de sociedade viabilizam a existencialidade humana. Fora dos espaços de cultura e de sociedade não há vida humana. Assim, pela própria via da socialização, os sistemas de

---

329. A psicologia, sociologia e antropologia chamam socialização ao trabalho de educação social que é capaz de transformar o indivíduo em sujeito social. De um modo mais crítico e mais específico, Althusser o definiu como o trabalho que realiza *"a passagem da existência (no puro limite) biológica à existência humana [...], sob a Lei da Ordem... Lei de Cultura"* (ALTHUSSER, Louis. *Freud e Lacan, Marx e Freud.* Rio de Janeiro: Graal, 1985, p. 64) ou o entendeu também como o recrutamento dos indivíduos pela cultura-linguagem, transformando-os em sujeitos, sob os efeitos prolongados da ideologia como inconsciente (ALTHUSSER, Louis. *Ideologia e aparelhos ideológicos de Estado.* Lisboa: Editorial Presença, 1974, p. 93 e segs.); e Pierre Bourdieu o definiu como *"trabalho de inculcação"* de esquemas de percepção e ação (BOURDIEU, Pierre. *Economia das trocas linguísticas.* São Paulo: Edusp, 1998, p. 103).

sociedade tornam possível o advento do ser humano e, simultaneamente, que o instituído frequente os corpos (práticas, normas, pensamentos, emoções, sentimentos) de todos na sociedade. É pela socialização que os sistemas de sociedade interiorizam as suas instituições, padrões, valores e crenças. Nesse sentido, a socialização não é neutra, é sempre um trabalho ideológico-político da sociedade, embora sem nenhuma conotação conspiratória, não se tratando de nenhuma orquestração planejada. E ser um trabalho ideológico-político, embora não percebido como tal, é algo que provém do próprio funcionamento das máquinas de socialização que buscam fabricar os indivíduos-sujeitos para sua sujeição permanente à ordem social e coagi-los (sempre ideologicamente, pela via da linguagem, do simbólico, da eufemização da realidade, nunca pela coação física direta, pela repressão) a reproduzi-la. Evidente, uma coação socialmente apresentada e reconhecida como *educação*. Um trabalho que, em sua repetição, permanência, insistência e rotinização, é também simultaneamente uma denúncia do fracasso, em certa medida, da socialização, ainda todo o seu esforço de *interiorização*[330] das normas, modelos, instituições sociais. Aliás, essa é uma razão pela qual os diversos mecanismos e dispositivos que operam para esse fim não cessam nunca seu trabalho.

Mas, na própria ideia de constituição de sujeitos sociais, ao deixarem de ser meros indivíduos genéricos e abstratos, apresenta-se também o fato da construção do que moderna e contemporaneamente passou-se a reconhecer como realidade subjetiva, subjetividade humana. Conjugar a produção/construção social de indivíduos-sujeitos com a ideia de subjetividade seria incoerência, uma contradição? Sabemos que não.

Atualmente, concebemos por subjetividade os estados e processos emocionais, sentimentos, motivações, paixões, estados de consciência, processos cognitivos, comportamentos, esquemas de percepção e ações humanas ou ainda o que chamamos psiquismo, "mente", a personalidade,

---

330. Para o conceito de *interiorização* como mecanismo da socialização, ver também Peter Berger e Thomas Luckmann, em *A construção social da realidade*, obra na qual a psicologia social de George Herbert Mead e seu conceito de socialização são influência determinante para a compreensão dos processos de institucionalização da realidade.

identidade, o "self" e, igualmente, o desejo e o inconsciente. Tudo isso como uma realidade "interior", da "interioridade" do indivíduo, da "vida psicológica". Mas o que parece ser uma realidade que sempre esteve aí, como uma natureza, uma substância, e como uma universalidade, somente foi anunciado e objetivado como realidade (a "subjetividade", o "psiquismo", o "psicológico") com o aparecimento, no final do século XIX para o início do século XX, da psicologia científica e, com ela e por seu trabalho e práticas, o surgimento da figura de um "eu-sujeito" psicológico, portador de "fatos psicológicos", com processos, características e propriedades pelos quais passariam e possuiriam todos os indivíduos. Uma figura, até então, inexistente na nossa cultura e nos domínios do discurso científico. Trata-se, pois, de algo da ordem de uma construção histórica, quando a dimensão das experiências do indivíduo (seu corpo, desejos, fantasias, pensamentos etc.), constituindo sensações e prazeres, vividas sem os "discursos" e "saberes" sobre essas experiências, passou a ser objeto de investidas do conhecimento científico moderno. Será ele próprio o produtor da substância do "psicológico", do "psíquico", mudando a percepção que os indivíduos passam a ter de si mesmos, agora como seres portadores de "subjetividade", de uma "realidade subjetiva", que convém conhecer e administrar.

É um efeito do discurso da psicologia moderna o aparecimento, concomitante à ideia de uma realidade subjetiva individual, da ideia de personalidade, identidade, individualidade, ligadas a práticas de individualização, identificação social dos indivíduos e de produção de formas de percepção de si e dos outros. Mas, ainda toda a pretensão dos discursos das psicologias em substancializar e essencializar a identidade, esta permaneceria ininteligível se não é localizada como uma construção nos processos sociais, culturais e históricos. Os próprios parâmetros e referências das ciências do "psicológico", das "identidades" e "subjetividades", para produzirem a individualização e suas identidades, tendo que também ser situados como produtos históricos e de condições políticas, ideológicas e sociais. Aliás, Peter Berger e Thomas Luckmann, em seu já citado livro *A construção social da realidade*, são taxativos ao dizerem que as psicologias pressupõem sempre suas próprias "cosmologias". Isto é, originam-se e produzem seus discursos a partir de um mundo "cosmológico" (mitológico, ideológico, de discurso, epistêmico) próprio, particular[331].

A ideia de um ser humano concebido como um *indivíduo* (e este como um "sujeito"), e como uma unidade autocentrada, autônoma e consciente, fixada por uma realidade subjetiva, isto é, a individualização da subjetividade, é um invento recente nas nossas culturas. Nas sociedades europeias, é um processo que se arrasta do século XVI ao século XIX, embora *"o sentimento de identidade individual acentua-se e difunde-se amplamente ao longo de todo o século XIX"*[332]. E um resultado de saberes e práticas, nesse período emergentes, e que foram exportados, ao longo também desses séculos, para as sociedades subjugadas pela empresa colonial moderna europeia e sua obra de colonização de diversos territórios e povos. E, é preciso não esquecer, colonização que apaga (se não inteiramente, ao menos na sua maior parte) as maneiras das culturas autóctones lidarem com a realidade humana, do ser, da existência do ser humano, que não incluíam, por exemplo, a ideia de um eu-subjetivo e psicológico, indivíduo, identidade.

Mais recentemente, a ideia de "identidade" como ligada a uma "subjetividade", reduzida a uma repetição do "idêntico", do indivíduo que seria agido por uma realidade subjetiva interior que o faz idêntico a si mesmo sempre, foi apontada como outra das produções históricas que vem viabilizar a individualização e a captura dos indivíduos pelos poderes sociais, produzindo seu assujeitamento em instituições e práticas de normalização e controle social. O indivíduo tornando-se identificável, mas, igualmente, abordável pelo olhar do outro, pelas leis, normas, morais, ideologias. Em decorrência de movimentos críticos na teoria e fora dela, nas ações de grupos e agentes políticos os mais diversos (gays, transexuais, mulheres, negros, minorias étnicas e políticas, entre outros), toda uma produção crítica constrói a derrocada do conceito de identidade nas psicologias e passou a enfrentar o tema da subjetividade a partir da perspectiva dos

---

331. BERGER, Peter; Luckmann, Thomas. *A construção social da realidade*. Petrópolis: Vozes, 1985, p. 231.

332. Ver, a esse respeito, CORBIN, Alain. O segredo do indivíduo. In: ARIÈS, Philippe; DUBY, Georges. *História da vida privada*, v. 4. São Paulo: Companhia das Letras, 1991, p. 413-501.

estudos construcionistas críticos, buscando situar o problema de um outro ângulo que não o de sua naturalização e substancialização.

A perspectiva crítica de desconstrução do discurso das psicologias modernas sobre a identidade, realidade subjetiva, tem, entre outros, nas análises de Michel Foucault, um ponto de partida e um apoio. Para o autor, o processo de formação dos indivíduos humanos é ele próprio um modo de produção de *sujeitos*, um modo de produção de subjetivação no qual tem origem as subjetividades, identidades. O filósofo nomeia-os como *"modos de subjetivação"* e define-os como *"modos de objetivação que transformam os seres humanos em sujeitos"*[333]. Entre esses modos de subjetivação/ produção de sujeitos, o autor destacou aqueles que se constituem nas práticas de investigação científica (objetivação de "sujeitos" nas práticas de conhecimento científicos, discursos científicos), aqueles que se constituem nas práticas e instituições normalizadoras, disciplinares, que o filósofo chamou também de *"práticas divisoras"* (as divisões entre o louco e o indivíduo são de espírito, o criminoso e o "bom rapaz"/ou o "cidadão de bem", entre o indivíduo normal e o anormal etc.) e, terceira via, aqueles modos que se constituem como a maneira pela qual um indivíduo, para a transformação de si, constrói-se ele mesmo como "sujeito", na adoção de regras, preceitos, regimes éticos[334]. Se, para esse último caso, há aí um indivíduo que procura seu próprio caminho para sua subjetivação e "individualização" (nas "técnicas de si", "tecnologias do eu", "cuidado de si"[335]), nos demais casos, a esse indivíduo os caminhos serão impostos e o tipo de individualização que se produzirá será aquela que lhe vincula a uma permanente sujeição, assujeitamento a instituições, normas, discursos, morais sociais.

Todos esses modos de objetivação de sujeitos, pela via da subjetivação/ produção de subjetividade, o autor também compreende como *"formas de*

---

333. FOUCAULT, Michel. Le sujet et le pouvoir. In: FOUCAULT, Michel. *Dits et écrits II*. Paris: Gallimard, 2001, p. 1042 (tradução nossa).

334. Ibidem, p. 1042 e segs.

335. Idem. *Hermenêutica do sujeito*. São Paulo: Martins Fontes, 2004, p. 3 e segs. Nos capítulos 4 e 5, voltarei ao assunto específico das "tecnologias do eu" e do "cuidado de si", como técnicas e asceses da transformação do modo de ser do indivíduo, transformando o modo dele ser *sujeito*.

poder que se exercem na vida cotidiana imediata"[336]. Assim, na visão do autor, subjetivação, produção de subjetividade e poder ou poderes estão intimamente relacionados, não sendo possível separá-los nos processos que ocorrem na vida social. O que, para o autor, faz do poder algo que não é externo a esses processos, que agiria de fora para dentro nos modos de subjetivação, mas *algo no que se constituem* esses próprios modos de produção de subjetividade, configurando-se eles próprios como tecnologias de poder, formas de poder. Ainda, para Michel Foucault, quando nos deparamos com formas de subjetivação, estamos diante de formas de assujeitamento ou submissão do indivíduo, nos processos de sua transformação em sujeito objetivado, através de toda uma série de múltiplas instituições e tecnologias, "múltiplos poderes": "*aquele da família, da medicina, da psiquiatria, da educação, dos patrões etc.*"[337].

Desse modo, os processos de subjetivação são sempre-já um modo de submeter o indivíduo a normas, regras, éticas, morais, asceses. Seja quando é submetido no processo da socialização, seja quando, por sua autonomia, para viver segundo uma certa liberdade ética, decide submeter-se a seus próprios comandos. Não sendo o caso, claro, de deixar de destacar a diferença entre uma escolha por se submeter a um certo regime ético (uma pequena moral particular), para conduzir sua própria vida, e a condição em que se é obrigado/constrangido a uma moral geral que se impõe como um *dever-ser* para todos. Quando propriamente podemos mencionar a atuação da ideologia. Nos termos de Foucault, como terei ocasião de apresentar mais adiante, enquanto a ética faculta adesão, é uma escolha, a moral é sempre ideológica em sua pretensão a ser um *dever-ser* único e geral, ao se apresentar como universal e trans-histórica e ao ser impositiva.

O que, então, chamamos hoje de subjetividade é o que resulta de processos bem marcados, definidos. Ter uma subjetividade é carregar os efeitos de subjetivações a partir de certas condições sociais, culturais, políticas e históricas. E levadas a efeito por instituições, seus saberes, práticas e poderes. Personalidade, individualidade e subjetividade não podem ser

---

336. Ibidem, p. 1.046.
337. Ibidem, p. 1.050.

entendidas como substâncias ou essências com uma existência em-si-mesmas, únicas, gerais e irremovíveis. Um modo da realidade se apresentar, que não desponta espontaneamente e senão pelo modo como é *apresentada* por múltiplos discursos e instituições, que, como uma percepção que se oferece, procura fazer desaparecer o social que aí está, os constrangimentos e injunções que obrigam o indivíduo-sujeito a ser de uma certa maneira, e igualmente as lutas, estratégias e jogos envolvidos na produção dos sujeitos, identidades e subjetividades correspondentes. Mas não apenas: também tenta fazer desaparecer os conflitos, enfretamentos e as lutas dos indivíduos ao resistirem à sua sujeição a essas mesmas identidades, subjetividades e individualizações. Um modo ideológico de apresentação da realidade, que não encontra na imagem do "véu encobridor", da verdade ou da realidade, a melhor de suas definições (como muitas vezes se fala da ideologia), pois, como também observou Michel Foucault (que sempre tomou por "embaraçosa" a noção de ideologia[338], mas entendimento que não é o meu sobre o assunto...), trata-se menos de uma distorção da imagem da realidade e mais do próprio modo, recursos e discursos pelos quais os indivíduos são produzidos, construídos. E porque se trata sempre de uma construção, e não de uma natureza psicológica dada, que se pode pensar em substituições, mudanças, ressubjetivações, dessubjetivações, novas subjetivações dos indivíduos. Não é por outra razão que o filósofo do tema do "sujeito e do poder" levantou sua divisa: "*é preciso promover novas formas de subjetividade recusando o tipo de individualidade que nos foi imposta durante vários séculos*"[339]: aqui, novas formas de subjetividade, subjetivação, entendidas como invenção de si-mesmo, criação de novas formas de vida, atitude crítica, resistência, pois o ser humano não está preso a nenhuma natureza natural que o fixe a ser sempre o mesmo na prisão de seu ser biológico ou em alguma prisão psíquica ou subjetiva[340].

---

338. FOUCAULT, Michel. *A verdade e as formas jurídicas*. Rio de Janeiro: Nau Editora, 2005, p. 26-27.

339. Ibidem, p. 1.051.

340. Como sublinhou Didier Eribon, em *Réflexions sur la question gay* (Paris: Fayard, 1999), o entendimento de Foucault sobre "subjetivação", como sendo os modos pelos quais somos produzidos como sujeitos, nunca excluiu o entendimento sobre também os modos pelos quais podemos empregar meios para escapar ao assujeitamento. Foucault, fundando sua reflexão a partir dos filósofos gregos

Como é sabido, Michel Foucault nunca admitiu a hipótese do ser humano natural, de uma "natureza humana" e mesmo finalizou seu célebre livro *As palavras e as coisas* dizendo que a criação de "o homem" é *"o efeito de uma mudança nas disposições fundamentais do saber. O homem é uma invenção cuja recente data a arqueologia de nosso pensamento mostra facilmente. E talvez o fim próximo. [...] Se estas disposições viessem a desaparecer tal como apareceram [...] o homem se desvaneceria, como, na orla do mar, um rosto de areia"*[341]. Frase interpretada de muitas maneiras, que o próprio Foucault admitiu como o anúncio da *"morte do homem"*, mas que, para o autor, sem outras ideias que lhe foram atribuídas, representava a crítica à ideia de uma natureza humana natural única e invariável, que seria o anúncio de seu fim, embora tenha feito autocrítica depois (*"eu me enganei ao apresentar essa morte como algo que estava em curso em nossa época"*[342]). Foucault, em toda sua obra, contrapôs à ideia de "o homem" natural, universal e o mesmo sempre, a tese do ser humano inventor de discursos, instituições, poderes, saberes, normas, códigos etc., que o fabricam, produzem, modelam. E, assim, por isso mesmo, tendo ele todas as possibilidades de recriar-se, refundar-se, reconstruir-se, uma vez que não é, para sempre, já "dado", tanto quanto revogar suas invenções, recriando a realidade. Como disse: *"no curso de sua história, os homens jamais cessaram de se construir a si mesmos, isto é, de deslocar continuamente sua subjetividade, de se constituir numa série infinita e múltipla de subjetividades diferentes que não terão jamais fim e que não nos levarão jamais a algo que seria o homem"*[343]. Se ligarmos o que acabamos de ler com aquilo que o autor dirá anos mais adiante, veremos como seu pensamento esteve sempre determinado a salientar a não existência de uma "natureza humana" fixa, ideia cujo efeito prático o filósofo explorará nas suas teses

---

antigos, concebe a subjetivação, como o trabalho do "cuidado de si mesmo", como o meio pelo qual podemos criar estilos de vida pelos quais podemos tentar nos livrar dos modos de ser e de pensar legados pela história ou impostos pelas estruturas sociais. Maneiras pelas quais podemos inventar a nós-mesmos, recriando-nos.

341. FOUCAULT, Michel. *As palavras e as coisas*: uma arqueologia das ciências humanas. São Paulo: Martins Fontes, 1985, p. 404.

342. Idem, Entretien avec Michel Foucault. In: FOUCAULT, Michel. *Dits et écrits II: 1976-1988*. Paris: Gallimard, 2001, p. 894 (tradução nossa).

343. Ibidem, p. 894 (tradução nossa).

sobre cada um, por um trabalho sobre si mesmo, elaborando-se, poder se constituir "como uma obra de arte". No contexto de suas elaborações sobre o que chamou da produção de uma *"estética da existência"*[344], como estilização que o indivíduo pode fazer de si mesmo e da sua própria vida, por conduções ético-morais, Foucault sugere que a concepção filosófico-moral que a idealiza somente pode partir de uma ideia que é aquela para a qual, como um pressuposto, o *"si"* (do indivíduo) *"não é dado de antemão"*[345] e de uma vez por todas; quando conclui que o fato tornaria possível estabelecer *"uma consequência prática"*: podemos criar a nós mesmos, podemos refundarmo-nos, recriarmo-nos. Como dirá: *"criar a nós mesmos como uma obra de arte"*[346].

Mas, não se tratando de uma abordagem isolada, múltiplas vertentes em filosofia e ciências humanas, partindo da hipótese que o indivíduo constrói a si próprio e *"não sendo a socialização jamais completa e estando os conteúdos que interioriza continuamente ameaçados em sua realidade subjetiva"*[347], também concluem que são diversas as possibilidades e as experiências nas quais os indivíduos promovem suas próprias subjetivações, criando para si subjetividades autônomas. Uma vez que as subjetividades são produzidas nas relações de poder, entre forças em disputa, e nos encontros entre práticas de saber-poder, objetivações do sujeito e propriamente subjetivações, nada nesse processo ocorre de um modo linear e único, sem variações, na passividade e como pura homogeneidade. A objetivação de sujeitos nos discursos da norma ou pelas instituições e práticas normalizadoras não se tornam suficientes para seus pretendidos êxitos e, em grande medida, fracassam. As próprias resistências também terminam por ser fontes de dessubjetivação e ressubjetivação, tornando possível não apenas que exista uma pluralidade de sujeitos, modos de existência, formas de ser e de estilos de vida mas igualmente que os indivíduos sejam eles mesmos plurais.

---

344. Idem, À propos de la généalogie de l'éthique: un aperçu du travail en cours. In: FOUCAULT, Michel. *Dits et écrits II: 1976-1988*. Paris: Gallimard, 2001, p. 1.204 (tradução nossa).

345. Ibidem, p. 1.211 (tradução nossa).

346. Ibidem, p. 1.211 (tradução nossa).

347. BERGER, Peter; LUCKMANN, Thomas. *A construção social da realidade*. Petrópolis: Vozes, 1985, p. 195-6.

Por todas as questões antes apresentadas, a realidade do processo de subjetivação do indivíduo humano e da construção da realidade não deve ser entendido como uniformização do ser humano e dessa realidade, como se a construção social viesse a ser uma espécie de fabricação de algum produto que, por controle de qualidade, não sofre variação. A construção do indivíduo humano ocorre em correlação com a constituição do desejo, da capacidade de imaginação, processos cognitivos, acumulação de repertórios diversificados e distintos, vivências particulares etc., o que significa a produção de subjetividades sempre variáveis, e o que faz que cada um tenha um modo particular de ser e conheça um contato íntimo consigo mesmo (subjetivo, moral, cognitivo) capaz de configurar sentimentos relativos a ideias de realidade e subjetividade que podem ser diferentes. As construções sociais do indivíduo e da realidade, na qual esse vive, não funcionam como determinações que inviabilizam a singularidade e seus efeitos nas esferas individual e coletiva. Até mesmo em razão do fato de que todos os processos de construção do indivíduo e da produção de sua subjetividade singular ocorrem nas trocas e interações intersubjetivas, nas relações sociais, fazendo com que toda tentativa de previsão e repetição fracasse, e sobre os quais os sistemas de sociedade têm poder relativo.

Mas, se é bem certo que os sistemas de sociedade se valem do subjetivo e da realidade psíquica para se instalar (sobretudo por meio da ideologia, como abordarei no quarto capítulo), buscando homogeneidade, padronização e normalização, essas realidades da esfera subjetiva e da vida mental e psíquica são também, como revelou a investigação psicanalítica, simultaneamente, o que faz que o indivíduo-sujeito se apresente dividido, cindido. No lugar da unidade do ser, dotado de consciência, autoconsciência, indiviso, de uma vez por todas decidido sobre o que é e o que quer, o indivíduo-sujeito é fenda, corte. E é, por isso também, que ele é o ser de atos inconscientes-conscientes, tornando-se imprevisível, incontrolável, indomesticável. Esse indivíduo-sujeito, sujeito da ideologia (de um eu ideológico, como veremos no quarto capítulo), sujeito do inconsciente, do desejo, não se torna objeto de domesticação sem fracassos. Ele é, em diversas circunstâncias, agente do desgoverno do querer, da vontade, mas também da moral, do social etc. E, pois, agente de ações modificadores da realidade de si próprio e da realidade social. Essa é hipótese inteiramente assumida também pelos estudos construcionistas críticos.

Entretanto, embora toda a multiplicidade de sujeitos e subjetividades, não cessa de atuar, nas nossas sociedades, por um trabalho de instituições e seus poderes, um modelo de pensamento que procura colocar no mundo, na realidade, o natural e o universal, modelo que parece disposto a demonstrar a "ordem das coisas", sua "racionalidade" e "utilidade". Para esse modelo de pensamento (ideologia), o que não é previsível, o que não entra nessa ordem, torna-se parte dela mas por exclusão ou patologização. Aí quando não há lugar para a diversidade, a pluralidade, o díspare, o diferente. Um modo de pensamento que justamente a teorização construcionista crítica da realidade é capaz de evitar e visa refutar.

Nesse contexto, cabe voltar, mais uma vez, às reflexões do filósofo Cornelius Castoriadis, ao denunciar esse modo de pensar que procura expulsar a disparidade, a diversidade e a heterogeneidade como uma ontologia *"unitária"* ou *"conídica"*[348] — ou como uma *"lógica identitária"* e *"conjuntista"*[349] — que, para o autor, exerceu influência e determinou até mesmo o pensamento de eruditos, filósofos, cientistas. Como ele assinala, *"desde Platão até o liberalismo moderno e o marxismo, a filosofia política tem estado contaminada pelo postulado operatório que diz que há uma ordem total e 'racional' do mundo, e seu inevitável corolário: há uma ordem nos assuntos humanos que está ligada à ordem do mundo"*[350]. O autor ainda evidencia que essa ontologia e lógica herdadas da tradição filosófica, protagonizaram um modelo de pensamento que se determina como regra esvaziar a realidade de toda disparidade, complexidade, irregularidade, nada podendo existir por fora de determinações presumidas como constituintes do real e únicas. Como comentou: *"a regra clássica sustenta: não se devem multiplicar os entes sem necessidade. Numa camada mais profunda jaz uma outra regra: não se deve multiplicar o sentido de: ser, é preciso que ser tenha um sentido único. Esse*

---

348. CASTORIADIS, Cornelius. *Sujeito e verdade no mundo social-histórico:* seminários 1986-1987 — A criação humana I. Rio de Janeiro: Civilização Brasileira, 2007, p. 426.

349. Idem. *A instituição imaginária da sociedade.* Rio de Janeiro: Paz e Terra, 1982, p. 260 e segs.

350. Idem. *As encruzilhadas do labirinto II:* os domínios do mundo. Rio de Janeiro: Paz e Terra, 1987, p. 302.

sentido, determinado do início ao fim como determinidade — peras *para os gregos*, Bestimmtheit *em* Hegel — *já por si excluía que se pudesse reconhecer um tipo de ser que escapasse essencialmente à determinidade — como o social-histórico ou o imaginário*"[351]. E destaca que: "*a determinidade funciona, ao longo de toda a história da filosofia (e da lógica) como uma exigência suprema, embora mais ou menos implícita ou oculta*"[352].

Dois efeitos indissociáveis da imposição ao pensamento da ontologia unitarista e identitária-conjuntista são, de um lado, a redução da realidade ao Único, aspecto que já abordei antes quando, situando as análises do sociólogo Michel Maffesoli, trouxe o assunto do "fantasma do Uno", e, por outro lado, a eliminação do poder instituinte dos sujeitos sociais, dos indivíduos. Esses como agentes da criação sócio-histórica, de ações de resistência, transgressões, reformulações, subversões e transformações da realidade social e de suas próprias vidas pessoais, subjetivas, individual ou coletivamente.

Como aponta Castoriadis, desse modo unitarista de pensar sempre resultou que o social-histórico tenha sido reduzido a categorias imutáveis, essências, substâncias, admitidas como "universais", pertencentes a uma pretendida racionalidade da realidade. Tudo aquilo que, não se enquadrando em sua ontologia, passa a ser ilusão, erro, aparência superficial, isto é, não-realidades, porque ininteligíveis às categorias estabelecidas por esse modo de pensar. Como escreveu o filósofo: "*o que aparece na história efetiva como irredutivelmente em excesso ou em falta em relação a este esquema, torna-se então escória, ilusão, contingência, acaso — em suma, ininteligível; o que não constitui um escândalo em si mesmo, mas deve sê-lo para um filósofo para o qual o ininteligível é apenas um nome do impossível*"[353]. E, por outro lado, elimina-se

---

351. Idem. *A instituição imaginária da sociedade*. Rio de Janeiro: Paz e Terra, 1982, p. 203.

352. Idem. *As encruzilhadas do labirinto IV*: a ascensão da insignificância. Rio de Janeiro: Paz e Terra, 2002, p. 414.

353. CASTORIADIS, Cornelius. *A instituição imaginária da sociedade*. Rio de Janeiro: Paz e Terra, 1982, p. 203-204. Uma nota se impõe aqui: Castoriadis situa correntes como o materialismo histórico e o estruturalismo como pensamentos de uma "ontologia unitária", o primeiro como uma espécie de *fisicalismo* e o segundo como um *logicismo* e, nesses termos, estes seriam pensamentos essencialistas e anticonstrucionistas. Assinalo o meu desacordo com o autor. A meu ver, nem materialismo histórico

a ação instituinte, criadora, a ação dos indivíduos, grupos, massas. Sendo esses os únicos que podem criar e recriar a realidade. Agir (humano) que se impõe, seja no sentido da construção, seja no sentido da reprodução ou transformação.

Ação humana, "agência"

A ação humana pode estar, e é sempre também o caso, mais além que a simples reprodução do social. Em trabalhos recentes de cientistas sociais e análises políticas, a questão da ação e atuação humanas modificadoras ou como *agência do agir* têm aparecido com importância. De fato, o interesse pela ação social esteve sempre presente nas ciências humanas, seja quando se buscou ver a permanência das normas sociais, seja quando se procurou pensar o "desvio" das normas. Agência pode ser entendida como uma capacidade de agir capaz de criações e mudanças, mas também um agir que seja manutenção da realidade existente.

Autores como o sociólogo britânico Anthony Giddens ou o sociólogo Michel Maffesoli, sobre cujas ideias já apresentei antes, procurando problematizar as relações entre estrutura e indivíduo e mesmo reposicionar esses conceitos, atribuem aos "atores" sociais capacidades de "agência" e "interpretação" da experiência social, e essas concebidas como habilidades para a participação nas atividades sociais (Giddens) ou como capacidade de enfrentamento das coerções e injunções sociais e morais (Maffesoli), que lhes dão poderes de discernimento e ação. Mesmo que os atores ocupem posições subordinadas ou que as condições da realidade lhes sejam antagônicas e estruturas estabeleçam limitações, suas capacidades e possibilidades de agir permanecem e são acionadas de maneiras muito diversas, ainda que não sejam necessariamente elaboradas, refletidas e organizadas com propósitos (políticos) bem definidos. Como procuram demonstrar os autores em suas respectivas sociologias, os indivíduos não são por

---

nem estruturalismo podem ser reduzidos às obsessões dos filósofos unitários e suas preocupações resumidas a definir a racionalidade da realidade e sua funcionalidade.

eles concebidos como meros "recipientes", "pacientes", "passivos", mas como "agentes" ativos de suas próprias ações, capazes de racionalização, justificação ou capazes de estratégias de desvios, transgressões, subversões.

Decidido a pôr fim, na teoria social, ao que chamou de *"imperialismo do sujeito"* e *"imperialismo do objeto social"* — tendo atribuído o primeiro às correntes que chamou de "sociologias interpretativas" e o segundo ao funcionalismo e ao estruturalismo[354] —, Giddens concebe o que chamou de *"agência"* como a ação dos indivíduos humanos, que o autor chama de "atores sociais"[355], em suas atividades sociais, com a qualidade de atos intencionais, racionalizados, que os indivíduos "sabem muito bem que estão fazendo", mas sempre situados numa contextualidade de espaço, tempo, condições etc. Para o autor, sendo a maior parte das atividades sociais humanas de caráter recursivo, os indivíduos nelas tomam parte, ainda que não as criando, com alguma "competência", pois carregam estoques de um conhecimento prático que os ajuda a agir no mundo, na vida, o que os ajuda e capacita-os a *"prosseguir no âmbito das rotinas da vida social"*.[356] Essa capacidade de ação por conhecimento prático, monitorada por alguma forma de cognição ou racionalização, que dá impulso a uma intenção, é o que o autor chama *agência*.

Uma ação ou um conjunto de ações, cujos efeitos podem ser de poder, influência, controle, regulação, que ocorrem sob o *"monitoramento reflexivo da atividade [que] é uma característica crônica da ação cotidiana e envolve a conduta não apenas individual mas também de outros"*[357]. Ainda que nem sempre com a *"consciência discursiva"*[358] (*"ser capaz de pôr coisas em palavras"*[359]), os atores sociais participam continuamente das atividades sociais que fazem subsistir a realidade, todos os atores podendo exercer um certo poder de ação, e ainda também que o efeito de suas ações não sejam sempre necessariamente aquelas previstas. Para o autor, a agência humana tem a ver

---

354. GIDDENS, Anthony. *A constituição da sociedade*. São Paulo: Martins Fontes, 2003, p. 2.
355. Ibidem, p. 2 e segs.
356. Ibidem, p. 5.
357. Ibidem, p. 6.
358. Ibidem, p. 8, 47 e segs.
359. Ibidem, p. 52.

com a particular cognoscibilidade do ser humano, que torna possível a ação monitorada pela "reflexividade" no ambiente de repetição, recursividade. Como escreve: *"a espécie de cognoscitividade apresentada na natureza, na forma de programas codificados, é distante das aptidões cognitivas exibidas por agentes humanos. [...] É a forma especialmente reflexiva da cognoscitividade dos agentes humanos que está mais profundamente envolvida na ordenação recursiva das práticas sociais. A continuidade de práticas presume reflexividade, mas esta, por sua vez, só é possível devido à continuidade de práticas que as tornam nitidamente "as mesmas" através do espaço e do tempo. Logo, a "reflexividade" deve ser entendida não meramente como "autoconsciência", mas como o caráter monitorado do fluxo contínuo da vida social. Ser um ser humano é ser um agente intencional, que tem razões para suas atividades e também está apto, se solicitado, a elaborar discursivamente essas razões (inclusive mentindo a respeito delas)"*[360].

Bem claro está que, no pensamento do autor, reflexividade não é sinônimo de "capacidade de reflexão crítica", criticidade, nem vontade de mudar a realidade. É a racionalização (justificação) da ação, pelo sujeito que age, e, por conseguinte, o caráter intencional da ação, que o autor toma por essa qualidade/propriedade própria da ação humana. Há reflexividade quando o ator sabe, acredita ou espera que seu ato terá o resultado que almeja, sem contar com "*consequências impremeditadas*". É intencional "*o que caracteriza um ato que seu perpetrador sabe, ou acredita, que terá uma determinada qualidade ou desfecho e no qual esse conhecimento é utilizado pelo autor para obter essa qualidade ou desfecho*"[361]. Reflexividade é racionalização das ações, produção de justificativas, enquadramento das ações num "entendimento" socialmente aprendido na participação social.

Giddens visou chamar atenção para os impasses da análise que desconsidera a capacidade de agir e a intenção da ação quando desaparecem na coerção da estrutura e das relações sociais institucionalizadas, e como se apenas o domínio dessas fosse determinante para a subsistência da própria realidade e como se existissem independentemente dos próprios indivíduos como (feitos) sujeitos. Como explica: "*a estrutura não é 'externa'*

---

360. Ibidem, p. 3.
361. Ibidem, p. 12.

aos indivíduos: enquanto traços mnêmicos e exemplificada em práticas sociais, é, num certo sentido, mais 'interna' do que externa às suas atividades, num sentido durkheimiano. Estrutura não deve ser equiparada a restrição, a coerção, mas é sempre, simultaneamente, restritiva e facilitadora. [...] A estrutura não tem existência independente do conhecimento que os agentes possuem a respeito do que fazem em sua atividade cotidiana"[362].

Isto é, há ação na estrutura, essa não existe por si mesma e não é inerte, e há agência na ação dos indivíduos, dos sujeitos sociais, em sua reprodução ou ruptura, transformação. Sim, porque, para o autor, agência é também "*poder no sentido de capacidade transformadora*"[363]. Variando um pouco o sentido do seu conceito de agência como reflexividade na recursividade (o que resultaria apenas na recriação-repetição das práticas sociais "ordenadas no espaço e no tempo"), agência significa também "*ser capaz de 'atuar de outro modo', significa ser capaz de intervir no mundo, ou abster-se de tal intervenção, com efeito de influenciar um processo ou estado específico de coisas. [...] A ação depende da capacidade do indivíduo de 'criar uma diferença' em relação ao estado de coisas ou curso de eventos preexistente. Um agente deixa de ser se perde a capacidade para 'criar uma diferença', isto é, para exercer alguma espécie de poder*"[364].

Com uma reflexão bastante distinta da anterior e radical na definição do caráter transgressor e subversivo das ações humanas na vida cotidiana, volto aqui às análises do sociólogo Michel Maffesoli, que tem se dedicado ao assunto das maneiras de agir de grupos, massas de indivíduos ou esses isoladamente, e que entende constituir as mil práticas pelas quais se apropriam do espaço social, redefinindo seus usos, ressignificando-o. E fazem-no através de astúcias, estratégias, desvios e subversões que proliferam no interior das estruturas do sistema, modificando seu funcionamento, mas também deturpando-o, lesando-o. Práticas que se configuram como o enfrentamento da uniformização e do controle pretendidos pelos poderes e administradores dos sistemas de sociedade,

---

362. Ibidem, p. 30-31.
363. Ibidem, p. 17.
364. Ibidem, p. 17.

que tentam governar corpos, seus passos, movimentos, pensamentos. Práticas-táticas que o autor chamou de uma verdadeira *"potência subterrânea"*, agindo, como "toupeira", contra o social.[365] Como já salientei em outro de meus trabalhos[366], sua ideia de "potência subterrânea" deve ser entendida como metáfora de uma atuação dos indivíduos e massas, no que chamamos de "realidade", por seus desejos e por deliberações (nem sempre politicamente elaborados ou organizadas) de resistir aos constrangimentos das instituições sociais, normas, códigos ou patrocinados pelo discurso ideológico da normalidade, da universalidade, do único, do natural, do verdadeiro e do sagrado.

Para Michel Maffesoli, as relações dos indivíduos com a realidade instituída, na vida cotidiana, não são práticas de passividade e conformismo. Os indivíduos não se deixam inteiramente dominar, tornando-se ativos agentes de ressignificações imprevisíveis, incontroláveis, modificadoras de pretensões previstas na origem, no planejamento, na idealização das coisas, notadamente pretendidas pelos diversos poderes sociais. Para o autor, os indivíduos, através de diferentes atos de subversão das normas, códigos, leis, moral, configuram uma potência transgressiva, em grande medida anônima, resistente à ordem social, ao "sistema", que esvazia todas as pretensões de uniformização e obediência mantidas pelos seus gestores (governos, igrejas, polícias, mercados etc.)[367].

Esse modo de existir nas resistências às imposições e injunções da realidade instituída e seus poderes ocorre juntamente com o desejo de estar-junto, da vida em grupo, tribos, comunidades afetuais, emotivas, é gerado e é gerador desse desejo, significativamente oposto ao isolamento e à crueldade das inércias e constrangimentos sociais. Assim escreveu Maffesoli: *"a desumanização real da vida urbana produz agrupamentos específicos*

---

365. Ver, entre outras obras do autor, MAFFESOLI, Michel. *O tempo das tribos*. Rio de Janeiro: Forense-Universitária, 1998.

366. DeSOUSA FILHO, Alipio. Ideologia e transgressão. *Revista de Psicologia Política*, São Paulo, v. 11, n. 22, p. 207-224, São Paulo, jul./dez. 2011.

367. Ver também, a esse propósito, MAFFESOLI, Michel. *L'ombre de Dionysos:* contribution à une sociologie de l'orgie. Paris: Méridiens, Klincksieck et Cie, 1985; MAFFESOLI, Michel. *La conquête du présent:* pour une sociologie de la vie quotidienne. Paris: Desclée de Brouwer, 1998.

com a finalidade de compartilhar a paixão e os sentimentos"[368]. Nessa perspectiva, para o autor, os "atores" vão vivendo a vida agindo subversivamente, mas sem alarde, minando os edifícios bem instalados da moral, da política e da lei e seus discursos ideológicos tonitruantes. Nas resistências anônimas cotidianas, criando imaginários e "espaços heterotópicos" (Foucault), os indivíduos da anônima massa dariam mostras que proliferam na vida social outras ideias e outras práticas, contrárias ao que o discurso ideológico e os diversos poderes pretendem fixar como realidades irremovíveis, irrevogáveis, verdades absolutas.

Poderia citar muitos outros autores e análises sobre o assunto, mas, por agora, fiquemos com esses dois exemplos.

O retorno da ideologia da "natureza humana" no discurso científico contemporâneo: a biologização do social à outrance

Nos dias atuais, tem voltado com muita força a ideia que pretende fazer crer que existe uma *natureza humana* fixa e invariável e com a qual todos os seres humanos já nasceriam. Em grande parte, essa "natureza" seria constituída de "impulsos primitivos", aparecidos com nossos antepassados que viveram nas savanas africanas, e que viriam se misturar a características e aptidões adquiridas na adaptação e "especialização" do ser humano no processo da seleção natural e da evolução da espécie.

Embora não pretenda aprofundar este aspecto aqui, a ideia de uma existente natureza humana não é nova. Na cultura ocidental, ela já aparece entre os filósofos gregos. Modernamente, essa ideia aparece de muitas maneiras no discurso filosófico e no discurso científico. No correr do século XIX, uma verdadeira metafísica fisicalista começa a se desenvolver na Europa, oferecendo diversos elementos para se forjar uma ideia moderna (e "científica")

---

368. MAFFESOLI, Michel. *O tempo das tribos:* o declínio do individualismo nas sociedades de massa. Rio de Janeiro: Forense-Universitária, 1987, p. 62.

de "natureza humana", que se pode observar agora em continuação num fisicalismo contemporâneo. Fisicalismo que se torna o fundamento de toda uma perspectiva nas pesquisas e discursos da biomedicina e biologia que procuram determinismos biológicos para o "comportamento humano". Aliás, que, por muitos autores, é tratado como um *"reducionismo"*[369].

Páginas antes já pude demonstrar como, para as ciências humanas, o ser humano não nasce especializado nem dotado de direção biológica. Mas, para os adeptos da ideia de uma natureza humana biológica única e primal, o conhecimento produzido pelas ciências humanas não interessa ou não é "científico". Eles simplesmente dizem que os cientistas sociais "enlouquem" ou se "horrorizam" quando ouvem falar em "natureza humana". Ora, não se trata nem de enlouquecer nem de sentir horror pela ideia. É que simplesmente não há qualquer fundamento sociológico ou antropológico para a afirmação que o ser humano já traz do nascimento definições quanto a práticas sociais, escolhas culturais, tendências emocionais, atitudes subjetivas, morais e políticas, ou mesmo especializações para atributos sem cujo aprendizado social não existirão na vida de nenhum indivíduo da espécie, tais como a fala, o bipedismo permanente, capacidades cognitivas, entre outros exemplos.

Mas os ideólogos da natureza humana são teimosos e eles têm a seu favor os benefícios de editoras, mídias, igrejas, laboratórios de pesquisa, a indústria da pesquisa científica (sim, ela existe!) e, como suas teses convergem para o senso comum, são facilmente recebidas, assimiladas, memorizadas e repetidas por amplos segmentos da sociedade. Revistas, programas de TV, matérias na internet, falas de "especialistas" têm transformado o "biológico", a "seleção natural" e a "evolução" em outros desses entes imaginários e fantásticos que visitam os discursos pretendidamente racionais, comparecendo como "explicação" (causa, fundamento) para fenômenos e

---

369. DUARTE, Luiz Fernando Dias. A sexualidade nas ciências sociais: leitura crítica das convenções. In: PISCITELLI, Adriana; GREGORI, Maria Filomena; CARRARA, Sérgio (Orgs.). *Sexualidade e saberes*: convenções e fronteiras. Rio de Janeiro: Garamond, 2004, p. 45. No seu texto, o autor traz uma discussão bastante esclarecedora a propósito do debate que se instala entre fisicalistas e românticos, nos séculos XIX e XX, especialmente quanto ao assunto da sexualidade, identificando a corrente romântica como reação ao fisicalismo.

realidades sociais, culturais, políticas e históricas que têm sido objeto de estudo das ciências humanas desde muito e, para os quais, essas ciências nunca encontraram fundamentos biológicos, naturais, inatos. Às vezes, sendo o caso de vermos "especialistas" falando sobre assuntos para os quais "enxergam" a atuação do biológico, quando são fenômenos sobre os quais desconhecem toda a pesquisa das ciências humanas, mas que facilmente a essas imputam "atraso" e "desconhecimento" do "conhecimento mais novo e avançado" que seria o deles — claro, o deles!

Evidente, eles não lançam suas teses de qualquer jeito, embalam-nas no invólucro da cientificidade. E todos sustentam apoiarem-se em Darwin e no evolucionismo para dar suporte e justificação ao que dizem. Como se tivessem o monopólio da aplicação da teoria evolucionista, como se as ciências humanas a ignorassem, e como se já não tivessem sido denunciados, por cientistas sociais e filósofos, os usos ideológicos da teoria evolucionista, bem distante dos destinos pretendidos por Darwin para sua teoria. Usos ideológicos que resultaram no "darwinismo social", cujos rebentos mais famosos são a *sociobiologia* e a *psicologia evolucionista*. Correntes que fazem uso das ideias de "luta pela existência", "sobrevivência dos mais aptos" e "competição" — noções corrigidas até mesmo no interior dos próprios estudos da biologia, que ressaltam o papel da cooperação entre indivíduos de um mesmo grupo ou entre espécies —, aplicadas às relações sociais entre seres humanos, sem a análise dos processos históricos e culturais que os constituem em sua particularidade como seres e constituem as sociedades nas quais vivem. E não se trata também de negar o evolucionismo, como querem as correntes criacionistas, que estão sempre à espera da chance de desembarcar na escola e nas universidades. De todo modo, ao teorizar sobre a evolução das espécies animais, em seu *A origem das Espécies*, e quando escreveu o seu *A origem do homem e a seleção sexual*, Darwin não formulou uma teoria sobre a "superioridade" e a "inferioridade" de indivíduos, grupos ou espécies, pois compreendeu a evolução como algo dinâmico e situado em ambientes que prevalecem sempre como *determinantes* para caracterizar o que pode resultar como "superioridade" de uma espécie sobre outras, o que nunca é igual quando se trata de *ambientes*. E se sua teoria da "origem do homem", que já foi refeita e complementada de mil maneiras pelos estudos da paleoantropologia e arqueologia, nunca perdeu a validade de sua intuição original, todavia, não se presta a fundamentar a ideia de um ser humano-macaco. Esse elo há muito foi perdido...

Poderia citar uma enormidade de exemplos de um verdadeiro folclore de teses bizarras que transformam preconceitos e convenções sociais e culturais em "natureza humana", em biologia. E tudo apresentado como resultado de "pesquisa científica". Tal como a "pesquisa científica" de James Watson, Nobel de Medicina em 1962, que, por "seus estudos mais recentes" atestou que "os brancos são mais inteligentes que os negros". Ou como estudo de pesquisadores suecos, cujos "resultados" foram divulgados na *Proceedings of The National Academy of Sciences*, que "descobriram" que homens homossexuais e mulheres heterossexuais têm os hemisférios cerebrais simétricos, enquanto os dois lados do cérebro de lésbicas e homens heterossexuais são assimétricos, com o hemisfério direito consideravelmente maior do que o esquerdo. Os pesquisadores também consideraram diferenças na amígdala cerebelar, glândula do cérebro ligada aos fenômenos das emoções. Eles encontraram mais "conexões nervosas" no lado direito da amígdala de homens heterossexuais e lésbicas, enquanto mulheres e homens gays têm mais impulsos elétricos no lado esquerdo. Tudo "comprovado" por meio de imagens de ressonâncias magnéticas dos cérebros de suas "cobaias"[370].

"Tudo cientificamente comprovado"... "Inteligências" de diversos povos "medidas" e "comparadas" a partir de algum escritório em Londres, avaliadas por algum questionário de QI, feito por alguma "mente brilhante"... Ou será que foram suas "porções" transportadas em vidros e lâminas? E a fonte dos desejos (com tudo de insondável do desejo) "cientificamente revelada" em imagens de ressonâncias magnéticas como "provas" que a atração e o desejo sexuais estão fixados nos cérebros desde antes do nascimento. De fato, os cientistas das ciências humanas e diferentes filósofos têm outras visões das coisas e divergem radicalmente de pontos de vistas

---

370. SAVIC, Ver Ivanka; LINDSTRO, Per PET and MRI show differences in cerebral asymmetry and functional connectivity between homo- and heterosexual subjects. In: *PNAS*, Julho, 2008, v. 105, n. 27, p. 9.403-9.408. Disponível em: http://www.pnas.org/content/early/2008/06/13/0801566105; Acesso em: 17 jul. 2008.

como esses. A propósito apenas desses dois assuntos, o primeiro, o do racismo, escreveu Frédéric Rognon, *"os progressos coordenados da genética e da antropologia não conseguiram destruir a pretensão que diversas doutrinas racistas têm de tornarem-se evidências científicas"*[371]. Ou como também disse na mesma obra: *"o preconceito de raça [...] permite apresentar as diferenças sociais como diferenças de raça, baseadas na natureza. Mas trata-se de uma opinião preconcebida, de um juízo de valor de origem cultural. O racismo é, pois, uma doutrina obscurantista, falsamente científica"*[372]. E sobre o segundo, o do desejo, a ciência da biologização cientificista do social — que tudo faz para desconhecer a descoberta freudiana do inconsciente e a teoria psicanalítica do desejo —, transformando desejo em estrutura cerebral, circuitos neuroquímicos, células nervosas, converte o ser humano em mero ser biológico. O que já mereceu a feliz observação da psicanalista francesa e historiadora da psicanálise Elisabeth Roudinesco, que nomeou a vaga biologizante atual de ser a ação de *"pretensões obscurantistas que almejam reduzir o pensamento a um neurônio ou confundir o desejo com uma secreção química"*[373]. Aliás, a autora traz, em seu livro, diversos exemplos de tentativas de invalidação da psicanálise por um discurso tecnicista-cientificista que pretende colocar tudo o que é da ordem da subjetividade, do psiquismo, do inconsciente, da libido, em termos de "coisas" que se pode "ver", "atestar", "provar", "registrar" em neurotransmissores, sinapses, desempenho de funções cerebrais etc., quando seria reafirmada a natureza biológica de todos os fenômenos do corpo, da subjetividade, do psiquismo humanos. E como conta, já Freud, em seu tempo, teve que responder à pretensão cientificista das "medidas" e "provas empíricas" de aspectos subjetivos e psíquicos do ser humano, tão propaladas hoje: *"a um psicólogo estadunidense que propôs 'medir' a libido e dar seu nome (um **freud**) à unidade de medida, ele ... respondeu: 'não entendo de física o suficiente para formular um juízo confiável nessa matéria. Mas, se o senhor me permite pedir-lhe um favor, não dê meu nome à sua unidade. Espero poder morrer, um dia, com uma libido que não tenha sido medida'"*[374].

---

371. ROGNON, Frédéric. *Os primitivos, nossos contemporâneos*. Campinas: Papirus, 1991, p. 31.
372. Ibidem, p. 33.
373. ROUDINESCO, Elisabeth. *Por que a psicanálise?* Rio de Janeiro: Jorge Zahar, 2000, p. 9.
374. Ibidem, p. 35.

É certo, a busca por tornar o biológico e o cérebro humano as bases, núcleos e causas de fenômenos sociais, culturais e históricos não é um fato novo na história da ciência nas sociedades ocidentais, mas talvez nunca tenha sido maior antes, com tanta amplificação midiática. A onda atual do *determinismo biológico* não tem deixado espaço para mais nada que não seja as "ações do cérebro", o "fisiológico", o "neurológico", o "endocrinológico", como se o *ser social humano* não existisse, fosse apenas uma pálida cobertura do corpo biológico — o reducionismo fisicalista a pleno vapor. Se, de minha parte, não se trata de pôr em questão os assuntos médicos ou do conhecimento do funcionamento do organismo biológico humano, por outro lado, não é aceitável a extrapolação abusiva de "explicações" sobre "bases biológicas" para a abordagem de fenômenos que, à simples vista, eles nada têm a ver com qualquer aspecto biológico, ou, para o caso de outros, que são reflexos ou reações, no organismo humano, de situações emocionais, subjetivas, morais, políticas, e, portanto, cujas causas são sociais e não biológicas. Quando certos estudos atuais apontam que a complexa atmosfera urbana — com altos níveis de radiação eletromagnética, gerados por antenas de TV, torres de celular, redes elétricas, antenas de rádio, internet sem fio, telefones celulares, eletroeletrônicos, eletrodomésticos etc. — pode ser a causa de aumentos no potencial bioelétrico de nossos cérebros, causando confusões nas ligações neuronais e produzindo desequilíbrios bioquímicos, responsáveis por quedas de neurotransmissores como a serotonina, a dopamina e outros, e que mesmo poderia explicar, segundo esses mesmos estudos, o crescente número de pessoas com síndrome do pânico, depressão, síndrome de ansiedade, estresse depressivo, alucinações, por baixas da serotonina, não estaríamos diante de um exemplo em que a invenção cultural (tecnologias) produz seus efeitos sobre o organismo humano, podendo mesmo modificá-lo?

Não faz muito tempo, a mídia reverberou "achados" de uma pesquisa que "demonstrava" as "bases cerebrais" das atitudes de compradores compulsivos, atestadas por imagens de ressonância magnética: para os pesquisadores, estariam no *nucleus accumbens,* no córtex insular e no córtex pré-frontal médio, as "razões" que fazem pessoas se tornarem consumidores ávidos, compulsivos. No discurso do determinismo biológico, não há sociedade capitalista, mercado, publicidade, subjetividades... existe apenas um "cérebro" que "deseja" loucamente. Cada vez mais, são comuns anúncios de "resultados de pesquisa", sempre acompanhados de muito sensacionalismo, sobre o predomínio de "instintos", "hormônios", "tendências inatas", "genes" etc. como "explicações" de práticas sociais, comportamentos humanos, ideias políticas: ideias de "instinto de beleza", "desejo instintivo de castidade", "instinto de maternidade", "atuação de hormônios na escolha de parceiros sexuais", "tendências inatas" dos comportamentos agressivos, "natureza da psicologia humana", "escolhas em termos evolucionistas vantajosos". Ora, como também já vimos páginas mais atrás, não somos governados por instintos. O que há de instintual na espécie e em cada indivíduo humano hoje encontra-se em níveis baixíssimos e sequer serve para garantir a sobrevivência do pequeno bebê que chega ao mundo, que morrerá em poucas horas se deixado ao seu próprio desamparo. Todos sabemos, até mesmo os ideólogos da "natureza humana", os psicólogos evolucionistas e os renovadores da *sociobiologia*[375]: animais somos, mas não como os demais. Na diferença entre nós e os demais animais de todos as demais espécies, está toda a diferença! Negá-la não é científico! Tanto quanto não é científico negar o quanto de cultural e histórico estão presentes nas ideias de "natureza humana", ser humano como "reflexo" do seu "ser biológico" ou do seu "ser genético" etc. Como apontou Joan Vendrell Ferré, *"a ideia mesma de que temos, ou em parte somos, algo assim como um ser biológico já é uma ideia cultural. Nada nos é imanente,*

---

375. A ideia de uma *sociobiologia* tem sua elaboração iniciada pelo entomologista estadunidense Edward Wilson. Um especialista em formigas, em particular sobre o uso de feromônios na comunicação entre esses insetos, o cientista publicou, em 1975, seu *Sociobiology: the new synthesis*, pela Harvard University Press. Destacar comportamentos sociais em insetos (como em outras espécies) não é o problema. O que se torna disparatado é, no campo das ciências sociais, buscar, nos comportamentos sociais humanos, presumidos atos de uma "natureza humana", biológica, única e a-histórica. Se se reservar a ideia de uma "sociologia" para o estudo do comportamento das espécies animais (como a entomologia já faz para os insetos), nada a opor. Mas, para o estudo das práticas, comportamentos, relações e instituições humanas, já temos as ciências humanas e seus diversos ramos. Mas, utilizando-se de conceitos da etologia, evolução e genética de populações, Edward Wilson propõe que comportamentos e sentimentos como o altruísmo e a agressividade não são apenas culturais ou socialmente apreendidos pelos seres humanos, são em parte derivados da genética; como no caso de todos os animais, a espécie humana sendo apenas mais um caso.

nem sequer nós mesmos; nada se oferece de forma imediata a nossa percepção. Já deveríamos saber: há muito tempo, fomos expulsos do paraíso"[376].

Todavia, o desperdício de recursos empregados em certas pesquisas inúteis, realizadas sob o pretexto de conhecer o "comportamento humano", somente se torna compreensível porque — não servindo ao conhecimento do mundo social-histórico e do ser humano e da vida humana nele — elas servem ao *discurso ideológico*. E, quem sabe, sirvam talvez à remontagem imaginária do paraíso, no qual, com o conhecimento do comportamento biológico dos corpos de todas as Evas e Adões, evite-se todo o pecado, quedas, expulsões, garantindo, finalmente, as previsões e certezas que impedirão toda desobediência. Mas, embora inúteis, várias das pesquisas sobre "comportamento humano" são difundidas e celebradas com estardalhaço! Ao vê-las tão enfaticamente mencionadas, sempre lembro das páginas do bioético australiano Peter Singer, quando denunciou o que chamou de "inutilidade" e "futilidade" de pesquisas com animais, de ratos e cães a macacos, submetidos a maus-tratos e mutilações, para pura repetição do que já se sabe ou que não chegam a nada de importante[377]. E como ele denunciou, no caso das pesquisas que acreditam na analogia entre o ser humano e o animal, além de repetirem resultados a que já se chegou antes, muitas não chegam a resultados relevantes. Como escreveu: *"entre dezenas de milhões de experimentos realizados, pode-se considerar que apenas alguns contribuem para pesquisas médicas importantes"*[378].

Hoje, boa parte da pesquisa realizada sobre "comportamento humano" (em laboratórios de biologia, psicologia, entre outros) não é

---

376. FERRÉ, Joan Vendrell. Del cuerpo sin atributos al sujeto sexual: sobre la construcción social de los "seres sexuales". In: GUASCH, Oscar; VIÑUALES, Olga (Eds.). *Sexualidades*: diversidad y control social. Barcelona: Ediciones Bellaterra, 2003, p. 21-22.

377. SINGER, Peter. *Liberação animal*. São Paulo: Martins Fontes, 2013, p. 65 e segs. O livro inteiro é uma denúncia da experimentação animal, isto é, o uso de animais, de sapos a macacos, em laboratórios de pesquisa em diversos domínios, que vão da biologia à psicologia, em "experimentos" que, em geral, correspondem a sessões de maus-tratos, violências, torturas, sofrimentos dos animais, para resultados pífios ou para assuntos cujos resultados já há literatura ou para "problemas de pesquisa" que formulam perguntas insolúveis, quando, por exemplo, tentam comparar "estados depressivos" em animais e seres humanos para produção e uso de medicamentos.

378. Ibidem, p. 59.

conhecimento sobre a vida humana, a vida social, a política, o mundo histórico-social, simplesmente porque recorre a premissas e postulados que não partem do conhecimento produzido sobre a realidade social pelas ciências humanas, filosofias e psicanálise, desprezando abertamente tudo o que essas ciências e saberes já disseram. Sem consideração pelo que é o ser humano, em suas particularidades antropológicas e históricas, e sem consideração pela singularidade psíquica e subjetiva que é cada indivíduo em separado (ignorando-se toda a teoria do inconsciente e do psiquismo desde Freud), na abordagem desses estudos biologistas, comportamentalistas e que enxergam o ser humano como um macaco evoluído, esse é reduzido a um objeto da fantasia ideológica de ciências e cientistas que não escondem seus compromissos com fins também ideológicos.

Para oferecer, por agora, um único exemplo da embustice ideológica no discurso da ciência, eis o que Steven Pinker, um dos expoentes da psicologia evolutiva (uma versão contemporânea da sociobiologia), apresenta em seu livro como pesquisa científica em sua área. Cito: *"sujeitos submetidos a uma falsa entrevista tiveram de ficar esperando, durante uma interrupção encenada, quando o entrevistador foi chamado fora da sala. Os sujeitos sem atrativos físicos aguardaram nove minutos antes de reclamar; os atraentes, três minutos e vinte segundos"*[379] — o estudo revelaria, segundo Steve Pinker, que pessoas "atraentes" (sic) não se deixam subordinar ("não esperam muito", "não aguardam muito tempo à espera de ser chamadas"... já as pessoas "sem atrativos físicos" (sic) são mais passivas, esperam mais, não se manifestam rapidamente contra a subordinação...). É ler para crer! Como não se trata de nada importante, produção de conhecimento relevante, nada há a comentar que não seja o fato que podemos constatar em "estudos" desse tipo: pesquisadores levam para seus "experimentos" as convenções sociais e culturais e os preconceitos sociais sobre os quais não exercem nenhuma crítica. Afinal, o que são "sujeitos sem atrativos físicos" ou "atraentes"?

---

379. PINKER, Steven. *Tábula rasa:* a negação contemporânea da natureza humana. São Paulo: Companhia das Letras, 2004, p. 510. Tipo de estudo que o autor considera "científico" e que levaria ao conhecimento do que acredita ser "a natureza humana".

Sintomático desse ambiente cultural e epistemológico contemporâneo é a publicação de dois livros em 2002. Um na Inglaterra e outro nos Estados Unidos. O livro de Robert Winston, *Instinto humano: como nossos impulsos primitivos moldaram o que somos hoje*[380], que virou documentário da BBC-Londres e, posteriormente, adquirido e exibido no Brasil, no programa *Fantástico*, da Rede Globo de Televisão, e o livro de Steven Pinker, professor de psicologia de Harvard, cujo título irônico é *Tábula rasa: a negação contemporânea da natureza humana*.[381] Digo que é título irônico porque ele reage a todo o conhecimento produzido pelas ciências humanas, até aqui, e escreveu seu livro justamente para atacar essas ciências de responsáveis de construir a ideia que o ser humano, antes do nascer e ao chegar ao mundo, é "tábula rasa", e de fato o é!, como vimos, com o que teria sido negada a "natureza humana" da qual, para ele, todo ser humano está constituído, independente de toda socialização. Os dois livros quase se repetem em temas, teses, argumentos e exemplos.

O livro *Instinto humano* está cheio da ideia que certas práticas sociais e comportamentos humanos nos âmbitos da moral, sexualidade, subjetividade, relações sociais, obedecem a razões "vantajosas" para a sobrevivência e evolução da espécie humana, como no passado evolutivo, por pressão da seleção natural e da adaptação evolutiva. Apesar do seu autor escrever que *"só porque certos tipos de comportamento humano são constantes em culturas diferentes não significa que eles sejam geneticamente determinados"*, ao mesmo tempo, e contraditoriamente, apresenta o que considera ser comprovações de nossas "heranças biológicas ancestrais", guardadas em genes e no cérebro. Incontáveis vezes o autor considera a existência de um *"programa genético"*, que *"nos guiaria de modo eficiente para a melhor estratégia evolucionista possível"*, quando os assuntos são práticas erótico-sexuais, relações de gênero, atitudes morais, políticas. Por herança de uma sabedoria evolutiva ancestral, por

---

380. WINSTON, Robert. *Instinto humano:* como nossos impulsos primitivos moldaram o que somos hoje. São Paulo: Globo, 2006.

381. PINKER, Steven. *Tábula rasa:* a negação contemporânea da natureza humana. São Paulo: Companhia das Letras, 2004; mas, nessa mesma linha, outros livros foram publicados e cito mais dois exemplos: WRIGHT, Robert. *O animal moral* — porque somos como somos: a nova ciência da psicologia evolucionista. Rio de Janeiro: Campus, 1996, e PARÍS, Carlos. *O animal cultural*. São Carlos: EdUFSCar, 2002.

exemplo, *"mulheres se interessam por caráter, compromisso e segurança; homens preferem os atributos físicos femininos e sexo anônimo"*, ou, como também afirma, *"na perspectiva masculina, é desejável engravidar o maior número de mulheres possível; na perspectiva feminina, é melhor ser prudente e escolher o parceiro com cuidado"*[382]. Exemplos como estes: *"assim, é possível que um homem, ao perceber que os quadris de uma mulher são mais largos do que sua cintura, sinta-se seguro de que ela possui um corpo saudável e, mais importante, fértil"*[383], ou *"a maior parte das pessoas jamais deve ter imaginado que o estupro poder ser descrito como 'útil', do ponto de vista da evolução humana, mas é exatamente isso o que alguns pesquisadores sugeriram recentemente. [...] O estupro, segundo eles, podia ser uma estratégia frutífera do ponto de vista da herança genética masculina"*[384], serviriam para ilustrar, conforme admite o autor, como impulsos primitivos da espécie predominam por sobre comportamentos apreendidos na cultura. Defendendo a primazia do biológico sobre a linguagem cultural humana, o autor afirma, convencido, que o ciúme entre os parceiros sexuais é um traço comum e uma "atitude evolucionista", afinal, o ciúme ajuda a combater a tendência à infidelidade, principalmente entre os homens, pois esses estariam constantemente dispostos ao sexo com múltiplas parceiras pela força da testosterona e porque, no passado evolutivo, *"é provável que houvesse alguma competição física entre os machos para garantir o acesso às fêmeas. Homens lutavam por mulher, inevitavelmente, e ainda o fazem"*[385]. E a instituição social do casamento não mais seria que uma tentativa de controlar esses impulsos: *"é possível que a instituição do casamento seja uma reação às nossas tendências inatas de infidelidade, consideradas indesejáveis e destrutivas"*[386]. O autor, certamente, nunca ouviu falar de culturas para as quais o casamento monogâmico não existe e nas quais não há lugar nem para a ideia do ciúme, nem infidelidade e, para algumas delas, nem mesmo a ideia do "amor" entre parceiros sexuais como motivo para o acasalamento permanente. Para antropólogos, não é estranho o caso de sociedades

---

382. WINSTON, Robert. *Instinto humano:* como nossos impulsos primitivos moldaram o que somos hoje. São Paulo: Globo, 2006, p. 134-136.
383. Ibidem, p. 128.
384. Ibidem, p. 159.
385. Ibidem, p. 175.
386. Ibidem, p. 178.

como os Na da China, entre os quais não há qualquer ideia e instituição que vincule uma mulher a um homem numa relação permanente para o "amor" ou para o sexo. Inexistindo o casamento, inexistem as figuras do casal, do marido e do pai, termos ausentes do vocabulário da língua Na. Na Sociedade matrilinear, toda sua estruturação é baseada na linhagem materna e nenhum homem que faça sexo com uma mulher, com ou sem o nascimento de filhos, terá com ela qualquer relação de afeto, social ou jurídica. Os filhos são da mãe e da casa Na, e os homens são absolutamente ignorados como tais: não há, para os Na, a figura do pai biológico e menos ainda do pai social. E aquela sociedade proíbe toda tentativa de identificação dessas figuras, tentativa passível de pena de morte.[387] Como as mulheres Na podem deitar com quantos homens elas queiram, durante toda sua vida, e com eles ter relações sexuais sem qualquer compromisso ou vínculo, não há naquela cultura qualquer ideia sobre o que seria o ciúme — que, em Londres, na alienação da nossa cultura ocidental às suas próprias construções culturais, o autor de *Instinto humano* "aprendeu" e passou a acreditar ser algo inato e uma das melhores estratégias evolucionistas para preservação dos melhores genes[388].

Mas nosso autor, decidido a ajudar "*a entender alguns elos fundamentais entre nossos genes, a química de nossos cérebros e os complexos padrões sociais de comportamento que herdamos de nossos ancestrais*"[389], também aborda os assuntos do racismo e da violência. Com posicionamentos ambíguos e incoerentes, e embora se manifeste contrário ao racismo e mencione um "*determinismo biológico extremo*"[390], do qual parece não querer ver o seu nome vinculado, o autor assim escreve: "*para mim, há uma interessante evidência científica a respeito do racismo e dos nossos instintos 'racistas'. O dr. Robert Kurzban — trabalhando com John Tooby e Leda Cosmides, psicólogos evolucionistas da Universidade da Califórnia, em Santa Bárbara — confirmou que processos automáticos nos cérebros das pessoas registram as raças daqueles que encontram. Há uma possibilidade de*

---

387. HUA, Cai. *Une societé san père ni mari:* les Na de Chine. Paris: PUF, 1997.

388. WINSTON, Robert. *Instinto humano:* como nossos impulsos primitivos moldaram o que somos hoje. São Paulo: Globo, 2006, p. 176-222.

389. Ibidem, p. 192.

390. Ibidem, p. 227.

que esses processos estejam profundamente enraizados, não sendo possível evitar a categorização de alguém por raça."[391] Sobre o que considera ser "o comportamento violento", o autor também apresenta sua tese, mas não sem antes argumentar em favor de uma ciência "imparcial" e "objetiva": *"os cientistas têm de andar cuidadosamente pelo campo minado de tabus e sensibilidades culturais. [...] Mas pesquisadores também precisam fazer 'ciência' — ou seja, devem continuar imparcial e objetivamente a espelhar o mundo à nossa volta, o que, claro, inclui o mundo dos seres humanos.*[392] Para em seguida apresentar a ideia que *"há uma série de evidências que sugere que a inclinação para o comportamento violento tem fortes raízes genéticas e biológicas. [...] Mesmo antes de Lombroso, já havia indicações de que certas regiões do cérebro humano estavam intrinsecamente ligadas à agressão. [...] Foram mapeados os cérebros de assassinos condenados e descobriu-se que, na maioria dos casos, o córtex pré-frontal — e, às vezes, até áreas cerebrais mais profundas como a tonsila — estava funcionando de modo anormal. Em outro estudo, pesquisadores testaram um grupo de indivíduos que possuíam tendências violentas e descobriram que suas áreas pré-frontais eram sensivelmente menores do que as de outros indivíduos"*[393]. Para assim, mais adiante, arrematar: *"a ciência ainda não está pronta para os Lombrosos modernos pegarem o criminoso violento antes que ele cometa um crime"*[394].

O livro de Steven Pinker é pleno de exemplos de um pensamento decidido a negar o conhecimento produzido pelas ciências humanas, desde fins do século XIX, e firme em sua pretensão a trazer de volta a ideologia da natureza humana. O autor oferece os exemplos onde "erramos": análises da violência, níveis de inteligência, desigualdade entre os gêneros, racismo, desigualdades de classe. Para nada disso estão valendo as hipóteses, explicações ou compreensões de cientistas sociais, historiadores, psicólogos, psicanalistas, economistas e filósofos. São as interpretações da psicologia evolucionista que — mexendo nos *"vespeiros"*[395] morais e

---

391. Ibidem, p. 208.
392. Ibidem, p. 276.
393. Ibidem, p. 277-278.
394. Ibidem, p. 279.
395. PINKER, Steven. *Tábula rasa:* a negação contemporânea da natureza humana. São Paulo: Companhia das Letras, 2004, p. 384.

políticos dos antropólogos, sociólogos, "*construcionistas sociais*"[396] e praticantes das ciências humanas que não fazem concessões à biologização do social —, chegam para restabelecer a verdade sobre fatos que negamos por compreensões que sustentamos.

Vamos aos exemplos. Mas, antes, vale a pena ver como Steven Pinker tenta se defender do que já sabe ser a "natureza" de suas ideias sobre uma pretendida "natureza humana". Assim escreveu: "*Psicologia evolucionista, genética comportamental e algumas partes da neurociência cognitiva são amplamente vistas como inclinadas para a direita política, o que, em uma universidade moderna, é praticamente a pior reputação que se pode ter.*"[397] Ora, e o que crê que são ideias como as que defende em seu extenso livro? Entre outras, contesta que se possa sustentar "*a visão utópica de que a natureza humana poderia mudar radicalmente em alguma sociedade imaginada no futuro*"[398], pois "*muitas descobertas*", "*dados científicos*", todos arrolados por ele, "*a tornam improvável*"[399]. Quais as "provas"? "*A primazia de laços familiares em todas as sociedades humanas e a consequente atração do nepotismo e da herança; a universalidade da dominância e da violência nas sociedades humanas e a existência de mecanismos genéticos e neurológicos que a fundamentam; a universalidade do etnocentrismo; a hereditariedade parcial da inteligência, conscienciosidade e tendências anti-sociais implicando que algum grau de desigualdade há de surgir mesmo em sistemas econômicos perfeitamente justos; as parcialidades do senso moral humano, incluindo a preferência pelos parentes e amigos*".[400] Para o autor, "*contra o tanque

---

396. Ibidem, passim. Para o autor, o "construcionismo social" é uma teoria da "tábula rasa". O argumento da "tábula rasa" é atribuído ao filósofo John Locke, como sinônimo para a mente como "uma folha de papel em branco", que o pensador apresentou em *Ensaio acerca do entendimento humano*, em 1690, para defender a tese que o ser humano nasce sem conhecimento algum e que tudo que saberá e fará será por aprendizagem social. Contrários a essa ideia, há aqueles que defendem o inatismo do intelecto humano: a estrutura da linguagem e noções do intelecto viriam inscritas na genética humana. Todavia, a concepção da "tábula rasa" não aparece apenas com Locke, já era formulada na Grécia antiga por filósofos como Aristóteles, Alexandre de Afrodísia e pelos estoicos. Cf. MORA, J. Ferrater. *Dicionário de filosofia*. São Paulo: Loyola, 2004.

397. PINKER, Steven. *Tábula rasa:* a negação contemporânea da natureza humana. São Paulo: Companhia das Letras, 2004, p. 388.

398. Ibidem, p. 401.

399. Ibidem, p. 401.

400. Ibidem, p. 401.

blindado da ciência", não há mais chances para "filosofias políticas", pois "*os fatos biológicos estão começando a encurralar filosofias políticas plausíveis*"[401].

Assim, aprendemos com o autor que a violência, a agressão, "não é comportamento apreendido", pelo contrário, "*essa teoria é um ótimo exemplo de falácia moralista*"[402], pois "*alguns indivíduos, classes ou raças são inatamente mais violentos do que outros*"[403], de modo que "*não pode haver dúvida de que alguns indivíduos são constitucionalmente mais propensos à violência do que outros*".[404] E passamos a saber que, por razões que remontam ao berço da espécie, isto é, nas etapas evolutivas da transição entre os primeiros hominídeos e a espécie *Homo sapiens*, para sempre as coisas ficaram assim: "*os homens têm preferência muito mais acentuada pelo sexo sem compromisso com várias parceiras ou parceiras anônimas, como vemos na prostituição e na pornografia visual, feitas quase exclusivamente para o consumidor masculino*"[405]; "*os homens têm melhor pontaria, as mulheres são mais jeitosas*" .... Ou "*os homens são melhores na resolução de problemas matemáticos expressos em palavras, as mulheres são melhores para fazer cálculos. As mulheres são mais sensíveis a sons e odores, têm melhor percepção de profundidade ....*" Ou ainda: "*as meninas brincam mais de cuidar de filhos e experimentar papéis sociais; os meninos brincam mais de lutar, caçar e manipular objetos...*"[406]. E outros tantos exemplos patéticos são extensamente arrolados pelo autor, ignorando belamente que tudo isso que toma por "dados científicos" de uma suposta natureza humana mais não são que exemplos de práticas culturais, longamente impostas e reproduzidas por diversas culturas. Mas, como já pude dizer páginas antes, *o ser universal não quer dizer natural*. Ignorando tudo o que as ciências humanas já produziram sobre gênero e a construção da diferença sexual, o autor arremata: "*as diferenças entre os sexos não são uma característica arbitrária da cultura ocidental, como a decisão de dirigir pela direita ou pela esquerda. Em todas as culturas humanas, homens e mulheres são vistos como possuidores de naturezas diferentes. [...] Muitas*

---

401. Ibidem, p. 407.
402. Ibidem, p. 425.
403. Ibidem, p. 425.
404. Ibidem, p. 427.
405. Ibidem, p. 465.
406. Ibidem, p. 466-467.

diferenças psicológicas entre os sexos são exatamente as que um biólogo evolucionista que conhecesse apenas suas diferenças físicas prediria"[407].

Steven Pinker oferece ainda os exemplos do que chamou o *"medo da desigualdade"* e o *"fim do debate natureza versus criação das crianças"*. Pois bem, a "aversão" às desigualdades na sociedade é o que faria que construcionistas e filosofias políticas de esquerda apregoem que elas são de origem social, aliás, como já Rousseau, antes de Marx, escreveu sobre o assunto em *Discurso sobre origem da desigualdade entre os homens*[408]. Mas, para nosso psicólogo evolucionista, as coisas são diferentes: *"devido ao medo do darwinismo social, a ideia de que a classe tem alguma relação com os genes é tratada pelos intelectuais modernos como um barril de pólvora, muito embora seja difícil imaginar como ela não poderia ser parcialmente verdadeira*[409]. Sobre as "desigualdades de inteligência" e sobre o que certos psicólogos insistem em chamar "QI", também para esses assuntos a "biologia moderna" e a "psicologia evolucionista" têm todas as "evidências científicas" que são diferenças inatas: *"existem hoje numerosos indícios de que a inteligência é uma propriedade estável do indivíduo, que ela pode ser associada a características do cérebro (incluindo o tamanho geral, a quantidade de matéria cinzenta nos lobos frontais, a velocidade de condução neural e o metabolismo da glicose cerebral), que é parcialmente hereditária entre indivíduos e que prediz algumas das variações nos sucessos da vida, como a renda e o status social*"[410].

Sobre as crianças, Steven Pinker também sugere que "o debate está encerrado": *"quando a questão é o que faz as pessoas pertencentes à corrente predominante de uma sociedade diferirem umas das outras — se elas são mais ou menos inteligentes, mais bondosas ou mais perversas, mais ousadas ou mais tímidas —, o debate natureza versus criação, como foi travado por milênios, realmente está encerrado, ou deveria estar*"[411]. E por que está encerrado? Porque *"três leis da*

---

407. Ibidem, p. 468.
408. ROUSSEAU, Jean-Jacques. *Discurso sobre a seguinte questão, proposta pela Academia de Dijon:* qual é a origem da desigualdade entre os homens, e é ela autorizada pela lei natural? São Paulo: Abril Cultural, 1978 (Os pensadores).
409. PINKER, Steven. *Tábula rasa:* a negação contemporânea da natureza humana. São Paulo: Companhia das Letras, 2004, p. 209.
410. Ibidem, p. 211.
411. Ibidem, p. 503.

genética comportamental podem ser as descobertas mais importantes na história da psicologia". Essas leis *"aniquilam a tábula rasa"*. O autor assim revela as três leis: *"primeira lei: todas as características de comportamento humano são hereditárias; segunda lei: o efeito de ser criado na mesma família é menor que o efeito dos genes; terceira lei: uma porção substancial da variação em características complexas do comportamento humano não é explicada por efeitos de genes ou famílias"*[412]. Patético! Porém, mais patético ainda é o que segue: *"essas leis tratam do que nos faz ser o que somos (em comparação com nossos semelhantes) e, portanto, das forças que nos influenciam na infância, supostamente a fase da vida na qual se formam nosso intelecto e personalidade"*[413].

Essas ideias do autor poderiam ser reunidas sob o título — já antecipado por Simone de Beauvoir — *O pensamento de direita hoje*! Em 1955, em Paris, são publicados pequenos ensaios da filósofa feminista, sob o título *La pensée de droite, aujourd'hui* e, em um deles, lá está: *"a direita não poderia subscrever uma afirmação tão grosseiramente democrática. O que é compartilhado pelo conjunto das 'bestas humanas' é unicamente sua animalidade"*[414]. Para as diversas versões da sociobiologia atual (psicologia evolucionista como uma delas), não é apenas o ser biológico animal que conta quando se trata de pensar o ser humano? Como explicam, então, as diferenças? Bem, entra em cena o argumento da "loteria dos genes": os seres humanos são iguais em sua animalidade, mas existem aqueles seres humanos superiores e outros inferiores; alguns mais inteligentes, outros menos inteligentes; alguns propensos à criminalidade, outros não propensos ao crime; certos mais propensos ao sucesso e à riqueza e outros nem tanto. Todos esses "fatos" têm como fonte a "loteria dos genes" na vida embrionária... Iguais como animais, mas muito diferentes quando separados pelas "desigualdades" de inteligência, capacidade, beleza, classe, raça, sexo, gênero, formando variações "bem visíveis" no jardim zoológico humano... onde os "genes" são a nova "mão invisível" do mundo... Tudo comprovado (e comprovável) nos estudos de laboratórios de experimentação animal com camundongos,

---

412. Ibidem, p. 504.
413. Ibidem, p. 504.
414. BEAUVOIR, Simone de. *O pensamento de direita, hoje*. Rio de Janeiro: Paz e Terra, 1972, p. 53.

macacos, cães, porcos... a partir dos quais infere-se sobre a moral, subjetividade, psiquismo inconsciente, práticas sociais humanas...

E como creio já ter deixado claro, em tudo que abordei até aqui, para a questão *"o que nos faz ser o que somos"*, Michel Foucault e tantos outros pensadores oferecem uma resposta bem diferente dessa imaginada pelos criadores das "três leis" (uma nova Santíssima Trindade?) da genética comportamental, que pretendem aprisionar o ser humano a um destino biológico irrevogável! À pergunta *"o que faz que cheguemos a ser o que somos?"*, Foucault respondeu de uma outra maneira. Partindo da premissa que *"somos mais livres que sabemos"*, e através da *"crítica do que dizemos, pensamos e fazemos, através de uma ontologia histórica de nós mesmos"*, o lúcido filósofo sugere que um trabalho crítico do pensamento somente pode responder a tal questão se buscar compreender *"como nos constituímos como sujeitos de nosso saber; como nos constituímos como sujeitos que exercem ou sofrem as relações de poder; como nos constituímos como sujeitos morais de nossas ações"*. Isto é, uma reflexão crítica que *"não deduzirá da forma do que somos o que nos é impossível de fazer ou de conhecer; mas ela livrará da contingência que nos fez ser o que somos a possibilidade de não mais ser, fazer ou pensar o que somos, fazemos ou pensamos. [...] Ontologia crítica de nós mesmos como uma prova histórico-prática dos limites que podemos transpor e, então, como trabalho de nós mesmos sobre nós mesmos como seres livres"*[415].

Mas os adeptos do determinismo biológico contemporâneo, como os de antes, não querem saber de explicações de filósofos ou de cientistas sociais. Não querem saber do que escreveu, por exemplo, um sociólogo como Pierre Bourdieu, ao dizer, a propósito de gênero e sexualidade entre os humanos, o que segue: *"longe de as necessidades da reprodução biológica determinarem a organização simbólica da divisão social do trabalho e, progressivamente, de toda ordem natural e social, é uma construção arbitrária do biológico, e particularmente do corpo, masculino e feminino, de seus usos e de suas funções, sobretudo na reprodução biológica, que dá um fundamento aparentemente natural à visão androcêntrica da divisão de trabalho sexual e da divisão sexual do trabalho, e*

---

415. FOUCAULT, Michel. "Qu'est-ce que les Lumières?". In: FOUCAULT, Michel. *Dits et Écrits*, v. II. Paris: Gallimard, 2001, p. 1.393, 1.394.

a partir daí, de todo o cosmos." E arremata: a ideologia androcêntrica *"legitima uma relação de dominação inscrevendo-a em uma natureza biológica que, por sua vez, ela própria é uma construção social naturalizada"*[416].

Mas a obsessão pelo inato, o natural, ganha reforços com teorias sobre o funcionamento do cérebro, quando esse é convertido em um verdadeiro *organismo vivo autônomo* e independente de toda sua relação com o mundo da vida, realidade social, espaços, que já traria, predefinidamente, direções do pensamento, aptidões, gostos, inclinações, vocações, "personalidade" etc. Até mesmo as crenças religiosas e outras crenças imaginárias seriam produções do cérebro. É o que nos atesta outro professor de psicologia evolucionista, da Universidade de Bristol, Michael Shermer. O título de seu livro já diz tudo: *Cérebro e crença: de fantasmas e deuses à política e às conspirações — como nosso cérebro constrói nossas crenças e as transforma em verdades*[417]. Nele, o autor defende a tese que *"a mente é aquilo que o cérebro faz. Não existe a 'mente' isolada, fora da atividade cerebral. 'Mente' é apenas uma palavra que usamos para descrever a atividade neural que ocorre no cérebro. Sem cérebro não existe mente"*.[418] Ora, bem óbvio tudo isso! Mas é também bem certo que o cérebro não é portador das ideias, concepções e visões de mundo antes que o ser humano as aprenda de seu grupo, da comunidade humana na qual nasce, cresce e é por ela submetido ao aprendizado de cada uma das coisas que esta comunidade (cultura, sociedade) definiu, convencionou, como instituições, padrões, crenças, verdades. E desde Leibniz, no século XVII, que a filosofia e, posteriormente, as ciências humanas, separam cérebro e mente. E mais recentemente, o antropólogo Clifford Geertz, contestando teorias sobre a mente que a tornam correspondente à atividade cerebral, assim escreveu: *"desde a descrição pormenorizada dos estágios incipientes e pré-linguísticos da hominização (crânios pequenos, estatura ereta, utensílios planejados), iniciada há cerca de meio século com a descoberta de fósseis pré-pitecantropóides e sítios do início do pleistoceno, o fato de o cérebro e a cultura terem evoluído juntos, numa dependência recíproca para sua própria*

---

416. BOURDIEU, Pierre. *A dominação masculina*. Rio de Janeiro: Bertrand Brasil, 1999, p. 33.
417. SHERMER, Michael. *Cérebro e crença*. São Paulo: JSN Editora, 2012.
418. Ibidem, p. 127.

realização, tornou insustentável a concepção do funcionamento mental humano como um processo intracerebral intrinsecamente determinado [...]. Nosso cérebro não se encontra num tonel, mas em nosso corpo. Nossa mente não se encontra em nosso corpo, mas no mundo. E, quanto ao mundo, ele não está em nosso cérebro, nosso corpo ou nossa mente: estes é que, junto com os deuses, os verbos, as pedras e a política, estão nele"[419].

Que a atividade cerebral (isto é, conexões sinápticas, informações eletroquímicas, numerosas descargas neuronais, ligações neurais, ação de neurotransmissores etc.) seja a base para o funcionamento mental humano, produção do pensamento, nenhum cientista social põe isso em dúvida. Mas nenhum ser humano carrega do nascimento a língua que falará, somente falará alguma língua se a ela for exposto; o bebê brasileiro, inglês ou francês ou qualquer outro não aguardam a hora que a mamãe ou o papai puxarão o cordãozinho da fala para que comecem a falar o português, o inglês ou francês ou qualquer outra língua depositada prontinha nos seus cérebros pela natureza. Aprenderão qualquer língua às quais forem submetidos ao aprendizado e não falarão nenhuma se a nenhuma forem expostos. Nada falarão se antes não forem "falados" em alguma língua. Da mesma maneira, no ser humano, não há possibilidade de organização de pensamento, sua expressão e enunciação sem a atividade cerebral compatível, mas nada esse mesmo ser humano saberá pensar e dizer se essa não for atividade aprendida, treinada, elaborada com métodos, repetições, avaliações, e, certamente, não terá qualquer ideia a exprimir como pensamento se não a aprender em algum lugar, de alguém, da leitura, da reflexão. Definitivamente, não são os neurônios que criam e conservam ideias, teses, conceitos, categorias. Os cérebros dos hitleristas eram bem iguais aos de todos os demais *Homo sapiens sapiens* atuais, mas suas ideias distintas sobre a existência de "raças" foram construídas, aprendidas e difundidas por máquinas mentais ideológicas em nada determinadas por substâncias químicas e comunicação de neurônios com algo de particular. Neurônios até se excitam, abrem-se e fecham-se diante das substâncias transmissoras, mas não têm ideias, não criam utopias, não inventam concepções filosóficas, não constroem ideias

---

419. GEERTZ, Clifford. *Nova luz sobre a antropologia*. Rio de Janeiro: Jorge Zahar, 2001, p. 181.

preconceituosas, não inventam crenças sem fundamento. Isso sabem os antropólogos, sociólogos, historiadores, filósofos, pedagogos e psicólogos não evolucionistas e todo o restante da população do planeta que sabe muito bem que, se deixássemos nossos bebês ao léu, seus cérebros cozinhariam ao sol, nenhuma rede neural salvando-os com pedidos de "socorro!", em qualquer língua, desprovidos ainda de qualquer delas, nem qualquer prece a deuses lhes ocorrendo de fazer, pois deus nenhum terão enquanto não forem socializados por suas culturas e submetidos a acreditar em algum deles. Como escreveu Elisabeth Roudinesco: *"é uma evidência dizer que sem atividade cerebral não haveria pensamento, mas é uma inverdade afirmar que o cérebro produz pensamento unicamente em função de sua atividade química"*[420]. E citando Claude Bernard, *"não parece haver chegado o momento de anunciarmos... que o cérebro secretará pensamento como o fígado secreta a bile"*[421].

Mas, os psicólogos evolucionistas parecem decididos a ignorarem todos os dados da pesquisa antropológica, sociológica e histórica. Para eles, as crenças são "coisas" das *"sinapses e neurônios da crença"*[422]. Como explicam isso? *"Como é que os neurônios e seu potencial de ação criam pensamentos e crenças complexas? Tudo começa com algo chamado de ligação neutral. A expressão 'circuito vermelho' pode servir de exemplo de duas entradas (inputs) neurais ('circulo' e 'vermelho') ligadas na percepção de um círculo vermelho. Entradas neurais que ocorrem mais perto dos músculos e órgãos sensoriais convergem como se movessem através de zonas de convergência, que são as regiões do cérebro que integram as informações provenientes de várias entradas neurais (olhos, ouvidos, tato e assim por diante)"*[423]. Fácil, não é?! Claro também, muito claro! As crenças humanas no divino, no sagrado, em deuses, fantasmas, entre outras, entram pelos olhos, ouvidos, tato e assim por diante... Com isso, estamos de acordo! De fato, é assim que as crenças "entram no cérebro" humano e tornam-se parte da mente e dos pensamentos humanos. Elas entram!, mas não "estavam lá" desde a aurora dos circuitos cerebrais,

---

420. ROUDINESCO, Elisabeth. *Por que psicanálise?* Rio de Janeiro: Jorge Zahar, 2000, p. 57.
421. Ibidem, p. 57.
422. SHERMER, Michael. *Cérebro e crença.* São Paulo: JSN Editora, 2012, p. 129.
423. Ibidem, p. 131.

esperando apenas o momento para o salto na fenda sináptica percorrer o axônio e definitivamente instalar-se como crenças!

Porém, em laboratórios nos Estados Unidos, pesquisadores estabeleceram em experimentos que, na *"neuroquímica da superstição, do pensamento mágico e da crença na paranormalidade"*, entre vários neurotransmissores, a dopamina é neurotransmissor da crença. Michael Shermer assim escreve: *"de todas as substâncias químicas transmissoras que fluem ao redor de nosso cérebro, parece que a dopamina está mais diretamente relacionada com os correlatos neurais da crença. [...] Pessoas com altos níveis de dopamina têm maior probabilidade de encontrar sentido nas coincidências e descobrir significados e padrões onde eles não existem"...*[424] Explicando que a dopamina tem sido relacionada a um feixe de neurônios ligado à recompensa e ao prazer, e parece alimentar o centro do prazer no cérebro, o autor assim argumenta: *"para nosso propósito de entender os correlatos neurais da crença, o importante é que a dopamina reforça comportamentos, crenças e padronicidade, e é portanto uma das primordiais drogas da crença"*[425]. O autor relata um experimento empreendido por psicólogos experimentais e evolucionistas estadounidenses, que submeteram vinte pessoas que se declararam crentes e vinte outras que se declararam céticas a doses de L-dopa, droga usada para elevar os níveis de dopamina no cérebro, que chegaram à seguinte conclusão: *"o efeito de L-dopa foi mais forte nos céticos que nos crentes, ou seja, níveis aumentados de dopamina parecem ser mais eficazes para tornar os céticos menos céticos do que os crentes mais crentes. Por quê? Duas possibilidades me ocorrem: (1) talvez os níveis de dopamina dos crentes já fossem mais altos que os dos céticos, que por isso sentiram mais os efeitos da droga; ou (2) talvez a tendência à padronicidade dos crentes já fosse tão alta que os efeitos da dopamina foram menos que nos céticos"*.[426] Não será surpresa se, logo mais, aparecer algum "cientista do comportamento humano" sugerindo que "doses elevadas de crença" ajudarão a minorar os sintomas do Mal de Parkinson. Como é sabido, os sintomas de tremor e perda da motricidade do Parkinson são causados também pela insuficiência de dopamina.

---

424. Ibidem, p. 133.
425. Ibidem, p. 135.
426. Ibidem, p. 136.

Mas não apenas a dopamina estaria por trás da existência de crenças entre os seres humanos. Há no cérebro humano o lugar da crença: é o hemisfério direito do cérebro a área da crença[427]. Na divisão da "cabeça" cerebral, se, no lado esquerdo, dominam as atividades da fala, escrita, atividades lógicas, racionais, no lado direito, está a banda holística, intuitiva e o cantinho das crenças sem fundamento. E, assim, resulta que *"apesar de aprenderem que o cérebro está envolvido no ato de pensar, as crianças não acham que isso prove que o cérebro seja a fonte da vida mental. Elas não se tornam materialistas"*.[428] Já provado que está *"associada ao córtex pré-frontal ventromedial"*, para o autor, explica-se assim que *"a crença surge rápida e naturalmente, enquanto o ceticismo é lento e inatural, e a maioria das pessoas tem baixa tolerância à ambiguidade. O princípio científico de que uma afirmação não é verdadeira a menos que se prove o contrário contraria nossa tendência natural a aceitar como verdade aquilo que podemos compreender rapidamente"*[429].

Todavia, há algo do assunto que é preciso que seja esclarecido: os pesquisadores do campo do cérebro e do que chamam "comportamento humano" falam de seus objetos de pesquisa como se eles existissem independente de suas construções. Falam do "cérebro humano" como se todos estivessem de acordo que se trata do mesmo objeto de estudo. Que se trata do cérebro do *Homo sapiens sapiens*, a nossa espécie atual, não há dúvida, mas os cientistas têm concepções do funcionamento cerebral que nem sempre os põe em acordo sobre o que dizem ser o cérebro. Logo adiante, mostrarei como os "cérebros plásticos" de Oliver Sacks e de Norman Doidge (e de Bach-y-Rita, Michael Merzenich...) não são iguais ao de Steven Pinker ou Michael Shermer... Ou ainda como o "cérebro relativista" do neurocientista brasileiro Miguel Nicolelis não é igual ao de outros neurocientistas e neurologistas. Como é conhecido dos cientistas da área, após a revolução do "princípio da neuroplasticidade" do cérebro, não há mais lugar para pensá-lo como um órgão para sempre estabilizado e invariável em sua anatomia e atividades, incapaz de se transformar e adquirir novas

---

427. Ibidem, p. 137.
428. Ibidem, p. 144.
429. Ibidem, p. 149, 150.

habilidades, capacidades, percepções. Então, falar de "base cerebral do comportamento humano" requer do cientista a honestidade de explicitar que o "cérebro" do qual fala é aquele por ele concebido, com mais as interpretações que faz do que enxerga, e não um presumido cérebro "natural" e "inalterável" que existiria no ser humano, causa e prisão da "natureza humana" também concebida como fixa e imutável, como se o cérebro das pesquisas científicas fora um objeto sem conceitos, dando-se a conhecer sem o trabalho do agente cognoscente. Todos nós que trabalhamos com o conhecimento teórico-filosófico-científico sabemos que o objeto do conhecimento não existe dado: que o objeto-mundo ou o objeto-realidade não se oferecem ao chamado "sujeito do conhecimento" como objeto a conhecer. Sabemos todos que é o sujeito do conhecimento (um agente) que converte os objetos da realidade em objetos cognoscíveis. E essa operação é sempre-já uma construção que define o objeto do conhecimento de um certo modo, segundo alguma perspectiva. Então, que não se fale do cérebro sem dizer que é *segundo uma visão que se tem dele*... Aliás, penso que é esse o sentido que se deve dar às reflexões de Bruno Latour quando, seguindo Bachelard, diz que os fenômenos e objetos dos cientistas *"são totalmente constituídos pelos instrumentos utilizados no laboratório"*: *"uma realidade artificial, da qual falam como se fosse uma entidade objetiva"*[430]. Embora Bruno Latour tenha pensado o assunto em termos de uma "etnografia" do laboratório científico, espécie de descrição "do que se passa na cabeça dos cientistas" e "como eles trabalham" e "como eles inventam seus conceitos, técnicas e máquinas", não me parece que a descrição etnográfica, em estudos como o do autor, deva servir apenas para demonstrar como os conceitos científicos são produzidos. A meu ver, seu estudo ajuda também a perceber como o discurso científico, em certos modos de operar, pode vir a se constituir como discurso ideológico — constatação que, para a perspectiva construcionista crítica, é de suma importância, pois, que é nossa abordagem senão a denúncia da ideologia ou do discurso ideológico como discurso de naturalização, eternização e universalização da realidade social?

---

430. LATOUR, Bruno; WOOLGAR, Steve. *A vida de laboratório*: a produção dos fatos científicos. Rio de Janeiro: Relume-Dumará, 1997, p. 61.

Não é mais ignorado por ninguém, conforme variam as concepções dos pesquisadores do campo da neurociência ou da neurologia, "variam" também o cérebro e a atividade cerebral. Não existe o mesmo "cérebro" para todos, e mesmo correntes de pensamento se formaram em torno de concepções muito distintas. Para assunto que o cientificismo de alguns gostaria que não houvessem divergências — pois se trataria do mesmo "órgão natural"! —, as pesquisas de neurocientistas e neurologistas demonstram que esse "órgão" e seu funcionamento podem ser bem distintos de uma concepção para outra, quando são distintos os modos como cientistas os concebem.

A propósito das diferentes concepções do cérebro e de teorias do funcionamento cerebral, com importantes impactos nos dias atuais, entre numerosos estudos publicados, de uma vasta produção na área, destacarei, a mero título de exemplificação, três publicações recentes: o livro do pesquisador canadense Norman Doidge, *O cérebro que se transforma*[431], o do neurocientista brasileiro Miguel Nicolelis, *Muito além do nosso eu*[432], e o do neurologista britânico Oliver Sacks, *Sempre em movimento*[433], obras que não apenas dão uma visão das distintas abordagens sobre o cérebro e sobre o funcionamento cerebral, como são elas próprias obras engajadas na produção de uma nova e revolucionária concepção do cérebro. E, acrescentarei, que em tudo se aproxima de uma concepção construcionista geral de nossa época.

No livro que intitulou *O cérebro que se transforma*, o psiquiatra, psicanalista e pesquisador canadense Norman Doidge, da Universidade de Toronto, resume o que se tornou um importante achado da neurociência da década de 1970 até os dias atuais: a plasticidade do cérebro. A descoberta que o cérebro se modifica, que é plástico, que transforma suas estruturas, funções e atividades, mesmo em adultos idosos, tornou-se uma das mais importantes desde os primeiros estudos sobre a anatomia e funcionamento do cérebro humano. O princípio da neuroplasticidade, como é conhecido, fez perder a soberania a noção do cérebro (adulto) como órgão rígido e

---

431. DOIDGE, Norman. *O cérebro que se transforma*. Rio de Janeiro; São Paulo: Record, 2015.
432. NICOLELIS, Miguel. *Muito além do nosso eu*. São Paulo: Companhia das Letras, 2011.
433. SACKS, Oliver. *Sempre em movimento:* uma vida. São Paulo: Companhia das Letras, 2015.

imutável, cujas funções teriam apenas uma localização física ("uma função, uma localização") — daí ter ficado conhecida como "localizacionista" a corrente daqueles que se apegaram à ideia[434] —, e que o cérebro não podia se reorganizar nem recuperar funções perdidas. Hoje, os neurocientistas que adotam a concepção do cérebro plástico admitem que mesmo nossos pensamentos, o aprendizado ou o agir humanos podem ativar ou desativar genes e modificar a anatomia cerebral. Como escreve Norman Doidge: "*a revolução neuroplástica tem implicações para nossa compressão de como o amor, o sexo, as frustrações, os relacionamentos, o aprendizado, os vícios, a cultura, as tecnologias e as psicoterapias, entre outros, mudam nosso cérebro*"[435]. A descoberta que os módulos cerebrais não são tão especializados, que o cérebro pode reorganizar seu próprio sistema sensório-perceptivo, que pode recuperar funções perdidas, que os córtices são processadores plásticos capazes de processar uma variedade inesperada de informações e modificarem-se, que os "mapas cerebrais" mudam "*de acordo com o que fazemos durante a vida*", é definitivamente uma compreensão que demonstra que "*o simples localizacionismo não pode ser uma visão correta do cérebro*"[436], que revela que "*a plasticidade é uma propriedade inerente ao cérebro desde os tempos pré-históricos. O cérebro é um sistema muito mais aberto do que imaginávamos*".[437] E mais adiante acrescenta: "*o cérebro é estruturado por sua constante interação com o mundo, e não são apenas as partes do cérebro mais expostas ao mundo, como nossos sentidos, que são moldados pela experiência. A mudança plástica, causada por nossa experiência, viaja fundo no cérebro e chega até nossos genes, moldando-os também*"[438]. O cérebro plástico é continuamente modificado nas interações sociais e nas relações do indivíduo com o meio externo. Informações processadas por vários de nossos sentidos tornam-se operadores cerebrais de processamentos e alterações que até mesmo são impossíveis de acompanhar. Fenômenos tidos por imateriais, como a imaginação, deixam "rastros materiais" na atividade cerebral, alterando estados físicos de sinapses,

---

434. DOIDGE, Norman. *O cérebro que se transforma*. Rio de Janeiro; São Paulo: Record, 2015, p. 25 e segs.
435. Ibidem, p. 13.
436. Ibidem, p. 29.
437. Ibidem, p. 40.
438. Ibidem, p. 106.

como esclarece Norman Doidge, o que lhe faz dizer que *"os pensamentos mudam a estrutura cerebral"*[439] e que a psicanálise, como terapia verbal, é uma técnica neuroplástica: *"a mente e o cérebro mudam na psicanálise"*[440]. E mais adiante, assim comenta conclusões de colegas pesquisadores, como Eric Kandel, psiquiatra da Universidade de Columbia: *"a maioria das pessoas pressupõe que nossos genes nos modelam — nosso comportamento e nossa anatomia cerebral. O trabalho de Kandel mostra que quando aprendemos, nossa mente também afeta a transcrição genética nos nossos neurônios. Assim, podemos modelar nossos genes, que, por sua vez, modelam a anatomia microscópica de nosso cérebro"*[441].

No seu *Sempre em movimento*, o neurologista britânico Oliver Sacks, professor de neurologia clínica na Universidade Columbia, contando sua vida de trabalho, seus estudos, descobertas e encontros e relações com outros cientistas, vai também trazer o assunto sobre como o cérebro, a atividade neuronal, os mecanismos neurológicos, o sistema cérebro-mental etc. são concebidos variando as pesquisas e os pesquisadores.

Entre situar os estudos do neurocientista britânico Francis Crick e do biólogo e médico estadunidense Gerard Edelman e os seus próprios, Oliver Sacks vai demonstrando como, nas duas últimas décadas do século XX, outros modos de conceber o cérebro e a atividade cerebral iam surgindo. Importantes concepções se desenvolvem. Uma delas torna-se a concepção baseada na ideia de que o modo da atividade cérebro-mental é "construtivo ou criativo", sustentando que o cérebro, no caos no nível neuronal, produz e organiza percepções a partir da experiência e da experimentação, pouquíssimas coisas já vindo prontas ou programadas[442]. Concepção fortemente marcada pelas descobertas e teorias de Gerard Edelman, entre fim dos anos 70 e nos anos 80, que defendeu a ideia que *"o código genético não era capaz de especificar ou controlar o destino de cada célula individual dentro do corpo e que o desenvolvimento celular, sobretudo no sistema nervoso, estava sujeito*

---

439. Ibidem, p. 231.
440. Ibidem, p. 236.
441. Ibidem, p. 238.
442. SACKS, Oliver. *Sempre em movimento*: uma vida. São Paulo: Companhia das Letras, 2015, p. 289-329.

às mais variadas contingências — as células nervosas podiam morrer, podiam migrar (Edelman chama essas células migrantes de 'ciganas'), podiam se conectar entre si de modos imprevisíveis — de forma que, mesmo no momento do nascimento, o conjunto dos delicados circuitos neurais é totalmente diferente até nos cérebros de gêmeos idênticos; já de partida são indivíduos diferentes que reagem à experiência de modo individual"[443].

Bastante distante da ideia de um cérebro que já vem pronto e especializado ou com programações "prontas" de percepções, categorizações e até mesmo compreensões emotivas e morais, na concepção de Edelman, como esclarece Oliver Sacks, se *"num nível fisiológico elementar, existem vários dados sensoriais e motores, desde reflexos que ocorrem automaticamente (em reação à dor, por exemplo) a certos mecanismos inatos no cérebro (o controle da respiração e funções autônomas, por exemplo), [...] pouquíssimas outras coisas são programadas ou já vêm prontas. Um filhote de tartaruga, quando sai do ovo, está pronto para seguir caminho. O bebê humano, não, ele precisa criar todos os tipos de categorizações, não só perceptuais, e usá-las para entender o mundo, para criar um mundo próprio, individual e pessoal, e descobrir como se mover dentre desse mundo. A experiência e a experimentação têm aqui uma importância fundamental"*[444]. Oliver Sacks ainda apresenta o que chama *"a verdadeira 'maquinaria' funcional do cérebro"* de Edelman, que *"consiste em milhões de grupos neuronais, organizados em unidades maiores ou 'mapas'. Esses mapas, que se convertem continuamente em padrões sempre mutáveis, de uma complexidade inimaginável, mas sempre dotados de significado, podem mudar em questão de minutos ou segundos. Isso nos faz lembrar C. S. Sherrington, com sua poética evocação do cérebro como 'um tear mágico'"*[445]. E o que esses mapas têm a ver com a percepção da realidade dos objetos, percepção do mundo? Como explica O. Sacks: *"enquanto nos movemos, nossos órgãos dos sentidos recolhem amostras do mundo e, a partir delas, criam-se mapas no cérebro. Lá, com a experiência, ocorre um fortalecimento seletivo daqueles mapeamentos que correspondem a percepções bem-sucedidas — bem-sucedidas na medida em que mostram maior utilidade e poder para a construção da 'realidade'. [...] Edelman aqui fala de mais uma atividade de integração, própria*

---

443. Ibidem, p. 307.
444. Ibidem, p. 308.
445. Ibidem, p. 308.

de sistemas nervosos mais complexos; esta ele chama de 'sinalização reentrante'. Em seus próprios termos, a percepção de uma cadeira, por exemplo, depende em primeiro lugar da sincronização de grupos neuronais ativados para formar um 'mapa' e, a seguir, de outra sincronização de uma série de mapeamentos dispersos em todo o córtex visual — mapeamentos relacionados a muitos aspectos perceptuais distintos da cadeira (tamanho, formato, cor, pernas, relação com outros tipos de cadeira: poltronas, cadeiras de balanço, cadeirinhas de bebês etc.). Dessa forma, chega-se a um percepto rico e flexível da 'cadeiridade', que permite o reconhecimento instantâneo de inúmeros tipos de cadeiras como cadeiras. Essa generalização perceptual é dinâmica, de modo que pode ser continuamente atualizada, e depende da orquestração ativa e incessante de inúmeros pormenores"[446].

Para situar a concepção de Gerard Edelman, criador da "teoria da seleção de grupos neuronais" (que a chamou também de "*darwinismo neural*"[447]), Sacks assim explica a "*sinalização reentrante*" de Edelman: "*tal correlação e tal sincronização dos disparos neuronais entre áreas largamente separadas do cérebro são possíveis graças a riquíssimas conexões entre os mapas do cérebro — conexões que são recíprocas e podem conter milhões de fibras. Os estímulos de, digamos, tocar uma cadeira podem afetar um conjunto de mapas; os estímulos de ver a cadeira podem afetar outro conjunto. A sinalização reentrante se dá entre esses conjuntos de mapas, como parte do processo de perceber a cadeira*"[448]. Oliver Sacks, que conta que Edelman "*um dia quis ser violinista de concerto*", e citando entrevista do próprio Edelman na qual este explica a "sinalização reentrante" — que permite que o cérebro categorize suas próprias categorizações sucessivamente, "*ponto de partida de um imenso caminho ascendente, permitindo níveis sempre mais altos de pensamento e consciência*" —, e que a comparou ao funcionamento de uma orquestra, Oliver Sacks resume: "*Os músicos estão conectados. Cada músico, interpretando individualmente a música, modula e é modulado de modo incessante pelos outros. Não existe uma interpretação definitiva ou 'principal'; a música é criada de forma coletiva e cada performance é única. Tal é a imagem de Edelman para*

---

446. Ibidem, p. 310.
447. O título completo do livro de Gerard EDELMAN é *Neural darwinism: the theory of neuronal group selection*, publicado em 1987, pela Basic Books (New York).
448. SACKS, Oliver. *Sempre em movimento:* uma vida. São Paulo: Companhia das Letras, 2015, p. 310.

o cérebro, uma orquestra, um conjunto, mas sem maestro, uma orquestra que faz sua própria música"[449].

Essas são maneiras de pensar, maneiras de conceber o cérebro e a atividade cerebral que, por si sós, são demonstrações da impertinência de muitas teses que evocam "estruturas cerebrais", "habilidades naturais do cérebro" e "partes já previamente destinadas a determinadas funções" e "especializações do cérebro" como fenômenos biológicos e neurofisiológicos fixos, quando, nem mesmo entre os pesquisadores da área, essas não são teses consensuais ou mesmo válidas para pensar certos fenômenos da atividade cerebral humana ou da interação cérebro-realidade/mundo-cérebro. Como situou o neurologista Oliver Sacks, *"a experiência do indivíduo molda as funções superiores de seu cérebro selecionando (e aumentando) as estruturas neurais que sustentam a função... Uma concepção do cérebro radicalmente nova"*[450].

Em seu *Muito além do nosso eu*[451], Miguel Nicolelis, situando a divisão dos neurocientistas entre "localizacionistas" e "distribuicionistas" como algo que marcou o desenvolvimento da neurociência ao longo de todo o século XX, lembra que os primeiros dominaram quase que sozinhos por muito tempo. Como explicará, os localizacionistas acreditavam/acreditam que o cérebro está dividido em regiões especializadas ou módulos funcionais do córtex cerebral nas quais seriam geradas e localizadas funções e habilidades mentais e, para alguns, até traços de caráter e personalidade. Eles têm ainda uma visão hierárquica do cérebro, que seria organizado como uma ordem, desde o nível microscópico de um neurônio isolado até a estrutura macroscópica formada por áreas corticais. Para Nicolelis, os localizacionistas são herdeiros da frenologia do século XIX, que pretendeu que habilidades e personalidade dos indivíduos podiam ser conhecidas e previstas a partir de conformações de seus crânios; protuberâncias ósseas seriam manifestações de crescimento desproporcional de certas áreas do córtex cerebral, e por elas podendo se reconhecer desde talentos artísticos a comportamentos desviantes, potenciais assassinos etc. Diferentemente,

---

449. Ibidem, p. 311.
450. Ibidem, p. 232.
451. NICOLELIS, Miguel. *Muito além do nosso eu.* São Paulo: Companhia das Letras, 2011.

os distribuicionistas propõem que o cérebro se vale de grandes populações de neurônios para gerar e codificar qualquer tipo de informação, o cérebro trabalhando como um todo integrado. Concepção da qual o próprio Nicolelis parte para construir suas teses, destacando-se a premissa de que, no cérebro humano, ocorre continuamente, desde que devidamente estimulada, uma comunicação e adaptabilidade das populações de neurônios, designada "rede neuronal", fazendo que o cérebro teste seu próprio "ponto de vista", diante do fluxo de novas informações que recebe sempre, para eleger a decisão que vai tomar, o que não ocorreria como "decisão" ou "função" de um neurônio sozinho ou isolado.

Sobre o que chamou a "fúria localizacionista" de dividir o cérebro em áreas especializadas, Nicolelis assim comentou: "*nunca deixei de me surpreender com a prontidão com que a maioria das pessoas, incluindo cientistas, abraça toda e qualquer teoria que proponha que o sistema nervoso central se vale de uma organização hierárquica rígida para desempenhar suas funções efetivamente. Por alguma razão que desconheço, esse tipo de estrutura quase militar parece nos remeter a uma solução universal, quase natural ('the way things ought to be', como gostam de dizer os americanos), que possui grande apelo inclusive dentro da comunidade neurocientífica. Na minha concepção, tal visão tem muito mais a ver com uma posição ideológica conservadora do que com qualquer tentativa desinteressada de explicar objetivamente os mecanismos de funcionamento da mente humana*"[452].

Para Nicolelis, o caráter plástico do cérebro humano, como uma de suas características principais, dá a esse órgão habilidades de maleabilidade, adaptação, abertura ao aprendizado e para interfaces com o mundo. Um cérebro que se modifica em resposta a vários estímulos e experiências, novos aprendizados, aquisições cognitivas, mudanças ambientais ou mesmo lesões físicas, o que estimula a criação de novos caminhos neurais ou conduz a reorganização de caminhos existentes. Em sua teoria, o autor considera a existência de um mecanismo neurofisiológico que chamou de "*princípio da plasticidade*"[453], definindo-o como um dos princípios do que ele também conceituou como sendo o "*cérebro relativista*"[454].

---

452. Ibidem, p. 130.
453. Ibidem, p. 353.
454. Ibidem, p. 190 e segs.

Num resumo do complexo assunto desenvolvido por Nicolelis, o cérebro relativista pode ser compreendido como as operações e funcionamentos do cérebro humano como dotado de *"um ponto de vista próprio"*[455], de caráter probabilístico, que não obedece a funções e regiões localizadas ou fixas, mas a princípios fisiológicos que tornam relativos os níveis e as especializações corticais, a partir da partilha ampla e disseminada de funções, baseadas em atuações de populações de neurônios[456]. No seu esquema plástico e maleável, o cérebro relativista é capaz de *"múltiplas soluções neuronais para codificar os mesmos comportamentos que deseja produzir em momentos de tempo distintos"*[457], sendo capaz não apenas de assimilação de aquisições de aprendizado e de experiências, mas também de interfaces com o mundo envolvente, incluindo interfaces com máquinas. Para chegar ao seu conceito de cérebro relativista, o autor elabora outros "princípios" neurofisiológicos que, conjuntamente com o princípio da plasticidade, constituiriam o modo de atuação do cérebro humano (menos, talvez, os cérebros dos localizacionistas de ontem e de hoje, psicólogos evolucionistas, o dos sociobiólogos, o da gente da genética comportamental...). Valendo-se do *perspectivismo* (do próprio âmbito da reflexão filosófica; o autor exprime sua leitura de Nietzsche, Heisenberg, Godel e Einstein), o autor vê todas as razões para sugerir que o cérebro humano atua por estratégias que "consideram" a "dependência contextual", a "dependência mental" (epistêmica, intelectual), posição no tempo e no espaço, bem como interesse e conhecimento adquirido, e chama esse princípio de *"perspectivalismo"*[458]. E, como explica, o uso do termo "cérebro relativista" tem uma razão de ser: *"uma vez que um considerável corpo de evidências experimentais sugere que as funções cerebrais podem ser influenciadas de forma determinante pelo contexto, o relativismo se destaca como um arcabouço teórico plausível para guiar um entendimento mais profundo dos caprichos da mente humana, bem como do cérebro de onde ela emerge"*[459].

---

455. Ibidem, p. 53 e segs.
456. Ibidem, p. 66 e segs.
457. Ibidem, p. 311.
458. Ibidem, p. 446 e segs.
459. Ibidem, p. 447.

O cérebro relativista seleciona, a partir de um enorme universo de possibilidades, grupos de padrões espaçotemporais de atividade elétrica de populações neurais que seriam potencialmente capazes de realizar a tarefa em questão. Quando se refere ao domínio espaçotemporal, o autor discorre sobre a massa tridimensional de neurônios que, em um momento no tempo, é recrutada para realizar um objetivo. O tempo se refere à distribuição temporal dos potenciais de ação produzida dentro dessa população de neurônios. Ao relativizar esse *continuum* espaço-temporal neuronal o cérebro encontra uma forma de selecionar, ótima e constantemente, uma solução viável para o que é reconhecido como um problema inverso: dada a necessidade de produzir um comportamento específico, que combinação finita de atividade deverá ser selecionada, a partir de um conjunto descomunal de possibilidades viáveis, para gerar o resultado desejado?

Na mesma obra, todavia, Nicolelis sugere que o cérebro — mesmo toda sua natureza relativista — se torna uma *"prisão biológica"*[460], definindo um *"limite do corpo humano"*: *"a capacidade plástica também provê o cérebro do privilégio de armazenar em seus vastos reservatórios de memórias distribuídas a série única e irreproduzível de eventos que marcam a progressão de uma existência humana individual. Essa preciosa e exclusiva biografia pessoal, definida por um caminho tão aleatório quanto singular pelas vicissitudes da vida, inclui todas as nossas relações sociais, bem como a imersão numa cultura [...] Dessa forma, nossa história individual, do nascimento à morte, esculpe e limita nosso conjunto de modelos cerebrais internos. Refiro-me a essa variável como o "limite do registro individual histórico"*[461]. Não seria um outro desafio para a neurociência demonstrar como o cérebro relativista é também capaz de transformações, não permanecendo prisioneiro dos *"modelos cerebrais internos"* e da aprendizagem, podendo também modificar-se e incorporar modificações mais imprevistas, novidades no registro individual, seja ou não em consonância com tendências coletivas e sociais, mas certamente na trajetória pessoal? É esse o ponto de vista de Norman Doidge, ao abordar o extraordinário fenômeno da plasticidade cerebral.

---

460. Ibidem, p. 454.
461. Ibidem, p. 455.

Teorias como essas que acabamos de ver, com todos os riscos de tê-las simplificado por demasiado, são mostras de como está longe de existir um único conceito do que seja o cérebro humano quanto se trata de pensar suas estruturas, seu modo de funcionamento e atividades. E também ajudam a evidenciar que o "cérebro" de que tanto alguns se valem para defender ideias reacionárias de naturalização do social e do psicológico não existe senão como invenção de seus próprios discursos, ainda que revestidos da retórica da cientificidade, ou, em muitos outros casos, não é "cérebro" que seja consenso entre todos.

Mas, torna-se necessário dizer, a crítica à atual fúria biologizante não é uma contestação à pesquisa científica nos campos médicos ou da neurologia ou neurociência. Pesquisas nessas áreas têm feito descobertas importantes para o conhecimento do ser humano como organismo biológico que ele é, e fundamentais para a saúde humana e para salvar vidas ou minorar sofrimentos e dependências. Algumas delas que, além de possibilitarem a cura de doenças, têm ajudado na superação de limites impostos à vida, seja por acidentes ou degenerescência de tecidos, órgãos etc. que são, verdadeiramente, conquistas que liberam pessoas de dependências a outros, incapacitação etc. Não se trata, pois, com a crítica à biologização do social, de confundir pesquisas sobre assuntos importantes, como o funcionamento do organismo humano e a saúde humana, com as ilações sobre "comportamento humano" a partir de pesquisas do que querem ideologicamente afirmar como a existência do "inato", do "natural" ou de uma presumida "natureza humana", quando se trata de pensar práticas sociais, condutas, emoções, instituições culturais, políticas e históricas.

Entretanto, também não se pode deixar de dizer, no rol das pesquisas sobre doenças humanas ou problemas relativos ao funcionamento do organismo humano, outras "pesquisas" surgem que transformam em "doenças", "transtornos" e "distúrbios" orgânicos uma gama variada de condutas, ações e práticas sociais, numa verdadeira patologização e psiquiatrização geral de comportamentos e atos de indivíduos, grupos e setores inteiros da sociedade, e sempre como causados por fatores biológicos, hormonais, genéticos, cerebrais etc. São essas "pesquisas" e seus responsáveis que, em grande medida, promovem o retorno do discurso do biológico (e do cérebro, e suas bem divididas partes e funções, como o *locus* de toda a existência, num verdadeiro movimento de *novos frenologistas*[462]), e que igualmente constituem e integram dispositivos contemporâneos de políticas ideológicas de diagnóstico e medicalização daqueles que, tomados por dissidentes e heresiarcas da ordem, são vistos como indivíduos a diagnosticar e controlar.

Integrado à ideologia de biologização do social e do humano, o discurso de patologização, psiquiatrização e medicalização dos indivíduos — cujo aparecimento e ascensão, como assinalou Elisabeth Roudinesco, ocorre concomitantemente com a ascensão da psicofarmacologia nos tratamentos dos sofrimentos psíquicos, em substituição à psicanálise e a uma psiquiatria mais aberta a considerações sobre o psiquismo e a subjetividade[463] — transforma-se no meio mais eficaz de fazer acreditar que é na biologia do indivíduo que estão vários aspectos de sua existência, a prova maior sendo a "cura" de seus sofrimentos mentais, emocionais, distúrbios de comportamento e outros males por uso de medicamentos que agem sobre o organismo, o cérebro, como os demais medicamentos agem no caso das doenças somáticas. Se é possível curar o mecanismo biológico da doença somática, é também possível curar o mecanismo biológico das "doenças" psíquica, mental, emocional. No rol dessas, quase tudo que constituir mal-estar, sofrimento emocional, angústia ou sentimento de opressão, transformados em "transtornos mentais" e não escapando ao diagnóstico de uma "alteração biológica" no funcionamento cerebral, torna-se objeto de soluções químicas no nível principalmente dos neurotransmissores e hormônios: serotonina, noradrenalina, dopamina,

---

462. Os frenologistas, no século XIX, acreditavam ser possível determinar o caráter e traços de personalidade das pessoas pelo formato do crânio, incluindo apalpá-lo e constatar protuberâncias, que, entre outras coisas, poderiam atestar propensão à prática de delinquência em alguns indivíduos. Mas, principalmente, a tese dos frenologistas era a de que o cérebro era o órgão da mente, sendo constituído de regiões específicas relacionadas a determinadas funções e atividades, tornando possível "localizar" a personalidade do indivíduo no interior do cérebro. Todas essas ideias foram consideradas falsas e a frenologia, ainda no próprio século XIX, começa a declinar. No século XX, foi a base da eugenia hitlerista.

463. ROUDINESCO, Elisabeth. *Por que psicanálise?* Rio de Janeiro: Jorge Zahar, 2000, p. 42-52.

acetilcolina, histamina, endorfina, ocitocina, cortisol, adrenalina, entre outros hormônios neurotransmissores, é do que se ouve falar em matérias de revistas, TV e internet, na fala dos especialistas médicos e até mesmo na fala de curandeiros da New Age... Essas são as substâncias químicas que nos habitam e governam nossa existência. Pouco ou nada restando que seja a existência propriamente social, histórica, política, subjetiva, psíquica. No rol dos "transtornos", assinale-se o lugar que tem a sexualidade na nosografia psiquiátrica contemporânea. Permanecem como exemplos de transtornos, desvios, perversões etc. diversas práticas erótico-sexuais, com alguma modificação aqui e ali de suas descrições, mas como também "distúrbios" provocados por fatores biológicos ou cerebrais.

Atualmente — uma expansão que ocorre com a ascensão do pensamento neoliberal nos anos 1990, cuja abordagem é o "menor custo" e em "menor tempo", a "cura" das "doenças emocionais" devendo ser "eficazes" e "rápidas", alimentando interesses de laboratórios farmacêuticos, laboratórios de pesquisa, indústrias de medicamentos e de equipamentos de pesquisa, tanto quanto é também por estes alimentado — quase nada mais da existência individual e coletiva escapa ao diagnóstico. E quase tudo, seja como "saúde", seja como "distúrbio", "doença", tem sido classificado como fenômeno de caráter genético, neurofisiológico, do metabolismo biológico, e tudo podendo receber tratamento medicamentoso. São os discursos biomédico e psiquiátrico como diagnóstico e salvação em tempos de sociedades com o "estresse depressivo", "síndrome do pânico", "síndrome de ansiedade"... Questões existenciais são tratadas como sintomas médico-psiquiátricos, e, para qualquer um deles, já existindo um medicamento correspondente às suas presumidas "causas cerebrais", "hormonais", tanto quanto se busca negar emoções muito comuns em certas situações e contextos. A ansiedade virou um transtorno, o "transtorno de ansiedade", e passou a ser associada a temores e ameaças imprecisos. A timidez virou "fobia social", a angústia um "mal severo", sentimentos de opressão (assédio moral, assédio sexual) viraram "síndrome do pânico".

Sejam essas síndromes, seja o diagnóstico da "depressão", não cessam de aparecer "resultados de pesquisas" que procuram mostrar que a causa principal de todos esses fenômenos pode ser genética, cerebral. Com relação à depressão, já mesmo se fala que teria sido identificado o seu responsável: o gene 5-HTTLPR. Em conclusão de pesquisa, publicada na *Nature Genetics*, em 2016, cientistas afirmam que os resultados mostraram 15 regiões genômicas associadas à depressão, das quais 17 locais específicos, entre indivíduos de ascendência europeia. Alguns locais ficariam próximos de genes envolvidos com a atividade cerebral. Para cientistas envolvidos com a pesquisa, estudos como esses ajudam a esclarecer que *"a depressão é uma doença cerebral"*[464]. Embora cientistas, em pesquisa anterior sobre o mesmo problema, reconheçam em artigo que *"não fomos capazes de identificar resultados robustos e replicáveis"*, e que *"o dado deve ser interpretado com cautela"*[465].

O entendimento da depressão e outros fenômenos emocionais, psicológicos e mentais como fenômenos orgânicos vem fazendo que os sofrimentos emocional e psíquico sejam tratados como inconvenientes ou patologias biológicas que os indivíduos devem retirar de si sem o custo de sua travessia e compreensão de sua significação. Em geral, o custo é o preço pago na farmácia pelos ansiolíticos, tranquilizantes, antidepressivos. As sociedades nas quais vivemos são os únicos entes dos quais as pesquisas da biomedicina, neurociência, tratamentos psiquiátricos e comportamentais não falam como causas e origem de diversas situações de sofrimento e adoecimento vividas pelos indivíduos. Tudo vindo a ser apresentado como um conjunto de estados ansiosos, crises de pânico, fobias, nervosismo ou estresse, mas sem que se situe os problemas da violência social, do sentimento de opressão e dos conflitos instalados nas sociedades e que tão perturbadores se tornam para muitos que nelas vivem.

E acrescente-se a isso, nos dias atuais, o grande apelo é que os indivíduos não manifestem nem seus sofrimentos nem seus desacordos com a ordem social, devendo não apenas buscar sua felicidade e alegria e demonstrá-las (nos sites e serviços de rede social, principalmente, mas também na

---

464. HYDE, Craig et al. Identification of 15 genetic loci associated with risk of major depression in individuals of European descent. *Nature Genetics*. New York, 48, Ago. 2016.
465. MUGLIA P., TOZZI F., GALWEY N. W., FRANCKS C., UPMANYU R., KONG X. Q., ANTONIADES A., DOMENICI E., PERRY J., ROTHENS. Genome-wide association study of recurrent major depressive disorder in two European case-control cohorts. *Molecular Psychiatry*, New York, 15, 6, 589-601, Jun. 2010.

família, entre os amigos etc.), mas buscar também integrar-se às normas sociais, e, se preciso for, aceitando os diagnósticos de sua inconformidade social, seus transtornos, fobias, distúrbios. Mesmo as crianças — as menorzinhas — não escapam dos diagnósticos e dos medicamentos. Na obsessão geral dos médicos e psicopedagogos de nossos dias pelos diagnósticos, a perseguição às crianças é realizada com o diagnóstico de "transtorno de déficit de atenção e hiperatividade", o TDAH, definido como "síndrome comportamental" e antes chamada de "disfunção cerebral mínima", para cujo "tratamento" é compulsoriamente indicado Ritalina, iniciação infantil aos medicamentos psiquiátricos.

Mas vem do próprio campo da pesquisa e do trabalho de psiquiatras, psicólogos e psicanalistas uma lúcida crítica à tendência de especialistas médicos para o uso do arsenal de técnicas e saberes — que Foucault chamou um dia de "biopoder" e "biopolítica"[466] — que transforma os diversos fenômenos subjetivos, emocionais, afetivos e psíquicos em biológicos, neurogenéticos ou comportamentais. No seu livro em parceria com o psicólogo estadunidense Tod Sloan, a psicóloga brasileira Virginia Moreira, que chamou de "ideologia da serotonina" a vigência da utilização da psicofarmacologia como modelo, escreveu: *"no panorama atual da abordagem e do tratamento das doenças mentais, o modelo biomédico prevalece, atrelado a interesses econômicos de laboratórios multinacionais. Trata-se o sintoma, deixando de lado a etiologia, o que, mais uma vez, está relacionado à ideologia biomédica de cunho organicista e individualista [...]. Não é à toa que o significado da depressão restrito a um distúrbio serotoninérgico seja tão bem-vindo no mundo contemporâneo que vive o imperialismo da sintomatologia. Esse significado reforça uma ideologia em que nos vemos como feixes nervosos que reagem a estímulos neuroquímicos, distanciando-nos da ideia de que somos, em vez disso, seres que falam e agem segundo intenções moralmente dirigidas"*[467]. Citado por Elisabeth Roudinesco, eis o que

---

466. FOUCAULT, Michel. *História da sexualidade*: a vontade de saber. Rio de Janeiro: Graal, 1985; FOUCAULT, Michel. *Em defesa da sociedade*. São Paulo: Martins Fontes, 1999; FOUCAULT, Michel. *Nascimento da biopolítica*. São Paulo: Martins Fontes, 2008; FOUCAULT, Michel. *Microfísica do poder*. Rio de Janeiro: Graal, 1979.

467. MOREIRA Virginia; SLOAN, Tod. *Personalidade, ideologia e psicopatologia crítica*. São Paulo: Escuta, 2002, p. 196-197.

disse o neurobiologista britânico Steven Rose: "*Todas essas pesquisas são uma consequência da perda catastrófica que tem afetado o mundo ocidental nestes últimos anos. Perda da esperança de encontrar soluções sociais para problemas sociais*"[468]. No livro no qual cita o neurobiólogo, Roudinesco — que se pergunta sobre o lugar da psicanálise nos dias atuais — situa o assunto com certo pessimismo, ao analisar o que designou como "sociedade depressiva": nossas sociedades capitalistas moderno-contemporâneas nas quais a normalização prevalece sobre a valorização do conflito, e esse nunca com causalidade psíquica oriunda do inconsciente, compreendido sempre através do "corpo", do "comportamento". Sociedades que tornam tudo sintoma, doença, depressão, e nas quais os próprios indivíduos buscam desesperadamente a "cura" (sempre dentro do modelo sintomas-diagnósticos-tratamentos, com destaque para os tratamentos à base de psicofármacos) para realidades que não são doenças (no sentido somático, orgânico) mas estados existenciais que exigem também transformações existenciais do indivíduo-sujeito. Como escreveu: "*a sociedade democrática moderna quer banir de seu horizonte a realidade do infortúnio, da morte e da violência, ao mesmo tempo procurando integrar num sistema único as diferenças e as resistências. Em nome da globalização e do sucesso econômico, ela tem tentado abolir a ideia de conflito social. Do mesmo modo, tende a criminalizar as revoluções e a retirar o heroísmo da guerra, a fim de substituir a política pela ética e o julgamento histórico pela sanção judicial. Assim, ela passou da era do confronto para a era da evitação, e do culto da glória para a revalorização dos covardes*"[469]. E mais adiante: "*Sabemos que a invenção freudiana de uma nova imagem da psique pressupôs a existência de um sujeito capaz de internalizar as proibições. Imerso no inconsciente e dilacerado por uma consciência pesada, esse sujeito, entregue a suas pulsões pela morte de Deus, está sempre em guerra consigo mesmo. Daí decorre a concepção freudiana da neurose, centrada na discórdia, na angústia, na culpa e nos distúrbios da sexualidade. Ora, é essa ideia da subjetividade, tão característica do advento das sociedades democráticas, elas próprias baseadas no confronto permanente entre o mesmo e outro, que tende a se apagar da organização mental contemporânea, em prol da noção psicológica de personalidade depressiva*"[470].

---

468. Apud ROUDINESCO, Elisabeth. *Por que psicanálise?* Rio de Janeiro: Jorge Zahar, 2000, p. 44.
469. Ibidem, p. 16.
470. Ibidem, p. 18-19.

Mas, entre os pesquisadores da "natureza humana" e adeptos da ideia de um biológico que domina a vida humana e social, surgiram aqueles que criticam os "exageros" do determinismo genético e postulam que a "personalidade" do indivíduo humano depende da "interação" de "fatores genéticos" e "fatores ambientais" — eles não falam de cultura, mas de "ambiente". Argumentam em favor de uma ciência ("sem exageros", sem "radicalismos") que saiba considerar a importância das influências genéticas "juntamente" com as experiências ambientais. Afinal, os genes precisam de circunstâncias adequadas (bioquímicas, físicas, fisiológicas e, certamente, sociais) para realizarem as incumbências da hereditariedade. A palavra da moda — para fugir a toda acusação de "radicalismo" — é "interação": os comportamentos humanos seriam resultado de "interações" entre genes e ambiente. Para os pesquisadores da interação gene-ambiente, o que chamam de "personalidade" dos indivíduos não é uma construção social, pois o "ambiente" agiria sempre sobre uma porção genética que oferece as "tendências", as "propensões" de comportamento, restando ao "ambiente" apenas modular o que a genética já antecipou. Boa parte dos estudos da "genética comportamental" ou "genética do comportamento" sustenta essa compreensão sobre o ser social humano.

Lançar mão da noção de "interação" tem sido a maneira mais fácil dessa ideologia de biologização do social obter a simpatia de muitos e a adesão de outros tantos, fora e dentro do mundo institucional das ciências, nas universidades, escolas. Afinal, a ideia de "interação" evita as pechas de "dogmatismo" e "reducionismo" em "opiniões" científicas. Nos dias que correm, nada mais simpático que rechaçar os "radicalismos"... E nada mais simpático que uma explicação científica que, não sendo radical!, concilia e (re)liga o social ao biológico. Espécie de ecumenismo de ideias (que ganhou outros nomes aqui e ali), muito parecido com atitudes de beatice que querem a "paz" e a "conciliação" também na ciência, que teria chegado para terminar com as separações entre natureza e cultura, biologia e social. Mas sempre, claro, com a primazia da natureza ou do biológico sobre o cultural/o social! *No princípio, era o gene!*

A profusão de discursos de biologização do social é tal que, do interior das próprias ciências humanas, eis que também surgem seus adeptos, seguidores. Atacadas por estes como "radicais", "dogmáticas" e "fechadas" (por suas premissas e postulados fundamentais que não admitem variáveis para o social que não sejam sociais), as ciências humanas passaram a contar também com praticantes da "interação" do social com o biológico pela esperança de darem fim ao "dogmatismo sociológico". No fundo, uma aceitação das teses da vaga neofisicalista determinista contemporânea que se expressa de muitos modos. Mas, quando se trata do trabalho desses adeptos da "interação" nas ciências humanas, nada de importante foi demonstrado até aqui por suas pesquisas. Nesse aspecto, aqueles que têm a formação em medicina genética, genética comportamental, biologia, neurologia e neurociência saem-se bem melhor. Nas ciências humanas, o resultado que se vê dessa queda no engano de trazer o biológico para a explicação de fenômenos sociais que se explicam por outros fenômenos também sociais não é outro que a má aplicação de conceitos e teses estranhos a assuntos e objetos para os quais as ciências humanas já consolidaram importantes conclusões.

Pela ideia de alguns, o emprego das pesquisas biológicas para explicações de realidades sociais representaria uma "revolução" nos paradigmas das ciências humanas. Essa pretendida "revolução" modificaria o entendimento antropológico e sociológico sobre o ser humano, nossas sociedades e a história. Entendimento considerado "limitado", por "apenas" considerar a hipótese do social e da cultura (chamam-nos de "culturalistas" ou "essencialistas sociais"!), como se considerar a primazia do cultural e do social na constituição da realidade e do ser humano fosse muito pouco, mas consideração tida por uma "simplificação" da realidade, pois faltaria sempre o ingrediente do biológico. Esse verdadeiro dogma dos que acusam as ciências humanas de dogmatismo culturalista! Mas, sobre a acusação de dogmatismo e reducionismo, é bom lembrar que nenhuma teoria pode pensar seriamente em atribuir a outra a pecha de ser dogmática sem aplicar a si a mesma fórmula. E que se acrescente: na produção do conhecimento teórico, não se pode ir muito adiante se não se confia na teoria com a qual se trabalha e nela se investe. Não era disso que se tratava quando Thomas Kuhn, em viva polêmica com seus críticos, defendeu a ideia de "ciência normal" e conceituou o que seria um paradigma em ação?[471]

Esses contestadores das ciências humanas promovem a sua queda na pasmaceira ideológica do "nem tanto ao mar nem tanto à terra" das opiniões e explicações, e contra "radicalismos" advogam uma estranha *ciência-do-meio-a-meio* que, entre outras pérolas, produziu a tese segundo a qual "o ser humano é metade natureza e metade cultura", e, por isso, também a realidade social devendo boa parte do que é ao elemento da natureza biológica do ser humano. No fundo, uma mera afirmação retórica sem pesquisa e mesmo impossível de avaliação. Como avaliar seriamente em antropologia e sociologia, por exemplo, que certas práticas e instituições sociais humanas apoiam-se em genes, atividade cerebral etc.? Da parte de neurocientistas, psiquiatras e outros estudiosos do cérebro humano, encontramos afirmações no sentido inverso: o modo como se vive (individual ou coletivamente) modifica a anatomia microscópica do cérebro humano, produzem mudanças nas expressões dos genes, alterando conexões sinápticas e estruturas cerebrais.[472]

Nenhuma revolução está em curso com a biologização do social, mas uma *involução* no conhecimento, ao se pretender que fatores biológicos expliquem fenômenos culturais, sociais, históricos e humanos. O fato representa uma ameaça a conquistas importantes do pensamento humano moderno-contemporâneo. Mas, aliás, pretensão que não é nova. Anterior ao aparecimento das ciências humanas, na segunda metade do século XIX, vigoravam explicações "filosóficas" (metafísicas, teológicas) sobre uma pretendida "natureza humana", representada como única, universal, divina ou, com os progressos das ciências naturais, concebida como "biológica", como fundamento de fenômenos humanos e sociais. Admitindo-se explicações que enxergavam as instituições sociais e as práticas culturais como meras continuidades do mundo natural das demais espécies animais.

---

471. KUHN, Thomas. *A estrutura das revoluções científicas*. São Paulo: Perspectiva, 1987; e, sobre o debate de T. Kuhn com seus críticos, ver LAKATOS, Imre; MUSGRAVE, Alan (Orgs.). *A crítica e o desenvolvimento do conhecimento*. São Paulo: Cultrix, 1979.

472. Já citado antes, volto aqui ao texto de DOIDGE, Norman. *O cérebro que se transforma*. Rio de Janeiro; São Paulo: Record, 2015, p. 238-239.

O que representou e constitui, de fato, uma *revolução* no conhecimento foi o surgimento das ciências humanas e sua perspectiva construcionista crítica. Ciências que vieram demonstrar que a realidade social — até ali, vista como natural, única, necessária, universal, inevitável, divina e intransformável — é construção humana, cultural e histórica, realidade mutável, reversível, revogável. Um amplo conjunto de estudos e reflexões, anteriores a essa nova onda biologizante, já refutou a impropriedade e os sentidos ideológicos dessa pretensão a tornar o social um reflexo forte ou macilento do biológico, da natureza. Essa é a revolução do saber das ciências humanas! Um saber que é propriamente toda uma vocação, toda uma disposição para a produção da crítica à naturalização, universalização e eternização da realidade humano-social.

Torna-se estanho, pois, que, atualmente, pesquisadores nas áreas das ciências humanas, em claro abandono dos pressupostos e postulados de suas próprias ciências, demissionários do saber de seu próprio campo, adotem teses de um fracassado projeto de sociobiologia. Mas, embora seu fracasso e a revelação do caráter ideológico das teses que sustenta, a sociobiologia (nas versões que a atualizam: psicologia evolucionista, teoria dos instintos, entre outras), tem encontrado abrigo no meio acadêmico e científico, nas universidades ou fora dela, e tem sido amplamente ecoada nas mídias. Aliás, a espetacularização midiática de recepção e difusão das ideias da biologização do social foi comentada por Marshall Shalins, por ocasião do lançamento do livro de Edward Wilson, nos Estados Unidos, transformado num "evento de mídia", como escreveu, em 1976, o autor do lúcido *Crítica da sociobiologia*.[473] E a propósito dos usos da biologia para fundamentar pesquisas sobre práticas sociais e fenômenos culturais, o estudioso da sexualidade estadunidense John Gagnon designou, em artigo de 1975, como *"biologia fantasiosa"* e *"biologias vastamente diferentes"* os usos diversificados do "biológico" feitos por Freud e Alfred Kinsey em seus estudos, cada um a seu modo, mas porque *"ambos mantinham um compromisso com o papel do 'natural' na definição do sentido da sexualidade. O natural freudiano era o objetivo da reprodução e sua exigência biológica; o de Kinsey era a variedade*

---

473. SAHLINS, Marshall. *Critique de la sociobiologie*. Paris: Gallimard, 1980.

da evolução".[474] O comentário de Gagnon denuncia o sentido arbitrário das definições no discurso científico daquilo que se quer apresentar como o biológico ou o natural, não sendo esses um dado em si mesmo, mas formulações destinadas a dar sustentação a argumentos prévios.

O abandono dos pressupostos de suas próprias ciências para assumir pressupostos de campos que lhe são estranhos tem feito que, sobretudo nas universidades, professores e pesquisadores assumam ideias sobre a realidade social e sobre os fenômenos humanos que se tornam prejuízo certo para as teorizações de um domínio do conhecimento que já caminha com suas próprias pernas há pelo menos um século. Muito conhecimento se acumulou e foi estabelecido em nossa área para jogarmos fora compreensões cujo alcance e propriedade heurística já foram provados.

Depois, sob o apelo de "interações" mal fundamentadas e apelos a se fazer uma simpática ciência da "conciliação" de fatores sociais e biológicos, atua um cientificismo que sempre menosprezou as ciências humanas como pouco "científicas". Para superarem esse seu "defeito congênito", as ciências humanas são chamadas a tornarem-se "verdadeiramente científicas": o que exige que adotem pressupostos, teses e métodos das ciências experimentais, ciências biológicas e médicas, devendo, para isso, abrirem mão de suas premissas, postulados, abandonarem o apego a seus achados, para dar lugar a um novo modo científico de pensar a realidade do mundo humano histórico-social no qual a natureza/o biológico tenham seu lugar de honra. Assimilando o conhecimento dessas áreas, adotando seus métodos e teses — ciências únicas em seus modos de descobrirem a "verdade", sobretudo por suas técnicas de investigação e verificação —, as ciências humanas alcançarão o status de *ciência* de que careceriam até aqui.

Mas, a propósito desses caprichos retóricos ideológicos que recorrem ao argumento do "biológico", uma revelação recente chega em boa hora: em 1935, o partido nazista alemão promoveu concurso que escolheu a fotografia do "bebê ariano ideal" e, nessa ocasião, um fotógrafo de Berlim encaminhou, propositalmente, uma fotografia de menina judia para

---

474. GAGNON, John. *Uma interpretação do desejo:* ensaios sobre o estudo da sexualidade. Rio de Janeiro: Garamond, 2006, p. 97.

"participação" no concurso nazista. Ganhadora, a foto da menina foi utilizada para a propaganda da "perfeição" e "beleza" arianas, publicada em capas de revistas, livros e para a propaganda oficial do regime. Mais tarde, o fotógrafo revelou à mãe da criança que pretendeu, com seu gesto, "ridicularizar os nazistas". À época das reportagens sobre o caso em diversos canais da mídia, já com 80 anos e professora de química nos Estados Unidos, ela declarou: "agora, eu posso dar risada". A ideologia da perfeição e beleza arianas, traída por seu próprio engano fundamental, é desvelada como discurso de construção do mito ideológico da "superioridade da raça ariana". Com o argumento da genética, da herança biológica, o discurso ideológico tenta produzir uma verdade inexistente, jamais empírica: a "raça ideal". E cai por terra: é essa "raça" uma invenção da ideologia racista, ou da ideologia *tout court*. Não é difícil, pois, desmascarar o argumento do biológico em seus propósitos ideológicos. As muitas "fotografias" da realidade humana bastam para desmascará-lo!

É importante dizer, não se trata de negar que o ser humano é também um *ser biológico*. Mas o próprio biológico humano se constituiu/se constitui no processo da contínua exteriorização do ser humano no mundo, como vimos mais atrás. Tratou-se sempre, pois, de um biológico modelado culturalmente e historicamente, sob os comandos e condicionamentos da *linguagem humana*, isto é, os diversificados e complexos modos de proceder humanos, próprios ao ser humano, exclusivamente humanos em sua maior parte. Todos os processos descritos como desenvolvimentos biológicos de nossos antepassados, como adaptações, alterações anatômicas, metabólicas, fisiológicas, resultaram sempre de processos nos quais o ser humano agia, atuava, conforme uma linguagem própria, extremamente modificadora de seu ser — cuja existência não era a de um organismo biológico que se desenvolvia por efeito de leis internas de sua evolução natural. Mas, por sua ação, simultaneamente criadora do mundo especificamente humano, também criando-o, construindo-o na singularidade que definirá a espécie e o ser humano como tal.

Se a longa história já nos revela bastante sobre os modos como o ser humano se constituiu como humano, a vida hoje não é menos reveladora dos processos que engendram o corpo humano, o ser humano, o funcionamento do organismo humano, a saúde e as doenças humanas, algumas delas que têm determinantes genéticos familiares. Mas, como muitos daqueles responsáveis pelos chamados estudos genéticos têm dito, não existe 100% de determinação genética. Os próprios estudos genéticos são a melhor prova de que nem tudo é genético, pois existe uma contribuição do mundo externo, isto é, da vida, do mundo da vida, da vida que vive cada um, para uma enormidade de fenômenos no organismo humano nos quais a genética é apenas um fator, ou não é fator nenhum.

E há muitas outras concepções do que é o corpo e o organismo humanos...

Sem ser o caso de confundir o que são reflexões filosóficas como atiçamentos do pensar — mas sem que pretendam ser outra coisa; não pretendem ser "descobertas científicas" —, filosofias sobre o "corpo" como a que produziram os filósofos Gilles Deleuze e Félix Guattari, em parte de suas obras, podem fazer-nos pensar sobre o corpo-biológico e sobre o ser biológico humano numa perspectiva que não os reduzam ao simples organismo vivo da biologia, ao corpo da medicina genética ou da psicologia evolucionista etc. No pensamento dos dois, o corpo nunca o é por ligações naturais, orgânicas, biológicas. Somente é "organismo" quando seus "órgãos" e seus "fluídos" são "conectados", "organizados", "estrangulados" e "bloqueados" no ciclo das máquinas, "máquinas-órgãos" que o põem a "trabalhar", e pelas "máquinas desejantes". O corpo se torna organismo-organizado nas operações de regulação de seus fluxos dispersivos, estrangulamento de suas linhas de fuga, "*para o impedir de fugir*"[475], nas fabricações para sua atividade produtiva, para sua utilidade econômica e política. Os dois pensadores, retomando a figura estética do "corpo sem órgãos" (CsO) de Antonin Artaud, transformando-a em conceito filosófico, vão propor, também inspirados em Espinosa ("*o grande livro sobre o CsO não seria a Ética?*"[476]), compreender o corpo como algo "*sem forma e sem figura*", com seus "órgãos parciais" como "*máquinas*

---

475. DELEUZE, Gilles; GUATTARI, Félix. *Anti-Édipo*: capitalismo e esquizofrenia. Lisboa: Edições Assírio & Alvim, 1974, p. 272.

476. Idem. *Mil platôs*, v. 3. São Paulo: Editora 34, 2012, p. 17.

desejantes", corpo complexo e dinâmico, "*matéria intensa*": "*o CsO é o campo de imanência do desejo*"[477], afetos, fluxos, circulação de intensidades, variação de potências... Muito distante do corpo como unidade biológica *in natura*, carregado de "heranças genéticas imutáveis", depósito de destinos especializados, traçados, que somente se põe a existir após ser submetido às máquinas da produção do "organismo molar" (adestrado, domesticado, fabricado). O nosso corpo, o corpo de todos nós, seres humanos, indivíduos-sujeitos, é sempre corpo-organismo-molar e também, ao mesmo tempo, CsO. E igualmente, como pensaram os dois filósofos, podemos, cada um, construir nosso próprio corpo-sem-órgãos nas práticas da subversão. Como escreveram: "*O CsO não se opõe aos órgãos, mas a essa organização dos órgãos que se chama organismo.* [...] *O organismo não é o corpo, o CsO, mas um estrato sobre o CsO, quer dizer um fenômeno de acumulação, de coagulação, de sedimentação que lhe impõe formas, funções, ligações, organizações dominantes e hierarquizadas, transcendências organizadas para extrair um trabalho útil*". [...] *É nele que os órgãos entram nessas relações de composição que se chamam organismo*".[478] O CsO não é também unidade psíquica regulada, como se não portasse a potência do desejo, da imaginação, da criação, os afetos vitais, e seus experimentos de intensidades, êxtases, produtivos ou improdutivos, de gozo ou de dor, doença, loucura: corpos-intensos, corpos-intensidade, possibilidades de experimentação, criações[479] (para o melhor e para o pior).

Para as ciências humanas e filosofias, em suas múltiplas abordagens, o próprio corpo biológico humano não é simples dado natural porque somente existe como sempre-já um dado circunstanciado, "corporificado" em investimentos não biológicos, mas sociais, ideológicos, políticos, e, assim, já nunca-sendo dado biológico *in natura*, organismo da biologia. Tornando-se sempre-já organismo feito corpo por processos de *corporalização*: corpo constituído, fabricado, disciplinado, domesticado.

---

477. Ibidem, p. 18.
478. Ibidem, p. 24.
479. Para todas as imagens entre aspas, citações diretas ou indiretas, ver DELEUZE, Gilles; GUATTARI, Félix. *Anti-Édipo*: capitalismo e esquizofrenia. Lisboa: Edições Assírio & Alvim, 1974; ver também DELEUZE, Gilles. *Espinosa e a filosofia prática*. São Paulo: Escuta, 2002.

Organizado pelas línguas-idiomas-linguagens culturais-sociais, pelos outros, por aparelhos de poder, sistemas de sociedade. Corpo-união de outros corpos que o compõe: na socialização, na enculturação, na "educação". Embora não sejam apenas efeitos de disciplina, domesticação, controle: são/tornam-se também corpos revoltados, insubmissos, dissidentes, desertores etc.

Mas, no reino da obsessão pelo inato, pelo biológico e pela afirmação de uma presumida "natureza humana", várias coisas curiosas rebentam. Na UFRN, a universidade na qual sou professor e pesquisador, existe o "Laboratório do Comportamento Humano", mas ele está no Centro de Biociências! No Centro de Ciências Humanas, até aqui, nenhum colega (talvez com mais humildade científica) pensou em criar "laboratório" do "comportamento humano", embora não existam centros acadêmicos nas universidades que estudem mais o assunto que os centros de humanas. É muito curioso também ver como nomeamos nossos grupos de pesquisa. Nas ciências humanas, chamamos "grupos" ou "núcleos" as nossas equipes de estudos e pesquisas. Nas ciências exatas, biológicas, médicas, os colegas chamam seus grupos de pesquisa de "laboratórios". Há alguma diferença, sim, mas não é a qualidade da ciência que nesses grupos se realiza, nem o fato de em "laboratórios" ser possível produzir "provas" científicas da "verdade" última da realidade de todos os entes e seres. As diferenças estão, primeiro, no *nome* dado ao grupo — e, como sabemos, os nomes fazem toda a diferença! É o efeito da magia performativa da linguagem! "Laboratório" rende uma aura de cientificidade que não resulta igual quando se diz "grupo de pesquisa" — e, segundo, no dinheiro que é destinado a cada grupo. Os primeiros têm sempre mais dinheiro e esse fato lhes rende sempre uma aparência de mais prestígio na sociedade encantada com números, quantidade, volume. E os segundos são vistos como tendo menos importância porque recebem sempre menos dinheiro; ou será que recebem menos dinheiro por que são representados como tendo menos importância? Claro, os prestígios são construídos, dentre outras formas, pela bajulação de reitores, administradores, ministros, que veem nos "laboratórios" ou "institutos internacionais" a oportunidade de projetar a verdadeira "ciência" de suas universidades ou países. A filosofia e as ciências humanas, pelo contrário, são sempre a parte "desagradável" das universidades: produzem "críticas", quando não nos acusam de ser apenas o "reino das opiniões". As ciências humanas nunca são exatamente aquilo que os poderes desejam exportar como a "ciência de ponta"... Aliás, nunca soube o que isso quer dizer! Daí, talvez, o sonho de psicólogos evolucionistas em tornar a psicologia verdadeiramente científica com seus experimentos de laboratórios...

Aplicado aos temas das práticas erótico-sexuais e de gênero, o retorno da ideia de uma natureza humana biológica, única e geral ganhou um capítulo especial nas últimas décadas: psicologia evolucionista, biomedicina e certas correntes da neurociência tratam as identidades de gênero e as preferências erótico-sexuais dos diversos indivíduos como realidades de origem cromossomial e hormonal. Genes, cromossomos, neurônios e hormônios seriam os agentes da especialização e direção das identidades e identificações de gênero e das práticas erótico-sexuais de todos nós, homens e mulheres. Nesse âmbito, nada existindo que se possa chamar construção social e desejo. É fato que a tendência a tomar o gênero e o sexo como coisas da ordem do biológico não é algo recente, talvez sendo mais exato dizer que ganhou força com os favores das pesquisas atuais sobre o "cérebro", genética comportamental etc. Historiadores como Thomas Laqueur, por exemplo, situam no contexto político da transição do século XVIII para o século XIX, nas sociedades europeias, que abrigou *"intermináveis lutas entre homens e mulheres pelo poder e posições na esfera pública"*, a mudança do "campo de batalha" ideológico do discurso sobre gênero: *"quando, por várias razões, a ordem transcendental preexistente ou os costumes de tempos imemoriais tornaram-se cada vez menos uma justificativa plausível para as relações sociais, o campo de batalha do gênero mudou para a natureza, para o sexo biológico. A anatomia sexual distinta era citada para apoiar ou negar todas as formas de reinvindicações em uma variedade de contextos [...]. Qualquer que fosse o assunto, o corpo tornou-se o ponto decisivo"*[480]. De lá para cá, algumas derrotas desse discurso não fizeram, todavia, que deixasse de existir e, como

---

480. LAQUEUR, Thomas. *Inventando o sexo:* corpo e gênero dos gregos a Freud. Rio de Janeiro: Relume Dumará, 2001, p. 192.

é possível observar hoje, está de volta com força por meio da ideologia cientificista que pretende reduzir ao biológico e ao inato o conhecimento das práticas sociais humanas.

O atual discurso de biologização do social aposta na produção de ideias que tornam o gênero e a sexualidade realidades que a natureza biológica dos corpos de homens e mulheres já portariam da vida embrionária. Discurso que, convergindo grandemente para as categorias do senso comum social, e também por força da ideologia (como veremos no capítulo seguinte), busca fazer crer que há, nos âmbitos das identidades de gênero e do sexual, um "ser" dos homens e um "ser" das mulheres que, sendo naturais, não variariam culturalmente nem historicamente. Transcendendo à história e às culturas, uma natureza particular do homem e uma outra da mulher expressariam realidades mais profundas que seriam características cromossômicas, genéticas, hormonais e emocionais, adquiridas no passado evolutivo e mantidas e "aperfeiçoadas" pelas culturas até hoje. Tal fato corresponderia ao que acreditam ser uma "essência masculina" e uma "essência feminina", que se materializariam em práticas, gestos, ideias, "tendências", "gostos", "aptidões", "comportamentos", apresentados como recorrentes nas sociedades em variados tempos e culturas. E, embora "essências" pertencentes ao ser de cada um, não seriam "subjetivas", pois seriam "realidades objetivas" dos "dados biológicos" dos corpos de homens e mulheres.

No discurso de biologização do social, a dominância das categorias do senso comum e das ideias ideológicas é tal que, se compararmos ao que já disseram as ciências sociais, a psicanálise e a pesquisa histórica, até aqui, sobre os assuntos de gênero e sexualidade, é como se o conhecimento que essas áreas produziram sequer existisse. E que conhecimento é esse? É aquele que, produzido na constância das pesquisas em antropologia, sociologia e história, e na investigação psicanalítica, já demonstrou como concepções e práticas culturais e históricas do masculino e do feminino constroem os corpos, os desejos e os modos de proceder de homens e mulheres. Concepções e práticas que efetivamente os produzem como indivíduos sexuados e portadores de identidades de gênero, o que inclui a produção de suas categorias de percepção, emoções, sentimentos, e, para o caso das sociedades complexas moderno-contemporâneas, produção também daquilo que passamos a chamar subjetividades, singularidades do desejo etc. Conhecimento também acerta do fato que homens e mulheres seguem modelos de gênero e de sexualidade sob o controle de convenções culturais e históricas, que eles próprios ignoram como os produzindo, assumindo-os como suas "essências", "naturezas", "dados biológicos", mas que lhes são apresentados e impostos desde a infância, construindo-os, fabricando-os. Tanto quanto também é conhecimento que foi capaz de reconhecer que homens e mulheres, em todos os tempos e culturas, nem sempre se mantendo integrados aos modelos impostos e dominantes, tornam-se, por suas próprias escolhas e práticas, dissidentes e heresiarcas da ordem dos gêneros e do sexo.

Como já demonstraram diversos estudos antropológicos, sociológicos e históricos, homens e mulheres, mesmo quando se trata de seus corpos físicos, são criações históricas do longo processo de constituição da espécie humana, processo de advento do ser humano. Corpos construídos, em deliberações culturais e sociais e num longo acontecer histórico, em grande medida desconhecido, nos quais o que é tido por "natural" (tipo físico) e aquilo que temos por "diferença sexual" não são realidades instaladas pela natureza, mas produzidas em processos e injunções da vida em grupo, em relações entre os indivíduos, em atividades do trabalho para a produção das condições materiais da existência, não sendo realidades de uma "natureza natural" anteriores ao social. Mesmo quando se trata, por exemplo, das diferentes proporções e capacidades físicas entre homens e mulheres, a cultura e a história é que predominaram/predominam como definidoras. Para paleoantropólogos e antropólogos não há dúvida sobre como os corpos físicos de homens e mulheres são constituídos sob os efeitos de práticas que institucionalizam as "diferenças" nos próprios atos criadores da diferenciação. Como observou a antropóloga Françoise Héritier: "*a alimentação das mulheres esteve sempre submetida a interditos. Notadamente nos períodos nos quais elas tiveram necessidade de ter um aumento de proteínas, porque grávidas ou amamentando [...]. Elas esgotam o organismo sem que isso seja recompensado por uma alimentação conveniente; os produtos 'bons', a carne, a gordura etc. ficando reservadas prioritariamente aos homens. [...] Essa 'pressão da seleção', que dura possivelmente desde o Neandertal, há 750 000 anos, resultou em transformações físicas. Resultou no fato de favorecer homens grandes e mulheres pequenas*"[481].

Não é estranho, pois, que as ciências humanas tenham produzido um conhecimento que ressalta a construção social, cultural e histórica do que chamamos gênero e sexualidade, e que os tomem por instituições sociais como outras, assim como também a produção dos próprios corpos masculinos e femininos. Esses como construtos sociais de um aparato orgânico, que, não existindo como mero objeto a que se aplicam práticas culturais, é ele mesmo também um artefato dessas práticas.

Assim, não é estranho que, um dia, em 1947, a escritora Simone de Beauvoir tenha pensado *"on ne naît pas femme: on le devient"*[482], e que, correspondentemente, podemos dizer *não se nasce homem, aprende-se a sê-lo*, tratando-se do que se tem por "o gênero" masculino ou feminino. O ponto de vista de Simone de Beauvoir é o de toda antropologia, sociologia, pesquisa histórica, psicanálise e diversas filosofias. Como explica: *"não é o corpo-objeto descrito pelos especialistas que existe concretamente, mas o corpo vivido pelo sujeito. A fêmea é uma mulher na medida em que ela se sente como tal. [...] Não é a natureza que define a mulher: é esta que se define, ao retomar, em sua afetividade, a natureza"*[483]. E mais adiante: *"nenhum destino biológico, psíquico, econômico define a figura que assume a fêmea humana no seio da sociedade; é o conjunto da civilização que elabora esse produto intermediário entre o macho e o castrado que se qualifica de feminino. Somente a mediação de outros pode constituir um indivíduo como um Outro. Enquanto existe para si, a criança não saberia se compreender como sexualmente diferenciada. Para as meninas e os meninos, o corpo é de início a difusão de uma subjetividade, o instrumento que efetua a compreensão do mundo: é através dos olhos, das mãos, não pelas partes sexuais que eles apreendem o universo"*[484].

---

481. HERITIER, Françoise. Femmes et pouvoir. *Libération*, 10 de abril de 2007, supplément, p. 6.

482. A frase original pode ser assim traduzida: "Não nascemos mulher, tornamo-nos"; BEAUVOIR, Simone de. *Le deuxième sexe – II*: l'expérience vécue. Paris: Gallimard, 1976, p. 13 (tradução nossa).

483. Idem. *Le deuxième sexe – I*: les faits et les mythes. Paris: Gallimard, 1976, p. 80 (tradução nossa).

484. Idem. *Le deuxième sexe – II*: l'expérience vécue. Paris: Gallimard, 1976, p. 13 (tradução nossa).

Assim também como não é estranho que a filósofa Judith Butler escreva hoje: "*o corpo é em si mesmo uma construção, assim como o é a miríade de corpos que constitui o domínio dos sujeitos com marcas de gênero. Não se pode dizer que os corpos tenham uma existência significável anterior à marca de gênero*"[485]. Ou ainda: "*Se o gênero é construído, poderia sê-lo diferentemente, ou sua característica de construção implica alguma forma de determinismo social que exclui a possibilidade de agência ou transformação?*"[486]. A autora, com sua pergunta, não está em desacordo com a concepção construcionista crítica, com a ideia de que o gênero é construído; bem ao contrário, sua pergunta retórica é para afirmar que aquilo que é definido em termos culturais-sociais como "gênero" pode ser e é modificável: a construção social do gênero ou do sexo não sendo um determinismo imutável ("um destino"), tão inexorável quanto seria a biologia para aqueles que defendem a natureza biológica do gênero e do sexo — seria construído, mas não poderia ser modificado —, mas, inversamente, como as inúmeras experiências transgêneros o demonstram, sendo algo construído, pode ser (e é) inteiramente revertido, modificado, transformado. Nos seus estudos, Judith Butler procura ainda refutar a visão daqueles que creem que, antes de qualquer apropriação ou interpretação cultural, haveria o corpo biológico-anatômico que determinaria o seu significado cultural por si mesmo. Como, por dezenas de vezes já repetiu, não há nenhum corpo "antes", o corpo-aí é sempre-já construído na linguagem, nas relações de poder, na citacionalidade e repetição do discurso social. O corpo masculino ou feminino sendo obra de discursos ideológicos e de poder — ainda que se tornem os corpos que homens e mulheres portarão como seus (e que "pesam") e ainda também que os possam alterá-los, modificá-los, conforme seus desejos e escolhas[487].

---

485. Ibidem, p. 27.
486. Ibidem, p. 26.
487. Judith Butler é, frequentemente, associada ao que se passou a chamar "teoria queer", e é vista por alguns como sua teórica principal, embora ela própria não reivindique o termo *queer* para nomear o que produz em filosofia e nos estudos sobre gênero e sexo. Os estudos queer têm contribuído de maneira importante para uma reflexão crítica sobre esses assuntos e, em várias partes, seus pesquisadores engajam-se na desconstrução do discurso ideológico e de poder na abordagem

No tocante especificamente ao assunto dos gêneros, a biologização do social e do humano é ela própria a garantia ideológica da naturalização da "diferença sexual" e da "desigualdade" entre homens e mulheres, assim como da produção de representações que asseguram a supremacia do masculino e a inferiorização do feminino. Na ideologia das "diferenças biológicas", os destinos sociais de homens e mulheres estariam definidos na biologia dos seus corpos, pois esses já nasceriam especializados e dirigidos para certas atividades, sentimentos, emoções etc. Mas, curiosamente, como demonstrou a socióloga espanhola Raquel Osborne, no interior do discurso ideológico, são acionadas categorias de "natureza" e "cultura" que, essa última, restringida aos homens, relega às mulheres o status de "natureza". As mulheres estariam para a natureza (a mulher-natureza: menstruação, disposição no sexo, maternidade, aleitamento, instintos etc.) assim como os homens estariam para a cultura (o homem-cultura: o normativo, a objetividade, a razão etc.). Como escreveu a autora, *"segundo essa concepção, [nós, as mulheres] 'somos natureza' e 'por natureza' possuímos tais ou quais traços e nos comportamos desta ou daquela maneira. Por sua parte, o homem é cultura, e como tal seu único objetivo consiste em submeter e subjugar a mulher-natureza [...].* Enquanto *"ao homem se o define por suas realizações no mundo das instituições sociais, e se o associa, portanto, com o cultural, a mulher carece de perfil nesse mundo. Seu status deriva do momento em que se encontra no ciclo da vida, de suas funções biológicas e de sua associação (ou não) com o homem"*[488].

No discurso de biologização do social, homens e mulheres são biologicamente definidos e especializados para certas atividades e funções, mas as mulheres são mais "natureza" que os homens. Os homens são

---

de fenômenos como desejo, subjetividade, sexualidade, corpo. Todavia, cabe situar que a teoria queer, também seguindo a hipótese da construção social da realidade, e seu consequente desconstrucionismo, tem numa teoria crítica da construção social da realidade um antecede e, em grande medida, seus próprios fundamentos e postulados. Podemos mesmo dizer que a teoria queer é um dos desdobramentos teóricos e intelectuais do perspectivismo construcionista crítico que atravessa as ciências humanas e diversas filosofias desde algum tempo e pelo trabalho de diversos pensadores e pesquisadores que lhe são anteriores.

488. OSBORNE, Raquel. *La construcción sexual de la realidad*. Madrid: Ediciones Cátedra, 2002, p. 64, 72-73 (tradução nossa).

"especializados biologicamente" para atividades e funções culturais, sociais, políticas e públicas. Já as mulheres são "especializadas" para atividades e funções domésticas, privadas, da intimidade e da subjetividade. E ainda que as mulheres se dediquem a atividades e funções que não estão "programadas" por essa especialização biológica, o fato não modifica em nada a "natureza feminina" da mulher, entendida como um modo especial e particular do "cuidado" com as coisas, o trabalho, as pessoas etc. Quando fora do território do doméstico e da vida privada ou familiar, as mulheres "dão o toque feminino" de sua "especialização natural" para o "cuidado maternal", "atenção ao detalhe", "ternura" etc., elas são sempre mais "natureza" (e suas representações: harmonia, perfeição, espontaneidade, pureza) e menos "razão" (cálculo, conflito, juízos... especialização dos homens): as mulheres até tentam afastar-se de sua natureza, mas essa não as abandona nunca. Eis porque algumas "pagam um alto preço", ao se afastarem de sua "natureza", dizem certos especialistas, sempre prontos a repor a ordem e as desigualdades na hierarquia dos gêneros e dos sexos. Não poucas "pesquisas" hoje tentam convencer que há prejuízos biológicos, emocionais e psicológicos para mulheres e filhos, provocados pelas transformações sociais que, produzidas pela ação das próprias mulheres na luta por sua emancipação, têm levado a "quebras do cuidado materno" e consequentemente "desequilíbrios" nas funções de mães e pais, nos seus "papéis sociais".

Algo mais desse discurso é a redução do feminino à mulher. O feminino como uma especialização da "mulher biológica". Nesses termos, o feminino (ou a feminilidade) é abordado como algo estranho aos homens, pois, na especialização biológica desses, o que lhes é próprio é a "masculinidade". Qualquer intercâmbio ou variação, seja no caso de homens, seja no caso de mulheres, é fato passível de ser verificado como resultado de algum "transtorno" psicológico ou alguma "disfunção" biológica objetiva (hormonal, cromossomial, genética) que levaria a que indivíduos queiram mudar suas identidades de gênero. Afinal, haveria o que, nos atos, gestos, afetos, emoções, ideias, é próprio ao "homem" e próprio à "mulher", e sempre como "programações biológicas especializadas". Mas, curiosamente, nossos sistemas de sociedade não parecerem acreditar no que professam através de seus especialistas: crianças e adultos são citados e controlados dia e noite pela ideologia da ordem dos gêneros; se tudo é especialização biológica, por que tanto investimento nos atos de socialização e institucionalização dos gêneros e dos sexos?

No discurso dos "especialistas" do biológico, tal como para a opinião popular, as variações e intercâmbios entre o "masculino" e o "feminino", no ser de um indivíduo, são tomados por, necessariamente, "perturbações da sexualidade" ou vice-versa. Não é estranho, pois, que frequentemente a homossexualidade de homens ou mulheres seja associada ao suposto abandono do "gênero" presumidamente "natural" que gays e lésbicas deixariam de assumir. E certamente tem sido essa uma das razões pela qual muitos jovens gays de classes populares ou de pequenas cidades são tratados como "invertidos sexuais" e socialmente pressionados a assumirem todos os signos que pertencem ao universo das mulheres, alguns que, muito rapidamente, tornam-se travestis ou transexuais femininos, muito mais pela pressão ideológica para que "assumam seu gênero" que por algum efetivo desejo ou deliberação autônoma — escolhas sempre mais tardias e com certo grau de consciência.

Bem sabemos, nossa época, por vários eufemismos, tenta disfarçar seus preconceitos e concepções discriminatórias: as variações eróticas, sexuais e afetivas dos desejos dos indivíduos, quando dissidências da ordem sexual e moral institucionalizada, continuam a ser submetidos aos diagnósticos que as definem como "desvios", "transtornos", "perversões". Mesmo quando disfarçados em conceitos como o de "orientação sexual", que pretensamente não seria discriminatório ou preconceituoso, a eufemização dos termos não é capaz de esconder o pleno sentido de diagnóstico que neles está embutido[489]. Como denuncia a filósofa Judith Butler, a política de diagnóstico das sexualidade e das construções de gênero permanece intensa nas nossas sociedades. Referindo-se ao modo como, até hoje, por exemplo, a transexualidade é abordada por psiquiatras e conceituado no

---

489. Escrevi artigo sobre o assunto; Cf. DeSOUSA FILHO, Alipio. A política do conceito: subversiva ou conservadora? Crítica à essencialização do conceito de orientação sexual. *Bagoas*: estudos gays — gênero e sexualidade. Natal, v. 3, n. 4, p. 59-77, jan./jun. 2009.

DSM (o manual diagnóstico e estatístico dos transtornos mentais), a autora escreveu: "*o diagnóstico continua considerando como um transtorno patológico o que deveria ser concebido como uma entre muitas possibilidades humanas de determinar o próprio gênero*"[490].

Mas, enquanto filósofos e cientistas sociais pensam assim, e já tentaram que seus estudos cheguem à sociedade como um conhecimento sobre a realidade dos fatos sociais do gênero e do sexo, e ainda que movimentos de mulheres feministas e movimentos de gays, lésbicas e transexuais busquem desconstruir ideias, valores, tradições morais arbitrárias, opressivas e injustas, continuamos a ver em nossas sociedades, com mais ou menos algum grau de diferença, a permanência de práticas contra desejos e interesses de homens, mulheres e pessoas gays, lésbicas e transexuais, em nome de concepções de gênero e sexo, como se essas fossem não invenções sociais mas realidades naturais imodificáveis, eternas. Da violência dissimulada nos países mais democráticos, laicos e mais desenvolvidos economicamente às violências escancaradas em países menos desenvolvidos, menos democráticos e nos quais o Estado de direito ainda não é uma realidade, os exemplos variam, mas são sempre violências que configuram opressões sobre indivíduos em razão de conceitos arbitrários de gênero e sexualidade. Do exemplo do Paquistão, que ainda permite "mortes pela honra" (assassinatos cometidos por pais, irmãos, tios, maridos) de mulheres que "mancham" a honra da família, e que chegam a mil casos por ano, segundo dados oficiais, ao exemplo da França, com uma violência de gênero sutil e silenciosa, passando pelos casos de países como o Brasil, com uma média anual de cinco mil mortes de mulheres nos últimos anos (dados de 2015), por conflitos de gênero, nas relações amorosas e em ambiente doméstico, ou passando pelos casos dos países com a prática da excisão do clitóris de meninas, prática enraizada em certas sociedades africanas, alguns povos da Ásia e do Médio Oriente, que, de acordo com a UNICEF, OMS e Anistia Internacional, submete perto de três milhões de meninas todos os anos, quase seis mil por dia; ou casos como o do Irã, que obriga homens e mulheres

---

490. BUTLER, Judith. *Deshacer el género*. Barcelona: Paidós, 2006, p. 114.

gays a cirurgias de transgenitalização compulsória para "mudança de gênero", para que adequem seus corpos aos seus "desvios sexuais" (o Estado iraniano obriga e financia as cirurgias e condena homossexuais à morte; razão pela qual o ex-presidente Mahmoud Ahmadinejad dizia ao mundo que "no Irã, não há homossexuais e homossexualismo", e o que já levou ao êxodo de gays iranianos, espalhados, hoje, por diversos países), ou ainda os estupros coletivos de mulheres na Índia, praticados como "tradição cultural", em todos esses casos, a violência é a mesma, o sacrifício de vidas é o mesmo, ao serem mantidas ideias e práticas construídas nos discursos ideológicos do "natural", do "biológico", da "norma" imposta como o "normal".

Mas, enquanto Freud escreveu que o interesse sexual não é evidente em si mesmo, não sendo um fato de natureza química, a escolha de objeto (do desejo, do sexual) sendo resultado de uma multiplicidade de fatores determinantes, que *"se reflete na variedade das atitudes sexuais manifestas com que se expressam nos seres humanos"*[491], hoje, nossos estudiosos do cérebro apressam-se em atestar que: *"toda a neurociência [sic] indica que a orientação sexual é inata, determinada biologicamente e antes mesmo do nascimento. Aliás, o termo correto para designar a heterossexualidade ou homossexualidade é 'preferência' sexual e não 'opção' sexual. A razão é simples: interessar-se sexualmente por homens ou mulheres é algo que seu cérebro faz automaticamente, pouco importando o que você pensa a respeito. Opção, isso sim, é o que você faz com a sua preferência: assume publicamente, abraça e curte, ou tenta abafar, esconder, ou mesmo ir contra ela"*[492].

---

491. FREUD, Sigmund. *Três ensaios sobre a teoria da sexualidade*. Rio de Janeiro: Imago, 1976 (Obras Completas, v. VII), p. 146.

492. HERCULANO-HOUZEL, Suzana. Preferência sexual não é opção. Scientific American — Mente e Cérebro. Disponível em: www2.uol.com.br/vivermente/artigos/preferencia_sexual_nao_e_opcao. html. Acesso em: 30 mar. 2013. A mesma autora, colunista do jornal *Folha de S.Paulo*, publicou mais recentemente artigo no qual defendeu que a "desonestidade" é uma execução da amígdala cerebral. Como esclarece, pesquisadores no Reino Unido teriam descoberto que a amígdala cerebelar se "acostuma" com a desonestidade, tornando-se reincidente se permanece "impune". "Acostumada", a amígdala impulsiona os indivíduos desonestos a novas práticas desonestas: seria o que ela designou por *"habituação da amígdala cerebral a cada ato desonesto interesseiro"*. Se ficarmos apenas com o termo "habituação", estaríamos diante de novo conceito na neurociência: o de *habitus cerebral*? O que este conceito deveria ao "velho" conceito sociológico de *habitus* (do qual já falei páginas antes)? O *habitus* que, simultaneamente, produz e é produzido pela moral, cultura, práticas sociais, isto é, o mundo fora do

O que parece ser um posicionamento favorável à liberdade das pessoas e reconhecimento da diversidade humana é, no fundo, o esvaziamento da própria liberdade de escolha do ser humano, pois, sendo o que o "cérebro faz automaticamente", não se trata mais do que cada um faz como *escolha* (libidinal, erótica, amorosa etc.), ou do que se configura como *objeto do desejo* ou que pode ser ainda o que cada um decide em sua própria *autonomia*, mas daquilo que o "cérebro" faz para todos e por todos. Tipo de concepção que, parecendo servir para fundamentar alguma luta por reconhecimento de direitos, não é outra coisa que o discurso ideológico de naturalização/biologização do que é social e subjetivo. Discurso cujo fim é — acionando os diagnósticos da "natureza biológica" e "cerebral" do que não é mais desejo, libido, escolha, identificações — produzir as hierarquias e o controle das diferenças, quando não é o caso de servir à supressão da liberdade ou da própria vida daqueles que, categorizados e classificados pelos "diagnósticos" que lhe são aplicados, tornam-se sujeitos da opressão e da violência de sociedades e regimes políticos decididos a negar direitos àqueles que não são os diagnosticados "normais". Nesse sentido, aqueles que acreditam que o *argumento da natureza* serviria para construir políticas de reconhecimento, emancipação e autonomia de indivíduos oprimidos enganam-se redondamente! Esse é, por exemplo, o engano de setores do movimento gay e LGBT, em vários países, que acreditam que as teses do "gene gay" ou de "uma homossexualidade inata" livrariam os gays, lésbicas e trans da perseguição homofóbica: pois, filhos da natureza, rebentos genéticos, criaturas biológicas, seriam aceitos, agora, sem mais restrições; não seriam mais responsabilizados do "pecado" de suas escolhas ou do "desvio" de suas condutas! Ora, a decisão de abandonar a luta na arena política, como lócus e instrumento do enfrentamento da discriminação e da negação de reconhecimento social e jurídico, em prol do envergonhado argumento que gays, lésbicas e trans "nasceram como são" e, portanto, "devendo ser aceitos", é não apenas uma capitulação frente à ideologia da

---

cérebro que produz hábitos nos indivíduos que os reproduzem de modo irrefletido... e que as ciências sociais não cansam de abordar... . Para o artigo da autora, ver disponível em: http://www1.folha.uol.com.br/colunas/suzanaherculanohouzel/2016/12/1842878-cerebro-se-acostuma-a-atos-desonestos.shtml. Acesso em: 20 dez. 2016.

homofobia ou frente à ideologia *tout court*, permitindo-lhe plena vitória!, mas, principalmente, um retrocesso intelectual à ideia de uma natureza biológica do desejo sexual, das práticas eróticas e dos afetos, por parte daqueles que deveriam ser os primeiros a assumir a contestação de discurso que não visa o benefício da emancipação de nenhum sujeito social, mas a manutenção de velhas e novas clausuras da existência nas quais sociedades e regimes políticos diversos buscam nos meter. Clausuras para as quais os diagnósticos assentados na biologização das práticas e ações humanas são imprescindíveis!

Assim, por aplicação da fórmula de Robert Kurz, como já mencionei antes, o que abordo como biologização do social e do humano refere-se às tentativas ideológicas de inferir "causas" biológicas para realidades sociais, políticas, morais, culturais e históricas, para as quais sabidamente não há qualquer participação de fatores genéticos, fisiológicos, hormonais etc., hereditários ou não. Se há realidades, fatos e ocorrências da vida humana para os quais a biologia humana é determinante (mas esses são outros fatos!), há aqueles para os quais nada tem a ver. E as ciências que podem falar sobre esses fatos não são as ciências biológicas e médicas, mas as ciências humanas. Pois são elas que estudam o ser humano e a vida humana em grupo, em sociedade, nas culturas e na história. Aqui, caberia dizer que, aos cientistas sociais, historiadores, filósofos, psicólogos, coube produzir o conhecimento da vida dos seres humanos em sociedade e na história, o conhecimento do ser humano social, sua existência social, política, cultural, a criação por esse de instituições, estruturas, convenções, relações, sistemas sociais etc., e, aos cientistas do *ser biológico* que é também o ser humano, coube produzir o conhecimento dos fenômenos biológicos, químicos, fisiológicos, neurológicos etc. que o constituem. Conhecimento cujos progressos importantíssimos integram a cultura humana, como outros de seus artifícios criativos, que contribuem para a construção social da vida humana e para, entre outras coisas, o alívio de sofrimentos e incapacitações advindos de acidentes, ferimentos, adoecimentos, degeneração do organismo biológico, ou cuidados preventivos das condições biológicas de preservação da vida. O encontro dessas duas vertentes do conhecimento humano não pode ser feito de modo a que se obscureça uma com a outra, em nome de um diálogo que se pretende renovador, mas que tem se mostrado muito mais uma extrapolação abusiva de aplicação de conhecimentos específicos a assuntos de domínios que lhe são alheios — num sentido da flecha ou outro. Não escapa a nenhum observador atento a extrapolação abusiva atual da aplicação do biológico aos domínios do social. O que deve ser inteiramente evitado. Se, na ciência e na produção do conhecimento teórico, há o que juntar, há muito também o que separar, e o que saber separar[493].

Mas, não é rara a acusação de que o pensamento construcionista crítico é um *determinismo social* ou um *essencialismo culturalista*. Uma vez que, se tudo é construção social e cultural, na história, restaria o social como "determinismo irrevogável" e a cultura como uma "essência determinante". Pretende-se aplicar ao construcionismo a pecha de ser aquilo que ele recusa. Ora, trata-se de acusação sem sustentação. Não há determinismo nem essencialismo numa compreensão que concebe a realidade social como *um constructo, objeto construído*. Como construção social e humana, e, por isso, passível de ser modificada e redefinida pela ação dos próprios indivíduos, a realidade social não está submetida a nenhuma *essência* ou *determinação* eterna e imutável, exterior ou transcendente à ação humana. O cultural e o social são produtos da ação humana, da criação histórica humana, não são, pois, substâncias ou essências que escapam e substituam as ações dos seres humanos no mundo. Não há determinismo inexorável nem substancialismo ou essencialismo imperando sobre as capacidades humanas de decidir, escolher, fazer, revogar. Ainda que não saibam, os indivíduos são sempre livres, embora submetidos a constrangimentos e injunções de estruturas e contextos.

---

493. Já tinha concluído este capítulo e quase a concluir este meu trabalho, quando o estudo do pesquisador Anders Eklund, publicado no PNAS, denuncia que falhas em software, consagrado e popular nas pesquisas com uso de ressonância magnética do cérebro, e más práticas generalizadas de cientistas põem em questão 15 anos de pesquisas. Sem a revisão dos dados de pesquisa por parte dos pesquisadores, ele encontrou uma taxa de até 70% de falso-positivos. Ver: Anders EKLUND; Thomas NICHOLSD; Hans KNUTSSON. Cluster failure: Why fMRI inferences for spatial extent have inflated false-positive rates. Disponível em: http://www.pnas.org/content/113/28/7900.full.pdf. Acesso em: 30 jul. 2016. Agradeço ao sociólogo e amigo Rogério Diniz Junqueira o envio de matéria do *El País* sobre o assunto.

Não há essencialismo nem determinismo numa concepção da realidade social que a compreende pelo que ela é: invenção, convenção, arranjo, na contingência, no acaso, no vazio; assim, sempre provisória, precária, incompleta, imperfeita. Embora não seja essa a interpretação que os próprios indivíduos tenham da realidade, e embora esta se estabilize e institucionalize-se apresentando-se como única, invariável, eterna.

Também é frequente imputar à concepção construcionista crítica nas ciências humanas operar com dicotomias, tais como cultura x natureza, para citar um único exemplo. Mas, para o que se constituiu como uma perspectiva construcionista crítica na análise da realidade social por antropólogos, sociólogos, historiadores, entre outros, simplesmente não há dicotomia, mas clara distinção entre o que é da ordem da ação humana (suas construções, e, portanto, o que é da ordem do social, do cultural e do histórico) e o que é da ordem da natureza. Distinguir e separar não é equivalente a dicotomizar! Ademais, a menção à "dicotomia", presumida ser ativada no pensamento construcionista crítico, entre natureza e cultura requer que se diga de qual "natureza" se fala. Como escreveu Raquel Osborne, *"não existe um único significado de natureza e cultura, nem da relação entre ambas"*[494]. Seja do ponto de vista histórico, seja do ponto de vista das próprias culturas humanas, ideias sobre o que é a natureza variam. O conceito de natureza não existe numa constante universal, ele próprio sendo profundamente cultural e histórico.

E quanto às relações entre a cultura e o ser humano, como ser também biológico, para o construcionismo crítico, não há dicotomia: a natureza do ser humano, enquanto ser de uma espécie animal, é ela própria resultado da relação entre o biológico humano e o cultural, nasce dessa relação, não existindo como um dado a priori. Como dissemos ao longo de todo este capítulo, uma realidade que se funda na *retroação positiva*, no curso da exteriorização do ser humano no mundo, sob a primazia da linguagem humana que instaura modos de proceder modificadores e criadores do "natural", seja o próprio corpo físico humano, seja o mundo natural

---

494. OSBORNE, Raquel. *La construcción sexual de la realidad.* Madrid: Ediciones Cátedra, 2002, p. 67 (tradução nossa).

exterior à sua volta, este nunca o mesmo sempre no correr do tempo, pois em contínua transformação. Assim, não há dicotomia, mas relações; não quaisquer relações: mas aquelas em que o biológico humano é sobredeterminado por múltiplos fatores produzidos na exteriorização, objetivação e institucionalização da ação humana no mundo. Como observou a socióloga espanhola Raquel Osborne, *"o mais sensato que se pode dizer sobre a natureza humana é que possui a capacidade para construir sua própria história, com uma trajetória que se caracteriza pelas vitórias sociais sobre a natureza [...]. Nós, os humanos, somos, por natureza, não naturais"*[495].

---

495. OSBORNE, Raquel. *La construcción sexual de la realidad.* Madrid: Ediciones Cátedra, 2002, p. 75 (tradução nossa).

4

A ideologia, o discurso ideológico e de poder e sua desconstrução

> *Os discursos sucessivos são diversos segundo os séculos, o que é suficiente para mostrar sua inadequação.*
> Paul Veyne

> *Enquanto não houver um conhecimento da história real, enquanto a teoria não mostrar o significado da prática imediata dos homens, enquanto a experiência comum de vida for mantida sem crítica e sem pensamento, a ideologia se manterá.*
> Marilena Chaui

> *A imaginação atrai o tempo ao terreno onde o poderá vencer com toda facilidade.*
> Gilbert Durand

> *A verdade só é admissível até um certo grau de crueldade além do qual ela se encontra interditada.*
> Clément Rosset

Que é ideologia? O discurso ideológico e seus efeitos de poder

Para especificar o sentido com o qual emprego o termo *ideologia*, e ante a variação com que é frequentemente utilizado, torna-se importante, desde o início, defini-lo. Em boa medida, retomo, neste capítulo, outros de meus textos em que trato do assunto. O leitor poderá até mesmo encontrar passagens inteiras que reaplico aqui com talvez breves modificações, embora outras inteiramente alteradas, acrescidas.

A meu ver, por sua gênese e funcionamento, a ideologia é melhor definida quando compreendida como o fenômeno social — comum às diversas sociedades e culturas — que corresponde às significações e representações imaginárias e simbólicas que tendem sempre à *naturalização, eternização e à autonomização* de toda realidade social em relação à própria sociedade e seus agentes. E também quando compreendida como um discurso particular, o *discurso ideológico*, que se efetiva e opera por meio de diversos saberes, técnicas, práticas e dispositivos de produção de ideias e sujeitos numa sociedade particular, assumindo ele diversas formas, manifestando-se em muitos âmbitos da vida social.

A ideologia concerne, então, por um lado, aos processos de fundação, legitimação, consagração e sancionamento, pela via imaginária e simbólica, dos sistemas humanos de sociedade; o que implica sempre um certo grau de produção de desconhecimento da origem das instituições sociais que tornam esses sistemas possíveis. Por outro lado, concerne também sempre à eufemização da sujeição ou dominação a que são submetidos os indivíduos sob o controle dessas instituições. Seja como sujeição ou dominação dos sistemas sobre todos, enquanto conjuntos culturais, simbólicos, econômicos e políticos, seja como assujeitamentos a que os indivíduos são submetidos nos processos de socialização, subjetivação, que os impõe subjetividades, identidades, categorias, normas etc., mas sem que a sujeição ou a dominação apareçam como existindo.

Assim, para afastamento de empregos do termo em sentidos divergentes e até mesmo contrários àquele que utilizo, a menção à ideologia como fenômeno da esfera do imaginário e do simbólico e como discursos em âmbitos particulares da vida social não será, ao longo deste trabalho, uma alusão a "pensamentos políticos" ou "filosofias de vida". Embora apareça nessas produções, a ideologia é aqui considerada como um fenômeno da produção imaginária e simbólica nas culturas, e, variando com elas, podendo ser também um discurso racional, mas o que não significa, por isso, afastado do ideológico. Não é também alusão às "ideias" em geral, quaisquer que sejam, como produtos do pensamento, reunidas como "convicções", "posicionamentos" ou "opiniões" teóricas, morais ou políticas. Visão que fez o termo ideologia tornar-se de uso comum e tão banal, que vai das ruas às universidades, e muito ao gosto de políticos (de todos os matizes), jornalistas, comunicadores e mesmo intelectuais acadêmicos, resultando que se fale de "análise ideológica" ou, pior, "crítica ideológica", mesmo quando se pretende dizer que o que se faz é a análise de ideologia, no sentido de crítica ao discurso ideológico. Uma contradição no uso dos termos impossível de sustentar. Usos assim em sentido tão genérico da palavra incluem-se naquilo que o filósofo francês Claude Lefort nomeou de *"degradação do conceito de ideologia"*[496], embora em suas reflexões o autor ocupe-se de chamar atenção para concepções mais sistematizadas e específicas.

Ainda que com alguma diferença desses usos genéricos do termo, há mais quatro outras maneiras de alusão à ideologia como existindo que merecem também ser afastadas.

A primeira delas corresponde a um entendimento da ideologia como as ideias que se defende para assegurar uma causa, sem distinção da natureza dessa causa, que pode ser de "direita" ou de "esquerda", "progressista" ou "conservadora", ou avaliada como "boa" ou "má" etc. Aqui também a ideologia é concebida como podendo ser ideias de qualquer sorte, bastando que se especifique a "causa" que se advoga. Quanto maior o apego à causa, maior o orgulho de propalar a "ideologia" que a alimenta. Em geral, com a ideia que se trata sempre de uma causa para "mudar o mundo". Foi provavelmente com esse sentido que o poeta e cantor brasileiro Cazuza escreveu os versos de sua canção "Ideologia": *"Ideologia! Eu quero uma pra*

---

496. LEFORT, Claude. *As formas da história*. São Paulo: Brasiliense, 1979, p. 296.

viver". O vídeo da canção é exemplar a esse respeito: mistura diversas insígnias religiosas, políticas e culturais (certamente todas como "ideologias") e imagens de personagens da história que seriam suas personificações, como a demonstrar a diversidade (e disparidade) de "ideologias" com as quais nos defrontamos e que o poeta, desiludido com o "fracasso" de todas elas, anuncia que quer *"uma pra viver"*. Ora, não sabia o poeta, não é a ideologia o que permite a vida, mas, bem ao contrário, sua ultrapassagem, sua superação, nos processos e experiências de dessubjetivação/ ressubjetivação e dessujeição, refundação de si, tanto quanto nos processos e movimentos de transformação da realidade cotidiana, nas lutas políticas, lutas críticas, movimentos de resistência, descolonização do ser de cada um e da realidade em geral.

A segunda maneira de se referir à ideologia a ser afastada é aquela que a restringe às ideais de uma classe particular, ideias que assegurariam o poder dessa classe na sociedade: seja a classe que, no presente, tem poder econômico e político, seja outra que almeje esse mesmo poder. Quando é a classe que visa perpetuar seu *status quo* e seu poder, sua "ideologia" visaria mascarar os mecanismos que tornam possível esse poder e status. Suas ideias, sendo a "ideologia da classe dominante", seria também a "ideologia dominante". Se é uma classe que busca destituir outra do poder e assumir o seu lugar, sua "ideologia" não seria mascaradora, mas "crítica", "desveladora da realidade" e da "verdade", seria uma "ideologia revolucionária". Como "ideias de classe", um caso não seria mais que "fraseologias" mentirosas, falsificadoras da realidade, que se pode(ria) combater com outras ideias — outra "ideologia". Quando combater a "ideologia da classe dominante" (o exemplo clássico é a "ideologia burguesa") torna-se defender a "ideologia da causa revolucionária", "ideologia revolucionária" ou "ideologia proletária", que seria a "ideologia dos dominados".

Essa maneira de falar sobre ideologia é mantida em certos ambientes e grupos da esquerda intelectual ou política, tendo se transformado em verdadeiro senso comum para militantes de movimentos sociais e partidos e até mesmo no meio intelectual universitário. Sobre o assunto, no texto mencionado, Claude Lefort assinala que se trata de uma maneira de conceituar o que seja a ideologia que *"não conserva qualquer traço da acepção primeira e da qual recebia a força crítica: a ideologia é reduzida às ideias que se defende para assegurar o triunfo de uma classe, à boa ou à má 'causa' cuja natureza se sabe ou se poderia saber qual é e da qual se sabe ou se poderia saber que se é o agente*"[497]. Especificamente sobre a ideia de considerar a existência de um antagonismo entre uma ideologia "falsa", enganosa (a "ideologia dos dominantes") e uma ideologia "verdadeira" (a "ideologia dos dominados"), a filósofa brasileira Marilena Chaui, em seu *O que é ideologia*, faz uma valiosa observação: "*cometemos um engano quando imaginamos ser possível substituir uma ideologia 'falsa' (que não diz tudo) por uma ideologia 'verdadeira' (que diz tudo). Ou quando imaginamos que a ideologia 'falsa' é a dos dominantes, enquanto a ideologia 'verdadeira' é a dos dominados. Por que nos enganamos nessas duas afirmações? Em primeiro lugar, porque uma ideologia que fosse plena ou que não tivesse 'vazios' e 'brancos', isto é, que dissesse tudo, já não seria ideologia. Em segundo lugar, porque falar em ideologia dos dominados é um contrassenso, visto que a ideologia é um instrumento da dominação. [...] Podemos, isso sim, contrapor ideologia e crítica da ideologia*"[498].

Uma terceira maneira que, a meu ver, deve ser também removida quando se tratar de abordar o assunto da ideologia é aquela que a restringe aos indivíduos que se imagina que têm ideias erradas sobre suas situações e que, por isso, "alienados", não sabem reconhecer seus próprios interesses. É a concepção também muito comum segundo a qual sobretudo os indivíduos mais pobres não sabem fazer avaliações corretas dos seus estados de pobreza, exclusão, marginalização etc., sendo levados a agir de uma maneira que sempre terminam por não transcender essa "falha" na compreensão da realidade, e de suas realidades particulares.

Tampouco é aceitável a concepção que define todo pensamento e toda interpretação da realidade como ideológicos. Esse entendimento, sustentado por autores como Karl Mannheim — para quem "*não é mais possível para um ponto-de-vista e para uma interpretação refutar os demais por serem ideológicos, sem ter que enfrentar essa acusação*"[499] —, pode ser ele próprio visto

---

497. Ibidem, p. 297.
498. CHAUI, Marilena. *O que é ideologia*. São Paulo: Brasiliense, 1981, p. 115.
499. MANNHEIM, Karl. *Ideologia e utopia*. Rio de Janeiro: Zahar Editores, 1968, p. 100.

como um pensamento ideológico, que, facilitando o trabalho da ideologia, a faz desaparecer como aquilo que ela é, pois, ao se dizer que "tudo é ideologia", não se torna mais possível distinguir o ideológico daquilo que é o seu contrário, o *não-ideológico*. Mas, uma vez que o pressuposto inicial desse entendimento é que ideologia é toda "interpretação interessada" ou "todo pensamento social e historicamente determinado (condicionado)", nenhum escaparia de ser ideológico. Para autores como Mannheim, os atos de pensamento e conhecimento não seriam puramente teóricos, racionais, formais, mas igualmente atravessados de influências provenientes de vontade, interesses, conflitos da vida social, valores culturais, ideias da época etc., isto é, *"influências externas ao pensamento"* e, portanto, "ideológicas". Isso faria que nenhum ponto de vista possa atribuir a outro ser ideológico e não se reconhecer como também da mesma natureza.

O problema dessa concepção é que ela simplesmente não esclarece o que é ideologia e embaralha todas as ideias na confusão epistemológica do "tudo é ideologia". Ora, não resta dúvida que o pensar humano, incluindo o pensamento teórico-filosófico-científico, é sempre situado, contextualizado, social e historicamente condicionado pelas ideias da época, imaginário social, conflitos, recebendo a todo momento influências externas etc. Mas não é essa relação com o contexto que faz de uma interpretação ou pensamento uma produção de natureza ideológica. E também não é o caráter engajado das ideias (posicionamentos éticos ou políticos) que as tornam "ideológicas", mas o caráter de suas relações com a realidade instituída e seus comprometimentos (ou não) com a alienação, com a sujeição ou a dominação social e política dos indivíduos. São ideológicas as ideias (e suas práticas, instituições, dispositivos etc.) cujos efeitos simbólicos tornam-se naturalizações e eternizações de práticas, relações e instituições de alienação, submissão, sujeição ou dominação de pessoas, grupos ou classes. E o são por essas propriedades que lhe são intrínsecas.

Dizer que "tudo é ideologia", que "toda ideia é ideológica" é já o discurso ideológico em sua melhor forma, negando que há práticas, formas e ideias do pensamento que se tornam a negação da ideologia. O pensamento crítico ou simplesmente a *crítica* são o contradiscurso ou antidiscurso da ideologia[500], e as vertentes das ciências humanas e filosofias que neste meu trabalho identifico como constituindo uma perspectiva teórica construcionista crítica e seu desconstrucionismo são exemplos de práticas e ideias do pensamento de desconstrução do discurso ideológico — são, pois, críticas à ideologia.

Mas, como uma variação da ideia que "tudo é ideologia", e buscando invalidar a separação entre crítica e ideologia, há aqueles que apontam no "dogmatismo" e na "inflexibilidade" da crítica sua "natureza ideológica". A crítica concebida como "intransigente", "doutrinária" e "sentenciosa" em suas concepções, afirmações e formulações é facilmente classificada como sendo "outra ideologia"... Desfaçatez do discurso ideológico que procura fazer a ideologia desaparecer como aquilo que ela é, tornando-a sinônimo de "ideias rígidas", "doutrinação", "intolerância" ou "forma inflexível de ver o mundo"...

O filósofo e crítico britânico Terry Eagleton, em seu livro *Ideologia*, chamou de "deturpação grosseira" todas essas embaraçosas visões e também denunciou o "abandono da noção de ideologia", por muitos autores, como "uma hesitação política", tal a dificuldade de certos setores intelectuais e políticos em manter seus posicionamentos críticos e análises denunciadoras do discurso ideológico.[501] Para o autor, a supressão das análises em termos de ideologia constitui uma aceitação da crença (ideológica) do "fim da ideologia", que, entre outras coisas, parece apontar para a nulidade da separação entre crítica e ideologia, pois já teríamos chegado à época em que "as ideologias não têm mais lugar". Para ele, *"a atual supressão do conceito de ideologia é, em certo aspecto, uma reciclagem da chamada época do 'fim da ideologia', que sucedeu a Segunda Guerra Mundial; mas, enquanto esse movimento podia ser explicado, pelo menos em parte, como uma reação traumatizada*

---

500. No primeiro capítulo, discorri sobre o conceito de crítica, citando Foucault e Butler. Aqui, não posso deixar de mencionar Marilena Chaui, em seu texto "Crítica e ideologia", quando a define principalmente como *"o antidiscurso da ideologia, o seu negativo, a sua contradição. [...] um discurso que se elabora no interior do próprio discurso ideológico como o seu contradiscurso. Esse contradiscurso é o discurso crítico"*. In: CHAUI, Marilena. *Cultura e democracia*: o discurso competente e outras falas. São Paulo: Moderna, 1981, p. 22-23.

501. EAGLETON, Terry. *Ideologia*. São Paulo: Boitempo, 1997, p. 12.

aos crimes do fascismo e do stalinismo, nenhuma fundamentação política escora a aversão contemporânea à crítica à ideologia"[502].

Os usos do termo ideologia que acabei de mencionar trazem diversos problemas para a sua compreensão como fenômeno e para a percepção do discurso ideológico na cultura e nas nossas sociedades. Empregos que impedem que se compreenda o que, de fato, seja a ideologia e o caráter próprio do seu discurso e sua produção, circulação, atuação e atualizações.

Por sua vez, o sociólogo britânico John Thompson chamou atenção para uma outra posição sobre o assunto que classificou como uma "resposta superficial" ao problema da complexidade do conceito: aquela que simplesmente propõe abandonar seu uso, por considerar que *"o conceito seria, simplesmente, muito ambíguo, muito controvertido e contestado, demasiadamente marcado por uma história em que ele foi usado e abusado de diferentes modos, a tal ponto que ele não se presta mais, hoje em dia, para fins de análise social e política"*.[503] Para o autor, uma fuga da tarefa intelectual de retomá-lo, reescrevê-lo, redefini-lo, uma vez que se trata de *"uma noção útil e importante no vocabulário intelectual da análise social e política"*[504]. Mas, como constata, uma posição que ganhou adesões de diferentes pensadores: *"Nos últimos anos, essa resposta ganhou terreno entre alguns dos mais originais e inteligentes pensadores sociais, em parte como resultado da contestação intelectual ao marxismo, com o qual este conceito de ideologia esteve estreitamente ligado. Mas esta resposta, parece-me, é superficial"*[505].

O autor que, escrevendo seu livro *Ideologia e cultura moderna* sustenta o propósito de uma *"reformulação do conceito de ideologia"*[506], procurou dar um novo enfoque ao termo, trazendo-o para a ampla esfera das ações e interações sociais cotidianas, formas simbólicas, as relações entre as formas simbólicas, poder e dominação, *ideologia como formas simbólicas (signos, sentidos, significados, significações) a serviço de relações de poder assimétricas, relações de dominação*. Tendo também apontado um caminho que evita a queda

---

502. Ibidem, 1997, p. 12.
503. THOMPSON, John. *Ideologia e cultura moderna*. Petrópolis: Vozes, 1995, p. 15.
504. Ibidem, p. 15.
505. Ibidem, p. 15.
506. Ibidem, p. 15 e segs.

do conceito na imprecisão (ou degradação) generalizante, seja na análise de fenômenos propriamente do âmbito das formas simbólicas, seja de outros domínios: *"as formas simbólicas, ou sistemas simbólicos, não são ideológicos em si mesmos; se eles são ideológicos, e o quanto são ideológicos, depende das maneiras como eles são usados e entendidos em contextos sociais específicos. [...] se, em que medida e como (se for o caso) as formas simbólicas servem para estabelecer e sustentar relações de dominação nos contextos sociais em que elas são produzidas, transmitidas e recebidas"*[507].

Desse modo, cada vez que se utiliza o termo ideologia para nomear ideias que não são ideológicas, e que são o seu contrário, mais se torna possível que a ideologia não seja percebida como tal. Quando tudo aparece como ideologia, essa não aparece como aquilo que ela é: as ideias e práticas que constroem, sustentam e reproduzem instituições, práticas e relações que perpetuam a realidade social como algo natural, eterna e irrevogável, e assim mantendo a alienação, a sujeição ou a dominação social. E não se trata aqui de um mero problema de uso de palavras.

Marx e Engels: a ideologia é a inversão do caráter sócio-histórico da realidade social

O termo ideologia ganhou um sentido crítico, pela primeira vez, quando Karl Marx e Friedrich Engels escreveram o livro *A ideologia alemã* no século XIX. Nessa obra, os autores buscaram conceituar a ideologia em sua relação com o fenômeno da consciência no ser humano, e a entenderam como uma consciência que corresponderia a uma visão invertida da realidade (*"em toda ideologia, os homens e suas relações aparecem de cabeça para baixo [...], da mesma forma como a inversão dos objetos na retina"*[508]), uma visão distorcida, que, como numa ilusão de ótica, inverte inteiramente os processos que engendram e conservam a realidade.

---

507. Ibidem, p. 17-18.
508. MARX, Karl; ENGELS, Friedrich. *A ideologia alemã*. São Paulo: Boitempo, 2007, p. 94.

Para o assunto ao qual aplicavam suas reflexões, isto é, o mundo humano-social, sua gênese, história, estrutura e funcionamento, os autores destacaram que a ideologia inverte inteiramente a sua forma, seus fundamentos e seus processos: ali onde está o histórico, a ideologia faz aparecer o eterno e o transcendental; onde está o humano, apresenta o divino; onde está o cultural, põe o natural; onde está o contingente, presume o necessário e o inevitável; onde está o particular; reconhece o universal. Uma inversão e uma ilusão que, constituindo uma consciência distorcida, faz a realidade parecer algo autônomo relativamente à ação humana, ao próprio social e à história. Uma autonomização que, conforme escreveram os autores, torna a realidade uma *"potência estranha"* e a faz aparecer como *"independente do querer e do agir dos homens e que até mesmo dirige esse querer e esse agir"*[509].

Com as inversões, a autonomização da realidade social — e de suas instituições, mecanismos, lógicas, práticas, agentes, crenças, valores etc. —, com relação à sociedade e a seus agentes, é o que principalmente caracteriza a ideologia na visão de Marx e Engels. Isto é, quando a realidade social ganha aspecto de algo que existe sem a participação da ação humana, sem história, uma quase-natureza, realidade transcendental ou divina.[510] Em várias passagens dessa obra, os autores assinalam o caráter "ilusório" que a realidade passa a possuir como um efeito da ideologia: não no sentido de algo que não existe verdadeiramente, mas, por sua força de representação (imaginária, simbólica, metafísica), a capacidade da ideologia de *transfigurar* a realidade social (e tudo nela existente), fazendo-a adquirir formas que não correspondem aos processos e práticas que lhe dão origem, sustentação e possibilitam sua reprodução. Dando-lhe, principalmente, uma ilusória aparência de realidade que existe por si mesma, eterna e universal, pelas muitas maneiras que "ilusões" ("ilusão dessa época", "ilusão política", "ilusão religiosa"[511]) tornam-se as formas de sua explicação e representação.

---

509. Ibidem, p. 38.
510. MARX, Karl; ENGELS, Friedrich. *A ideologia alemã*. São Paulo: Boitempo, 2007, p. 25-95.
511. Ibidem, p. 44 e outras.

Enquanto buscavam definir os principais traços da ideologia, Marx e Engels atacam o que entenderam ser uma concepção idealista da realidade que, para eles, todo um pensamento filosófico (alemão) anterior fomentava. Essa concepção idealista — incapaz, como pensamento, de abordar a realidade com exatidão: desconsidera a *"história real"*, a *"base real da história"* ou *"a produção real da vida"* (são expressões utilizadas pelos autores repetidas vezes em suas obras) — mereceria ser nomeada por seu verdadeiro nome: *ideologia*. A concepção idealista corresponderia a uma forma da ideologia. Seria uma de suas manifestações. O idealismo em filosofia é a ideologia como filosofia. Daí o título, algo de sarcástico, "a ideologia alemã", um trocadilho com "a filosofia alemã". A filosofia que tornaram objeto de suas análises e críticas seria uma ideologia e não uma filosofia, e *"em especial a alemã"*, como escrevem no subtítulo de uma das seções do livro. Em outro de seus textos, *Contribuição à crítica da economia política*, Marx vai referir-se à *"concepção ideológica da filosofia alemã"*[512].

Para os autores, o conhecimento da realidade, o conhecimento da história, exigia outra concepção, oposta ao idealismo, uma concepção materialista, capaz de partir da materialidade dos processos e relações que produzem, reproduzem e transformam a realidade. Única condição do pensamento humano superar a concepção idealista e ideológica, quase sinônimos, como visão distorcida e invertida da realidade. Uma concepção da realidade (e da história) que consistiria em partir da produção material e do intercâmbio material como base real da existência humana e dos demais produtos da ação humana: produção material da existência entendida como produção das condições materiais para a vida humana em grupo, em sociedade — do alimento ao abrigo, passando pelo transporte, ideias de organização, divisão do trabalho, reprodução etc. Compreender uma sociedade e sua época é possível filosoficamente, mas não quando *"se desce do céu à terra"*, como no idealismo, e sim, como dizem os autores, agindo como na concepção materialista que *"ascende da terra ao céu"*. Isto é, na concepção materialista *"não se parte daquilo que os homens dizem, imaginam ou representam, tampouco dos homens pensados, imaginados e representados*

---

512. MARX, Karl. *Contribuição à crítica da economia política*. São Paulo: Martins Fontes, 1977, p. 26.

para, a partir daí, chegar aos homens de carne e osso; parte-se dos homens realmente ativos e, a partir de seu processo de vida real, expõe-se também o desenvolvimento dos reflexos ideológicos e dos ecos desse processo de vida. [...] Não é a consciência que determina a vida, mas a vida que determina a consciência"[513].

Na concepção de Marx e Engels, esse processo de vida real — processo real de produção da vida em sua dimensão material, produção material da vida imediata — está inteiramente situado no modo de produção econômico (forças produtivas, relações de produção, formas de propriedade dos meios de produção, intercâmbio econômico), em seus diferentes estágios, e é por essa razão que os dois autores o concebem "*como fundamento de toda a história, tanto a apresentando em sua ação como Estado como explicando a partir dela o conjunto das diferentes criações teóricas e formas de consciência — religião, filosofia, moral etc*"[514]. Uma concepção que corresponderia a uma justa visão da realidade porque partiria do "*solo da história real; não de explicar a práxis partindo da ideia, mas de explicar as formações ideais a partir da práxis material*"[515].

Para os fundadores da concepção materialista da história, é a práxis material, entendida como o conjunto das ações para a produção da existência humana na sua dimensão material (comida, moradia, locomoção, trocas, sexo etc.), que engendra as relações sociais. Mas, entre essas relações, existiriam aquelas que seriam fundantes do modo de produção que lhes corresponde, as "relações de produção" (na realidade, relações entre classes sociais, pois relações entre proprietários de meios de produção e proprietários de força de trabalho, mas despossuídos de meios de produção), a partir das quais as demais relações sociais, estruturas sociais, leis, moral etc. são determinadas. O modo de produção (com suas relações de produção e forças produtivas em um certo estágio de desenvolvimento) torna-se, assim, para a concepção materialista da história, uma espécie de infraestrutura sobre a qual se ergueria uma superestrutura de instâncias jurídicas, políticas e ideológicas, que seria funcional por contribuir para

---

513. MARX, Karl; ENGELS, Friedrich. *A ideologia alemã*. São Paulo: Boitempo, 2007, p. 94.
514. Ibidem, p. 42.
515. Ibidem, p. 43.

a sua reprodução e para a reprodução das relações sociais que lhe dão suporte. Como escreveram: "*a observação empírica tem de provar, em cada caso particular, empiricamente e sem nenhum tipo de mistificação ou especulação, a conexão entre a estrutura social e política e a produção*"[516].

Aplicando essa "concepção materialista" de A ideologia alemã à análise de toda história precedente ao surgimento da sociedade capitalista, os autores buscaram apontar que a ideologia seria essencialmente constituída das ideias que ocultam essa determinação do modo de produção econômico sobre a superestrutura. Nesse sentido, todos os produtos das superestruturas, em cada época, como o direito, a moral, a religião, o pensamento em geral etc. aparecerem como sem vínculos com o modo de produção e sem vínculos com as classes que participam (ou se enfrentam) nas relações de produção nele dominantes. Simulando a superestrutura como autônoma, a ideologia não apenas ocultaria a determinação do modo de produção, mas principalmente o fato de que toda superestrutura se constitui apoiada no modo de produção.

Para contestar a concepção idealista, que, como a ideologia, negaria esse processo e esses fatos históricos, Marx e Engels puseram atenção na inversão promovida pelos filósofos idealistas a propósito da relação entre consciência (superestrutura) e história (história da "vida real", da produção material das condições de existência, o modo de produção específico, a infraestrutura). Eles acusavam os idealistas de substituírem os próprios movimentos da história pelos "progressos da consciência" como os responsáveis pelas mudanças históricas dos processos de produção, trabalho, relação do ser humano com a natureza etc. cabiam às suas críticas inverter a inversão produzida pelo entendimento idealista. Como escreveram: "*os indivíduos não mais subsumidos à divisão do trabalho foram representados pelos filósofos como um ideal sob o nome 'o homem', e todo este processo que acabamos de expor foi concebido como sendo o processo de desenvolvimento 'do homem', de tal modo que, em cada fase histórica, 'o homem' foi introduzido sorrateiramente por sob os indivíduos anteriores e apresentado como a força motriz da história. [...] Graças a essa inversão, que desde o início*

---

516. Ibidem, p. 93.

faz abstração das condições reais, foi possível transformar toda a história num processo de desenvolvimento da consciência"[517].

O ocultamento ideológico, todavia, não se refere apenas à negação do modo de produção como origem de todas as demais relações sociais e ideias sociais nas sociedades e na história, mas refere-se, e talvez principalmente, à negação do caráter histórico e social de toda realidade fundada pela práxis humana. No ocultamento ideológico, a realidade do mundo humano-social aparece sem história, como produto de um "desenvolvimento natural" da própria realidade, quando desaparecem todos os vestígios da ação e das lutas para sua construção e institucionalização, uma espécie de "história" sem o histórico, sem a efetiva historicidade da realidade. Assim escreveram os autores de *A ideologia alemã*: "*Quanto à história dos homens, será preciso examiná-la, pois quase toda a ideologia se reduz ou a uma concepção distorcida dessa história ou a uma abstração total dela*"[518].

Marx levou essa mesma concepção para todos os seus demais trabalhos escritos e podemos dizer que toda sua obra foi um trabalho de desconstrução da imagem ou representação ideológica da realidade. O autor esteve com a atenção sempre voltada para as formas "ilusórias" (históricas, epocais, contingentes, ficcionais) que, no *"terreno ideológico"*[519], isto é, nos campos do imaginário e do simbólico, reificam a realidade social. Dedicando-se ao exemplo da sociedade capitalista, mais que ao de outras que lhe antecederam, as metáforas que utiliza nos volumes de *O capital* para abordar as "fantasmagorias", "enigmas", "mistificação" da matéria social, "o caráter místico da mercadoria", o "fetichismo" peculiar do capitalismo, a "ilusão" da forma-salário, invisibilidade do "trabalho não-pago", da "mais-valia" ou as relações sociais entre os próprios homens como a forma fantasmagórica de uma relação entre coisas[520], ou, ainda, para abordar a aparência de *"ser miraculoso"* da realidade do capital e a

---

517. Ibidem, p. 107.
518. Ibidem, p. 87.
519. Os termos são de Marx, em MARX, Karl. *Capítulo VI inédito de O capital*. São Paulo: Moraes, 1985, p. 56.
520. MARX, Karl. *O capital*, v. 1. São Paulo: Abril Cultural, 1983, *passim*.

"*personificação das coisas e coisificação das pessoas*"[521], entre outros exemplos, talvez sejam suficientes para lembrar o seu projeto intelectual. Em todos os casos, escrevia um Marx cujo objetivo era destacar que, naquelas imagens e representações, permaneciam (permanecem) *invertidos* e, por isso, invisíveis ou ocultos, processos, práticas, relações e agentes que, embora sendo os causadores e produtores da realidade, não aparecem como tais.

Marx e Engels também destacaram uma relação intrínseca entre ideologia e as ideias da classe que na sociedade detém a posse dos meios que garantem a produção material/econômica e o controle do aparelho de Estado, a *"classe dominante"*. Para eles, a ideologia corresponde às "ideias dominantes" e, como escreveram, "*as ideias da classe dominante são, em cada época, as ideias dominantes, isto é, a classe que é a força material dominante da sociedade é, ao mesmo tempo, sua força espiritual dominante. A classe que tem à sua disposição os meios da produção material dispõe também dos meios de produção espiritual*"[522]. Dessa maneira, para os autores, a ideologia corresponde às ideias dominantes e essas correspondem sempre às ideias da classe econômica e politicamente dominante em uma sociedade. Mas, por que essas ideias são, por Marx e Engels, concebidas como "ideologia" ou "ideológicas"? Porque são ideias *negadoras* das relações sociais que imperam na sociedade, por serem a expressão mascarada das relações que tornam possível à classe detentora do poder econômico a *dominação de classe*. Como assinalaram: "*as ideias dominantes não são nada mais do que a expressão ideal das relações materiais dominantes, são as relações materiais dominantes apreendidas como ideias; portanto, são a expressão das relações que fazem de uma classe a classe dominante, são as ideias de sua dominação*"[523]. Os autores aplicaram suas teses especialmente ao caso da história da sociedade burguesa moderna, à sociedade capitalista.

Esse sentido dado por Marx e Engels ao termo ideologia permanece válido no interior das análises marxistas, e fora delas, submetido a reformulações, sem dúvida por suas possibilidades heurísticas até hoje.

---

521. Ibidem, p. 126.
522. Ibidem, p . 47.
523. Ibidem, p. 47.

A conceituação pós-marxista de ideologia

Não obstante toda a força do legado de Marx e Engels, as suas ideias foram submetidas a questionamentos, reformulações e transformações, resultando no que, hoje, podemos compreender como uma conceituação pós-marxista do fenômeno do ideológico. Três principais contribuições que resultam dessa conceituação merecem ser destacadas de início.

A primeira delas, a percepção que a ideologia corresponde à *ilusão primária* que toda sociedade — e não apenas um ou outro sistema — produz para si, por meio de suas instituições e formas simbólicas, acerca de sua própria realidade, que a faz se conceber e ser visualizada diferentemente do que ela é. Uma ilusão que oferece, de modo durável, uma imagem da realidade da qual estarão abolidas a ação e a história humanas, assim como banido o dilema da origem de suas instituições e sua conservação, pela intervenção de "tempos" e "agentes" imaginários, seja quando intervém o "mito", a narrativa fabulosa das "origens", seja quando o discurso social é presumidamente "racional", "científico". Marx e Engels apontam uma relação entre ideologia, alienação, poder e dominação que tratam de relacionar à sociedade capitalista, mas que se trata, como veremos, de uma relação que ultrapassa os traços históricos específicos dessa sociedade.

Em parte já explorado nos capítulos precedentes, estamos aqui de volta ao assunto do caráter ficcional da realidade que, por meio de suas próprias ficcionalizações (*"ilusão essencial"*, dirá Georges Balandier[524]; *"ilusões insuscetíveis de prova"*[525], como dirá Freud sobre as ideias religiosas), "resolve" o problema dos "fundamentos" e dos "sentidos" de uma ordem humana e social inteiramente arbitrária, contingente, indeterminada. Ilusão, ficção, ficcionalização: amparos metafísicos, em todos os tempos, criados pelo imaginário humano, fenômeno(lógica) da imaginação humana, conteúdos da imaginação do ser humano. Esse ser que, situando-se com dificuldade,

---

524. Citado mais adiante.
525. FREUD, Sigmund. *O futuro de uma ilusão*. Rio de Janeiro: Imago, 1974, p. 44 e segs. (Obras Completas, v. XXI).

relutância e aflição diante da descoberta desconcertante do caráter contingente, precário e sem fundamento último de toda realidade — esta é a verdade última da realidade! —, constrói outro tanto de realidade ficcional para dar consistência, validade, superioridade, e transcendência ao que carece de todos esses atributos. E na história (cotidiana) se vê: antes mesmo que chegue à desconcertadora descoberta, o ser humano ficcionaliza a realidade para evitar a vertigem do *nonsense* ou as injunções coercitivas da realidade, sua brutalidade ... E os sentidos que não estão dados, que não são prévios, pré-estabelecidos, são pelos seres humanos *construídos* e *instituídos*. A ideologia emerge aí: na produção de sentidos imaginários, de significados, significações... Formas simbólicas das quais toda ordem social se vale para legitimar-se e perdurar: nelas, as ordens sociais encontram as fórmulas para sua validação e reificação, e também para sancionarem suas instituições, atribuindo-lhes "razões" e "funções" (são "necessárias"!), "desígnios", "destinos"... Fórmulas que produzem aquilo que Émile Durkheim chamou "divinização" do social, pois, a relação do indivíduo humano com o social desperta nele "*a sensação do divino*"; o "social" que constitui "*para os seus membros o que um deus é para os seus fiéis*"[526]: dele origina-se todo ser humano e dele depende a vida de todos. Contingência, caráter construído da realidade social e seu caráter arbitrário apagam-se, desaparecem, para dar lugar à *ilusão fundacional* do social como algo preexistente ao ser humano, fundado sem as ações humanas. Poderia aqui mencionar a "*cadeia de absurdos*"[527] (cadeia de signos, significantes, significados, significações, crenças e rituais) de que falou o filósofo esloveno Mladen Dolar, em reflexão também sobre o assunto da ideologia. Cadeia que, em sua repetição, oferta sentido ao que não tem sentido, e o faz por meio do *sentido construído*, oferecendo fundamento ao que não tem fundamento último e único. Tudo tornando-se "realidade", mas sempre a partir da *suposição atribuída*, nos sentidos produzidos, que convoca a todos que creiam na "realidade" e sempre também por "*uma crença de que há algo em que se acreditar*".

---

526. DURKHEIM, Émile. *As formas elementares da vida religiosa*. São Paulo: Edições Paulinas, 1989, p. 260.

527. DOLAR, Mladen. Beyond Interpellation. In: *Qui Parle*, v. 6, n. 2, 1993, p. 75-96, University of Nebraska Press. Disponível em: http://www.jstor.org/stable/20685977. Acesso em: 15 mar. 2012.

Esse aspecto da ideologia — esta como *ilusão essencial, ilusão fundacional* — está diretamente relacionado à sua natureza imaginário-simbólica, à sua materialização nas formas simbólicas. Estamos aqui no entendimento da ideologia como produção de sentidos, signos, significados, significações, simbolismos, imaginários, representações, discursos. Veículos sem os quais a ideologia e o discurso ideológico não circulariam, não se efetivariam, não teriam eficácia. Não há ideologia fora de signos, significantes, significados, significações. A ideologia está nos signos, embora nem todo signo seja ideológico, como já assinalado antes. Como escreveu o filósofo soviético Valentin Nikolaevich Voloshinov (Mikhail Bakhtin), *"sem signos não existe ideologia. [...] O domínio do ideológico coincide com o domínio dos signos"*.[528] Seguramente, é a forma simbólica da ideologia que garante que ela circule sem que apareça como tal, mas transfigurada, transmigrada para formas e conteúdos que se revelam/exprimem como outras coisas: religião, moral, direito, educação, verdade, normas, "ciência" etc. Modo como consegue a produção de efeitos sem que seja percebida como força, poder, controle, sujeição, dominação. Na sua pretendida "reformulação do conceito de ideologia", John Thompson assim escreveu: *"o conceito de ideologia pode ser usado para se referir às maneiras como o sentido (significado) serve, em circunstâncias particulares, para estabelecer e sustentar relações de poder que são sistematicamente assimétricas — que eu chamarei de 'relações de dominação'. Ideologia, falando de uma maneira mais ampla, é sentido a serviço do poder. [...] A distintividade do estudo da ideologia está na última questão: ele exige que perguntemos se o sentido, construído e usado pelas formas simbólicas, serve ou não para manter relações de poder sistematicamente assimétricas"*[529].

Em tudo o que vimos, até aqui, temos uma maneira de entender o que é ideologia que tem a vantagem de ampliar seu enfoque, evitando que se a restrinja a formas de poder e instituições estatais, jurídicas, políticas, vinculadas ao domínio de classes, sobretudo apenas em suas formas modernas. Uma compreensão da ideologia como produção de sentidos e significações, de natureza espontânea, anônima, impessoal e coletiva

---

528. BAKHTIN, Mikhail. *Marxismo e filosofia da linguagem*. São Paulo: Hucitec, 1992, p. 31-32.
529. THOMPSON, John. *Ideologia e cultura moderna*. Petrópolis: Vozes, 1995, p. 16.

dos diversos imaginários sociais e simbólicos das culturas e sociedades humanas. Um fenômeno geral, comum aos diversos sistemas sociais, presentes igualmente em todas as épocas históricas, o que não quer dizer nem "natural", nem "transcendente" ao espaço de sociedade e aos seus agentes. Nas sociedades tradicionais ou "primitivas", não menos que nas sociedades modernas e contemporâneas, as formas simbólicas são ideológicas, no sentido próprio de formas que produzem, sustentam e garantem a reprodução de relações de poder assimétricas, práticas e instituições de sujeição ou dominação dos sistemas de sociedade sobre todos ou sujeições e dominações específicas sobre alguns de seus segmentos, e sempre como coisas naturais, eternas, irremovíveis. Para o que convém repetir, não há sociedade sem ideologia.

No caso das sociedades moderno-contemporâneas, especialmente, uma perspectiva pós-marxista conseguiu perceber o quanto a ideologia se realiza e efetiva seu trabalho em espaços, interações sociais, relações e instituições que mais se aproximam daquilo que chamamos em sociologia "vida cotidiana". Percepção que retirou a análise de ideologia do campo restrito dos problemas teóricos relativos à relação entre ideologia e poder, aparelho de Estado, classes sociais etc. Empreender a análise de ideologia a partir da perspectiva da vida cotidiana permitiu aos estudos abordarem a esfera na qual a ideologia circula e penetra na vida de todos, de muitas maneiras, por meio de vários aparelhos, dispositivos, mecanismos, tecnologias, ideias e diversificados agentes.

Por tudo que representa na vida dos indivíduos, nas mais diversas sociedades e culturas, o cotidiano é o lugar das práticas ideológicas, da difusão das ideias ideológicas. Nele, a ideologia encontra ampla gama de vias, condutos e redes por onde se espalhar. Podemos mesmo dizer que é na vida cotidiana que a ideologia se impõe como as ideias e as práticas instituídas e hegemônicas que a tornam uma parte importante do conteúdo da vida social. Sim, é certo, não é todo o conteúdo da vida ideológico; nem tudo na cultura é ideologia. Se essa é uma parte que exerce influência preponderante na vida social e com efeitos que asseguram a hegemonia de certas instituições, práticas e ideias sociais, não resulta disso que seja seu único conteúdo. Na vida cotidiana, outras ideias, práticas e relações são simplesmente e espontaneamente o contrário do que a ideologia pretende, outras são plenamente resistências e outras que não se deixam capturar, domesticar, dominar. Sobre o lugar do cotidiano na vida social, não posso deixar de lembrar aqui as análises da filósofa húngara Agnes Heller, ao assinalar que *"a vida cotidiana não está 'fora' da história, mas no 'centro' do acontecer histórico: é a verdadeira 'essência' da substância social"*.[530] Para mais adiante dizer: *"a vida cotidiana, de todas as esferas da realidade, é aquela que mais se presta à alienação"*[531].

O cotidiano, a vida cotidiana, como o terreno da vida concreta, traz as experiências da atividade social organizada, da interação de suas partes "orgânicas", da assimilação das normas sociais, mas igualmente da naturalização dos "papéis sociais", da hipóstase das instituições, relações de poder, práticas de sujeição, preconceitos, tornando-se o espaço propício para o modo como a ideologia atua. Pois essa não apenas não aparece como tal (aparece transfigurada, por exemplo, no "consuetudinário", na "moral", nas "normas", na "ordem das coisas", nas "crenças", "teorias científicas"), como também procura invisibilizar a sujeição e a dominação que ocorrem em relações assimétricas, atuação de instituições, perduração de estruturas, práticas, ideias. Como dirá John Thompson: *"para a maioria das pessoas, as relações de poder e dominação que as atingem mais diretamente são as caracterizadas pelos contextos sociais dentro dos quais elas vivem suas vidas cotidianas: a casa, o local de trabalho, a sala de aula, os companheiros. Esses são contextos em que os indivíduos gastam a maior parte de seu tempo, agindo e interagindo [...] Eles implicam desigualdades e assimetrias de poder e recursos, algumas das quais podem estar ligadas a desigualdades e assimetrias mais amplas, que passam de um contexto a outro e que se referem às relações entre homens e mulheres, entre negros e brancos, entre aqueles que têm riqueza e propriedade e aqueles sem riqueza e propriedade"*[532].

Uma segunda contribuição da conceituação pós-marxista é apresentar o entendimento da ideologia como um modo de produção de sujeitos, subjetividades, identidades, ativadas por diversos dispositivos e poderes,

---

530. HELLER, Agnes. *O cotidiano e a história*. Rio de Janeiro: Paz e Terra, 1985, p. 20.
531. Ibidem, p. 37.
532. THOMPSON, John. *Ideologia e cultura moderna*. Petrópolis: Vozes, 1995, p. 18.

no uso de tecnologias de controle, assujeitamento, colonização de corpos, pessoas, atos, pensamentos. Como tem sido destacado nas análises de diversos autores contemporâneos, entre os quais vários citados neste meu trabalho, nesses dispositivos e tecnologias, a ideologia, transformada em ideias, conceitos, técnicas, normas e preceitos, produz sujeitos que — sabendo ou não — assumem, como "suas" e como "verdades" irrevogáveis, as construções ideológicas que caem sobre suas cabeças e que, internalizando-as, passam a reproduzi-las em suas concepções e práticas. Tornam-se sujeitos de subjetividades impostas, de identidades atribuídas e de representações sociais que os mantêm submetidos a práticas, relações e instituições de alienação, sujeição e dominação social, tanto quanto seus reprodutores. Realidades vividas como naturais e inevitáveis, tanto quanto como suas "subjetividades" e "identidades".

Assim compreendida, a ideologia aparece, com toda sua atividade, nos âmbitos afetivo, cognitivo e psíquico, tornando-se inteligível nas esferas mais profundas de sua atuação: como conteúdo de estados de alienação e sujeição, em suas diversas manifestações, que se estabelecem em processos internos ao sujeito — chamados comumente de "emocionais", "psicológicos", "subjetivos". Dessa maneira, a ideologia deixa de ser reconhecida como algo apenas do plano "social" (ou "político") para ser percebida como realidade ao nível do indivíduo/sujeito. Deixa de ser vista como uma exterioridade com relação a esse e passa a ser identificada como o constituindo em seu íntimo.

Mas, se podemos falar de uma conceituação pós-marxista de ideologia, produzida a partir da síntese de diversos estudos bem mais recentes, em diferentes áreas e por diferentes abordagens, o assunto da relação entre ideologia e a realidade do indivíduo (em suas práticas afetivas, cognitivas, pensamentos, ações, emoções, vida mental, seu psiquismo, consciente, inconsciente) é objeto de reflexões anteriores ao pensamento contemporâneo e algumas delas bem mais antigas. Assim, vale a pena voltar a algumas delas.

Uma das reflexões pioneiras, Freud, em seus escritos, sugere a relação entre o psiquismo inconsciente e a ideologia, de um modo surpreendente, ao associar a existência e funcionamento da instância psíquica inconsciente que chamou de *"supereu"* ao que nomeará *"ideologias do supereu"*, e que definiu como constituídas pelo precipitado da tradição, do passado, da moral, dos valores *"que se transmitiram de geração em geração"*, os *"ideais culturais"* que nelas operam. Num primeiro momento, como supereu individual — que terá a autoridade parental, mas também o ensino religioso, o ensino moral etc. como seus representares mais diretos —, e, num segundo momento, como um supereu social, uma instância plenamente formada desses "ideais culturais", que agirá na sociedade como o supereu individual age no indivíduo. Ao escrever "A dissecação da personalidade psíquica"[533], ocasião em que o criador da psicanálise critica abertamente o marxismo por esse negligenciar o papel do psiquismo inconsciente na vida do ser social humano, ele diz: *"quando levamos em conta o superego, estamos dando um passo importante para a nossa compreensão do comportamento social da humanidade [...]. Parece provável que aquilo que se conhece como visão materialista da história peque por subestimar esse fato. Eles o põem de lado, com o comentário de que as 'ideologias' do homem nada mais são do que produto e superestrutura de suas condições econômicas contemporâneas. [...] O passado, a tradição da raça e do povo, vive nas ideologias do superego [...], opera através do superego, desempenha um poderoso papel na vida do homem"*[534].

O conceito de supereu (ou *superego*, como tradução do termo alemão *überich*) aparece pela primeira vez na obra que Freud intitulou, em 1923, *O eu e o isso*[535], mas é em *O futuro de uma ilusão*, de 1927, e em *O mal-estar na civilização*, de 1929, que o autor fala do supereu em sua relação com o que chamou de "ideais culturais" — que Freud também designa de "ideais sociais", "ideais morais", "exigências ideais", "exigências da civilização" —, para, finalmente, em *O mal-estar na civilização* definir a existência de um *"superego cultural"*[536]. Para Freud, como supereu de uma sociedade ou época, o supereu cultural tem origem de modo similar ao supereu individual, produzindo "ideais" (ideologias) e estabelecendo "exigências", sob cuja

---

533. FREUD, Sigmund. A dissecação da personalidade psíquica. In: FREUD, Sigmund. *Novas conferências introdutórias sobre psicanálise*. Rio de Janeiro: Imago, 1976 (Obras Completas, v. XXII).

534. Ibidem, p. 87. A crítica direta ao marxismo Freud já havia também feito em FREUD, Sigmund, p. 87. *O Mal-estar na civilização*. Rio de Janeiro: Imago, 1974, p. 134, 135, 168.

535. FREUD, Sigmund. *O ego e o id*. Rio de Janeiro: Imago, 1976 (Obras Completas, v. XIX).

536. Idem. *O mal-estar na civilização*. Rio de Janeiro: Imago, 1974 (Obras Completas, v. XIX), p. 166.

influência e comando vão ocorrer os desenvolvimentos da cultura e do indivíduo. Esses "ideais" são precipitados sobre os indivíduos como "ordens", "proibições", "restrições", "censuras", seja como grupo, sociedade, seja individualmente — processos que Freud definiu como de "*natureza muito semelhante*"[537]: formação do supereu individual ("*autoridade interna*"[538]) e formação do supereu cultural ("*restrições externas*" e "*exigências civilizatórias*"), que agem na construção da "civilização humana", da "comunidade cultural", a partir dos seres humanos individuais[539]. Para o autor, é a renúncia pulsional — compreendida como renúncia principalmente da satisfação das pulsões sexuais e agressivas (é sempre disso que se trata em Freud: barrar a agressividade, "componentes agressivos", "instintos agressivos", "energia agressiva") —, renúncia exigida pela cultura, que ocasiona a formação do supereu tanto individual como cultural, e sem o que, para ele, nem o indivíduo nem a cultura se constituem. O supereu individual e o supereu cultural asseguram a coerção cultural/social sobre o eu. Assim disse: "*A analogia entre o processo civilizatório e o caminho do desenvolvimento individual é passível de ser ampliada sob um aspecto importante. Pode-se afirmar que também a comunidade desenvolve um superego sob cuja influência se produz a evolução cultural. [...] O superego de uma época de civilização tem origem semelhante à do superego de um indivíduo. [...] Outro ponto de concordância entre o superego cultural e o individual é que o primeiro, tal como o último, estabelece exigências ideias estritas, cuja desobediência é punida pelo 'medo da consciência'. Aqui, em verdade, nos deparamos com a notável circunstância de que, na realidade, os processos mentais relacionados são mais familiares para nós e mais acessíveis à consciência tal como vistos no grupo, do que o podem ser no indivíduo*"[540].

Assim, se mantivermos a hipótese de Freud para a existência de um *supereu cultural*, há todas as razões para relacioná-lo à existência da ideologia, no sentido com o qual ao menos alguns de nós empregamos o termo. E por um traço notável: a existência do supereu cultural é decorrência da

---

537. Ibidem, p. 164.
538. Ibidem, p. 161.
539. Ibidem, passim. De fato, a obra toda trata sobre o assunto. É sua tese central.
540. FREUD, Sigmund. *O mal-estar na civilização*. Rio de Janeiro: Imago, 1974 (Obras Completas, v. XIX), p. 166, 167.

existência da ideologia (como tradição, religião, moralidade, senso social, autoridade parental, costumes etc.), e essa tem, dentre outras formas, o supereu cultural como um dos meios que garantem sua atuação, eficácia e permanência.

Nessa perspectiva, a ideologia passa a ser compreendida como constituindo o social concomitantemente à construção do indivíduo, ou mais exatamente sua transformação em *sujeito* (social, isto é, sujeito do social, sujeito de uma sujeição à linguagem humana, cultural, à lei, à ordem social enquanto também uma ordem simbólica, moral etc.), na sua dimensão subjetiva, psicológica, psíquica. Torna-se um poder de subjetivação que constitui o indivíduo a partir de seu próprio interior. Nisso quando também, simultaneamente, o poder alcança o sujeito como realidade psíquica e ele próprio (o poder) assume uma forma psíquica (ou encontra como operar a partir de mecanismos psíquicos). O efeito mais importante da transmutabilidade do poder à sua forma como ideologia e vice-versa é esse alcance da esfera mental, psíquica, cognitiva, emocional e, portanto, subjetiva do indivíduo. Aqui quando acaba toda ideia dicotômica sobre a relação indivíduo e sociedade.

Dentre outros autores, o assunto da ideologia, como constituinte do indivíduo e integrada à vida psíquica, foi abordado também pelo filósofo Louis Althusser. É dele formulações como *"a ideologia é eterna como o inconsciente"*, tal como Freud o havia definido, *"atemporal"*; e formulações como esta: a *"eternidade do inconsciente tem uma certa relação com a eternidade da ideologia em geral"*[541]. Sem dúvida, o autor é um dos primeiros a trazer a ideologia para o âmbito da subjetividade, do psiquismo, ainda que mantendo os termos da análise marxista. Quando procurou entender como as relações de produção na sociedade capitalista se reproduziam, ele introduziu a hipótese da *"interpelação"* dos indivíduos *"como sujeitos"* pela ideologia. A "interpelação" seria o evento que se definiria como o consentimento dos indivíduos às exigências da "lei de cultura", da "ordem simbólica", por meio da sujeição à ideologia, a cada indivíduo não restando alternativa senão assegurar-se de sua existência na sua própria

---

541. ALTHUSSER, Louis. *Ideologia e aparelhos ideológicos de Estado*. Lisboa: Presença, 1974, p. 75,76.

sujeição à ideologia que o interpela, o que, por conseguinte, seria a condição para que ocorresse sua subjetivação, isto é, ocorresse a produção de sua subjetividade, a construção de si mesmo como sujeito, por produção ou imposição de identidades, subjetividades.

Em outro de meus trabalhos[542], para falar do conceito de interpelação, escrevi que o argumento principal de Louis Althusser é o seguinte: a interpelação é o que torna possível que a ideologia faça o indivíduo crer que é "sujeito": aqui, no sentido que é um sujeito agente, autônomo. A função da interpelação é produzir o reconhecimento (enganoso, errôneo) de que se trata propriamente do indivíduo como um sujeito autônomo, e que vai se reconhecer como tal. Ao lado dessa função, ocorre do processo da interpelação realizar-se numa *"estrutura do desconhecimento"*[543] que leva a que o indivíduo desconheça o que lhe funda como sujeito — aqui não mais como autônomo, mas como assujeitado. O indivíduo, ao ser interpelado, desconhece o processo de sua própria sujeição e de produção de uma parte de si como sujeito de sua sujeição à ideologia. Emergindo nesse desconhecimento do que lhe constitui, o indivíduo, agora como sujeito, ignora e denega que é interpelado e construído pela ideologia. Como disse, com mais o colega que escreveu o texto comigo, um "eu" na trama da ideologia deve ser reconhecido pelo indivíduo quando ele se identifica com esse lugar ao mesmo tempo em que desconhece o seu conteúdo de dominação, sujeição. Esse "eu" já existe no discurso da ideologia, cabe aos indivíduos serem seu sujeito, deixarem-se interpelar por ele. O que antes do sujeito está é o "eu" da interpelação ideológica (e ele, como realidade que preexiste ao indivíduo, existe apenas na ideologia; pois nada preexiste ao indivíduo antes de seu ingresso na cultura), que é sempre já imposto ao indivíduo como "identidade", "subjetividade", que é sempre social, simbólico e, por conseguinte, ideológico, e que fará que se inicie a subjetivação que transformará o indivíduo em sujeito. E é esse processo

---

542. Escrito em parceria com o sociólogo Augusto Cesar Francisco, ainda por ser publicado na coletânea que terá por título "Ler Althusser hoje", organizada por Dantielli A. Garcia e Lucília Maria Abrahão e Sousa, a ser publicada pela EDUFSCAR (São Carlos-SP, 2017).

543. ALTHUSSER, Louis. Freud e Lacan. In: *Freud e Lacan/Marx e Freud*. Rio de Janeiro: Graal, 1985, p. 71.

que faz com que o sujeito althusseriano seja sempre sujeito assujeitado, sujeito de uma sujeição, a que foi submetido o indivíduo na interpelação inescapável de seu ser por um "eu" ideológico. Um indivíduo interpelado pela ideologia será seu sujeito, e esse sujeito é uma produção da ideologia. O que, para Althusser, ocorre com todos os indivíduos.

Ao sublinhar a função da ideologia na construção das subjetividades, na produção dos sujeitos, Althusser destaca como, particularmente no caso do modo de produção capitalista, isso é feito na simultaneamente com a reprodução da força de trabalho (constituída de indivíduos a serem submetidos à ideologia) e com a reprodução das relações de produção. E assim o autor propõe, para uma análise da ideologia, uma tese geral e uma específica. A geral diz: *"toda ideologia tem por função (que a define) constituir os indivíduos concretos em sujeitos"*[544]. A específica, aplicada à análise do modo de produção capitalista, dirá: *"a reprodução da força de trabalho exige não só uma reprodução da qualificação desta, mas, ao mesmo tempo, uma reprodução da submissão desta às regras da ordem estabelecida, isto é, uma reprodução da submissão desta à ideologia dominante para os operários e uma reprodução da capacidade para manejar bem a ideologia dominante para os agentes da exploração e da repressão"*[545]. O sujeito da ideologia em Althusser é o sujeito dos *"aparelhos ideológicos de Estado"*, que funcionam para legitimar e assegurar a reprodução do modo de produção dominante. Na sociedade capitalista, como escreveu, *"todos os aparelhos ideológicos de Estado, sejam eles quais forem, concorrem para um mesmo resultado: a reprodução das relações de produção, isto é, das relações de exploração capitalistas"*[546].

Crítico da ideia que concebe a ideologia como "fraseologia oca", sem importância, algo falso ou *"Belas Mentiras"* forjadas por *"um pequeno grupo de homens cínicos [...] que assentam a sua dominação e a sua exploração do povo numa representação falseada do mundo que inventaram para subjugar os espíritos, dominando a imaginação destes"*[547], Althusser produz uma variação do enfoque

---

544. ALTHUSSER, Louis. *Ideologia e aparelhos ideológicos de Estado*. Lisboa: Presença, 1974, p. 94.
545. Ibidem, p. 21-22.
546. Ibidem, p. 62, 63.
547. Ibidem, p. 79.

clássico marxista, ao abordar o caráter *"material"* do ideológico. Se corresponde a *"uma representação da relação imaginária dos indivíduos com as suas condições de existência"*[548], a ideologia é simultaneamente atos praticados no seio do mundo material, na existência concreta dos indivíduos. As ideias ideológicas não são ideais externas às práticas, que vêm à consciência posteriormente para justificá-las. Elas não são um reflexo a posteriori (e invertido) das práticas na consciência do sujeito. Elas são *"atos inseridos em práticas"*[549] do sujeito (ideológico). Como escreveu: elas são *"atos materiais inseridos em práticas materiais, reguladas por rituais materiais que são também definidos pelo aparelho ideológico material de que relevam as ideias desse sujeito"*[550]. Com isso, as ideias ideológicas só existem como práticas, atos, ações que se sustentam sobre a materialidade dos rituais ideológicos e aparelhos ideológicos, e que somente existem através de sujeitos e para esses sujeitos (da ideologia): *"surge assim que o sujeito age enquanto agido pelo seguinte sistema [...]: ideologia existindo num aparelho ideológico material, prescrevendo práticas materiais, reguladas por um ritual, as quais (práticas) existem nos atos materiais de um sujeito agindo em consciência segundo a sua crença. [...] só existe ideologia através do sujeito e para sujeitos"*[551].

Seguramente, Althusser produziu contribuições que se integram ao que hoje podemos compreender como uma conceituação pós-marxista de ideologia, ainda que ele próprio as tenha lançado como esboço para uma teoria da ideologia em geral em sentido marxista.

De sua parte, o filósofo Michel Foucault, não tendo concebido a ideologia como problema central de suas análises (o que não o levou a deixar de mencionar a ideologia como existindo, como creem alguns), ao pensar a constituição do ser humano como "sujeito", propondo situar o problema como algo do campo de relações de poder, do âmbito de ações do poder ou de poderes diversos — e essas ações como "tecnologias" e "modos de produção" de subjetividades, subjetivações, produção de sujeitos

---

548. Ibidem, p. 77.
549. Ibidem, p. 87.
550. Ibidem, p. 88-89.
551. Ibidem, p. 90-91.

—, também nos deixou contribuições para uma conceituação sobre ideologia em novos termos. Se se souber perceber todos os nexos entre o que chamou de "poder" (seus "dispositivos", "mecanismos", "tecnologias", formas, modos etc.) e aquilo que, antes e após suas reflexões, toda uma importante produção teórica (re)conceituou como ideologia ou discurso ideológico, não haverá nada de estranho em sugerir que um autor que "não falou do assunto" tenha produzido aportes que interessam a uma teorização sobre o tema.

O filósofo de "o sujeito e o poder" e da "biopolítica" apontou diversas modalidades de ações e tecnologias de poder/e produção de sujeitos, que definiu como *"modos de subjetivação do ser humano na nossa cultura"*, como *"modos de objetivação que transformam os seres humanos em sujeitos"*[552], que, sem substituição de seus próprios termos, creio não me equivocar ao sugerir que, constituindo uma teoria dos processos de subjetivação e produção de sujeitos, torna-se também uma teorização sobre sujeição e subjetivação para a qual não pode ser estranha a reflexão sobre ideologia. No pensamento de Michel Foucault, modos de subjetivação não são apenas as vias da produção de subjetividades, são antes modos de *"assujeitamento"* dos indivíduos a certas subjetividades delimitadas, identidades pré-fixadas, condutas. Como escreveu: *"há dois sentidos para a palavra sujeito: sujeito submetido ao outro pelo controle e pela dependência, e sujeito prisioneiro de sua própria identidade pela consciência ou pela consciência de si. Nos dois casos, essa palavra sugere uma forma de poder que subjuga e assujeita"*[553].

Se relacionarmos o que disseram os dois autores sobre a produção do sujeito como correspondendo ao assujeitamento a poderes, que, submetendo-o, produzem sua subjetividade e identidade, e ao efeito da ideologia ao constituir indivíduos em sujeitos, podemos perfeitamente definir a ideologia como um poder, entre outros poderes, que age na produção dos sujeitos sociais, por seus efeitos de subjetivação, ideologização das subjetividades, das esferas emocionais, cognitivas. Embora torne-se

---

552. FOUCAULT, Michel. Le sujet et le pouvoir. In: FOUCAULT, Michel. *Dits et écrits*, v. II. Paris: Gallimard, 2001, p. 1.042 (tradução nossa).

553. Ibidem, p. 1.046 (tradução nossa).

necessário destacar que, se o poder (como Foucault o concebe) produz o sujeito, não o impedindo de agir, mas o impelindo à ação — não age reprimindo-o, mas produzindo-o: *"o que faz que o poder se mantenha e que seja aceito é simplesmente que ele não pesa só como uma força que diz não, mas que de fato ele permeia, produz coisas, induz ao prazer, forma saber, produz discurso"*[554] —, com a ideologia ocorre de ser seus efeitos de subjetivação algo diferente. No sujeito da ideologia, os estados e impulsos ideológicos são geradores de práticas afetivas, de desejo e cognitivas que estão sempre comprometidos com a sujeição do outro, com sua dominação, ou se tornam para o próprio sujeito entraves, bloqueios e dificuldades de sair da situação de alienação, atos irrefletidos, despotencialização para a autonomia, aceitação de sofrimento, disposição à "servidão voluntária" diante de situações de subordinação e subtração de reconhecimento e direitos, submissão a crenças sem fundamentos ou, por outro lado, práticas de assujeitamento do outro, violência, discriminação, sentimentos negativos etc.

Assim, a conceituação pós-marxista traz consigo o conhecimento da abrangência da ideologia, tornando visíveis as multiplicadas formas da alienação, sujeição social e, para certos contextos, até mesmo de opressão e dominação social e política, de outro modo categorizadas (e invisibilizadas) como "sofrimentos pessoais", "problemas psicológicos", "inadaptação social", "transtornos".

Se na acepção marxista estrita a ideologia corresponde às ideias da "classe dominante" e, por conseguinte, às "ideias que asseguram sua dominação", numa concepção pós-marxista, a ideologia corresponde às ideias — e suas práticas correspondentes — que realizam qualquer forma de sujeição, dominação social e alienação do indivíduo em sua relação consigo mesmo e na sua relação com os outros: isto é, racismo, homofobia, sexismo, machismo, assédio moral, etnocentrismo, opressão política, cultural, econômica etc. sobre indivíduos, grupos ou classes, que sejam praticados contra si próprio ou contra os demais. Todas as formas de subordinação, discriminação, preconceito, negação de reconhecimento

---

554. Idem. Verdade e poder. In: FOUCAULT, Michel. *Microfísica do poder*. Rio de Janeiro: Graal, 1979, p. 8.

e direitos, negação da participação social, repressão, violência simbólica, psicológica ou moral nos diversos âmbitos da existência.

Formas de sujeição e dominação para as quais o seu sustentáculo não são os interesses e o poder de uma classe particular mas o controle social por uma moral, tradições, valores ou "cultura". Numa palavra, o domínio da ideologia, o que não exclui — como é quase sempre o caso — a ação do Estado como seu assegurador.

A *matrix* da ideologia: o imaginário e o simbólico

Se Marx e Engels inicialmente apontaram como constituindo a propriedade da ideologia ser as ideias que invertem a gênese e o caráter da realidade social, produzindo sua autonomização em relação à sociedade e aos seus agentes, esse não é fenômeno exclusivo de nenhuma sociedade em particular (a capitalista, por exemplo, por eles analisada), mas presente em todas as culturas e sociedades humanas que se tem conhecimento.

Como já abordado páginas antes, o que caracteriza o fenômeno do ideológico no fundamental é negar o caráter de *realidade construída* do mundo humano-social, de toda ordem social-cultural, ao mesmo tempo que nega todas as possibilidades de sua transformação, revogação. A ideologia está constituída pelas representações sociais e significações (imagens, significados, sentidos, simbolismos) pelas quais toda cultura — funcionando como uma ordem social, um sistema de sociedade — busca ratificar-se como única forma possível de realidade, pois natural e imodificável, e também como necessária, eterna e transcendente. Disso deriva dois fenômenos, a saber, primeiro, o imaginário e o simbólico correspondem às regiões e simultaneamente às formas pelas quais toda ideologia se exprime e, segundo, *o próprio modo de operar de toda cultura torna-se um modo ideológico*. Nenhuma sociedade que se tem conhecimento na história e na diversidade cultural apresenta traços dessemelhantes quanto a esses aspectos.

Um *modo de operar* que não corresponde a nenhuma inerência ou transcendência do espaço de sociedade como tal. Bem ao contrário, pois se funda na prática do ser humano de produzir (e acumular) simbolismos e definições imaginárias da realidade, isto é, produção de símbolos, significações simbólicas, atribuição de sentidos e significados para a realidade, criação de identidades coletivas, pertencimentos etc., que, dentre outros, como vimos no capítulo precedente, o filósofo Cornelius Castoriadis as conceituou como *"significações imaginárias sociais"*[555].

Essas significações imaginárias integram o domínio do simbólico de toda sociedade e todo simbolismo social conta com uma produção imaginária, que lhe concomitante, e que é sua matéria-prima. Como bem Castoriadis definiu: *"tudo [...], no mundo social-histórico, está indissociavelmente entrelaçado com o simbólico"*[556], para em seguida afirmar: *"na medida em que o imaginário se reduz finalmente à faculdade originária de pôr ou de dar-se, sob a forma de representação, uma coisa e uma relação que não são (que não são dadas na percepção ou nunca o foram), falaremos de um imaginário último ou radical, como raiz comum do imaginário efetivo e do simbólico. É finalmente a capacidade elementar e irredutível de evocar uma imagem"*[557]. A lição que podemos guardar desse pensamento é que todo simbólico tem seu componente imaginário e nada torna possível estabelecer onde incide o limite do simbólico na sua relação com o imaginário e vice-versa. O imaginário utiliza-se do simbólico para exprimir-se e o simbólico pressupõe a capacidade imaginária humana.

Mas o imaginário e o simbólico não apenas existem, cumprem um papel decisivo no funcionamento das sociedades, quer seja para a manutenção, quer seja para a transformação da vida social nelas. E qual é esse papel? Por que é pela via imaginária e simbólica que esse papel se exprime e realiza-se? Entre outras respostas possíveis, aquela proposta por Castoriadis, o pensador da "instituição imaginária da sociedade", parece baseada em percepção bastante plausível: *"Até aqui toda sociedade tentou dar uma resposta a algumas perguntas fundamentais: quem somos nós, como*

---

555. CASTORIADIS, Cornelius. *A instituição imaginária da sociedade*. Rio de Janeiro: Paz e Terra, 1982, p. 164 e segs.

556. Ibidem, p. 142.

557. Ibidem, p.154 e antecedentes e seguintes.

coletividade? Que somos nós, uns para os outros? Onde e em que somos nós? Que queremos, que desejamos, o que nos falta? A sociedade deve definir sua 'identidade'; sua articulação; o mundo, suas relações com ele e com os objetos que contém; suas necessidades e seus desejos. Sem a 'resposta' a essas 'perguntas'; sem essas 'definições', não existe mundo humano, nem sociedade e nem cultura — porque tudo permaneceria caos indiferenciado. O papel das significações imaginárias é o de fornecer uma resposta a essas perguntas, respostas que, evidentemente, nem a 'realidade' nem a 'racionalidade' podem fornecer"[558].

Às angústias e perguntas metafísicas os indivíduos, coletivamente, oferecem respostas também metafísicas. Premidos que estão entre as coerções da realidade e as dúvidas sobre o que a funda, os indivíduos tentam produzir "explicações" sobre as origens das instituições sociais, do mundo, dos seres à sua volta, quando emergem as representações coletivas, mitos, crenças, pensamentos mágicos, percepções sociais, conceitos "científicos" e saberes os mais diversos.

Dessa maneira, quando afirmo que a ideologia corresponde ao modo de operar de toda ordem social e cultura, torna-se importante assinalar que esse modo é constituído, como imaginário e como simbólico, a partir da relação que os indivíduos estabelecem com a realidade instituída, com sua cultura, com os fenômenos, seres e objetos do mundo que habitam, a partir fundamentalmente do problema das "origens", isto é, da metafísica da origem, fundo de toda *"metafísica da substância"*. Aqui, como na reflexão sobre a "alienação" proposta por Castoriadis, não se trata de dizer que a ideologia seja "a" relação como tal da sociedade e seus agentes com a instituição social, com o seu mundo cultural e com o mundo natural circundante, mas uma *modalidade* dessa relação. A ideologia, como a alienação (fenômenos ligados entre si por uma recíproca dependência), surge *numa modalidade específica* de relação dos indivíduos com a realidade: *"a alienação surge nessa relação, mas ela não é essa relação — como o erro ou o delírio só são possíveis na linguagem, mas não são a linguagem"*[559].

---

558. Ibidem, p. 177.
559. Ibidem, p. 137.

E qual modalidade de relação é essa? É aquela na qual os indivíduos se relacionam com a realidade social institucionalizada (a instituição social) desconhecendo o que a funda (essencialmente o desconhecimento do seu caráter de *realidade construída*), assim como desconhecem o mundo físico-natural e seus fenômenos, tanto quanto desconhecem o processo que os funda como seres humanos e sujeitos sociais: seres de linguagens culturais, sociais e históricas. Seja no caso das sociedades para as quais o tempo é "história", seja no caso das sociedades para as quais o tempo é "mito", é nessa relação do ser humano com sua realidade, no desconhecimento do que a funda, que a ideologia emerge. Porém, não se trata de ter essa relação como algo unilateral do indivíduo para com a sociedade, pois este sempre-já está sob os ditames de uma ordem social determinada e, como foi demonstrado por Durkheim, é unicamente pelos efeitos da ação que o social exerce sobre os indivíduos que esses passam a ter com ele uma relação plena de significados metafísicos e ideológicos.

Nesse assunto, estamos no problema da heteronomia social, como também tratada por Castoriadis. Como uma sociedade, toda sociedade, é sempre autoinstituição, é institucionalização, por um grupo social humano, de uma certa realidade social-histórica — *"mas esta auto-instituição geralmente não se sabe como tal"* — *"a alienação ou heteronomia da sociedade é auto-alienação"*[560]. Isto é, *"ocultação do ser da sociedade como auto-instituição a seus próprios olhos, encobrimento de sua temporalidade essencial. Esta auto-alienação — mantida ao mesmo tempo pelas respostas historicamente fornecidas até aqui às exigências do funcionamento psíquico, pela tendência própria da instituição, e pelo domínio quase incoercível da lógica-ontologia identitária — manifesta-se na representação social (ela própria, cada vez, instituída) de uma origem extra-social da instituição da sociedade (origem imputada a seres sobrenaturais, a Deus, à natureza, à razão, à necessidade, às leis da história, ou ao ser-assim do Ser). [...] Evidentemente, a auto-alienação ou heteronomia da sociedade não é 'simples representação' ou incapacidade da sociedade de se representar de outra maneira que não como instituída por e a partir de um alhures. Ela é encarnada, fortemente e pesadamente materializada na instituição concreta da sociedade, incorporada na*

---

560. Ibidem, p. 417.

divisão conflitual, levada e mediatizada por toda a sua organização, interminavelmente reproduzida no e pelo funcionamento social, o ser-assim dos objetos, das atividades, dos indivíduos sociais"[561].

Do ponto de vista de sua determinação ontológica, gênese e função, a existência da ideologia é inseparável da existência da organização social humana e dos processos de sua institucionalização em sua dependência em relação ao imaginário e ao simbólico. A ideologia constitui um dado antropológico do fenômeno da estruturação e institucionalização do social. Quando Durkheim escreveu sobre os assuntos da religião, moral, divisão do trabalho e educação, utilizou metáforas e noções como "cimento social", "consciência coletiva", "representações coletivas", "poder moral", "solidariedade mecânica", "solidariedade orgânica", entre outras. Em todas elas, podemos reconhecer que aquilo que o autor destaca como formando os vínculos entre os indivíduos nas sociedades, e deles com elas, concerne sempre ao elemento ideológico de formas de "sentimentos coletivos" e "sensações" que tornam a sociedade um "fato moral" e uma realidade *"divina"*, por cujos efeitos ocorrem a adesão, admissão, integração, consentimento e submissão à realidade instituída, sem que esta triunfe por imposição de força física mas pela "adoração" e "respeito" a diversos de seus atributos e pela "autoridade moral" de que se investe.[562] Não é por outra razão que, apontando a *"aptidão da sociedade para se erigir em deus"*[563], Durkheim afirma que *"a religião é coisa eminentemente social.*

---

561. Ibidem, p. 417-418. Claro, não se trata aqui de cair no próprio discurso ideológico que não permite pensar outra saída que não seja a reprodução social, a manutenção do status quo e da sujeição. Como assinala o autor, esse seria um modo de pensar prisioneiro de uma *"fantasia da dominação como determinação exaustiva do ser"*, que somente é abandonada para se *"mergulhar na melancolia da impotência"* (ibidem, p. 417). Um modo de pensar cujas *"respostas à questão do mundo e da história, e mesmo sua interrogação quando ela se mantém aberta, situam-se sempre num terreno de onde se excluem, por construção, o imaginário radical como social-histórico e como imaginação radical, a indeterminação, a criação, a temporalidade como auto-alteração essencial"* (ibidem, p. 417).

562. Ver, a propósito de todos esses assuntos, DURKHEIM, Émile. *As regras do método sociológico*. São Paulo: Abril Cultural, 1978 (Os Pensadores); DURKHEIM, Émile. *As formas elementares da vida religiosa*. São Paulo: Edições Paulinas, 1989; DURKHEIM, Émile. *Da divisão do trabalho social*. São Paulo: Martins Fontes, 1977; DURKHEIM, Émile. *Sociologie et philosophie*. Paris: PUF, 1996.

563. Idem. DURKHEIM, Émile. *As formas elementares da vida religiosa*. São Paulo: Edições Loyola, 1989, p. 268.

As representações religiosas são representações coletivas que exprimem realidades coletivas"[564], a sua "transcendência" é (imanência) de origem social: *"ela é, antes de mais nada, um sistema de noções através das quais os indivíduos compreendem a sociedade de que são membros, e as relações, obscuras mais íntimas, que mantêm com ela*"[565].

Tão materialista na análise da religião quanto Marx e Freud, o que Durkheim escreveu sobre o assunto serve bem para compreendermos como a ideologia engendra-se no espaço de sociedade. Não apenas sua gênese é similar à constituição desse fenômeno, e a sua função de sancionar e sacralizar a sociedade resulta a mesma, como também a ideologia está constituída dos mesmos elementos, surgindo dos *"sentimentos coletivos"* e *"sensações"* metafísicas que o *todo social* desperta por efeito de seu domínio e ação sobre os sujeitos sociais. Como assinalou: *"De maneira geral, não há dúvida de que uma sociedade tem tudo o que é preciso para despertar nos espíritos, unicamente pela ação que ela exerce sobre eles, a sensação do divino; porque ela é para os seus membros o que um deus é para os seus fiéis. Um deus, com efeito, é antes de tudo um ser que o homem imagina, em determinados aspectos, como superior a si mesmo e de quem acredita depender."*[566] Poderíamos aqui, numa paráfrase, reescrever o que Durkheim disse sobre a divinização do social, aplicando sua fórmula ao fenômeno do ideológico: *uma sociedade tem tudo o que é preciso para fazer surgir a ideologia.*

Para Durkheim, outro exemplo de fenômeno para o qual um "sentimento de afeição pelo grupo" torna-se a base é o "fato moral". E base também para que este se exprima e volte-se aos seus criadores (o sentimento de afeição é criado pelos indivíduos na relação com o grupo) como "autoridade". Assim Durkheim escreveu: *"se há uma moral, ela não pode ter por objetivo senão o grupo formado por uma pluralidade de indivíduos associados, isto é, a sociedade, sob condição, todavia, que a sociedade possa ser considerada como uma personalidade qualitativamente diferente das personalidades individuais que a compõem. A moral começa, então, lá onde começa o sentimento de afeição por*

---

564. Ibidem, p. 38.
565. Ibidem, p. 281.
566. Ibidem, p. 260.

um grupo, qualquer que seja"[567]. E ainda: *"As características do fato moral são explicáveis: 1º) mostraremos como a sociedade é uma coisa boa, desejável para o indivíduo que não pode existir fora dela, que não pode negá-la sem se negar: como, ao mesmo tempo, porque ela extrapola o indivíduo, este não pode querê-la e desejá-la sem fazer alguma violência à sua natureza de indivíduo; 2º) faremos ver em seguida como a sociedade, ao mesmo tempo que é uma coisa boa, é uma autoridade moral que, comunicando-se com certos preceitos de conduta mantidos de memória, confere a estes um caráter obrigatório*"[568].

O social tornar-se "desejável", uma "coisa boa" e "divino", nos sentimentos e representações individuais e coletivas, não é, para Durkheim, um fenômeno que pode ser experimentado ou compreendido fora da contextura de significados e sentidos (míticos, religiosos, morais) produzidos e atribuídos à realidade pelos indivíduos, grupos ou poderes, e sempre por efeito da *"ação que ela* [a realidade] *exerce sobre eles"*.

De Durkheim, podemos conservar a hipótese que é a ação que a realidade instituída exerce sobre os indivíduos e no que disso resulta, em seus efeitos de produção de significação e sentido, que se funda a ideologia. É nessa relação (uma *modalidade* de relação, como vimos mais atrás) entre os indivíduos e a instituição social (espaço de sociedade, de cultura), e na dependência dos primeiros com relação a esta, representada sempre por um grupo humano, uma coletividade, que surgem as variadas narrativas míticas, as representações, as cosmologias, mas igualmente noções, conceitos e ideias tidos por científicos e racionais, como "explicações" e "compreensões" da realidade.

Esse é fenômeno comum às sociedades e culturas humanas. Fenômeno que é um resultado das relações que acabamos de descrever, atravessadas de apreensões e indagações metafísicas, que se tornam a fonte de respostas também metafísicas na forma de significações imaginárias e simbólicas, e que se tornam representações sociais (representações mentais e psíquicas de objetos, coisas, categorias de percepção, apreciação, classificação,

---

567. DURKHEIM, Émile. *Sociologie et philosophie*. Paris: Presse Universitaire de France, 1996, p. 52-53.
568. Ibidem, p. 53.

manipulação, conhecimento, reconhecimento, insígnias, signos, imagens etc.). É a preponderância dessas representações sociais, ao produzirem uma imagem que apaga o caráter de coisa construída da realidade social, o que torna possível que esta apareça como algo diferente do que é: humana, cultural, social, particular, histórica; e que a própria ordem social se transforme, em seu funcionamento, numa máquina de produção de ideologia, que, graças a permanente produção de significações imaginárias, simbolismos e representações sociais consegue fazer que suas instituições, estruturas e normas apareçam aos sujeitos sociais como naturais, universais, eternas, inevitáveis e imutáveis.

Entre outros estudiosos do imaginário e do simbólico, Gilbert Durand, um crítico dos esquemas de interpretação que cercam o imaginário de suspeição e que produziram uma analítica de sua "anatemização", sugere, em obra já citada no capítulo precedente, compreender as representações imaginárias e o simbolismo das imagens como parte das criações de uma "função imaginária", essa como "função" da imaginação, para a qual o imaginário seria *"constitutivo de um acordo, ou de um equilíbrio [...], entre os desejos imperativos do sujeito e as intimações da ambiência objetiva"*[569]. Como diz: *"Equilíbrio biológico, equilíbrio psíquico, equilíbrio sociológico, é esta, afinal, a função da imaginação"*[570]. Não sendo, pois, a função imaginária "fraudulenta", mas ontologicamente comprometida com, entre outras coisas, ser o *"engano do destino"*, *"um redobramento dos instantes e um desdobramento do presente"*, a *"explosão do devir"*, ser fonte e veículo de *"alegria criadora"* — *"o semantismo do símbolo é criador"* —, e, sobretudo, sugere o autor, age como a *"grande epifania imaginária da angústia humana, diante da temporalidade"*[571], diante da irreversibilidade do tempo, do tempo que passa, o tempo da morte, e irreversibilidade da própria morte. Como escreveu: *"A imaginação atrai o tempo ao terreno onde o poderá vencer com toda facilidade"*[572], vencendo o fatal determinismo. Por tudo isso, as produções imaginárias exercem

---

569. DURAND, Gilbert. *As estruturas antropológicas do imaginário*. Lisboa: Editorial Presença, 1989, p. 271.
570. Idem. *A imaginação simbólica*. Lisboa: Edições 70, 1995, p. 103.
571. Idem. *As estruturas antropológicas do imaginário*. Lisboa: Editorial Presença, 1989, p. 79.
572. Ibidem, p. 87.

um sentido eufêmico, minimizando o peso da ordem, o peso da pressão social, da vida e da morte: *"o sentido supremo da função fantástica, erguida contra o destino moral, é assim eufemístico"*[573] — como os sonhos e o próprio sono, evocados em uma citação pelo autor: *"julgo seriamente que o fundo dos sonhos, mesmo terríveis, é feliz e até alegre [...]; e o sono é uma espécie de riso apaziguado, mas que se assegura ainda de si próprio por uma libertação total e uma perfeita indiferença às razões"*[574].

Gilbert Durand aborda a produção imaginária e simbólica no que chamou de *"regimes da imagem"*, isto é, modos de produção de imagens, num trabalho que concebeu como *"um repertório cômodo e estático das grandes constelações imaginárias"*, mas sem concessões ao substancialismo ou ao idealismo, pois, como diz, sua *"fidelidade materialista"*[575] às imagens leva a que estas somente possam ser estudadas e compreendidas como construções humanas em sociedades determinadas. Para ele, sendo "dois" esses regimes de produção das imagens — o "regime diurno" e o "regime noturno" —, aquilo que dinamiza o pensamento humano é o "ecumenismo" das imagens desses dois regimes *"num dualismo coerente"*, *"em torno dos quais gravitam rotativamente as imagens, os mitos, as fantasias e os poemas dos homens"*[576].

Para o autor, expressos na utilização de imagens e representações de animais, vegetais, astros, fenômenos naturais e também seres humanos, os símbolos teriomorfos (do formato animal), nictomorfos (do formato da noite, da escuridão), catamarfos (do formato da regressão, da queda), ascensionais (verticalização, esquemas da elevação, ascensão, virilidade, poderio), espetaculares (o luminoso, o solar, o real, o puro, o dourado, a aurora), diairéticos (o cortante, o pontiagudo, o levantado, o ereto, os instrumentos aratórios), símbolos de inversão (o abismo, o precipício, a descida, a queda, as cavidades, o reverso das coisas), da intimidade (a casa, a terra, o berço telúrico, o berço mágico, o repouso primordial, a câmara nupcial, o colo feminino, o túmulo), cíclicos (repetição ritual do

---

573. Ibidem, p. 277.
574. Ibidem, p. 270.
575. Ibidem, p. 15.
576. Idem. *A imaginação simbólica*. Lisboa: Edições 70, 1995, p. 105.

tempo, o calendário, os ciclos lunares, vegetais), entre outros, são todos eles, como simbolismos, expressões de representações imaginárias que são produzidas a partir de elementos arquetípicos, ingredientes culturais, material histórico. E, acrescentarei, produções cujos efeitos ideológicos, se não são nítidos sempre, estão aí continuamente agindo no imaginário social de nossas sociedades[577].

Para Gilbert Durand, as imagens, representações e diversificado simbolismo que expressam a realidade do imaginário e do simbólico nas diversas sociedades humanas e suas culturas têm ainda algo de peculiar que mereceu do autor a seguinte observação: no que "dizem", o que menos importa é que a própria realidade possa contradizê-las. Como escreveu: "[a] *imaginação forma uma camada profunda, que a experiência nunca poderá contradizer, de tal modo o imaginário é refratário ao desmentido experimental. Poderíamos mesmo pensar que a imaginação mascara tudo o que não a serve*".[578] Diversos exemplos extraídos de uma vasta literatura sobre imaginário e mitologia dão suporte à tese. No seu enciclopédico livro *As estruturas antropológicas do imaginário*, o autor apresenta vários exemplos de uma fabulosa produção imaginária em diversas culturas nas quais todo um numeroso conjunto de símbolos é acionado, tornando-se fonte de simbologias e simbolismos que se exprimem em *"imagens"* — representações imaginárias de geografias, tempos, culturas, mas igualmente dos medos humanos, angústias, esperanças, sentimentos, emoções, experiências. Para o autor, imagens que constituem semanticamente a própria consciência imaginante dos sujeitos sociais nas diversas culturas e cujo semantismo imaginário é ele próprio signo de um sentido global no qual as histórias dos sujeitos humanos estão mergulhadas, e sem que deixem de atravessar as *"pressões históricas"*, a *"pressão ocorrencial das ideologias"* ou as *"incidentes ocorrenciais sociológicas"*, e a elas também servindo, fazendo a própria história pertencer ao domínio do imaginário.

---

577. As religiões continuam sendo um bom exemplo nos dias atuais. As diversas religiões existentes difundem e praticam crenças e dogmas fundados em mitologias e representações imaginárias que resistem a todos os "desmentidos experimentais", sociológicos e históricos.

578. DURAND, Gilbert. *As estruturas antropológicas do imaginário*. Lisboa: Editorial Presença, 1989, p. 72.

Como fontes primárias da produção imaginária e simbólica, de caráter ideológico, as respostas metafísicas a indagações também metafísicas sobre as origens, o mundo, a vida, a morte, a realidade em geral, podem ser ainda compreendidas na perspectiva com que, entre outros, o filósofo Edgar Morin também enxergou o problema, ao sugerir que *"a realidade é cruel para o ser humano. [...] A realidade possui características horríveis. [...] lembremos T. S. Eliot: 'a humanidade não pode suportar muito a realidade'. Daí a necessidade de um compromisso. Este é obtido mobilizando-se o mito, para nele encontrar as consolações sobrenaturais, mobilizando-se o imaginário, para aí proteger a alma, e mobilizando-se a estética e a poesia, para se viver plenamente a realidade, ao mesmo tempo que vencendo o seu horror"*.[579] Ele que, como pensador da complexidade da realidade, não descartou a hipótese do imaginário como uma via pela qual os muitos seres humanos, nas diversas culturas, buscam reconciliação com a (cruel) realidade *"para torná-la suportável"*. Apaziguamento, harmonização, eufemização do sofrimento, mas igualmente a vontade de controle da realidade, domínio das forças da natureza e do ignorado, numerosos são os estudiosos, tais como Mircea Eliade, Gilbert Durand e Edgar Morin, para ficarmos em poucos exemplos, que assinalam esses aspectos ideológicos das funções do imaginário e do simbólico. Como escreveu Morin: *"o espírito de compromisso com a realidade não foi o bastante para os humanos. Existiu sempre e continua a existir a vontade de controlar a realidade para torná-la suportável, fato que se exprimiu de duas maneiras: uma que se exprimiu através da ciência e da técnica, e outra, através da magia. [...] a magia traduz a vontade de domesticação e de controle da natureza e do sobrenatural"*[580]. Magia que não deve ser entendida como prática "primitiva", "pensamento selvagem", mas como toda vontade de produzir efeitos na realidade, valendo-se de fórmulas simbólicas, que permitam fazer crer em alguma intervenção que influencie o curso dos fatos, das coisas, seja no sentido da "transformação" ou da conservação da realidade que se aborda.

Pela via da produção de significações imaginárias e simbólicas, representações sociais, o ideológico garante, em primeiro lugar, que o

---

579. MORIN, Edgar. A suportável realidade. *Cronos*, Natal, v. 2, n. 2, p. 23-30, jul./dez. 2001, p. 23-24.

580. Ibidem, p. 29.

caráter arbitrário de todo arbitrário cultural-social desapareça, não seja reconhecido como tal, o que favorece que a subordinação a instituições, normas, convenções etc. não seja percebida como algum tipo assujeitamento. Em todas as sociedades, os indivíduos estando submetidos a instituições, estruturas, relações, práticas, contingentes, aleatórias, impositivas e coercitivas, mas vivenciadas como "tradições", "padrões", "costumes morais", "religiões" ou como simplesmente "culturas", a serem perpetuadas e continuamente seguidas, como se fossem realidades necessárias, imutáveis, perpétuas e irrevogáveis. A cultura é assimilada e internalizada como neutra (sem sujeição ou dominação) e como um todo congelado no tempo.

A ideologia tem origem na produção das significações imaginárias, simbolismos e representações sociais construídas pelos indivíduos, grupos ou classes, e por todos os demais agentes sociais, e que se tornam aquelas significações que atribuem sentidos à realidade instituída (dos sistemas de sociedade, ordens sociais) por eles próprios construída e sob a qual vivem. Gerando-se aí, a ideologia é por essas significações imaginárias, simbolismos e representações sociais constituída, e pelas quais a realidade de cada sociedade e cultura é concebida e percebida. Nelas, o que é um produto da ação humana aparece como produto da ação de forças não-humanas, poderes celestiais, tornando-se objeto transcendente, divino; o que é um produto cultural e social ganha a aparência de um dado da natureza; aquilo que é um resultado da história, que é histórico, adquire o aspecto de algo eterno e imutável; aquilo que é contingente toma a forma de algo inevitável e necessário, e o que é forma e ato adquire o sentido de substância, essência.

As representações, significações e sentidos ideológicos produzem a "magia social" da qual se reveste a realidade. Ao magicamente transfigurar-se em algo diferente do que é, desaparecendo como *coisa social*, a realidade (e tudo nela) dota-se da imagem que a ela torna possível aparecer como algo da ordem de uma realidade acima da vontade humana, e "acima de qualquer suspeita". Em boa medida, é assim que as instituições sociais adquirem legitimidade e desta usufruem seus poderes, o que lhes rende condições para buscar perpetuá-las e perpetuarem-se.

A ideologização da realidade, por essa magia alcançada pelas representações, significações e sentidos imaginários e simbólicos, além do papel de legitimação da realidade instituída, afasta também o perigo da tomada de consciência pelos sujeitos sociais do seu caráter arbitrário (convencional, particular, histórico), que representa, ao mesmo tempo, o risco da recusa de suas estruturas, relações, padrões, conceitos e condutas hegemônicos e celebrados. Voltando a Durkheim, poderia aqui afirmar, a tomada de consciência do caráter arbitrário da instituição social (ordem social, "arbitrário cultural") é *"o interdito"* sobre o qual todos os outros interditos da cultura se apoiam. Equivalente da crítica, a tomada de consciência do arbitrário é um tabu, é algo proibido: *"assim como consagra os homens, a sociedade também consagra as coisas, principalmente as ideias. Se uma crença for unanimemente compartilhada por um povo [...], será proibido tocá-la, ou seja, negá-la ou contestá-la. Ora, o interdito da crítica é interdito como os outros"*[581].

Assim, a ideologia, na sua existência em geral, tem no imaginário e no simbólico sua *matrix*. É na esfera do imaginário e do simbólico que a ideologia se constitui e constrói suas narrativas e discursos. Nada do que é e é capaz de fazer existir (imagens, representações, respostas metafísicas etc.) a ideologia conseguiria sem o recurso do *imaginário*, da construção imaginária, e ela própria é uma resposta imaginária e simbólica produzida pelas sociedades e indivíduos às suas interrogações sobre as origens, natureza das coisas, condições da existência etc.

Variando em cada sociedade, cultura, época, o imaginário e o simbólico são as esferas de produção e ação das narrativas míticas, mágicas, religiosas, mas também morais, políticas ou "científicas", que se tornam maneiras de conceber e perceber a realidade. Nelas, pode-se ir dos relatos da "fundação divina do mundo" (ou do seu "fim") ao discurso econômico capitalista do "mal-estar do mercado", passando pelas "descobertas científicas" sobre "tendências genéticas ou neurobiológicas determinantes de comportamentos sociais e morais" — tudo isso como verdades isentas,

---

581. DURKHEIM, Émile. *As formas elementares de vida religiosa*. São Paulo: Edições Paulinas, 1989, p. 268.

insuspeitas, e pretensamente racionais e plausíveis. Ainda que seja evidente que acionam entes imaginários, fantasmáticos, prodigiosos, e põem em prática especulações abusivas, infundadas, como "agentes" e "causas" de fenômenos e realidades: os tais "agentes econômicos" ou o "humor do mercado" no discurso capitalista, igualmente como a ideia de "causas biológicas" como fundamento de práticas sociais, no discurso "científico" de biologização do social, são entes tão fantasmais, imaginativos e arbitrários como os seres celestiais da criação primordial.

Quando, por exemplo, na sociedade, circula o discurso que "o mercado acordou agitado", estamos diante daquilo que Marx, tempos atrás, denunciou como a fantasmagórica e fetichista personificação das coisas e coisificação das relações sociais entre pessoas[582]: o "mercado" tornando-se um ente com viva própria, consciência, emoção, tal como se fora um organismo vivo, mas quando aí, nessa representação imaginário-ideológica, oculta-se que é um ente social constituído de relações e interesses sociais diversos, fundamentalmente regido pelos interesses econômicos de classes, empresários em disputas, banqueiros ávidos por seus ganhos. Ou ainda, quando circula o discurso que "a ciência finalmente encontrou a explicação pela qual mulheres preferem homens altos e musculosos" — e pesquisadores apresentam o resultado de um único estudo (em geral, com um pequeno número de pessoas, de um mesmo país, e de uma mesma época), realizado em algum laboratório de uma universidade considerada de "prestígio" no mundo (em geral, estadunidense ou europeia!); estudo que teria chegado à conclusão que "homem alto e musculo é um indicador de um alto nível de testosterona, e isso torna-se para as mulheres uma promessa de um parceiro forte, viril, e que dará a ela crianças saudáveis e fortes", devendo o fato ser entendido como "herança da evolução da espécie" —, estamos diante não apenas de um exemplo de extrapolação abusiva do determinismo biológico para o estudo de fenômenos sociais e culturais sobre os quais nada deveria ter a dizer mas também diante de entes e fantasias imaginárias. Afinal, o interesse sexual entre pessoas, do chamado "sexo oposto", ou entre pessoas do chamado "mesmo sexo", tem

---

582. MARX, Karl. *O capital*, v. 1. São Paulo: Abril Cultural, 1983, p. 71.

a ver com ideais e ideias culturais, sociais, morais, históricas. As escolhas sexuais não são orientadas pelas células sexuais, cromossomos, neurônios, hormônios, mas bem por outras motivações de caráter social e ideológico. E se essas mobilizam, acionam, põem em marcha todos esses componentes fisiobiológicos, não são eles que influenciam as escolhas, são antes apenas veículos biológicos de tendências construídas social, cultural e historicamente. E que se inclua ainda o psiquismo inconsciente das escolhas sexuais. Porém, considerações antropológicas, sociológicas, históricas e do campo das psicologias não podem ser admitidas pela ideologia da biologização do social, pois destruir-se-ia como discurso ideológico. Para negar o caráter construído também do sexo, do gênero e do que chamamos de sexualidade, a ideologia de biologização do social precisa negar o próprio social e a história.

Com efeito, a ideologia, como o mito, ignora a contradição e o tempo (a história)[583]. A primeira porque os nega, o segundo porque os desconhece. Construções imaginárias ou simbolismos de tempos remotos podem tornar-se discurso "racional" e organizado no presente mais atual, dotando-se de aparatos de produção e difusão muitas vezes transfigurados em "ciência", doutrinas políticas, religiões, utopias sociais, éticas particulares. Produções imaginárias (algumas são verdadeiros fantasmas sociais!) podem converter-se em representações sociais com papel central e organizador de relações sociais, normas, códigos e funcionamento de instituições, poderes e grupos. Às vezes, não apenas no "disparate" do tempo, mas também no do próprio sentido contraditório das ideias, tudo é bem integrado como sedimentos de tempo sem história ou bem amalgamado na domesticação de imaginários precedentes.

---

583. Na ideologia, como no mito, tudo pode acontecer ("*Tudo pode acontecer num mito*", disse Claude Lévi-Strauss, em *Antropologia estrutural*. Rio de Janeiro: Tempo Brasileiro, s.d., p. 239): a história é abolida, a ação humana inexiste. Conforme já escreveram, primeiro, Marx e Engels e, posteriormente, Althusser, Marilena Chaui e Terry Eagleton, é negando a história (o tempo histórico e a ação humana nele) que a ideologia investe na desistoricização da realidade. Ver, a esse propósito, ALTHUSSER, Louis. *Ideologia e aparelhos ideológicos de Estado*. Lisboa: Editorial Presença; São Paulo: Martins Fontes, 1974, p. 71 e segs., CHAUI, Marilena. Crítica e ideologia. In: CHAUI, Marilena. *O discurso competente e outras falas*. São Paulo: Moderna, 1981, p. 29; EAGLETON, Terry. *Ideologia*. São Paulo: EdUNESP; Boitempo, 1997, p. 62.

E, para aqueles que confundem imaginário, simbolismo ou o próprio ideológico com "irracionalismo" ou "arcaísmo", que seriam superáveis com a razão, a racionalidade, a modernidade do pensamento etc., é necessário esclarecer que o imaginário e o simbólico estão sempre aí, nas suas formas renovadas, no presente, ainda que — o que é próprio deles — arrastem consigo criações remotas, arquetípicas.

Ideologia e "sociedades primitivas"

Não se tratando aqui de fazer aquilo que o sociólogo Roger Caillois condenou nestes termos: *"apreender o Mesmo no Outro, o uno no múltiplo"*[584] e, assim, ver, em todas as sociedades, fenômenos que somente existem em algumas delas, o fato é que, quando se trata do fenômeno do ideológico, não é o caso. Por tudo que já se descreveu das diversas sociedades no tempo e na diversidade cultural, esse é um dado que está presente em todos os sistemas de sociedade e cultura: não há sociedade que não apresente a existência de produção de formas simbólicas, significações imaginárias e representações sociais que dotam a realidade social de uma imagem invertida quanto aquilo que são seus fundamentos: a realidade social como algo que existiria sem a participação da ação humana, natural ou divina, sem história, ou realidade que existiria por força de uma racionalidade própria ao "real", realidade sempre necessária e funcional.

Aliás, este é um problema que permanece em muitas análises sobre "cultura" que não querem tratar da ideologia e da sujeição como existindo. Autores que tratam de sistemas culturais e sociais como se fossem os seus próprios "nativos", descrevendo-os como verdadeiros *congelados neutros*, sem considerações aos fatos da alienação cultural, sujeição ou dominação existentes. Pensam "cultura" como os indivíduos que, submetidos às suas formas particulares, interpretam-nas como realidades dadas, imutáveis e transcendentes. Que os próprios sujeitos pensem assim é um fenômeno que as ciências humanas e sociais estudam há um bom tempo, e procuram

---

584. CAILLOIS, Roger. *O mito e o homem*. Lisboa: Edições 70, p. 17.

interpretar por meio de diversos conceitos e análises, mas é espantoso que antropólogos e sociólogos discorram sobre o assunto como falam de suas realidades culturais os seus próprios membros e agentes!

Para evitar, todavia, a acusação de descuidado etnocentrismo, vou brevemente situar que a existência do fenômeno do ideológico, com todos os seus traços (autonomização, naturalização e divinização da realidade; apagamento do caráter arbitrário do arbitrário cultural-social; sujeição a instituições transfiguradas em "cultura") é o mesmo por toda parte; o que vemos acontecer nas sociedades moderno-contemporâneas, a propósito das formas simbólicas do assujeitamento (ou da dominação), também encontramos no caso das "sociedades primitivas" — como assim a antropologia chamou, por algum tempo, as sociedades tradicionais, tribais, indígenas.

Se o assunto da ideologia e da sujeição social nas sociedades tradicionais, indígenas, tribais, é, para alguns, quase um *tabu*, assunto proibido ou considerado inadequado, pois, na crença de muitos, incluindo antropólogos, não há o que se possa chamar "sujeição" ou "dominação" nessas sociedades (assuntos considerados da "teoria marxista" e estranhos ao estudo da "cultura"), não se pode, todavia, deixar de reconhecer, como o fizeram diversos estudiosos, a existência de tais fenômenos nelas. Já não é de hoje que é contestada a visão que pretende fazer das "sociedades primitivas" sociedades *sem...* sem Estado, sem escrita, sem classes, sem sujeição, sem "estruturas", sem poder e, claro, sem ideologia: "*as sociedades sem...*", como ironizou Fréderic Rognon[585]. Contra as imagens do "*paraíso perdido*" e da "*pureza primitiva*"[586], o autor escreve: "*a homogeneidade básica das sociedades primitivas, garantia de imobilidade e de harmonia, é apenas ilusão grosseira. Toda sociedade é percorrida por contradições internas, portanto, por tensões e conflitos. [...] Se as sociedades primitivas puderam ser definidas como sociedades simples, 'elementares', assim o foram apenas por referência a um sistema de valores que privilegia a racionalização tecnológica e a busca da eficácia material*"[587]. Ainda, como adverte, para qualquer menção às práticas culturais e instituições

---

585. ROGNON, Frédéric. *Os primitivos, nossos contemporâneos*. Campinas: Papirus, 1991, p. 18.
586. Ibidem, p. 24.
587. Ibidem, p. 20-22.

nessas sociedades, não se pode deixar de considerar um fato: em sua quase totalidade, as "sociedades primitivas" estudadas pela antropologia — e já no século XIX — são povos marcados pelo encontro com o Ocidente ou Estados colonizadores orientais: ocupações de territórios, invasões, escravização, guerras, missões religiosas, tudo isso desfazendo grandemente a realidade de sociedades primitivas "intactas". O genocídio, o etnocídio, o homicídio cultural ou a aculturação fizeram sua parte na destruição de muitos povos ou na produção de fusões que lhes alteraram fortemente[588].

Todavia, sobre o assunto, retorna hoje, com nova roupagem, uma romantização do olhar para as sociedades ditas "primitivas" — espécie de retorno ao mito do "bom selvagem" — e volta em versões intelectuais (acadêmicas, universitárias) e de militância política. Em nome de um "perspectivismo" nada nietzschiano ou foucaultiano e, presumidamente, para a "descolonização" do pensamento e do conhecimento supostamente "sob a hegemonia do pensamento ocidental, racionalista, branco, capitalista etc.", as versões intelectuais e militantes acusam toda produção de conhecimento que aponta a existência de ideias, práticas e estruturas de poder, sujeição e ideologia nas sociedades "não ocidentais" de corresponder a "percepções de um imperialismo de conceitos" que introduziria, em todas as sociedades e culturas, realidades que seriam estranhas a algumas delas. Antes de qualquer outra observação, é bom lembrar, Nietzsche e Foucault praticaram o *perspectivismo* não para a "contemplação do mundo" existente, mas para a transformação da realidade instituída, construída, transformação em uma outra realidade, um outro mundo, e sempre pela suspeita e denúncia das "verdades" dos "mundos humanos" arbitrários, convencionais, plenos de situações indignas, opressivas, ou simplesmente coercitivas e não menos violentas por isso, e, por esses fatos, passíveis de mudança, alterações...

É conhecido que as sociedades indígenas, as culturas tradicionais, as "sociedades primitivas" têm suas próprias perspectivas de ver a natureza, a vida, os seres humanos e todos os demais seres... constituindo modos de vida próprios, conceitos próprios, mas o que não exclui instituições,

---

588. Ibidem, p. 55 e segs.

práticas e crenças que correspondem a coerções, injunções ou assujeitamentos dos indivíduos que nelas vivem. O mesmo é equivalente para todas as demais sociedades. Fato que fez estudiosos como Lévi-Strauss concebê-las "sistemas de representações"[589], "sistemas simbólicos"[590], sistemas particulares, alternativos, isto é, alternativas de organização social umas relativamente às outras. Mas igualmente o que faz que todas as culturas alimentem algum nível de "hostilidade" umas em relação às outras. Como escreveu o antropólogo da "Antropologia Estrutural": *"assim cada cultura se afirme como a única verdadeira e digna de ser vivida, ela ignora as outras, até as nega como culturas. A maior parte dos povos que chamamos primitivos designam-se, eles próprios, por um termo que significa "os verdadeiros", "os bons", "os excelentes", ou simplesmente "os homens"; e aplicam aos outros qualificativos que lhes nega a condição humana, como "macacos de terra" ou "ovos de piolho"*[591], ou como o autor escreveu, sobre o mesmo assunto, em outro de seus textos: *"a noção de humanidade, englobando, sem distinção de raça ou civilização, todas as formas da espécie humana, é muito recente e de expansão limitada. [...] Mas para vastas frações da espécie humana e durante dezenas de milênios, esta noção parece estar totalmente ausente. A humanidade cessa nas fronteiras da tribo, do grupo linguístico, às vezes mesmo da aldeia"*[592].

Seja, então, por alguma procura por aplicar o perspectivismo nietzschiano ou foucaultiano, seja por alguma interpretação muito particular do estruturalismo lévi-straussiano, na compreensão das "sociedades primitivas", em nenhum dos casos se tratou da defesa do ponto de vista que antropólogos, sociólogos, filósofos, seus aprendizes, ou o pensamento intelectual em geral, adotassem as "perspectivas" dos povos dessas sociedades, tais como existem, fazendo-as suas. O que corresponderia ao abandono da atividade intelectual de colocar em *perspectiva* também os seus modos de

---

589. LÉVI-STRAUSS, Claude. Introdução: história e etnologia. In: LÉVI-STRAUSS, Claude. *Antropologia Estrutural*. Rio de Janeiro: Tempo Brasileiro, 19--, p. 32.

590. Idem. Introduction à l'œuvre de Marcel Mauss. In: MAUSS, Marcel. *Sociologie et anthropologie*. Paris: PUF, 1997, p. XIX.

591. LÉVI-STRAUSS, Claude. Race et culture. In: LÉVI-STRAUSS, Claude. *Le regard éloigné*. Paris: Plon, 1983, p. 26 (tradução nossa).

592. LÉVI-STRAUSS, Claude. Raça e história. In: LÉVI-STRAUSS, Claude. *Antropologia estrutural dois*. Rio de Janeiro: Tempo Brasileiro, 1989, p. 334.

ver a vida, o mundo e as coisas, como se, em face delas, encontrássemo-nos diante de realidades cujas propriedades não seriam mais de construções humanas, com todas as suas faltas, imperfeições, precariedades, indignidades, perturbações, violências, mas diante de verdadeiro "divino social" — aqui às avessas do que definiu Durkheim.

Seja a justa defesa da vida dos povos indígenas, dos seus territórios, modos de ser, seja o conhecimento sobre as instituições das culturas tradicionais, "sociedades primitivas", na rica diversidade cultural humana, "onde se manifestam as descontinuidades culturais"[593], e o aprendizado que podemos extrair a partir de conhecer os modos de vida de outras gentes, que possa servir à relativização de nossa própria perspectiva, isso não pode se tornar, ao mesmo tempo, a produção de uma antropologia ou sociologia beatificadoras da "diferença" como se esta, em si mesma, fosse a "salvação". Retorno a um culturalismo redutivo ou a um relativismo absoluto que não se interrogam de pontos cegos de suas perspectivas, ao deixarem de reconhecer aspectos das culturas aos quais os próprios "nativos" se opõem. Enquanto entre os próprios povos das culturas tradicionais há parte de seus integrantes buscando escapar às "tradições" e aos seus efeitos de violência, sujeição, dominação, há antropólogos e sociólogos "críticos" do que chama o "pensamento ocidental", alguns que nunca puseram o pé na vida tribal ou indígena, beatificando essas culturas como *"terras sem males"*... Talvez não se deem conta que *perspectiva* é uma "ilusão de espessura e profundidade" e também uma "vista", mas somente até onde os olhos alcançam...

Certamente não é essa a visão do problema que elaborou o antropólogo brasileiro Eduardo Viveiro de Castro, ao produzir os seus "Os Pronomes Cosmológicos e o Perspectivismo Ameríndio", "Metafísicas canibais" e "Inconstância da alma selvagem". Como escreveu no seu artigo fundador: *"o estímulo inicial para esta reflexão são as numerosas referências, na etnografia amazônica, a uma teoria indígena segundo a qual o modo como os humanos veem os animais e outras subjetividades que povoam o universo — deuses,*

---

593. LÉVI-STRAUSS, Claude. As descontinuidades culturais e o desenvolvimento econômico. In: *Antropologia estrutural dois*. Rio de Janeiro: Tempo Brasileiro, 1989, p. 322.

espíritos, mortos, habitantes de outros níveis cósmicos, fenômenos meteorológicos, vegetais, às vezes mesmo objetos e artefatos —, é profundamente diferente do modo como esses seres os veem e se veem"[594]. E como esclareceu em entrevista, na qual foi solicitado a definir o conceito de "perspectivismo indígena": *"o que distingue as cosmologias ameríndias é um desenvolvimento sui generis dessa ideia, a saber, a afirmação de que cada uma dessas espécies é dotada de um ponto de vista singular, ou melhor, é constituída como um ponto de vista singular. Assim, o modo como os seres humanos veem os animais e outras gentes do universo — deuses, espíritos, mortos, plantas, objetos e artefatos — é diferente do modo como esses seres veem os humanos e veem a si mesmos. Cada espécie de ser, a começar pela nossa própria espécie, vê-se a si mesma como humana. Assim, as onças, por exemplo, se veem como gente: cada onça individual vê a si mesma e a seus semelhantes como seres humanos, organismos anatômica e funcionalmente idênticos aos nossos. Além disso, cada tipo de ser vê certos elementos-chave de seu ambiente como se fossem objetos culturalmente elaborados: o sangue dos animais que matam é visto pelas onças como cerveja de mandioca, o barreiro em que se espojam as antas é visto como uma grande casa cerimonial, os grilos que os espectros dos mortos comem são vistos por estes como peixes assados etc."*[595].

Ora, do que fala aqui o antropólogo? De uma "teoria indígena" (uma cosmologia) e de como ela lê o mundo, os seres do mundo: os indígenas constroem uma visão dos animais (e não somente destes) que faz que esses ganhem, *aos olhos indígenas*, qualidades inerentes aos seres humanos. Visão que dota os animais de "percepções de si" nas quais eles se "veem como gente". Tudo isso é bem concreto e vivido na realidade indígena de uma maneira que nada tem a ver com "simples fábulas". Como produto da criação imaginária e simbólica, com a qual os indígenas fundam sua cosmologia, tal visão torna-se fundamento de um modo de vida particular no qual os indígenas constroem suas relações com todos os demais seres do mundo, animais, vegetais, imaginários.... Assim, o perspectivismo

---

594. CASTRO, Eduardo Viveiros de. Os Pronomes Cosmológicos e o Perspectivismo Ameríndio. *Mana*, Rio de Janeiro, v. 2, n. 2, p. 115-144, out. 1996. Disponível em: www.scielo.br/scielo.php?script=sci_arttext&pid=S0104-93131996000200005

595. CASTRO, Eduardo Viveiros de. Antropologia renovada, 15/12/2010 http://revistacult.uol.com.br/home/2010/12/antropologia-renovada/

antropológico, entre outras tantas de suas possibilidades metodológicas, é uma tentativa de "tradução" de uma "teoria indígena", em seus próprios termos; "teoria" para a qual os animais (e outros seres), "dotados" de sentimentos e pensamentos humanos, ganham, na trama das relações dos seres humanos com a natureza, um lugar no qual se tornam "gente" igualzinho como os indígenas. São os indígenas que *veem* que os animais assim "se veem"... "as onças se veem como gente" no olhar indígena, na *perspectiva construída pelos indígenas*. Descrição de uma (não é também a única!) "teoria indígena" sobre a natureza, sobre a vida por inteiro e sobre a relação do ser humano com o meio envolvente... Aliás, um modo de enxergar a vida indígena que, nos anos 60 do século XX, foi também interpretada por Lévi-Strauss: *"nada é deixado ao acaso, e o duplo princípio de que é preciso um lugar para cada coisa e que cada coisa deve estar seu lugar, impregna toda a vida moral e social. Explica também como sociedades de nível técnico-econômico muito baixo podem experimentar um sentimento de bem-estar e plenitude, e que cada uma delas acredite oferecer aos seus membros a única vida que vale a pena ser vivida"*[596].

Há aqueles, todavia, que passaram a acreditar que "praticar" o que entenderam ser o "perspectivismo" antropológico seria sair por aí defendendo que as "onças pensam", talvez melhor que os seres humanos!, e que elas têm mesmo "um ponto de vista singular" sobre as coisas... Retirada de seu contexto, do imaginário e do simbólico que lhe são próprios, a "teoria indígena" não apenas perde o seu sentido, mas rapidamente também perde o seu "foco"... Quando às próprias onças, bem, dificilmente poderemos saber como elas "avaliam" tudo isso: o que "pensam" sobre o que os indígenas dizem delas, ou o que "acham" sobre o que entendem os antropólogos sobre o que lhes contam os indígenas.... (E, se falassem, o que diriam o sol e a lua sobre a ideia dos iroqueses sobre serem cabeças decapitadas de mulheres e homens, que, despregadas dos seus corpos, tornam-se luminárias do dia e da noite?[597] Ou do que explica a ciência, até aqui, sobre serem astros de um mesmo sistema? Vã é a esperança que

---

[596]. LÉVI-STRAUSS, Claude. *Antropologia estrutural dois*. Rio de Janeiro: Tempo Brasileiro, 1989, p. 327.

[597]. LÉVI-STRAUSS, Claude. *Antropologia estrutural dois*. Rio de Janeiro: Tempo Brasileiro, 1989, p. 221

possam dizer alguma coisa...) Mas, vendo o que ocorreu com a teoria que elaborou, num profundo sentimento de amor e defesa dos povos indígenas, o antropólogo Eduardo Viveiros de Castro assim se manifestou: *"esse é um assunto sobre o qual hesito um pouco em falar, porque o termo "perspectivismo indígena" se tornou excessivamente popular no meio antropológico, e a ideia que ele designa começa a sofrer o que sofre toda ideia que se difunde muito e rapidamente: banalização, de um lado, despeito, de outro. Passa a servir para tudo, ou a não servir para nada"*[598].

Mas, para o que é nosso assunto principal, textos de diversos etnólogos e antropólogos trazem múltiplos exemplos do que chamamos de ideologia e sujeição em sociedades tribais, indígenas, primitivas. Alguns exemplos extraídos da literatura da área são úteis para uma abordagem do tema. Estudando os Baruya da Nova Guiné, o antropólogo Maurice Godelier aportou importante conhecimento aos estudos sobre os fenômenos da dominação masculina e da subordinação das mulheres em contextos primitivos, em seus entrelaçamentos com sistemas e relações de parentesco, mitologias, ritos de iniciação, todos propiciando a construção de hierarquias sociais, práticas de subordinação e de consentimento à dominação, violência simbólica. Como assinalou: na sociedade Baruya, *"as formas de desigualdade social são a autoridade generalizada dos homens sobre as mulheres, e dos anciãos sobre os jovens. Por conseguinte, em termos de poder, temos a situação seguinte: os homens adultos têm autoridade sobre os mais novos e sobre as crianças e uma autoridade geral sobre todas as mulheres, qualquer que seja a sua idade. É uma sociedade sem classes, caracterizada pela dominação masculina"*.[599] O autor descreve a hierarquia entre homens/mulheres e anciãos/jovens como simultaneamente articulada com uma hierarquia entre clãs de que alguns deles são os senhores rituais, e estes rituais como ocupando um importante papel na manutenção da dominação masculina: *"o que é espantoso entre os Baruya é constatar que os homens são iniciados a falar uma língua*

---

598. CASTRO, Eduardo Viveiros de. Antropologia renovada, 15/12/2010 http://revistacult.uol.com.br/home/2010/12/antropologia-renovada/

599. GODELIER, Maurice. Linguagem e poder: reflexão sobre os paradigmas e paradoxos da legitimidade das relações de poder. In: SANTOS, M. Helena Varela; LUCAS, Antonio M. Rollo. *Antropologia: paisagens, sábios e selvagens*. Porto: Porto Editora, 1982, p. 315-316.

secreta e são iniciados nos seus segredos, que, portanto, só são segredos para as mulheres e para os homens não iniciados. Existe assim uma espécie de monopólio dos homens sobre certos saberes e na linguagem isto traduz-se por um código, uma linguagem secreta. [...] É este poder que os homens reservam para si. Os Baruya pensam que conhecer a palavra secreta de uma coisa é ter poder sobre ela: [...] e por esta via os homens afirmam-se senhores de uma parte das condições de reprodução das coisas, da fertilidade dos campos, ... reprodução da caça, e por esta vai da reprodução das relações sociais"[600]. Ao mesmo tempo, as mulheres adultas dão às jovens filhas lições que as ensinam consentir sua dominação pelos homens: *"praticam rituais que lhes lembram, sob diversas formas simbólicas, que devem se submeter aos homens. [...] Portanto, nas cerimônias das mulheres, em vez de se fazer aparecer um contramodelo, encontra-se aí a outra face, o complemento das cerimônias masculinas, isto é, a organização do consentimento feminino face à dominação masculina"*[601]. E como conclui: *"o exemplo dos Baruya tem a vantagem de ilustrar algumas formas de dominação e de subordinação que se encontram numa sociedade sem classes. Convida os sociólogos, historiadores e filósofos a refletir sobre a existência de relações de dominação e de opressão mais velhas que as relações de classe e que precederam em muito o aparecimento do Estado na história. [...] Ele mostra que a força mais forte do poder não é a violência mas o consentimento, o consentimento dos dominados na sua sujeição, sendo normalmente a dominação masculina reconhecida e vivida pelas mulheres como legítima. Há portanto em todo o poder um enredo e uma força fundamental que mantém as coisas 'em ordem', que é o consentimento que os dominados fazem na dominação"*[602].

O antropólogo George Balandier, engajado em uma "antropologia política", anotou o quanto *"a literatura etnológica ilustra, por exemplos numerosos e geograficamente dispersos, esse tipo de sociedades de posições, ordens ou castas"*, estratificações sociais, hierarquias, classes de idade, de sexo, apoiando-se ou cruzando as *"fronteiras traçadas pelo parentesco e pela descendência"*, criando status sociais ou de posição, e produzindo elementos fundamentais para a estruturação das aldeias, suas bases territoriais, atividades econômicas, de

---

600. Ibidem, p. 316.
601. Ibidem, p. 318.
602. Ibidem, p. 317-318; ver, igualmente, GODELIER, Maurice. *La production des Grands Hommes: pouvoir et domination masculine chez les Baruya de Nouvelle-Guinée.* Paris: Fayard, 1996.

defesa etc. Para o autor, nessas sociedades, *"subjacentes ao sistema, revelam-se as desigualdades instauradas entre as etnias e as desigualdades elementares estabelecidas segundo o sexo, a idade, a posição nos grupos de parentesco e de descendência"*[603]. Em outro de seus trabalhos, comenta os equívocos de tendência teórica que predominou na antropologia *"que lhe apresentava como objeto sociedades postuladas como a-históricas"*, transferindo, ao ensino da disciplina, imagens da sociedade tradicional ou primitiva como *"sociedade conformada aos modelos das tradições"*, uma *"sociedade do conformismo e do consensus, que não dá lugar (ou pouco) à divergência de opiniões e, portanto, à contestação"*, sendo ainda *"uma sociedade repetitiva, que reproduz suas estruturas de geração em geração e sem variações significativas"* e, por último, a ideia muito comumente aceita de *"uma sociedade situada fora da história ou à margem dela, uma "sociedade fria", permanecida a zero grau de temperatura histórica"*[604]. Apoiando-se na pesquisa de diferentes etnólogos, o autor traz à compreensão o que nessas sociedades é seu funcionamento para a conservação ou restauração da ordem social, contra todas as ilusões que as enxergam como sociedades "fixas", sem "perturbações" que as inquietem quanto ao seu destino, perduração, reprodução: *"se essas sociedades recorrem a múltiplos processos e instituições a fim de se preservar é porque elas não funcionam sem obstáculos imprevistos. Elas estão, até elas, comprometidas num permanente combate contra a desordem que elas geram e pela entropia que as ameaça"*.[605] Para ele, para garantir sua relativa reprodução e garantir seu aspecto de *"uma ordem estabelecida e durável"*, a sociedade primitiva não escapa ao uso da *"violência controlada e ritualizada"* [606] nem da ideologia. Como diz: *"no caso das sociedades ditas tradicionais, em que, em todas as circunstâncias, a linguagem do mito e da religião consubstancia toda ideologia, em que a 'sacralização' é quase generalizada, aquela concepção chega ao máximo. Essas ideologias impõem-se mais do que as outras com a força das coisas; elas estão duplamente distantes dos atores sociais, porque reificadas e, portanto, sacras"*[607].

---

603. BALANDIER, Georges. *Antropologia política*. São Paulo: Difusão Europeia do Livro/Edusp, 1969, p. 88.
604. Idem. *Antropo-lógicas*. São Paulo: Cultrix/Edusp, 1976, p. 214 e segs.
605. Ibidem, p. 205.
606. Ibidem, p. 204-205.
607. Ibidem, p. 205-206.

Mas é especialmente quando destaca o caráter de *"ilusão a-histórica"* da ideologia que Georges Balandier melhor define a pertinência da análise de ideologia para qualquer sociedade. Analisando as diversas maneiras que as sociedades dispõem a fim de garantir sua reprodução, o autor destaca: *"a primeira concerne ao que eu chamaria — na falta de melhor conceituação — de ilusão social essencial. Toda sociedade se visualiza menos sob o aspecto do que ela é — em contínuo processo de criação — do que sob o aspecto de uma ordem estabelecida e durável; menos sob a imagem dos sistemas atuantes, da construção permanente, do que sob a das coisas feitas, do construído. Todas as instituições contribuem para manter essa ilusão de ótica social; perdurando, elas adquirem um caráter objetivo, parecem independentes dos homens que as criaram, impõem-se como se não fossem uma resposta — dentre outras possíveis — aos problemas que toda existência coletiva formula. Aliás, as ideologias e os sistemas de representação dominantes justificam-nas e enfatizam seu caráter de 'evidência'; particularmente as ideologias de natureza religiosa, que recobrem as sociedades com uma espécie de 'dossel sagrado', dando a impressão de que essas foram engendradas por poderes exteriores ao universo humano"*[608].

Por sua vez, a etnóloga africanista e antropóloga Françoise Héritier, já por mim citada anteriormente, escrevendo sobre os Samo, de Burkina Faso, na África, e mais especificamente sobre as representações simbólicas em torno ao masculino e ao feminino, mostra o quanto a *"valência diferencial dos sexos"* é construída a partir de toda uma produção ideológica que fundamenta não apenas a lógica das relações entre homens e mulheres — e desses com o que é significado como masculino e feminino — mas todo o funcionamento das instituições sociais do grupo. Produzidas como interpretações e manipulações de dados biológicos dos corpos de homens e mulheres, em forte combinação com o seu sistema particular de parentesco, essas representações simbólicas — como uma verdadeira *"teia ideológica"*[609] — não apenas naturalizam as categorias, os corpos e os gêneros, elas fazem funcionar, diz a autora, como *"a linguagem de toda*

---

608. Ibidem, p. 205.

609. HERITIER, Françoise. *Masculin/Féminin:* la pensée de la différence. Paris: Odile Jacob, 1996, p. 69 (tradução nossa).

ideologia", um *"sistema totalizante, explicativo e coerente, utilizando uma armadura fundamental de oposições dualistas que exprimem sempre a supremacia do masculino"*.[610] E como aponta mais adiante em seu mesmo livro: "*o mito legitima a ordem social, dissemos. Entretanto, todas as sociedades não elaboraram, propriamente falando, mitologias para 'fundar' a dominação masculina, dar-lhe sentido. Mas todas possuem um discurso ideológico, um corpo de pensamento simbólico que tem essa mesma função de justificar a supremacia do homem aos olhos de todos os membros da sociedade, aos das mulheres como aos dos homens, porque uns e outros participam, por definição, da mesma ideologia, inculcada desde a infância*"[611].

Analisando a produção de diferentes etnólogos sobre povos da África e da América do Sul, e a partir de suas próprias observações sobre etnias da Etiópia, entre as quais seu estudo mais detalhado sobre os Ochollo, o antropólogo Marc Abélès lembra que *"nas sociedades evocadas, as elaborações ideológicas fazem massivos investimentos, pois não há difusão — no sentido próprio — dos conteúdos por instâncias especializadas, conexas ao aparelho de estado e porque a ideologia intervém diretamente ao nível da reprodução do todo social e de suas contradições."*[612] Como destaca o autor, um desses investimentos é *"a autonomização do poder político"*[613] de reis, chefes tribais e de clãs, por meio de outro investimento do qual é dependente: a *"divinização do homem-rei"*, dos *"homens-deuses"*[614]: *"o rei é a encarnação da divindade; ele aparece como aquele que assegura a ordem natural, como o único que pode restaurar o mundo após uma catástrofe, como aquele cujos erros são suficientes para provocar o mal."*[615] Como o autor indica, nessas sociedades, a *autonomização*, isto é, a transcendentalização e naturalização ideológicas do poder (poder político, especialmente) ocorrem como fenômenos intrínsecos à sua construção, institucionalização e consagração, não como um artifício extrínseco e posterior que viria ser acrescido como manobras dos próprios indivíduos no poder. Como

---

610. Ibidem, p. 70 (tradução nossa).

611. Ibidem, p. 219 (tradução nossa).

612. ABELES, Marc. *Anthropologie et marxiste*. Bruxelas: Editions Complexe, 1976, p.139 (tradução nossa).

613. Ibidem, p. 137 (tradução nossa).

614. Ibidem, p. 140 (tradução nossa).

615. Ibidem, p. 140 (tradução nossa).

arremata: "*a ideologia não é um aparato e menos ainda um suplemento*"[616]. E mais adiante: "*em outros termos, o ideológico é o modus operandi da autonomização*"[617].

Os exemplos dessas sociedades servem bem para demonstrar que a ideologia não é um artifício do poder, acessório adicional a seu favor (como tantas vezes teóricos assim a definem, reduzindo-a a aparatos de legitimação). A ideologia constrói a realidade, ela constrói suas instituições, práticas, relações, normas, conceitos, ritos, símbolos. Não é adicionada à realidade social, de fora para dentro, mas a constitui no seu cerne, e para a sua preservação.

Ideologia, representações sociais e discurso

As representações são criações da imaginação humana, da consciência imaginante humana. É preciso haver imaginação, criação imaginária, para existir representações. Mas como não há imaginação humana senão de seres humanos situados em culturas e no tempo, as representações são sempre de natureza social, carregam sempre elementos culturais, sociais e históricos. Mesmo quando de um tempo imemorial, ancestral, mítico, arquetípico. Assim, quase sempre, nas ciências humanas, falamos de "representações sociais". As representações sociais não são, pois, nunca "do indivíduo", ainda que possam ser assumidas por alguns indivíduos e outros não; elas são sempre coletivas, embora o que não quer dizer compartilhadas pela sociedade em sua totalidade. Mas, como representações coletivas, elas são de algum modo assumidas por uma parte da sociedade, por um grupo, e exerce sobre os indivíduos uma pressão, um constrangimento a ser elas próprias assumidas. Esse caráter social e coletivo das representações foi assinalado, por entre outros estudiosos, pioneiramente, por Émile Durkheim, quando procurou fazer a distinção entre representações individuais e coletivas[618]. Com essa noção, o autor aponta a importância

---

616. Ibidem, p. 130 (tradução nossa).
617. Ibidem, p. 138 (tradução nossa).
618. DURKHEIM, Émile. Représentations individuelles et représentations collectives. In: *Sociologie et philosophie*. Paris: Presses Universitaires de France, 1996 (tradução nossa).

do elemento *representacional* na estruturação social, com o qual opera a linguagem simbólica e todo o "vasto simbolismo" da vida social.

Mais tarde, é o psicólogo social Serge Moscovici que, afastando-se da dicotomia individual e coletivo, proporá compreender as representações sociais como *"uma ponte entre o mundo individual e o mundo social"*[619], e não as tornando meras ideias ou percepções preestabelecidas, estáticas, que simplesmente se impõem aos indivíduos. "Ponte" que não apenas liga o individual e o social, mas, principalmente, realiza os intercâmbios e as interações dos indivíduos entre si, entre estes e o social e vice-versa, de tal maneira que é no curso dessas próprias trocas e interações que as representações sociais são elaboradas, isto é, que os indivíduos as produzem. Não são elas realidades que caem sobre estes, que existem sem suas participações: são, por eles, construídas. Aspecto que, no contexto das sociedades moderno-contemporâneas, como destacado por Moscovici, torna dinâmicas as representações sociais, não tendo elas asseguradas a estabilidade da sua transmissão e a da sua reprodução, assim como a da reprodução social. Tanto podem ser transmitidas integralmente como parcialmente, tanto podem ser modificadas pelo caminho, como inteiramente perdidas. Tanto podem ser recriadas, adaptadas, como negadas. Assim como agem sobre os indivíduos, construindo-os, construindo seus hábitos, percepções, modos de ser, estes as modificam, põem-nas em movimento. Mas o caráter dinâmico das representações sociais não quer dizer que essas sejam portadoras de "inovações". Elas não são em si mesmas inovadoras, e mesmo podem ser portadoras de ideias, percepções e práticas bastantes conservadoras.

Mas é também certo igualmente que o caráter dinâmico das representações sociais as torna elementos determinantes na construção da realidade social, tanto quanto a participação nessa construção contribui para que sejam dinâmicas. Uma vez que a realidade social está sempre em vias de se produzir – pois, como vimos até aqui, não há realidade "dada", toda realidade é sempre "realidade instituída", isto é, constituída, posta, fundada, o que requer sempre atos contínuos de sua produção, reiteração,

---

619. MOSCOVICI, Serge. Des représentations collectives aux représentations sociales. In: JODELET, Denise (org.). *Les représentations sociales*. Paris: PUF, 1994, p. 82 (tradução nossa).

hipóstase —, as representações sociais participam da produção/construção da realidade como partes de um processo que envolve diversos elementos e que, entre outros, elas assumem a forma de *"mecanismos psíquicos e de comunicação"*[620]. Como bem observou Moscovici, a presença e papel das representações sociais nas nossas sociedades remetem-nos a compreender *"não mais uma vida social já feita, mas uma vida social no curso de se fazer"*[621]. As representações sociais *"substituem os mitos, as lendas, as formas mentais correntes nas sociedades tradicionais. Como seus substitutos, e seus equivalentes, elas herdam às vezes certos traços e certos poderes"*[622].

Como um fenômeno complexo, as representações sociais se constituem numa intrincada rede de interações entre aspectos pulsionais, mentais, emocionais, esquemas perceptivos e assimilações da experiência humana na exteriorização no mundo e sob as coerções da socialização e da estruturação social. Não apenas elas, é certo, mas as representações também integram os processos da formação do pensamento, da cognição, da motivação e da ação que dão direção e intensidade às práticas, comportamentos e relações entre os indivíduos, grupos etc. Mas, em nenhum caso, como advertem os estudiosos das representações sociais, estas são uma elaboração cognitiva individual: *"se assumirmos que as representações são 'sociais' [...], [estas] estão além de qualquer elaboração cognitiva por parte de 'indivíduos'"*[623]. Em sua natureza, as representações não são separáveis das ações dos indivíduos, é bem certo, mas nunca como uma elaboração pessoal, individualizada, seja porque são produzidas na contextualidade das relações interpessoais, grupais, coletivas, seja porque os "ingredientes" com os quais são construídas são pertencentes à longa memória do imaginário social, coletivo, histórico, anônimo.

Ainda a esse propósito, sendo as práticas, as ações e os comportamentos humanos *sociais*, esse status ontológico exato permite estabelecer

---

620. Ibidem, p. 83 (tradução nossa).
621. Ibidem, p. 82 (tradução nossa).
622. Ibidem, p. 83 (tradução nossa).
623. MECHA, Andrés A.; WAGNER, Wolfgang. Construindo bruxas: representações sociais, discurso e instituições. In: CARVALHO, Maria do Rosário de; PASSEGGI, Maria da Conceição; DOMINGOS SOBRINHO, Moisés. *Representações sociais*. Mossoró: Fundação Guimarães Duque, 2003, p. 32.

um nexo entre o nível prático da ação social humana e seu nível mental, cognitivo, que situa as representações como intrinsecamente constituída nessa articulação entre esses níveis, tanto quanto os articula, como uma "dobradiça" que faz funcionar um mecanismo único. São as representações sociais, como essa dobradiça, que inscreve nos corpos o que agirá nos indivíduos como conduta, comportamento, *habitus* — tal como Pierre Bourdieu tratou o assunto e já mencionei antes. As representações sociais são percepções, esquemas de interpretação e modos de ver que são sempre-já e simultaneamente modos de agir, sentir, interagir. Foi Durkheim um dos primeiros a assinalar: *"uma representação não se produz sem agir sobre o corpo e sobre o espírito"*.[624] Com essa mesma compreensão, Andrés Mecha e Wolfgan Wagner escreveram: *"Não tem sentido separar 'representação social' de 'comportamento', nem em um nível empírico nem em um nível conceitual"*[625].

Estudiosa das representações sociais, a psicóloga social Denise Jodelet assim escreveu: *"as representações sociais, como sistemas de interpretação, regendo nossa relação com o mundo e com os outros, orientam e organizam as condutas e as comunicações sociais. Igualmente, elas intervêm em processos tão variados como a difusão e assimilação dos conhecimentos, desenvolvimento individual e coletivo, definição das identidades pessoais e sociais, expressões dos grupos e transformações sociais"*[626]. E como também escreveu, em outros de seus trabalhos: *"O conceito de representação social designa uma forma de conhecimento específico, o saber do senso comum, cujos conteúdos manifestam a operação de processos generativos e funcionais socialmente marcados. Mais amplamente, designa uma forma de pensamento social. As representações sociais são modalidades de pensamento prático, orientadas para a comunicação, a compreensão e o domínio do ambiente social, material e ideal"*[627].

---

624. DURKHEIM, Émile. Représentations individuelles et représentations collectives. In: DURKHEIM, Émile. *Sociologie et philosophie*. Paris: PUF, 1996, p. 22 (tradução nossa).

625. MECHA, Andrés A.; WAGNER, Wolfgang. Construindo bruxas: representações sociais, discurso e instituições. In: CARVALHO, Maria do Rosário de; PASSEGGI, Maria da Conceição; DOMINGOS SOBRINHO, Moisés. *Representações sociais*. Mossoró: Fundação Guimarães Duque, 2003, p. 32.

626. JODELET, Denise. Représentations sociales: un domaine em expansion. In: JODELET, Denise (Org.). *Les représentations sociales*. Paris: PUF, 1994, p. 36 (tradução nossa).

627. JODELET, Denise. Représentation sociale: phénomènes, concept et théorie. In: MOSCOVICI, Serge. *Psychologie sociale*. Paris: PUF, 2014, p. 367 (tradução nossa).

As representações sociais são de tipo imaginário, simbólico e ideológico. Quase sempre aspectos interligados. Mas podem ser de um ou outro tipo, sem reunir numa mesma representação as três propriedades características. E, diferentemente, podem também as reunir numa única representação — é quase sempre o caso da representação ideológica, que é também, simultaneamente, imaginária e simbólica. Todas elas integram o que chamamos nas ciências humanas *imaginário social* e *simbólico*.

Como representações simbólicas, as representações sociais operam de modo metafórico, alegórico, isto é, simbolicamente, por meio de simbologias, fazendo que algo (ideia, objeto, pessoa, realidade) ausente torne-se presente, por meio de signos, significantes, símbolos, imagens etc., que, de outro modo, sem as manifestações de seus substitutos representacionais, não se faria existente. Algo é simbólico quando consegue esse feito. Muitas representações sociais cumprem essa função, e muito raramente uma representação imaginária não é também plena de simbolismo.

A transformação de uma produção de natureza imaginária à qualidade de simbólica, de simbolismo, é realizada por meio de variados isomorfismos, antropomorfismos, eufemizações, equivalências semânticas, confluências iconográficas, ubiquidades semióticas ou transubstancializações prototípicas, que, estruturando intenções, sugestões, práticas, condutas, pensamentos, correspondem a tantos outros simbolismos ocultos que dormitam na longa memória do imaginário social de nossas culturas. Nada disso correspondente a nenhum substancialismo transcendente, mas a construções humanas, sociais, nas culturas e no tempo, como práticas sociais, como práticas de linguagem.

A pesquisa antropológica e de mitologia comparada pôs em evidência o quanto o imaginário social de nossas sociedades está pleno de representações simbólicas, desempenhando ações de organização e legitimação de instituições sociais, ritos cotidianos, práticas coletivas. Das religiões ao direito, passando por atuações do poder político e do Estado, das famílias e da educação, representações simbólicas atuam na institucionalização da realidade, em seu funcionamento, em suas dinâmicas e modificações. Fazem funcionar mitos, dogmas, preceitos, princípios, leis, conceitos e morais. Em grande medida, a realidade subsiste na dependência de representações simbólicas, e sem as quais parte importante dela não se reuniria às significações e aos sentidos que a definem como "realidade".

Porém, há algo mais que as representações simbólicas conseguem realizar. Graças ao simbolismo que põem em ação, a realidade que lhes funda, que é seu fundamento, é vista como fundada por essas representações: o mito fundado torna-se fundador, o simbolismo criado torna-se criador. Disso retiram sua força e emprestam força à realidade social. Não que se trate aqui de voltar a teses que negam o papel fundador do imaginário e do simbólico. Trata-se tão somente de, mais uma vez, lembrar o caráter e o efeito instituintes (performativo, criador) das produções imaginárias, simbólicas e ideológicas. Abordando o assunto, Pierre Bourdieu falou da *"força da representação"* e situou-a no fato de a representação ser capaz de fazer crer que é "realidade" aquilo que enuncia a própria representação, podendo esta fazer existir ou inexistir toda (ou qualquer) "realidade".[628] Definindo as representações como *"atos de percepção e de apreciação"*, *"atos de categorização"* ou de *"conhecimento e de reconhecimento"*, seja como manifestações sociais "espontâneas", seja como produtos de imposições de percepções e classificações, o autor situa as representações sociais entre as produções sociais por meio das quais se travam as disputas na *"luta permanente para definir a realidade"*[629].

Por tudo isso, podemos situar também o caráter ideológico das representações sociais. Ainda que nem todas as representações sociais sejam ideológicas, todas as representações ideológicas são representações sociais, e, por essa mesma razão, são também representações imaginárias e simbólicas. O ideológico se vale tanto da matéria imaginária quanto da matéria simbólica para se exprimir e passar de algo virtual a qualquer coisa a mais.

Situado assim o assunto, repetirei aqui o que já havia sugerido em trabalho anterior: *as representações sociais (de caráter ideológico) constituem a menor parte da ideologia, a menor parte do discurso ideológico*[630]. As representa-

---

628. BOURDIEU, Pierre. *A economia das trocas linguísticas*. São Paulo: Edusp, 1998, p. 107-116.
629. Ibidem, p. 112.
630. DeSOUSA FILHO, ALIPIO. Cultura, ideologia e representações. In: CARVALHO, Maria do Rosário de; PASSEGGI, Maria da Conceição; DOMINGOS SOBRINHO, Moisés. *Representações sociais*. Mossoró: Fundação Guimarães Duque, 2003, p. 71-82.

ções sociais ideológicas constituem o veículo por meio do qual a ideologia circula na sociedade e por meio do qual é internalizada pelos indivíduos, produzindo suas percepções, práticas, modos de ser. Como sua menor parte, as representações sociais ideológicas também facilitam que a ideologia seja assimilada sem que apareça como existindo, pois são capazes de fazer que os indivíduos ajam agidos pela sua internalização e efeitos, que, sendo ideológicos, tornam-se colonizadores de seus pensamentos, atitudes, modos de ser, fazendo que se tornam sujeitos que admitem seu próprio assujeitamento ou que assimilem e reproduzam ideias e práticas de sujeição.

Nada disso se desenvolveria não fosse o fato de a ideologia assumir a forma material de representações, discursos, que se tornam os meios para a sua circulação nas instituições, práticas sociais, emanando delas ou por elas sendo incorporados. Além de assegurar que a ideologia circule, as próprias representações e discursos são objetivados por essas práticas e nessas instituições. Talvez seja esse o sentido do que escreveram Andrés A. Mecha e Wolfgang Wagner: *"o discurso que desenvolvem as representações está incompleto se não é objetivado em instituições sociais. Inclusive muitas representações trazem como resultado o estabelecimento de instituições sociais"*[631].

A sua objetivação e circulação na sociedade, por meio de representações sociais, discursos, torna possível que a ideologia tenha uma presença efetiva na vida dos indivíduos e na vida social. Assumem um papel central quanto a isso as *práticas discursivas*, pois, por meio delas, as representações sociais ideológicas e formas do discurso circulam nas instituições, espaços sociais, realizando-se como palavras, categorias de pensamento, atos, comportamentos individuais e coletivos, tudo isso como enunciados, proferimentos, saberes... Mas sempre como se não estivessem investidos de ideologia.

É precisamente pela forma de discurso que a ideologia assegura todas as suas operações de difusão e internalização/interiorização nos indivíduos,

---

631. MECHA, Andrés A.; WAGNER, Wolfgang. Construindo bruxas: representações sociais, discurso e instituições. In: CARVALHO, Maria do Rosário de; PASSEGGI, Maria da Conceição; DOMINGOS SOBRINHO, Moisés. *Representações sociais*. Mossoró: Fundação Guimarães Duque, 2003, p. 33.

o que não deve ser entendido como apenas as formas racionais do discurso nem apenas seus efeitos racionais, intelectualizados, conscientes. Os modos como o discurso ideológico opera seguem vias que passam por domínios cognitivos, racionais e conscientes, mas igualmente por domínios emocionais, psíquicos, subjetivos, inconscientes.

Nas práticas discursivas, enunciados, falas, situações de comunicação, sem que a ideologia apareça como existindo, ela está lá, como um discurso: o *discurso ideológico*. Como discurso, a ideologia realiza investimentos específicos de linguagem, operações sintáticas, semânticas, de sentido das palavras, estruturas oracionais etc. Produz encadeamentos de significantes, relações de significantes e significados, atrelamentos, alusões, citações, elipses, metáforas, metonímias, enunciados. Eventos e práticas com signos, semiologias, que tornam a ideologia um fenômeno de caráter também semiótico, semiológico, fenômeno do campo dos sentidos, significados, significações.

A lista de estudiosos da ideologia como discurso é longa. Para situar apenas dois ou três exemplos, e brevemente, lembrarei os estudos de Michel Pêcheux, para quem os diversos enunciados, sentenças e ditos dos falantes humanos têm seus significados determinados pelo que chamou "*formação discursiva*". Para o autor, uma formação discursiva funciona como uma "*matriz de significado*" inserida no que designou como "*formações ideológicas*"[632]. As formações ideológicas se configuram a partir das "posições sustentadas por aqueles que as empregam" e a formação discursiva, situada em relação a uma dada formação ideológica, passa a funcionar na determinação do "que pode e o que deve ser dito" a partir da posição do falante, interlocutor. Como escreveu: "a*s palavras, expressões, proposições, etc. mudam de sentido segundo as posições sustentadas por aqueles que as empregam, o que quer dizer que elas adquirem seu sentido em referência a essas posições, isto é, em referência às formações ideológicas (...) nas quais essas posições se inscrevem. Chamaremos, então, formação discursiva aquilo que, numa formação ideológica dada, isto é, a partir de uma posição dada numa conjuntura dada, determinada pelo estado da*

---

632. PÊCHEUX, Michel. *Semântica e discurso*: uma crítica à afirmação do óbvio. Campinas: Editora da Unicamp, 1988, p. 160.

luta de classes, determina o que pode e deve ser dito"[633]. Para Michel Pêcheux, assim, os processos discursivos se situam sempre em relação à ideologia, o que, para ele, tem a ver com as posições de cada um (indivíduo, grupo ou classe) na conjuntura, contexto etc., mas, e o que é mais importante, tem principalmente a ver com o fato do falante do discurso — sem saber que é dominado por uma formação discursiva e, por conseguinte, desconhecer também que é dominado por uma formação ideológica — acreditar que o que diz não está determinado por nada. Essa tese do autor torna possível concluir que o sujeito do discurso é sempre e simultaneamente o sujeito da ideologia. Uma abordagem que segue de perto a visão althusseriana.

Escrevendo sobre o assunto e definindo o que seria seu método de "análise crítica do discurso", o inglês Norman Fairclough assim situou a relação entre ideologia e discurso: *"as práticas discursivas são investidas ideologicamente à medida que incorporam significações que contribuem para manter ou reestruturar as relações de poder"*[634], ao que podemos acrescentar, manter e reestruturar também as relações de sujeição, assujeitamento, dominação. E o mesmo autor apontou algo importante observar: *"não se deve pressupor que as pessoas têm consciência das dimensões ideológicas de sua própria prática. As ideologias construídas nas convenções podem ser mais ou menos naturalizadas e automatizadas, e as pessoas podem achar difícil compreender que suas práticas normais poderiam ter investimentos ideológicos específicos.[...]Essa é uma razão para se defender uma modalidade de educação linguística que enfatize a consciência crítica dos processos ideológicos no discurso, para que as pessoas possam tornar-se mais conscientes de sua própria prática e mais críticas dos discursos investidos ideologicamente a que são submetidas"*[635].

A observação do autor tem a ver com o fato de a ideologia operar no próprio plano da linguagem e da língua, como uma de suas expressões.

---

633. Ibidem, p. 160.

634. FAIRCLOUGH, Norma. *Discurso e mudança social*. Brasília: EdUnB, 2001, p. 121. Embora o autor adote uma concepção de ideologia que não coincide em tudo com a compreensão que sustento neste trabalho (*"não aceito a concepção de Althusser de 'ideologia em geral' como forma de cimento social que é inseparável da própria sociedade"*, ibidem, p. 121), suas propostas para uma análise crítica do discurso são de interesse.

635. Ibidem, p. 120.

Essa é uma materialidade da ideologia que não se pode deixar de considerar para qualquer análise crítica do discurso ideológico. Na ideologia, o processo de produzir significados, significações e representações corresponde sempre à oclusão de sentidos, naturalizações de significantes, negação do processo de produção do signo, fixações semióticas — mecanismos linguísticos que constroem imanentemente (a partir de seu próprio âmago linguístico) o discurso ideológico. Embora também diversos autores nunca tenham deixado de assinalar que esses mecanismos são todos passíveis de subversão: Roland Barthes, um deles, falou de *"trapacear a língua"* na criação literária, no seu *"trabalho de deslocamento* [de signos, sentidos, significados...] *que ele exerce sobre a língua"*[636]. O próprio Michel Pêcheux, com a ideia de "desidentificação" com a formação discursiva; Fairclough, como vimos, entre outros. Todos talvez devedores de Nietzsche e Foucault. Como comentou Judith Butler: *"Foucault cita e reelabora a possibilidade da ressignificação"*[637].

O discurso ideológico cumpre um importante papel na reprodução social ao assegurar a produção e manutenção de sentidos e significações que sancionam e reificam como naturais, necessárias e imodificáveis as desigualdades, as relações de poder, as sujeições nos diversos âmbitos da vida social e em suas diversas formas. Por meio desse funcionamento do discurso, a ideologia estabelece e legitima o lugar, a posição, o status dos indivíduos na vida social como "condições" dadas, permanentes, destinos...

Michel Foucault designou por *"dispositivos discursivos"*[638] todos os mecanismos e instituições que, nos nossos sistemas de sociedade, produzem saberes, categorias de pensamento, "conhecimentos científicos", "verdades", técnicas, identidades e subjetividades que, difundidos e praticados, convergem para a produção de sujeitos sociais, personagens epocais, figuras sociais: figuras de discurso[639]. Com essa compreensão, o autor assim concebeu a gênese e o aparecimento de instituições como, entre outras,

---

636. BARTHES, Roland. *Aula*. São Paulo: Cultrix, 1988, p. 7-8.
637. BUTLER, Judith. *Mecanismos psíquicos del poder*. Barcelona: Ediciones Catedra, 2011, p. 107.
638. FOUCAULT, Michel. *História da sexualidade* — a vontade de saber. Rio de Janeiro: Graal, 1985, p. 34.
639. Ibidem, p. 43.

a ideia moderna de sexualidade: "*a história da sexualidade — isto é, daquilo que funcionou no século XIX como domínio de verdade específica — deve ser feita, antes de mais nada, do ponto de vista de uma história dos discursos*".[640] E mais adiante: "*De fato, trata-se, antes, da própria produção da sexualidade. Não se deve concebê-la como uma espécie de dado da natureza que o poder é tentado a pôr em xeque, ou como um domínio obscuro que o saber tentaria, pouco a pouco, desvelar. A sexualidade é o nome que se pode dar a um dispositivo histórico*"[641]. Dispositivo que produz(iu) os discursos sobre/da sexualidade, e que criou o cortejo de suas figuras, que discursos médicos, psiquiátricos (mas igualmente de psicólogos, psicanalistas), jurídicos, morais e religiosos não cessam de ampliar até nossos dias.

Escrevendo sobre o pensamento de Michel Foucault, o historiador francês Paul Veyne assim procurou resumir as teses foucaultianas: para o Foucault de Veyne, "*a cada época, os contemporâneos são assim encerrados em discursos como em redomas falsamente transparentes, ignoram quais são essas redomas e mesmo que existe redoma. As falsas generalizações e os discursos variam através do tempo; mas, a cada época, passam por verdadeiros. Ainda que a verdade se reduza a **verdade**, a falar conforme aquilo que se admite ser verdade e que fará rir um século mais tarde*".[642] Ou como mais adiante: "*nós somos sempre prisioneiros de redomas das quais não percebemos nem mesmo suas paredes. [...] Os discursos são óculos através dos quais, em cada época, os homens perceberam todas as coisas, pensaram e agiram. Eles se impõem aos dominantes como aos dominados, não são mentiras inventadas por aqueles para enganar estes últimos e justificar sua dominação. [...] Longe de ser ideologias mentirosas, os discursos cartografam o que as pessoas fazem e pensam realmente, e sem o saber*"[643].

Ainda um pouco mais de Veyne sobre Foucault: tudo existe envolvo em discurso; sempre que uma realidade é anunciada, ela já é discursivamente estruturada. Pondo a realidade em perspectiva, e sob a perspectiva

---

640. Ibidem, p. 67.
641. Ibidem, p. 100.
642. VEYNE, Paul. *Foucault:* sa pensée, sa personne. Paris: Albin Michel, 2008, p. 24 (tradução nossa; grifo do autor).
643. Ibidem, p. 44-46 (tradução nossa).

do discurso, podemos assim enxergar as coisas: "*o que é a erva em si, fora de toda perspectiva, não saberemos jamais (essas palavras não têm mesmo nenhum sentido para nós; somente uma inteligência divina pode ver o geometral da erva); o discurso dos botânicos que creem "tudo saber" sobre a erva não atende ao discurso que sustenta o herbívoro. Não poderíamos saber o que seria a erva, o poder ou o sexo não revestidos de um discurso; é-nos impossível liberar (desencalhar) os fatos da ganga de seus discursos. Isso aí não é relativismo nem historicismo, é perspectivismo*"[644]. O discurso faz parte da singularidade do objeto, da realidade. Expressa o caráter singular e arbitrário de cada realidade, e seu próprio caráter arbitrário e seus limites. Os discursos são singularidades datadas, assim como são datados por exprimirem essas singularidades. Os discursos explicitam e ocultam que as singularidades são tais e que são arbitrárias. Os discursos mantêm relações que não são de uma sucessão dialética, eles suplantam uns aos outros em relações de rivalidade, ruptura, combate ou de complementariedade — nada disso, entretanto, é relativismo absoluto, amoralismo, niilismo ou idealismo. Aliás, surpreendentemente, Veyne aponta um "*positivismo profundo*" no pensamento de Foucault, por sua recusa a tudo que poderia parecer "metafísica"[645], e daí porque suas "análises de discurso" sempre foram apoiadas em farto material histórico, peças escritas, regulamentos de instituições, ideias de instituições judiciárias, médicas, policiais, hospitalares, normas familiares ou profissionais, nada feito apenas com o suporte da "consciência", mas precisamente com o suporte material dos registros, arquivos, traços, sinais etc. de saberes, técnicas, instituições, agentes etc. É essa a maneira como sintetizaria as páginas de Paul Veyne quando interpreta a ideia de discurso no pensamento de Michel Foucault. Legitimamente, Veyne afasta Foucault de todo risco de ser transformado em filósofo idealista: "*a postura de Foucault não consistia em reduzir o real ao discurso, mas lembrar que, desde que o real é enunciado, ele sempre já é discursivamente estruturado. Nesse sentido, a afirmação da irredutível diversidade dos discursos não implicava nenhum idealismo reduzindo a realidade ao pensamento, nenhum relativismo ontológico*"[646].

---

644. Ibidem, p. 75 (tradução nossa).
645. Ibidem, p. 54.
646. Ibidem, citando Jean-Marie Schaeffer, p. 77.

O discurso, para Foucault, é produto de "regimes de verdade", regimes de produção de verdades ou da verdade: *"Cada sociedade tem seu regime de verdade, sua 'política geral' de verdade: isto é, os tipos de discurso que ela acolhe e faz funcionar como verdadeiros; os mecanismos e as instâncias que permitem distinguir os enunciados verdadeiros dos falsos, a maneira como se sanciona uns e outros; as técnicas e os procedimentos que são valorizados para a obtenção da verdade; o estatuto daqueles que têm o encargo de dizer o que funciona como verdadeiro"*[647].

Por fim, algo ainda podemos acrescentar sobre a relação entre ideologia e discurso, ou sobre a ideologia como discurso. É bastante comum escutar que "há sempre algo por trás da ideologia", ou que essa "esconde a realidade". Há algo de certo nisso, mas também há algo que precisa ser melhorado como compreensão. A ideologia não "esconde" nada, se por isso se entende que há algo que a ideologia mantém em segredo, fora do alcance dos olhares — "por trás" —, como "dados", "informações", "verdades" etc. O caráter ideológico de um discurso é definido, por entre outros traços, por fixação de sentidos totalizantes, interconexões semióticas de significados, limitações mútuas de metáforas e metonímias a relações semânticas subjacentes aos próprios significados ancorados pelo discurso, e pelos efeitos de sentido que promovem ideias, práticas e instituições de poder, sujeição, dominação, e, em vista disso, por suas relações com a realidade histórico-social, com os indivíduos, grupos, classes, e por sua propriedade de representações sobre esta própria realidade histórico-social... Quando os altos representantes da Igreja Católica declaram que *"a homossexualidade é um comportamento intrinsecamente mau do ponto de vista moral"* (Karol Wojtyla/João Paulo II), ou que políticas de reconhecimento do casamento gay *"afetam a família"* e *"ameaçam a dignidade humana e o próprio futuro da humanidade"* (Joseph Ratzinger/Bento XVI), ou, ainda, quando governante de país africano diz que *"o homossexualismo é claramente não-bíblico, antinatural e decididamente não africano"* (Olusegun Obasanjo, ex-presidente nigeriano), ou quando o prêmio Nobel de Medicina/1962, o britânico James Watson, diz, em 2007, *"ser pessimista sobre a África porque as políticas ocidentais para os países africanos eram, erroneamente, baseadas na*

---

647. FOUCAULT, Michel. Entretien avec Michel Foucault. In: *Dits et écrits*, Tome II. Paris: Gallimard, 2001, p. 158.

presunção de que os negros seriam tão inteligentes quanto os brancos quando, na verdade 'testes' sugerem o contrário" e que *"embora desejasse que todos fôssemos iguais, quem tem de lidar com empregados negros sabe que tal não é verdade",* não há nada "por trás" dessas palavras, elas estão lá com todas as letras! O discurso ideológico está aí configurado nos seus próprios enunciados. O que uma análise desconstrucionista crítica pode desvelar não é o que permanece "escondido" em tudo que se faz, mas os efeitos de sentido que as afirmações produzem, as representações que veiculam e procuram fixar como verdades e o modo como se articulam a outros sentidos socialmente compartilhados e, ainda, como os enunciados se tornam o fundamento de práticas sociais de poder, sujeição, dominação, discriminação nas nossas sociedades.

Ideologia, indivíduo e sujeito: socialização, subjetivação, produção de sujeitos. O indivíduo, a psique e a subjetividade

Neste meu livro, utilizo deliberadamente o termo indivíduo simultaneamente ao uso do termo sujeito, mas não como sinônimos: estes termos exprimem realidades e situações distintas, ainda que concernentes ao mesmo ser humano. Já usei os dois termos despreocupadamente em outros de meus textos, sem me exigir definição mais precisa, o que intenciono evitar neste trabalho.

Então, mantenho o emprego do termo indivíduo, pelo que deste é preciso reter e resgatar. E utilizo o termo sujeito apenas na acepção que serve para nomear e descrever a parte do ser do indivíduo constituída como *sujeito* pela *sujeição* a normas, instituições, leis, poderes, ideologia. Tratando-se assim de dizer *sujeito* a partir de acepções que foram desenvolvidas, especialmente, a partir das concepções de Althusser, Foucault, althusserianos e foucaultianos: o sujeito enquanto produzido e regulado pelo assujeitamento social, que se faz operar por mecanismos políticos, ideológicos e psíquicos. Nessa acepção, não que se trata de, por *sujeito*, conceber um indivíduo passivo, domado, não-agente, sem possibilidade ou capacidade de prática ou ação.

O *sujeito* age, pratica ações, mas o que o faz sujeito é que é constituído em processos de sujeição, submissão, subordinação a certas normas, códigos, regras, poderes, ideologia. Processos que, como vimos, Michel Foucault chamou de "modos de subjetivação" procedidos por diversos poderes. E se, ao mencionar Foucault, falo de ideologia é porque a ideologia é um dos poderes capazes de subjetivações e produção de sujeitos. Eis porque não há nenhum caso em que se possa falar do indivíduo humano que não seja sempre-já *sujeito*, pois, todo indivíduo humano, ao ser acolhido na linguagem humana (sem o que não escapa ao desamparo e à sua morte) e ao ingressar na vida em sociedade, numa cultura, torna-se *sujeito*, submetido que será a uma ordem social, uma ordem simbólica.

Nesse sentido, não são empregadas por mim as acepções de "sujeito" nos sentidos do "eu pensante", "ser consciente", "sujeito da consciência", enquanto faculdade cognoscente, ou indivíduo titular de um direito, vinculado a uma relação jurídica, nem as de "agente consciente" ou "ator social" que seriam *"capazes de construir sua própria libertação e transformar-se em agentes da transformação"* da realidade social, como autores como o sociólogo francês Alain Touraine concebe, ao afirmar que *"existe algo de sujeito"* nos indivíduos quando esses se põem a agir em movimentos sociais, movimentos políticos, com esperanças em mudanças. Uma porção-sujeito que *"se manifesta na consciência do ator"* em ação. Como assinalou: *"ele é o reconhecimento da singularidade de cada indivíduo que quer ser tratado como um ser de direito"*[648]. Uma concepção de "sujeito" muito utilizada por certos autores, e admitida como noção válida para pensar os indivíduos como "atores" políticos com "agência" e principalmente com "consciência política", como já situei antes do assunto.

Na investigação psicanalítica, o termo sujeito ganhou acepção particular. Para a psicanálise, só há, como sujeito, o *sujeito do inconsciente*, uma espécie de "outro", no ser do indivíduo (na instância do "eu", para a psicanálise), que o agita, que age sem que o eu tenha sobre ele qualquer controle... Mas, adiante aqui, da investigação psicanalítica, o que é de meu

---

648. TOURAINE, Alain. *Um novo paradigma:* para compreender o mundo de hoje. Petrópolis: Vozes, 2007, p. 142; para as passagens anteriores entre aspas, no mesmo parágrafo, p. 129 e segs.

interesse é o que ela pode oferecer para uma reflexão sobre o *fracasso do sujeito* ou, mais exatamente, o *fracasso do eu-sujeito-ideológico*, que é também *fracasso da sujeição*. Não esquecendo de certos limites no interior dos quais a inteligibilidade própria da psicanálise requer ser preservada, a própria ideia de um *sujeito do inconsciente* que age como um *desconhecido* no ser do indivíduo (no seu discurso consciente), torna possível a reflexão teórica sobre o fracasso da sujeição em termos também sociológicos.

Valendo-me dos próprios termos da teoria psicanalítica, torna-se possível demonstrar que, na formação social do indivíduo, se ocorre de uma parte do seu ser constituir-se como sujeito pela sujeição, ocorre também, e simultaneamente, de uma outra parte do ser do indivíduo não se constituir como tal — sujeito. Na socialização, tornando-se inacessível ao simbólico (e, portanto, à ordem social enquanto ordem simbólica), assim, não se prestando à subjetivação nas suas formas instituídas e que se lhe impõem, uma parte do ser do indivíduo escapa à sujeição, não se torna *sujeito*. Integrante da *psique* do indivíduo, essa parte do ser do indivíduo, na sua psique, impossibilita que exista um ser tão completamente sujeito que seja pura obediência à sujeição. Não fosse esta realidade singular, no ser do indivíduo, resistindo e mesmo escapando à sujeição, tornando-se a potência que arruína a sujeição-toda do seu ser, não haveria qualquer saída para o indivíduo. Se a sujeição se realizasse tão completamente que nada sobrasse no ser de cada um (na psicanálise, um "resto de eu" que escapa do ideológico), tal representaria a falência do indivíduo. Ao assunto, voltarei demoradamente no capítulo seguinte.

Mas, então, que é o sujeito? Como já expus antes, o ser humano é constituído como tal na linguagem humana particular, nas relações "eu e o outro", nas relações sociais, nas relações com as instituições e normas sociais no espaço de sociedade. Assim, não podendo advir como ser social de outra forma que não aquela pela qual o social é que o produz, para o indivíduo humano, o preço a pagar para emergir como membro de uma sociedade, como indivíduo participante da vida social, é aceitar ser governado pelas normas, instituições e poderes da sociedade. Até perceber que pode também resistir à boa parte desse governo, ainda que aceitando participar das relações sociais e dos laços e vínculos com o outro. Estamos face a um processo que traz consigo mecanismos de sujeição (assujeitamento, submetimento, subordinação, submissão) a normas, códigos, regras, leis, instituições e que, ao mesmo tempo, busca construir o consentimento dos indivíduos a se deixarem governar: consentimento obtido em certo grau sempre. O que faz que se constituir e existir, como ser social, no espaço de sociedade (e cultura) impliquem, para o indivíduo, tornar-se, em certa medida, *sujeito*. Sujeito porque submetido e formado nos *assujeitamentos*, e sujeito porque passa a agir agido pelas injunções sociais, poderes, formas sociais de sua sujeição.

Nesse sentido, o *sujeito* corresponde à *parte* do ser do indivíduo que, disponível a subjetivações (produção de subjetividades), e submetida e submetendo-se a normas reguladoras, morais, categorias, discursos, crenças, valores, leis, em operações insidiosas da ideologia e de dispositivos de poder, é constituída pela *sujeição*, sob os efeitos psíquicos e morais da submissão a essas mesmas normas, códigos, leis, discursos, valores. Como apontou a filósofa Judith Butler, que segue de perto Althusser e Foucault, *"a submissão é uma condição da sujeição"*[649], isto é, é condição da produção e emergência de sujeitos. A realidade do assujeitamento, que implica a condição de *sujeito*, está apoiada em uma *"subordinação fundacional"*[650] que é ela mesma parte dos *modos de subjetivação* (Foucault) que fundam os sujeitos. O sujeito é sempre sujeito de alguma sujeição: *"nenhum indivíduo torna-se sujeito sem antes sofrer sujeição ou experimentar 'subjetivação'"*[651].

Mas, não se tratando de dar a primazia absoluta ao sujeito ideológico, assujeitado, o sujeito social (da linguagem, do simbólico, da ideologia) — e sem negligenciar que a subjetividade é também uma potência de resistência, como tratarei do assunto no próximo capítulo —, torna-se, todavia, importante compreender como a ideologia constrói seus sujeitos.

Torna-se importante ressaltar, a ideologia constitui o canal de ingresso do indivíduo na cultura. Toda endoculturação é resultado de um

---

649. BUTLER, Judith. *Mecanismos psíquicos del poder.* Madrid: Ediciones Cátedra, 2011, p. 12-13 (tradução nossa)

650. Ibidem, p.16 (tradução nossa)

651. Ibidem, p. 22 (tradução nossa).

processo de socialização que, em última instância, significa a interiorização das convenções culturais, sociais, morais, através de diversos ritos e instituições, tornando-se a via pela qual se tornar membro da sociedade é não apenas a efetivação de uma destinação forçada a que o ser humano está obrigado (para se constituir como humano), mas também a via de sua constituição na alienação e na sujeição, sem que o indivíduo-sujeito disso nada saiba.

Uma teoria adequada da socialização dos seres humanos nas culturas e sociedades se obriga a pensar o trabalho de interiorização/internalização das instituições sociais, relações sociais, padrões culturais, como sendo também (mas principalmente) o processo pelo qual a ideologia, sem que apareça como existindo, realiza sua ancoragem nas esferas psíquica, emocional e cognitiva do indivíduo, age como um poder de sujeição social, política e psíquica. Os estudos construcionistas críticos trazem análises que demonstram que é na esfera do indivíduo-sujeito, na sua produção, produção de suas subjetividades, que a ideologia deita suas raízes nas dimensões cognitiva, emocional, psíquica e inconsciente, e sem as quais não conseguiria eficácia. Afinal, é no indivíduo que, como sujeito de sua sujeição, a ideologia habita; e é desse fato que a sujeição se vale para se manter. Autores como Michel Pêcheux também chamaram atenção para esse aspecto de eficácia da ideologia. Como escreveu: *"a análise das formas de existência ideológicas deve tentar remontar até o mecanismo onde se elaboram as formas de existência da individualidade subjetiva nas quais precisamente este mecanismo se dissimula"*[652].

A ideologia não é, pois, um obscuro pensamento metafísico que não se traduz em estados práticos. Na construção ideológica dos sujeitos, estes são mergulhados em representações e práticas que os submetem a aprendizados de alienações e sujeições que os tornam aptos a reproduzirem e apoiarem (tanto quanto apoiarem-se em) relações sociais caracterizadas por submissão, assujeitamento, opressão, dominação. A ideologia tem seus efeitos práticos sobre os indivíduos, seus corpos, atos, hábitos, percepções e representações da realidade.

---

652. PECHEUX, Michel. *Cahiers pour l'analyse*, n. 2, 1966, p. 90.

A sujeição social que se sustenta na ideologia adquire formas muito variadas, atingindo diferentes indivíduos, sujeitos, grupos e classes. Formas que vão das discriminações, apoiadas em preconceitos, às exclusões sociais, provocadas por subtração de recursos, subordinações e negação de reconhecimento, passando por imposição de sofrimentos emocionais e psíquicos, produzidos por opressões, assédios, violências, repressões e coerções morais. Outras formas de sujeição existem cujos fundamentos são econômicos, políticos etc., embora nenhuma delas prescindam da ideologia para sua legitimação.

Ideologia, poder, sujeição e dominação

Escreveu John Thompson que *"estudar ideologia é estudar as maneiras como o sentido serve para estabelecer e sustentar relações de dominação"*[653]. A afirmação é compartilhada por todos aqueles que, não confundindo ideologia com "ideias", indiscriminadamente, reconhecem no ideológico as significações e discursos que atribuem à realidade significados e sentidos que concorrem para produzir e sustentar ideias, práticas, relações e instituições de poder, sujeição e dominação, assim como produzir seus agentes, sujeitos, técnicas, saberes etc.

Mas, torna-se importante diferenciar poder, sujeição e dominação. Distinções de propriedades constitutivas de cada um desses fenômenos específicos que convém não confundir, ainda que eles se encontrem inter-relacionados em certas práticas e situações. Ou guardem uma relação intrínseca se tomados na análise de suas interações recíprocas nos casos próprios em que se aplicam. Sobre o problema de confundir esses fenômenos na análise das culturas e sociedades, o antropólogo Marc Abeles assim escreveu: *"a antropologia e a história por muito tempo confundiram poder e dominação. Mas a história da dominação não se confunde senão raramente com a do poder"*[654]. Como

---

653. THOMPSON, John. *Ideologia e cultura moderna*. Petrópolis: Vozes, 1995, p. 76.
654. ABELES, Marc. *Antrhopologie et marxisme*. Bruxelas: Editions Complexe, 1976, p. 113 (tradução nossa).

destaca ainda o autor, para a manutenção de estruturas, instituições e relações sociais, o que os sistemas de sociedade põem em ação são construções ideológicas, o poder da ideologia, sem uso de força, violência coercitiva. Para manter seus indivíduos na observância dos códigos sociais, as sociedades põem em ação ameaças metafísicas, simbólicas, numa palavra, ideológicas. É o mecanismo da ideologia, pois, que funciona como um poder sem que se exerça como dominação. Diante do recurso do poder sem a dominação, sem a violência, sem a opressão coercitiva, *"estamos em presença de um mecanismo ideológico que assegura diretamente, isto é, na ausência de toda coerção, a manutenção e a perenidade das posições sociais"*[655].

Desse modo, a cada vez que estamos diante da ideologia estamos diante de uma prática de poder, diante de um poder que constrói indivíduos, que os constrói como sujeitos em sociedades e culturas particulares, em contextos históricos particulares.

E sem que se possa desconsiderar aquilo que as análises de Michel Foucault já foram capazes de demonstrar, há também que se considerar o poder de maneira a não o confundir com práticas que, se não lhe são de todo alheias, todavia, não o definem. Que é o poder na maneira como Foucault o designa? Uma dispersão de práticas, relações e instituições que tem as formas diversas de saberes, técnicas, agentes multiplicados, mecanismos, dispositivos, não necessariamente resultando em dominação, mas sempre constituindo modos de governação dos indivíduos, que os torna sujeitos de certas condutas, identidades e subjetividades socialmente impostas — tornando-se, pois, como já mencionei antes, *modos de subjetivação, modos de assujeitamento*. Por essa sua característica, o poder não é apenas (mas não é principalmente) a máquina estatal de controle, vigilância e repressão, pronta a coibir certos atos dos indivíduos ou para garantir o cumprimento das leis. O poder, na sua dispersão material, é uma maquinaria de produção de indivíduos em sujeitos (*"se o sujeito humano está preso em relações de produção e em relações de sentido, ele está igualmente preso em relações de poder de uma grande complexidade"*[656]), cuja onipresença e ubiqui-

---

655. Ibidem, p. 114 (tradução nossa).
656. FOUCAULT, Michel. Le sujet et le pouvoir. *Dits et Ecris II*. Paris: Gallimard, 2001, p. 1.042 (tradução nossa).

dade (*"não porque tenha o privilégio de agrupar tudo sob sua invencível unidade, mas porque se produz a cada instante, em todos os pontos"*⁶⁵⁷), no espaço social, faz também que enfrente resistências ali nos pontos nos quais procura se instalar e atuar. O que faz que o poder — sem que seja aquela sede, coisa ou lugar passíveis de ser conquistados⁶⁵⁸ — configure-se também como/e nas relações e embates nos quais toma parte para se exercer, existindo *"como a multiplicidade de correlações de força imanentes ao domínio onde se exercem e constitutivas de sua organização"*⁶⁵⁹.

Assim, as práticas de poder e as relações de poder não se tornam necessariamente práticas de dominação e relações de dominação. Se nas práticas e relações de poder ocorrem sempre submissões — *"o sujeito se forma na submissão [...] a submissão é uma condição da sujeição"*, lembra Judith Butler⁶⁶⁰ —, não se torna exato igualar poder e dominação. Embora tanto a sujeição como a dominação, para ocorrerem, exerçam-se como relações e atos de poder — o poder de sujeição e o poder de dominação —, a sujeição é o ato primário de todo poder em buscar produzir sujeitos, isto é, constituir os indivíduos-sujeitos de seus discursos, de seus dispositivos, de suas ações, quando, ao contrário, a dominação visa deter os indivíduos, impedi-los de agir, detê-los ao máximo. Como indicou Foucault, *"a especificidade das relações de poder"* (*"o caráter próprio às relações de poder"*⁶⁶¹) é não ser *"uma relação de violência"*, redução do outro à passividade, quebrá-lo, destruí-lo: *"de fato, o que define uma relação de poder é um modo de ação que não age diretamente e imediatamente sobre os outros, mas que age sobre sua própria ação. Uma ação sobre a ação, sobre ações eventuais, ou atuais, futuras ou presentes. Uma relação de violência age sobre um corpo, sobre coisas: ela força, dobra, quebra, destrói: fecha todas as possibilidades; ela não tem, então, junto dela outro polo que o da passividade; e se ela encontra uma resistência, não tem outra escolha senão tentar reduzi-la. Uma relação de poder, ao contrário, articula-se sobre dois*

---

657. FOUCAULT, Michel. *História da sexualidade:* a vontade de saber. São Paulo: Graal, 2003, p. 89.
658. Idem. *Microfísica do poder.* Rio de Janeiro: Graal, 1985, p. 79 e segs.
659. Ibidem, p. 88.
660. Como lembra Judith Butler, *Mecanismos psíquicos del poder.* Madrid: Ediciones Cátedra, 2011, p. 12-13.
661. FOUCAULT, Michel. Le sujet et le pouvoir. In: FOUCAULT, Michel. *Dits et Ecris II.* Paris: Gallimard, 2001, p. 1054-1055 (tradução nossa).

elementos que lhe são indispensáveis para ser justamente uma relação de poder: que "o outro" (aquele sobre o qual ela se exerce) seja bem reconhecido e mantido até o fim como sujeito de ação; e que se abra, diante da relação de poder, todo um campo de respostas, reações, efeitos, invenções possíveis"[662].

Se a dominação — ou, como Foucault designou, "*estados de dominação*"[663] — corresponde também a uma situação de sujeição, o que as diferencia é que, na situação de dominação, toda liberdade está/é suprimida, nada mais podendo ser caracterizado como submissão ou sujeição a dispositivos, práticas ou relações de poder na qualidade de governo de condutas, fabricação dos indivíduos em sujeitos, construção de subjetividades. Na situação de dominação, é suprimida toda condição de agir dos indivíduos: essa é a situação de escravização ou a situação sob totalitarismos. Nela, não há mais o que seja possível chamar relações de poder, porque simplesmente a liberdade é abolida. Nelas, as relações do poder "*se encontram bloqueadas e imóveis*"[664]. Não há possibilidades de enfrentamentos, situações estratégicas, situações de luta, próprias às situações no âmbito das relações de poder nos dispositivos ou instituições sociais. Como observou Foucault, para que relações de poder possam ocorrer, e mesmo para que as práticas de poder (sem que recorram à dominação) possam ocorrer, a liberdade de agir dos indivíduos deve existir, é condição necessária: a esse quadro de liberdade de agir ele chamou "liberação", situação política das sociedades liberais moderno-contemporâneas.

Embora sem ilusões com a sociedade liberal, e nem sendo o caso de excluir que nela relações de sujeição e dominação ocorram, Foucault sugere compreender os estados de liberação como "*condição política ou histórica para uma prática de liberdade*"[665]. Afinal, a única situação compatível em que pode o indivíduo agir, por sua livre decisão, sem previamente já estar impedido de sua ação, como na situação totalitária, situação de escravidão, dominação

---

662. FOUCAULT, Michel. Le sujet et le pouvoir. In: FOUCAULT, Michel. *Dits et Ecris II*. Paris: Gallimard, 2001, p. 1.055 (tradução nossa).

663. Idem. L'éthique du souci de soi comme pratique de la liberté. In: FOUCAULT, Michel. *Dits et Ecris II*. Paris: Gallimard, 2001, p. 1.529 (tradução nossa).

664. Ibidem, p. 1.530 (tradução nossa).

665. Ibidem, p. 1.530 (tradução nossa).

plena — ainda que em todos os casos sempre existe possibilidade de ação por parte dos indivíduos. A diferença é que, na situação de liberação, não há o prévio impedimento de o indivíduo mover-se, agir, atuar, elaborar suas estratégias de luta. É por essa razão que o filósofo pensou: *"a liberação abre um campo para novas relações de poder, que se trata de controlar por práticas de liberdade"*[666].

Se essa relação entre poder e liberdade pode soar estranha para alguns, não lhe pareceu ao filósofo que concebeu que *"o poder só se exerce sobre 'sujeitos livres', e enquanto eles são livres — entendemos por isso sujeitos individuais ou coletivos que têm diante deles um campo de possibilidades onde várias condutas, várias reações e diversos modos de comportamento podem ter lugar"*[667].

Estão aí algumas observações sobre o que podemos compreender como sendo o poder e suas relações e diferenças com a sujeição e a dominação. Se a sujeição tem na submissão a normas, padrões, estruturas, subjetividades e identidades uma de suas condições para a produção de sujeitos, não se efetiva, todavia, suprimindo a liberdade dos indivíduos, não os impedindo de agir; ao invés, como um modo de proceder do poder, a sujeição, como produção de indivíduos-sujeitos, impele-os à ação sob uma certa governação de suas condutas. Lembremos que Foucault chamou atenção para o fato que o caráter próprio do poder (dos dispositivos e relações de poder) é seu modo particular de ação que tem a ver com produzir e conduzir condutas. Como dirá: *"o termo 'conduta' com seu próprio equívoco é, talvez, um dos que permitem melhor apreender o que há de específico nas relações de poder. A 'conduta' é, ao mesmo tempo, o ato de 'conduzir' os outros (segundo mecanismos de coerção mais ou menos estritos) e a maneira de se comportar em um campo mais ou menos aberto de possibilidades. O exercício do poder consiste em 'conduzir condutas' e em organizar a probabilidade. O poder, no fundo, é menos da ordem do enfrentamento entre dois adversários, ou do engajamento de um em relação ao outro, do que da ordem do 'governo'. [...] Governar, nesse sentido, é estruturar o campo de ação eventual dos outros. O modo de relação próprio ao poder [...] [é] esse modo de ação singular — nem guerreiro nem jurídico — que é o governo"*[668].

---

666. Ibidem, p. 1.530 (tradução nossa).
667. Ibidem, p. 1.056 (tradução nossa).
668. Ibidem, p. 1.056.

Por essa concepção, Michel Foucault compreende a liberdade como inseparavelmente delimitada na relação com o poder, uma relação que chamou de *"um antagonismo essencial"* e um *"agonismo"*[669] — arte das lutas, saber e prática dos combates, ou, como podemos também dizer, uma *agonística*[670]. Do que se sabe, se *"lá onde há poder há resistência"*[671], é porque também *"se há relações de poder em todo o campo social, é porque há liberdade por todo lado"*[672]. Liberdade por toda parte: corpos livres, indivíduos livres, condutas livres... Assim, nem o poder nem a liberdade descansam: trata-se sempre de enfrentamentos agonísticos. Há entre esses dois polos tentativas constantes, recíprocas e simultâneas de captura e fuga. E não há vitória final em nenhum caso!

A liberdade dos indivíduos é não apenas necessária para que se possa falar de poder e relações de poder, como também de escolhas, do indivíduo poder escolher, e construir suas estratégias, seus caminhos. É por isso também que o filósofo dirá que *"a liberdade é a condição ontológica da ética"*[673], pois, só há ética onde há escolha (o que é quase uma redundância, pois, ética é sempre-já escolha), e somente pode existir escolha onde há liberdade.

Mas há algo a destacar ainda sobre o caráter próprio do poder que nos leva à sua relação imanente com a ideologia. A ideologia torna possível que o poder, em sua multiplicidade de formas e em sua dispersão, exerça-se sem que apareça como poder; que, nas relações, exercite-se sem que seja percebido como tal. Aliás, para Foucault, o êxito do poder está em que possa esconder uma parte do que é. Como escreveu: *"é somente mascarando uma parte importante de si mesmo que o poder é tolerável. Seu sucesso está na proporção daquilo que consegue ocultar dente seus mecanismos"*[674].

---

669. Ibidem, p. 1.057 (tradução nossa).

670. Em trabalho que publiquei em 2008, escrevi sobre o assunto: DeSOUSA FILHO, Alipio. Foucault: o cuidado de si e a liberdade, ou a liberdade é uma agonística. In: ALBUQUERQUE JUNIOR, Durval Muniz; VEIGA-NETO, Alfredo; DeSOUSA FILHO, Alipio (Orgs.). *Cartografias de Foucault*. Belo Horizonte: Autêntica, 2008, p. 13-26.

671. FOUCAULT, Michel. *História da sexualidade* — a vontade de saber. Rio de Janeiro: Graal, 1985, p. 91.

672. FOUCAULT, Michel. L'éthique du souci de soi comme pratique de la liberté. In: FOUCAULT, Michel. *Dits et Écrits*, v. II. Paris: Gallimard, 2001, p. 1531.

673. Ibidem, p. 1.531 (tradução nossa).

674. Idem. *História da sexualidade* — a vontade de saber. Rio de Janeiro: Graal, 1985, p. 83.

Essa relação entre ideologia, poder, sujeição ou, quando é o caso, dominação, torna possível dizer, parafraseando Foucault: a ideologia circula, se exerce, é capilar, está nas extremidades, atravessa os indivíduos, fabrica-os, ela produz múltiplas formas de sujeição que podem se exercer na sociedade. A ideologia não é uma representação sem corpo, práticas, ações, ela é constituída de ideias e de práticas. Ela produz indivíduos ideologicamente ativos, participantes das relações sociais, das instituições, garantindo o estabelecimento e manutenção da sujeição em suas diversas formas, assim como os casos de dominação.

Mas o que torna possível que a ideologia faça desaparecer o poder (de submissão, assujeitamento, sujeição) que se exerce ali onde o poder e a própria ideologia atuam? Diversos são os autores e as análises que trazem a reflexão sobre o tema. Destaca-se em todos o fato de a ideologia ser capaz de transfigurar "relações de força" em "relações de sentido", em "formas simbólicas". Entre outras, as análises de Althusser, Bourdieu e Thompson destacam essa operação inerente à ideologia. A fórmula de Bourdieu sobre o que chamou "poder simbólico" é esclarecedora a esse propósito: *"o poder simbólico como poder de constituir o dado pela enunciação, de fazer ver e fazer crer, de confirmar ou de transformar a visão do mundo ... poder quase mágico... é uma forma transformada, quer dizer, irreconhecível, transfigurada e legitimada, das outras formas de poder... trabalho de dissimulação e de transfiguração (numa palavra, eufemização) que garante uma verdadeira transubstanciação das relações de força fazendo ignorar-reconhecer a violência que elas encerram objetivamente e transformando-as assim em poder simbólico, capas de produzir efeitos reais sem dispêndio aparente de energia"*[675]. Nessa mesma perspectiva, John Thompson escreveu em defesa de uma compreensão da ideologia que evitasse sua redução a um fenômeno secundário, derivado e reflexo de relações de produção, com pouco papel ativo e de construção da própria realidade dessas relações de produção e de todas as demais na sociedade. Propôs pensar o quanto os sentidos mobilizados pelas formas simbólicas são constitutivos da realidade social e especialmente do estabelecimento e sustentação de relações de dominação — que se

---

675. BOURDIEU, Pierre. *O poder simbólico*. Lisboa: Difel; Rio de Janeiro: Bertrand Brasil, 1989, p. 15.

mantenha aqui a distinção que propus logo acima, e que se possa compreender os termos "relações de dominação" em seu emprego muito genérico pelo autor (embora não o melhor) no sentido de relações de poder e sujeição em geral —, querendo destacar que relações de força (dominação, sujeição, poder) tomam a forma de sentidos, significações, significados, estabelecidos nos processos de produção, circulação e recepção das formas simbólicas[676].

Como esse poder transubstancializado em formas simbólicas, sentidos, a ideologia pode assumir o discurso da lei, da moral, da religião, mas, igualmente, o discurso de diversos saberes e atuar como "ciência". Como escreveu a antropóloga Françoise Héritier, "*o discurso da ideologia possui, por toda parte e sempre, todas as aparências da razão*"[677], e como denunciou a filósofa Marilena Chaui: "*ela [a ciência] se torna o lugar privilegiado da ideologia no mundo contemporâneo*"[678], justo porque "*a cientificidade tem o direito de explicação sobre todo o real*" e porque "*a nossa confiança sobre a explicação científica tornou-se total*"[679]. Aliás, hoje, recorrer à chancela da "ciência" é algo que está ficando anedótico. Restringindo-me ao exemplo brasileiro, até mesmo membros de igrejas evangélicas e grupos católicos no país, para produzirem suas preleções de combate ao que definem como "uma ameaça em curso de destruição da família" — que estaria sendo orquestrada por gays, lésbicas e transexuais e seus apoiadores no Estado —, abandonando o estrito discurso religioso, apelam a supostas "pesquisas científicas" da genética comportamental e da biomedicina que atestariam que gênero e sexualidade "não são construções e escolhas", mas "definições biológicas" que os indivíduos não podem alterar. Esses grupos religiosos, com mais parlamentares reacionários espalhados pelas cidades brasileiras, inventaram o que consideram ser "uma tentativa sórdida de implantação da *ideologia (sic) de gênero* nas escolas do país", por meio da ação de certos professores, gays,

---

676. THOMPSON, John. *Ideologia e cultura moderna*. Petrópolis: Vozes, 1995, p. 79.

677. HERITIER, Françoise. *Masculin/Féminin:* la pensée de la différence. Paris: Odile Jacob, 1996, p. 223.

678. CHAUI, Marilena. Crítica e ideologia. In: CHAUI, Marilena. *Cultura e democracia:* o discurso competente e outras falas. São Paulo: Moderna, 1981, p. 32.

679. Ibidem, p. 32.

feministas, mas, evidente, graças à manobra ideológica no uso do termo ideologia, pois tentam imputar caráter ideológico às ideias e reflexões que, de fato, são o contradiscurso da ideologia: a crítica a toda uma educação social (familiar, escolar, religiosa) que impede crianças, jovens e adultos de bem compreenderem o que são as experiências de gênero e de sexualidade, impedindo-os de viverem livremente suas experiências nesse âmbito. Chamam de "ideologia de gênero" o que é, contrariamente ao que pretendem afirmar, a crítica ao que propriamente merece ser chamado de ideologia na educação imposta a todos. Mas o curioso a destacar é que, agora, mais que antes, podemos ver pastores, padres e os diversos membros dessas igrejas recorrerem ao que chamam "estudos científicos" para apresentarem suas "teorizações" sobre gênero e sexualidade com a chancela da "ciência". Em minha cidade, tomei parte em debates nos quais pude ouvir (horrorizado!) pastores, padres e seus seguidores, que os acompanham onde vão, afirmando a existência de "estudos científicos que provam que o gênero é definido no embrião" ou que "provam que a sexualidade é inata" — sempre a rude ideia de "provas" na ciência! —, "não havendo qualquer fundamento para se falar em construção social do gênero ou em sexualidade construída", como fazem as ciências humanas desde o século XIX, pois "tudo o que diz respeito ao ser humano, incluindo seu sexo e o gênero, já vem estabelecido desde antes do nascimento". Padres, pastores e políticos evocando a "ciência" para fundamentarem o discurso ideológico que eles pretendem assentar contra tudo o que já disseram os estudos críticos construcionistas das ciências humanas sobre este e outros assuntos...

Usos dos termos "ciência", "científico", "estudos científicos" que podemos denunciar como o discurso ideológico mascarado de conhecimento. "Ciência" que, a justo título, poderíamos chamar de uma *pseudociência* — como também a denunciou o astrofísico e cosmólogo Carl Sagan que assim escreveu: *"a pseudociência é mais fácil de ser inventada que a ciência, porque os confrontos perturbadores com a realidade ... são evitados mais facilmente"*[680]. E mais adiante, no mesmo livro, diz: *"pode-se afirmar*

---

680. SAGAN, Carl. *O mundo assombrado pelos demônios:* a ciência vista como uma vela no escuro. São Paulo: Companhia das Letras, 1996, p. 29.

que a pseudociência é adotada na mesma proporção em que a verdadeira ciência é mal compreendida. [...] As religiões são frequentemente escolas de pseudociência que têm proteção do Estado"[681]. Também poderíamos pensar em uma *ciência ideológica*, o que pode ser visto como uma contradição insuportável, uma incoerência, um paradoxo, se mantivermos a ideia de ciência como esclarecimento da realidade, crítica. O fato é que muito que se faz como ciência — ou boa parte do que ela já é — já se pratica com todas as operações que caracterizam a ideologia no essencial. Mas o que talvez não seja razão suficiente para abandonarmos o termo, entregando-o de uma vez por todas ao discurso ideológico.

Se pensamos o que se passa em toda ordem social, a ideologia, em primeiro lugar, torna *desconhecido* aos indivíduos o caráter arbitrário (aleatório, imotivado) de sua construção social e, portanto, seu caráter convencional e particular. Modo pelo qual a ideologia pode apresentar a realidade de todos os sistemas de sociedade e culturas como natural, universal, necessária, inevitável e eterna. Para o que a ideologia constrói suas narrativas, valendo-se principalmente do "natural" (ao que já estava "antes"), assim como se valendo do "histórico" (o que "já estava lá"), quando assume a forma do mitológico, do teológico, do imaginário, do irracional, do inconsciente, mas igualmente do racional, do consciente, do científico, variando com as culturas, a história. Mas se constituindo sempre na via do desconhecimento que atrela o indivíduo a um espaço, uma estrutura, uma contingência e a um discurso que é o seu, irreconhecíveis em seu caráter cultural-social-histórico, tanto quanto o próprio indivíduo se desconhece como artefato também cultural, social e histórico.

Um outro ponto fundamental a destacar é que a ideologia transfigura a sujeição dos indivíduos à cultura, ao social, aos seus diversos poderes, em algo que os próprios indivíduos ignoram como sujeição. A experiência de estar submetido a normas, costumes, padrões, crenças, convenções sociais e morais é representada como outra coisa diferente que a sujeição humana a instituições sociais, culturais e históricas. Se a sujeição social começa já na subordinação à cultura enquanto uma "linguagem social",

---

681. Ibidem, p. 30.

um "todo estruturado", uma "teia de significados", um "arranjo arbitrário", uma "ordem oculta", uma "ordem invisível"[682], o fato não é, todavia, assim vivenciado pelos indivíduos: nem o caráter arbitrário da ordem social nem a sujeição a que estão submetidos sob seus desígnios aparecem como existindo. Foi esse fenômeno que levou o sociólogo Pierre Bourdieu a escrever que *"a ordem social funciona como uma imensa máquina simbólica que tende a ratificar a dominação"*[683], quando abordou a prevalência dos efeitos das significações imaginárias e simbólicas na produção da legitimação da "dominação masculina" em sociedade onde a subordinação das mulheres aos homens é seu alicerce. O mesmo entendimento o autor exprime, ao abordar os ritos de socialização como *"atos de instituição"* de categorias, crenças, *habitus*, hierarquias, poderes de uma dada sociedade, ao dizer que *"uma das funções do ato de instituição seria desencorajar duradouramente a tentação da passagem, da transgressão, da deserção, da demissão"*[684] dessas mesmas categorias, crenças, *habitus*, hierarquias e poderes.

Ideologia, classe social e Estado

Quando Marx e Engels formularam a tese que *"as ideias da classe dominante são, em cada época, as ideias dominantes"*, e pensaram que tal fenômeno ocorre em virtude do fato que *"a classe que tem à sua disposição os meios da produção material dispõe também dos meios de produção espiritual"*, conforme citado antes, deixaram a conclusão que a existência de *ideias dominantes*, e estas como ideias da dominação, somente poderiam existir numa sociedade dividida em classes na qual as ideias da classe econômica e politicamente dominante tornam-se, como ideias particulares, ideias gerais

---

682. Essas diversas imagens são comumente empregadas nas ciências humanas e sociais pelos autores quando estes querem se referir às sociedades, às organizações sociais humanas. Sempre com a ideia que a ordem social não é *"diretamente perceptível pelos sentidos"*, que *"não pode ser diretamente percebida"*, como assim aborda o assunto o sociólogo Norbert Elias, em seu *A sociedade dos indivíduos*. Rio de Janeiro: Jorge Zahar, 1994, p. 17 e segs.

683. BOURDIEU, Pierre. *A dominação masculina*. Rio de Janeiro: Bertrand Brasil, 1999, p.18.

684. Idem. *Economia das trocas linguísticas*. São Paulo: Edusp, 1998, p. 102.

e hegemônicas, enquanto estas seriam, de fato, as ideias da dominação específica dessa classe.

Cabe interrogar se a conclusão dos autores deve permanecer sem modificações. Como vimos mais atrás, o fenômeno do ideológico ocorre em sociedades sem classes, revelando que, para existir ideologia, não é necessária a existência de classes sociais. Portanto, a existência de ideias cuja hegemonia assegura a manutenção e justificação de práticas, relações e instituições de alienação, sujeição ou dominação não está em relação direta e de dependência com a presença de classes sociais na sociedade. A existência dessas ideias é uma ocorrência em todos os sistemas de sociedade, como também o assunto já foi visto antes, sua realidade constituindo um elemento integrante da fundação e da perpetuação desses próprios sistemas e suas lógicas próprias.

Se invertermos a fórmula de Marx e Engels e dissermos que *as ideias ideológicas, ao tornarem-se ideias dominantes, tornam-se sempre as ideais das classes dominantes* nas nossas sociedades constituídas por classes sociais, não teremos aí prejuízo de nenhuma descoberta sociológica, antropológica ou histórica sobre o fenômeno da ideologia ou prejuízo de observações críticas que já se pode fazer sobre o assunto. Vejamos: 1) ideias ideológicas são sempre ideias da alienação, sujeição ou da dominação social; 2) estas ideias, para se tornarem dominantes, isto é, preponderantes, hegemônicas, conhecem diversos processos e passagens por agentes, instituições, mecanismos, dispositivos, num contínuo e complexo fluxo de surgimento, recepção, apropriação, repetição, mas, igualmente, de reelaboração, recusa, não ganhando sua supremacia por ações apenas das classes econômica e politicamente dominantes — como se todos aqueles que agem na produção e difusão dessas ideias pertencessem necessariamente a essas classes. A ideologia é também produzida e difundida espontaneamente na conversação cotidiana, e indiferenciadamente em todas as camadas sociais. É verdadeiro que classes dominantes agem para assegurar seu domínio e, entre outras ações, estão aquelas que visam promover a supremacia social das ideias ideológicas que circulam na sociedade, que são também de interesse dessas classes, mas, como ações, elas nem são a origem dessas ideias nem sua própria produção. Vale aqui lembrar um assinalamento de Terry

Eagleton: *"não é a origem das ideias que as faz ideológicas. Nem todas as ideias que se originam na classe dominante são necessariamente ideológicas; inversamente, uma classe dominante pode apoderar-se de ideias que germinaram em outro lugar e utilizá-las para seus propósitos"*[685]; 3) as ideias da ideologia — que não se tornam "ideias dominantes" apenas porque são ideológicas, mas por sua difusão e aplicação a contextos concretos pelos mais diversos poderes e seus agentes — ao se tornarem dominantes/hegemônicas, tornam-se ideias cujos sentidos e significações que carregam tornam-se também ideias de justificação da posição de domínio na estrutura social que ocupam certos indivíduos, grupos ou classes, que dependem também (mas não apenas!) de ideais que os legitimem como dominantes para continuarem no usufruto dessa posição. Mas, para o caso particular das sociedades de classe, o que não torna essas ideias as "ideias das classes dominantes" no sentido de algo produzido por elas, ideias que nasceriam sob sua gestão, comando, vontade ou delírio. Assim também como não é a existência dessas ideias o que determina, de fato, a existência e a posição dessas classes, mas bem outros mecanismos e lógicas sociais que constituem os sistemas de sociedade de classes. Aliás, essa questão permite colocar de outro ângulo o problema da relação entre ideologia, sujeição, dominação e classes sociais nas nossas complexas sociedades atuais. Não parece ser a *dominação de classe* o problema principal que aflige os indivíduos em suas vidas cotidianas, mas bem outros problemas experienciados como sujeições, subordinações, negações de reconhecimento, violências simbólicas, com repercussões psicológicas e morais, e nos quais a presença da ideologia é não apenas concreta, mas um elemento cuja ação se faz notar nas formas diretas de ideias e práticas de discriminação, exclusão, marginalização, categorização, estigma, imposição de identidades e subjetividades. Não se trata de negar a determinidade da condição de classe na posição dos indivíduos na estrutura social e em como essa condição e posição são fatores condicionantes de produção de desigualdades, relações assimétricas, hierárquicas e que fundam discriminações, exclusões etc. Não se trata também de negar desigualdades econômico-sociais (pela divisão da

---

685. EAGLETON, Terry. *Ideologia*. São Paulo: EdUSP/Boitempo, 1997, p. 50.

sociedade em classes) como fontes de estigmas, categorizações, situações de sofrimento emocional, psíquico, violências morais etc. E logo veremos como a ideologia serve também para ocultar a divisão da sociedade em classes e a existência dos antagonismos, conflitos, desigualdades como resultados desse divisão. Mas o modo como a ideologia se exerce, circula e materializa-se em ideias, práticas e dispositivos, nas nossas sociedades urbanas, moderno-contemporâneas, industriais e capitalistas, nos faz pensar mais em sujeições diversificadas, multiplicadas, conectadas às grandes linhas de força do sistema (mas nem sempre por isso estritamente de caráter econômico), cuja "acumulação" visada é a da produção de indivíduos como sujeitos, construídos na alienação e sujeição cotidianas nas esferas de suas vidas que os tornam sujeitos ideológicos nos âmbitos do saber, da subjetividade, do psiquismo, da vida moral: cognição, emoções, afetos, sentimentos; sem que isso represente necessariamente a produção de categorias econômicas ou de classe. A produção de indivíduos-sujeitos para o sistema de sociedade, enquanto uma ordem simbólico-ideológica, pede mais que a produção de simples sujeitos de categorias econômicas ou submissos a uma "consciência de classe", quer seja como "autoestima" ou como consciência que degrada. Se Marx e Engels conceberam que *"a propriedade é o poder de dispor da força de trabalho de outro"*[686], é preciso lembrar, com Althusser, que o indivíduo não se torna força de trabalho senão como sempre-já sujeito da ideologia, e isso em sentido bem mais amplo e profundo que apenas uma conversão a uma categoria econômica. Há ainda que lembrar o que escreveu John Thompson: *"as relações de classe são apenas uma forma de dominação e subordinação, constituem apenas um eixo da desigualdade e exploração; as relações de classe não são, de modo algum, a **única** forma de dominação e subordinação. [...] Vivemos, atualmente, um mundo em que a dominação e subordinação de classe continuam a desemprenhar um papel importante, mas em que outras formas de conflito são prevalentes e, em alguns contextos, de importância igual ou até maior"*[687]. Nesse sentido, oponho à fórmula do

---

686. MARX, Karl; ENGELS, Friedrich. *A ideologia alemã*. São Paulo: Boitempo, 2007, p. 46.

687. THOMPSON, John. *Ideologia e cultura moderna*. Petrópolis: Vozes, 1995, p. 77-78 (grifo do autor)

"inimigo de classe" uma outra: com as tentativas perpetradas de sujeição ideológica a que se é confrontado cotidianamente, com ou sem êxito, podemos dizer que, nos dias atuais, *o nosso inimigo, o inimigo de todos, é a ideologia*! 4) como ideias de naturalização e eternização da realidade social, a ideologia, antes que se torne adequada aos interesses de classes dominantes (e que essas dela se apropriem), torna-se dominante, hegemônica, por sua eficácia simbólica como justificação da realidade instituída (e com ou sem a presença de classes), e essa como "realidade da vida", "realidade do mundo". Ganhando diversas materializações em formas simbólicas dispersas, tornando-se representações imaginárias dominantes, a ideologia torna-se hegemônica e passa a funcionar como as ideias justificadoras da realidade instituída, quando são apropriadas, assimiladas, difundidas e praticadas pelas classes dominantes, porque são ideias que lhes favorecem, favorecem seus interesses.

Mas, para objetar o que acabo de dizer, alguém poderia sustentar que Marx e Engels, em *A ideologia alemã,* já tinham advertido que *"uma vez que as ideias dominantes são separadas dos indivíduos dominantes e, sobretudo, das relações que nascem de um dado estágio do modo de produção, e que disso resulta o fato de que na história as ideias sempre dominam, é muito fácil abstrair dessas diferentes ideias 'a ideia' etc. como o dominante na história, concebendo com isso todos esses conceitos e ideias singulares como 'autodeterminações' do conceito que se desenvolve na história"*[688]. O problema aqui é: qual a propriedade das relações de produção (relações de um dado modo de produção) que torna possível que somente elas sejam a determinidade das ideias ideológicas? São elas as "relações essenciais", "fundamentais"? Há alguma relação social que não o seja na estruturação social? Elas asseguram a "base" da sociedade... É possível conceber uma base como fundante sem as práticas, relações e agentes que a tornam possível em todas as demais esferas da vida social? As ideias ideológicas guardam uma restrita conexão com as relações de produção a ponto de não guardarem conexão com nada mais? E as relações de poder e sujeição, com seus modos de produção de subjetividades, identidades e sujeitos, não estão no âmbito da ideologia? A ideologia

---

688. Ibidem, p. 49.

produziria apenas sujeitos de relações de produção? Ainda: disseram Marx e Engels que, por ilusão ideológica, *"na história, as ideias sempre dominam"*, isto é, são as ideias que parecem dominar e não os modos de produção e suas classes dominantes. Porém, por que concluir que pensar a existência de *ideias dominantes* — sem ter por isso que essas ideias sejam "de classes dominantes" ou como unicamente armaduras de relações de produção — significaria concebê-las como realidade que subsiste por si mesma e que age nas culturas e sociedades por força de seu próprio poder mágico transcendente? Se a denúncia empreendida por Marx e Engels, que descreveram o modo idealista e substancialista de conceber a realidade como sendo ele mesmo um modo ideológico, é denúncia correta, não se pode seguir com o que disseram quanto a conceber por idealismo toda compreensão das ideias ideológicas que não enxergue essas ideias como "reflexos de modos de produção" ou "expressões de relações de produção" ou ainda "ideias de classes dominantes" e, por essa sua natureza, ideias que expressariam sempre os interesses particulares daqueles que têm o controle da produção econômica e do poder político na sociedade. Uma tal concepção reduz a visão materialista da história e da sociedade a um conceito de "materialidade" da realidade no qual somente cabem as noções econômicas, excluindo toda materialidade das práticas, relações sociais, experiências e vivências que, nos âmbitos subjetivo, moral, psicológico, educativo, e pelo trabalho de dispositivos de poder e socialização, constroem corpos, hábitos, atitudes, produzem sujeitos, tão materiais em sua realidade quanto qualquer outra realidade material. De modo que, assim concebidas, as ideias ideológicas, como ideias da ideologia, em suas propriedades materiais de produtos de práticas, relações e instituições sociais de sistemas particulares de sociedade e culturas, nada têm de essências ou substâncias transcendentes, idealistas. Por último, Marx e Engels também desdenharam da importância dada às "ideias dominantes" quando não concebidas como "ideias das classes dominantes" ou deduzidas do *"seu nascimento a partir das relações terrenas reais"*[689], como também desdenharam do trabalho teórico de crítica a essas ideias — vistas como meras *"fraseologias"* que devem

---

689. Ibidem, p. 44-45.

ser esclarecidas como o que são: *"enquanto se trata, tão-somente, de esclarecer fraseologias teóricas a partir das relações reais existentes"*[690]. É essa compreensão que levou os autores a também afirmar: *"não é a crítica, mas a revolução a força motriz da histórica"*[691]. O filósofo Claude Lefort, que manifestou seu desacordo e ruptura com a concepção de Marx e Engels sobre ideologia, a propósito dessa consideração dos autores pelo trabalho da crítica à ideologia, destaca algo que me parece inteiramente aplicável ao desprezo (de ontem, em Marx e Engels, e de hoje, de um setor do pensamento de esquerda) pelo trabalho teórico e político de desconstrução do discurso ideológico, quando este é tratado como *puras fraseologias* a que não se deve dar importância. Como escreveu Lefort, se a via de crítica à ideologia foi aberta por Marx, ele também a fechou: *"se tal é a via aberta por Marx, no entanto, não cabe dúvida de que ele também se encarregou de obstruí-la"*[692]. De certo modo, uma visão do problema resultado do que *faltou* na própria perspectiva dos fundadores do materialismo histórico, que fundou uma compreensão da ideologia que já retirava força e importância do fenômeno: concebido como um reflexo do modo de produção, que, ao ser mudado, traria consigo também sua mudança — embora, ao que parece, nunca sendo o caso de se falar de seu "fim"; uma questão pouco enfrentada e quase sempre ambígua na análise marxista. Althusser, que escreveu que *"a ideologia é eterna como o inconsciente"* e pensou a ideologia como um poder de sujeição e produção de sujeitos (assujeitados), de modo ambivalente ou mesmo contraditório, ao se referir à existência da ideologia no futuro de uma sociedade sem classes, formulou que a ideologia cumpriria sua função de formar os indivíduos para as operações, exigências e aspectos práticos da vida em sociedade. A ideologia seria *"indispensável, em qualquer sociedade, para que os homens sejam formados, transformados e equipados para reagir às exigências de suas condições de existência"*[693]. De crítico da ideologia, temos um autor que, de um modo não sociológico, torna-se aquele que dá lugar

---

690. Ibidem, p. 45.
691. Ibidem, p. 43.
692. LEFORT, Claude. *As formas da história*. São Paulo: Brasilense, 1979, p. 306.
693. ALTHUSSER, Louis. *A favor de Marx*. Rio de Janeiro: Jorge Zahar, 1983, p. 235.

à essencialização e naturalização da ideologia. Ora, dizer que a ideologia existe como fenômeno comum às sociedades humanas, como um fato de cultura, é algo bastante distinto, como descrição sociológica e antropológica, que dizer que ela é "indispensável" ou "necessária". Essencialização e naturalização parecida com seu engano ao ter separado ciência e ideologia como opostos absolutos, embora tenha feito autocrítica de sua posição posteriormente.[694] Mas, o que faltou a perspectiva de Marx e Engels? Dirá Lefort: *"Ora, por mais fecunda que seja, esta análise (na qual certamente não se resume o pensamento de Marx) desconhece a dimensão simbólica do campo social. É impossível, opomos nós, deduzir das relações de produção a ordem da lei, do poder, do saber; é impossível reduzir aos efeitos da divisão capital-trabalho a linguagem em que se articula a prática social"*[695]. E mais adiante: *"É a ordem do simbólico que se encontra negada... Marx se recusa a reconhecer que a divisão social também é originariamente a do processo de socialização e do discurso que o nomeia"*[696].

Há ainda outros problemas teóricos a considerar. Erroneamente, acredita-se que os "dominantes" produzem a ideologia e a impõem aos "dominados", como se no âmbito do ideológico, e especialmente nas sociedades de classes, prevalecesse uma racionalidade conspirativa que tornaria a ideologia correspondente a uma operação de produção de mentiras, enganos e ilusões eficazes ao nível dos "dominados", mas não ao nível dos "dominantes". Com a concepção de que o discurso ideológico seria algo dirigido a domesticar apenas os "dominados" — e esses compreendidos como "classes trabalhadoras", "os mais pobres", "iletrados", "incultos" —, não sendo os "dominantes" (elites econômicas, políticas, culturais e intelectuais) por esse mesmo discurso afetados, imagina-se que a ideologia atinge apenas os primeiros e nunca estes últimos. Torna-se necessário afirmar, na transformação de indivíduos em sujeitos, a ideologia atinge a todos igualmente, ainda que diferenciadamente. Se a ideologia se torna funcional para a obtenção de certos objetivos de classes ou grupos de poder, é porque é capaz *primeiramente* de reificar a realidade instituída como

---

694. ALTHUSSER, Louis. *Posições-1*. Rio de Janeiro: Graal, 1978.
695. LEFORT, Claude. *As formas da história*. São Paulo: Brasiliense, 1979, p. 299.
696. Ibidem, p. 307.

um todo — como já tratei do assunto demoradamente — e torná-la uma realidade natural, universal, necessária e eterna, com ou sem sua divinização. Mas sempre como uma realidade que existe por si mesma, sem a participação da ação humana, como uma realidade não construída, mas dada, ou, se se modifica, algo representado como resultado de interferências ou desígnios nem humanos nem sociais.

Mas, se passarmos ao exame do caso particular da sociedade burguesa-moderna, sociedade de classes, teremos como ver a relação específica entre ideologia, classes e Estado. Para esse assunto, trarei principalmente as análises de ideologia produzidas pela filósofa brasileira Marilena Chaui, que destaca aspectos próprios da ideologia nessas sociedades.

Numa primeira definição, a autora lembra: *"o que torna objetivamente possível a ideologia é o fenômeno da alienação, isto é, o fato de que, no plano da experiência vivida e imediata, as condições reais de existência social dos homens não lhes apareçam como produzidas por eles, mas, ao contrário, eles se percebem produzidos por tais condições e atribuem a origem da vida social a forças ignoradas, alheias às suas, superiores e independentes (deuses, Natureza, Razão, Estado, destino etc.), de sorte que as ideias quotidianas dos homens representam a realidade de modo invertido e são conservadas nessa inversão, vindo a constituir os pilares para a construção da ideologia"*[697].

Mas dirá a autora que, *"no sentido forte do termo, a ideologia só pode efetivar-se plenamente nas sociedades históricas, isto é, naquelas sociedades para as quais a questão de sua origem ou de sua instituição é não só um problema teórico, mas sobretudo uma exigência prática renovada"*.[698] Seguindo suas explicações, as sociedades propriamente históricas são aquelas que não podem recorrer ao transcendente, a nenhum poder ou explicação fora delas e fora de sua própria realidade, para explicarem a origem de suas instituições e sua própria identidade. Não podendo fazer como as sociedades que oferecem para si a explicação mítica ou teológica (seria o caso das sociedades primitivas, indígenas, tribais ou as anteriores ao advento da sociedade

---

697. CHAUI, Marilena. *O que é ideologia.* São Paulo: Brasiliense, 1981, p. 86-87.
698. Idem. Crítica e ideologia. In: CHAUI, Marilena. *Cultura e democracia:* o discurso competente e outras falas. São Paulo: Moderna, 1981, p. 15.

burguesa-moderna, chamadas também "pré-capitalistas"), a sociedade burguesa fica impedida dessa operação e obriga-se a recorrer a um outro discurso para poder construir uma identidade para si, sem mais poder se representar como intemporal e sem que o social possa ser imobilizado em essências eternas. Porque essa sociedade *"não cessa de criar internamente sua diferença consigo mesma"*, ela precisa produzir um discurso sobre si própria que lhe dê uma identidade e resolva o enigma da origem e existência no tempo de suas instituições. Como escreveu: *"produtora de sua alteridade, a sociedade propriamente histórica é aquela que não pode, senão sob a forma da violência e da máscara, repousar numa identidade fixa, onde se reconheceria a si mesma. Justamente por isso nessa sociedade o fenômeno da ideologia ganha sentido concreto"*[699]. E essa sociedade também se vê obrigada a situar *"o processo pelo qual a ação dos sujeitos sociais e políticos lhe dá origem e, ao mesmo tempo, precisa admitir que ela é a própria condição para a sua atuação desses sujeitos"*[700].

Para Marilena Chaui, a "sociedade propriamente histórica" enfrenta o problema de determinar *"o ponto anterior à sua existência"* — ela *"nasce da ação dos homens ao mesmo tempo em que é condição dessa ação"*[701]; sublinha a autora que aí teríamos uma espécie de imanência da sociedade fundada e do ato fundador que se torna (Marilena diz "se revela", na imagem ideológica) imanência da sociedade fundadora e do ato fundado[702] — e, com isso, ela enfrenta, pois, o problema de sua historicidade como sendo uma questão que não se reduz apenas a situar certas condições ou dados: ela precisa dar conta de como surge ao mesmo tempo que é também a condição para a ação dos sujeitos que a criam. Ela é *"a fonte da ação de seus autores"*, mas esses só começam a existir no momento em que ela começa. Para a autora, *"a emergência da ideologia em sentido forte"* como *"algo intrínseco às sociedades históricas"* é resultado desse problema e dessa questão sempre renovados nessas sociedades: *"a partir do momento em que os sujeitos sociais e políticos deixam de contar com o anteparo de um saber e de um poder anteriores e exteriores à*

---

699. Ibidem, p. 16.
700. Ibidem, p. 16-17.
701. Ibidem, p. 16.
702. Reescrevo a proposição da autora que é *"a imanência do ato fundador e da sociedade fundada se revela como imanência da sociedade fundadora e do ato fundado"* (Ibidem, p. 16).

*sua práxis [...] é elaborado, assim, um discurso que, partindo do discurso social (o discurso do social) e do discurso político (o discurso da política), se transforma num discurso impessoal **sobre** a sociedade e **sobre** a política. Essa passagem do discurso **de** para o discurso **sobre** constitui o primeiro momento na elaboração da ideologia*"[703].

Para Marilena Chaui, esse traço da ideologia de *"discurso sobre"* (a realidade, a sociedade, a política etc.) é algo que não se pode compreender se não vinculamos a "função da ideologia" — isto é, *"a tentativa de fazer com que o ponto de vista particular da classe que exerce a dominação apareça para todos os sujeitos sociais e políticos como universal e não como interesse particular de uma classe determinada"*[704] — ao advento da figura do Estado moderno como *"um poder uno, indiviso, localizado e visível"*, que é capaz de oferecer a representação da sociedade dividida em classes como uma sociedade homogênea, indivisa, pois, no discurso ideológico, a sociedade é, de fato, dividida, mas, "de direito", é indivisa, o poder estatal sendo uma prova, pois garante igualdade e homogeneidade à sociedade. Como escreveu: *"para entendermos a ideologia, que fala sobre as coisas, sobre a sociedade e sobre a política, pretendendo dizer o que são em si e pretendendo coincidir com elas, precisamos vinculá-la ao advento da figura moderna do Estado, enquanto um poder que se representa a si mesmo como instância separada do social e, na qualidade de separado, proporciona à sociedade aquilo que lhe falta primordialmente. [...] O que falta primordialmente à sociedade? Falta-lhe unidade, identidade e homogeneidade"*[705].

Para o que falta à sociedade — falta expressa no "desejo metafísico" de homogeneidade, harmonia e integração — a ideologia oferece representações e imagens que realizam a operação precisa de anular a existência efetiva da divisão da sociedade, fraturada por essa divisão e separação das classes sociais. Explica a autora: *"a ideologia responde a uma exigência metafísica dos sujeitos sociais e políticos que vivem em sociedades fundadas nas lutas de classes e na divisão entre a sociedade e o poder do Estado. [...] Fornece aos sujeitos uma resposta ao desejo metafísico de identidade e ao temor metafísico da desagregação"*[706].

---

703. Ibidem, p. 18-19 (grifos da autora).
704. Ibidem, p. 20.
705. Ibidem, p. 20.
706. Ibidem, p. 27.

Nesse contexto, a autora explica que o trabalho específico do discurso ideológico é mascarar a divisão da sociedade em classes, mascarar a luta de classes e conflitos e antagonismos sociais que têm por base essa divisão e essa luta. Nas modernas sociedades dotadas de Estado, a ideologia tem a função precípua de negar a existência do Estado como órgão da dominação de classe, dominação particular da classe econômica e politicamente dominante. Graças ao discurso ideológico, "*a ideia de que o Estado **representa** toda a sociedade e de que todos os cidadãos estão **representados** nele é uma das grandes forças para legitimar a dominação dos dominantes*"[707].

Já vimos antes como a ideologia se vale do imaginário e do simbólico para se constituir e construir suas narrativas e discursos. Vamos encontrar também nas reflexões de Marilena Chaui essa dimensão imaginária como constituinte do discurso ideológico nas sociedades designadas, por ela, "propriamente históricas". Conforme suas explicações, como a ideologia procura impedir a "percepção da historicidade" da realidade pelos agentes e sujeitos sociais, isto é, a percepção da história da construção e instituição da realidade da sociedade na qual existem, ela procura oferecer uma história imaginária que substitui a "história real". Para a autora, a frase de Marx e Engels, quando esses dizem "*a moral, a religião a metafísica e qualquer outra ideologia [...] não tem história*"[708], pode ser interpretada como denúncia do fato que "*a ideologia nada espera da sociedade e da história como fontes de saber e de ação [...]. A ideologia procura neutralizar o perigo da história, ou seja, ... opera no sentido de impedir a percepção da historicidade*"[709].

Neutralizar o perigo da história... Talvez esteja aí o trabalho mais forte do discurso ideológico. Se pensarmos a história como o tempo e o espaço da invenção social das instituições humanas, como convenções culturais e epocais, mas igualmente como engenhos de classes e grupos de poder, o trabalho do discurso ideológico de neutralizar o perigo da

---

707. Ibidem, p. 28 (grifos da autora).

708. A frase está Karl Marx e Friedrich Engels, em *A ideologia alemã*, p. 94. Os autores também apontaram: "*quanto à história dos homens, será preciso examiná-la, pois quase toda a ideologia se reduz ou a uma concepção distorcida dessa história ou a uma abstração total dela. A ideologia, ela mesma, é apenas um dos lados dessa história*" (ibidem, p. 87).

709. CHAUI, Marilena. Crítica e ideologia. In: CHAUI, Marilena. *Cultura e democracia*: o discurso competente e outras falas. São Paulo: Moderna, 1981, p. 29.

história pode ser entendido como a tentativa de negar toda historicidade da realidade social. Isto é, negação de sua construção no tempo e no espaço e, simultaneamente, negação de sua inteira revogabilidade pela própria ação humana.

Crítica à ideologia: a desconstrução do discurso ideológico

Não há o que possa ser mais ameaçador a certos discursos ideológicos e de poder que a desconstrução de verdades que constroem sobre o que afirmam ser "a realidade". A desconstrução, como crítica e superação da representação ideológica da realidade, é *"destruição da pseudoconcreticidade"*[710] da realidade, tal como construída na representação que dela a ideologia produz. Isto é, destruição de sua representação como realidade autonomizada, que existe por si mesma, sem processo, sem historicidade. Sem a ação humana criadora da realidade das instituições, estruturas sociais, normas e criadora do próprio ser humano.

Que, por inúmeras formas, "atestamos a *existência* da realidade", não resta dúvida: seus "dados" e "fatos" lhe dão os contornos precisos e são "provas". Mas são justamente essas suas "evidências" que, em grande medida, produzem as imagens que constroem as representações da pseudoconcreticidade da realidade. Imagens e representações surgidas no processo da criação imaginária ideológica e simbólica que dão amplo suporte ao discurso ideológico.

Todavia, a "existência" da realidade, enfrentada também como questão filosófica, deixa de ser objeto do discurso ideológico se perde seu aspecto

---

710. A expressão é de Karel Kosik, *Dialética do concreto*. Rio de Janeiro: Paz e Terra, 1976, p. 9 e segs. Inteiramente aplicável ao sentido que damos à desconstrução da representação da realidade no discurso ideológico, o conceito de pseudoconcreticidade no autor retoma toda a problemática da fenomenologia quando compreende que, para além da imediaticidade da realidade, e desaparecidas nela, estão as relações humanas, sociais, políticas e históricas que constroem e sustentam a realidade. Para o autor, toda a problemática filosófica do século XX, do positivismo ao existencialismo, esteve em volta da pseudoconcreticidade da realidade e em como ultrapassá-la.

de "independente", alheia à sua própria gênese, que desconhece processo, multiplicidade, modificações e igualmente indefinições, imprevisão. Para o caso do que consideramos ser a realidade social, considerada a partir de sua variação no tempo e no espaço, relativizada em sua presença na história e seu lugar de importância em diferentes contextos e, sobretudo, observada como invenção humana cultural e histórica, toda ela é sempre dependente, derivada, plural, faltosa, inacabada, imprevisível.

Mas, o que não escapa a antropólogos, sociólogos, historiadores, filósofos, psicólogos, geógrafos etc. — a saber, que as realidades que chamamos "culturas", "sociedades", "espaços", "estruturas", "padrões", "identidades" etc. são *entes* variáveis na extensão da temporalidade, da espacialidade e materialização das coisas, objetos, seres —, a ideologia ou discursos ideológicos tratam de negar, oferecendo uma representação da realidade instituída, em cada espaço e tempo, que a tornam natural, universal e imodificável por vontade humana. E o que poderia ser uma compreensão não ideológica da realidade social, isto é, o entendimento de que essa é sempre um constructo, obra humana, cultural, histórica, passível de modificação e revogação, e o que poderia ser uma banalidade do pensamento é, pelo contrário, a duras penas uma compreensão construída com o trabalho de desconstrução crítica dos discursos ideológicos.

Se dou ênfase aqui ao assunto da realidade social, isso não deve levar a pensar que não existe igualmente uma representação ideológica da natureza, do universo físico. Mesmo após todo o conhecimento produzido pela astronomia, astrofísica e cosmologia, ainda permanece em nossas sociedades, por força sobretudo de representações religiosas, representações da natureza que a tornam objeto sem processo, história, desenvolvimento. Assim como permanecem ilusórias representações da natureza e dos seres e objetos do cosmos como "perfeitos" e em "constante e eterna harmonia". Tanto quanto, como é sabido, resiste-se ainda ao conhecimento sobre a história da origem das espécies, entre as quais a espécie humana. Em bom número de sociedades, com acolhimento até mesmo nas escolas e universidades, a hipótese criacionista resiste a desaparecer.

Enfrentado como um problema teórico e prático, portanto, também metodológico, diversas abordagens em ciências humanas passaram a tratar o assunto da "existência da realidade" — com diferenças de ênfases, diversificação de ângulos das observações, atenção a esse ou aquele aspecto, tudo isso que chamamos de métodos, perspectivas etc. — a partir sempre da hipótese da construção sócio-histórica da realidade social. Uma hipótese geral que constituiu o próprio ponto de partida das ciências humanas e que deu efetividade a análises construcionistas críticas e seu trabalho de desconstrução das representações que, de caráter ideológico, tornam-se obstáculos ao conhecimento da realidade social, conhecimento de sua construção, historicidade e processo de institucionalização.

São as análises construcionistas críticas — e seu desconstrucionismo — que, como análises da realidade social de nossas sociedades, do mundo humano, atualizam a pertinência e alcance da crítica à ideologia, tornando-se também *pensamento não-ideológico*. E por que *não-ideológico*? Porque é pensamento que se realiza fora dos modos de pensar dominantes e fora de suas categorias de percepção, e porque não mantém com a realidade instituída uma relação de consagração, justificação, legitimação. O pensamento não-ideológico é um *pensamento-fora*[711]: não que se trate de pensamento que se situa fora do mundo, fora da realidade, fora da linguagem, o que é uma impossibilidade. Mas fora das percepções hegemônicas, fora das concepções construídas e institucionalizadas que se tornam a hipóstase da realidade instituída. O pensamento-fora não ideológico é a suspensão do discurso ideológico. Se, para Derrida, na sua prática de desconstrução do texto, como vimos, "não há fora-texto", não há nada além do texto, significado transcendental, para o pensamento-fora não ideológico, tudo é pensamento e significados a serem questionados: crenças, categorias de percepção, conceitos etc., dos pensamentos tidos por mítico ou racional, não importa, que o pensamento-fora aborda como modos dominantes na sua frequência, repetição, supremacia e compromissos com a reificação de realidades instituídas. O pensamento-fora não-ideológico, capaz de sair de si mesmo, pensar-se, pensar seus condicionamentos, pensar a ideologia que lhe circunda, representa também uma dissolução da condição de

---

711. Inspiro-me aqui da fórmula de Michel Foucault "la pensée du dehors" (o pensamento do exterior); não que se trate do mesmo sentido. Ver FOUCAULT, Michel. La pensée du dehors. In: FOUCAULT, Michel. *Dits et ecrits I*. Paris: Gallimard, 2001, p. 546-567.

sujeito (dessujeição), seu extravio, extravio do seu pensamento (primeiramente ideológico).

O pensamento não-ideológico é também possível porque a ideologia, embora tente por todos os meios sua hegemonia, não consegue ocupar inteiramente o espaço social, não consegue ser discurso único no social. Nem tudo é ideológico na cultura, há o que escapa à construção ideológica e ao discurso ideológico. E, como vimos, há sempre mais real fora que "realidade instituída". E o que está "fora" não é controlado pelo discurso ideológico, a não ser na forma de sua própria negação. O fora da realidade é também base do pensamento-fora não-ideológico. Como escreveu Raymond Williams, *"nenhuma ordem social dominante, e portanto nenhuma cultura dominante, jamais inclui ou esgota, na realidade, toda a prática humana, energia humana e intenção humana"*[712].

O pensamento não-ideológico é o pensamento crítico. O pensamento crítico não pode ser outra coisa senão reflexão crítica frente ao que é o discurso da dissimulação, discurso da inversão da realidade, não importando a cor política que tenha. Assim, a reflexão crítica pratica-se a distância de todo compromisso com posicionamentos político-ideológicos (em geral, posicionamentos partidários). A crítica não é neutra. E porque não é neutra, nunca poderá ser!, não renuncia a seu trabalho de problematização e reflexão diante de qualquer pensamento, doutrina, dogma e posicionamentos político-ideológicos de partidos ou sistemas.

Neste final, volto às análises do filósofo Slavoj Zizek que adverte para algo importante, quando se trata de conceituar as possibilidades do pensamento não ideológico, as possibilidades da crítica à ideologia. Como dirá em outro de seus escritos: a "fantasia ideológica" é o que sustenta a relação dos indivíduos com a realidade, não como "ilusão" do saber desses, mas como *ilusão do fazer* que desconhece a fantasia que estrutura a própria "'realidade' social". Como escreveu: *"embora nenhuma linha demarcatória clara separe a ideologia e a realidade, embora a ideologia já esteja em ação em tudo o que vivenciamos como 'realidade', devemos, ainda assim, sustentar a tensão que*

---

712. WILLIAMS, Raymond. *Marxismo y literatura.* Barcelona: Ediciones Península, 2000, p. 132 (tradução nossa).

mantém viva a crítica da ideologia. [...]: a ideologia não é tudo; é possível assumir um lugar que nos permita manter distância em relação a ela, mas esse lugar de onde se pode denunciar a ideologia tem que permanecer vazio, não pode ser ocupado por nenhuma realidade positivamente determinada; no momento em que cedemos a essa tentação, voltamos à ideologia"[713]. Tensão e distância que, assumidas como prática teórica, política, existencial, tem o seu custo, mas que é também (se não uma garantia) um caminho para que se possa assumir um outro modo de pensar e existir. Aqui quando o indivíduo-sujeito, tomando a si como objeto de cuidado, "cuidado de si", poderá empreender o trabalho de sua desideologização, dessubjetivação crítica, dessujeição. Assuntos com os quais me ocuparei a partir das próximas páginas.

---

713. ZIZEK, Slavoj. Introdução: o espectro da ideologia. In: ZIZEK, Slavoj. *Um mapa da ideologia*. Rio de Janeiro: Contraponto, 1996, p. 22-23.

5

Desideologização, dessubjetivação, subjetivação crítica e dessujeição

O discurso não é a vida.
Michel Foucault

Existe apenas o desejo e o social, e nada mais.
Gilles Deleuze e Félix Guattari

*O ser humano secreta, sem cessar,
desejos que se chocam com a realidade.*
Edgar Morin

*A atitude crítica não é moral, se por moral entendermos
aquelas regras cujos limites a relação crítica busca interrogar.
Mas de que outro modo, então, a crítica poderia realizar
a sua tarefa sem denunciar os que naturalizam e tornam
hegemônicos os termos morais que ela põe em questão?*
Judith Butler

> *Para nós que vivemos agora, a aurora das promessas*
> *cedeu lugar à claridade plena dos problemas.*
> Cornelius Castoriadis

> *Cada ser é e deve ser seu modo de ser,*
> *da maneira como lança-se: ser tal que é.*
> Giorgio Agamben

Uma teoria desideologizante: desideologização de si e da realidade, desalienação

Se, com a teorização construcionista crítica, tivemos a concepção de uma ferramenta para a análise teórica da realidade social, como procurei demonstrar até aqui, tivemos também, simultaneamente, nascida dela própria como teorização — e esse é meu argumento final —, a constituição dos termos de uma perspectiva ético-política que tem sido aplicada a certos domínios no debate político-público e na intervenção na esfera pública e privada. Mas, ainda que seja possível situar suas repercussões em vários domínios, é no âmbito da análise do "que é o sujeito" na contemporaneidade, suas possibilidades e seus movimentos de resistência, resiliência ou dissolução onde mais se pode reconhecer os investimentos, no debate e nas ações sociais e políticas, de uma tal perspectiva.

De caráter mais acadêmico, como tópicos em algumas filosofias e abordagens em disciplinas nas ciências humanas, ou de caráter mais político, a perspectiva ético-política que se origina da teorização construcionista crítica e seu desconstrucionismo, privilegiando o âmbito do "sujeito" (a construção do indivíduo, sua produção no assujeitamento a diversos (bio)poderes, suas resistências à sujeição etc.), ocupa-se de: 1) fundamentar reflexões, ideias e ações que buscam a transformação dos sujeitos em indivíduos críticos, reflexivos e participativos — aqui não seria mais a fórmula althusseriana "de indivíduo a sujeito" mas uma outra:

de "sujeito a indivíduo crítico, reflexivo e participativo"; e 2) igualmente, fundamentar transformações do social, incluindo a revogação de certas de suas instituições.

Por certos de seus efeitos práticos, ético-políticos, creio que cabe bem os termos "teoria desideologizante"[714] para aludir aos alvos de uma teorização da realidade social que, em seus próprios termos, extrapola os meros propósitos cognitivos, epistemológicos e metodológicos. Para meu argumento, proporei, então, algumas conjecturas em torno de relações e afinidades que enxergo existir entre conceitos e ideias, presentes nas abordagens que venho propondo reconhecer como uma teoria construcionista crítica, e conceitos e ideias constituintes do que aponto ser uma perspectiva ético-política que dela nasce, determinada por seus fundamentos, pressupostos e análises. Poderia eleger outros temas e conceitos, diferentes dos que escolhi para este capítulo, mas, pela razão forte de sua dominância, e considerando que reúnem talvez o mais central da visão moral da vida humana que sustenta uma compreensão construcionista crítica da realidade, elegi os assuntos (e conceitos) da *desideologização, dessubjetivação* e *dessujeição*. Aqueles que se pode encontrar, inferir ou sugerir como mais presentes na compreensão construcionista crítica da realidade, e aos quais darei minhas próprias ênfases, apresentarei minhas pressuposições, formulações, certamente produzindo variações e acréscimos ao que disseram autores que escreveram sobre esses assuntos, ainda que nem sempre com os mesmos usos dos termos.

Comecemos pelo conceito de *desideologização*. Como antecipei nos capítulos precedentes, este é inicialmente elaborado pelo psicólogo espanhol Ignácio Martín-Baró[715] e posteriormente retomado por Tod Sloan[716]. Aqui,

---

714. Os termos são de Tod Sloan ao escrever em defesa de uma "teoria crítica da personalidade" em psicologia. Ver, A personalidade como construção ideológica. In: MOREIRA, Virginia; SLOAN, Tod. *Personalidade, ideologia e psicopatologia crítica*. São Paulo: Escuta, 2002. Cap. 4, p. 73-83, p. 77.

715. Ignacio Martín-Baró, Hacia una psicología de la liberación. *Boletín de Psicología*, San Salvador, n. 22, 219-231. 1986; ver, igualmente, La encuesta de opinión pública como instrumento desideologizador. Disponível em: < http://ceo.udea.edu.co.> Acesso em: 9 ago. 2013.

716. Tod Slon, Teorias da personalidade: ideologia e além; Crítica da ideologia na teoria e na prática; Resistência psicológica à desideologização. MOREIRA, Virginia; SLOAN, Tod. *Personalidade, ideologia e psicopatologia crítica*. São Paulo: Escuta, 2002. Cap. 3, 49-72; Cap. 5, p. 85-90; Cap. 6, 91-105.

o recuperarei e buscarei dar continuidade às reflexões dos dois autores, reconhecendo, todavia, as distinções que os separam e, sobretudo, visando acrescentar contribuições, a partir de análises e teorizações que não foram por eles consideradas e que, a meu ver, tornam-se imprescindíveis para dar continuidade ao conceito e seus usos possíveis, ao lado de outros.

Quando escreveu seus ensaios, Martín-Baró definiu a desideologização como "desalienação" e "conscientização". Comecemos por aqui. Jesuíta, teólogo e psicólogo, o autor desenvolve suas teses no contexto da guerra civil em El Salvador, nos anos 1980-1992, entre o governo do país e a Frente Farabundo Martí de Libertação Nacional. Atuando ao lado da FFMLN, constrói a ideia de uma "psicologia da libertação", cujos princípios a leitura de seus textos deixa ver que se apoiam no que ficou conhecido, naqueles anos, como "teologia da libertação", na "pedagogia do oprimido", proposta pelo teórico brasileiro Paulo Freire, e numa ontologia do humano na sua condição de ser histórico-social. Espanhol de nascimento, Martín-Baró atuou em El Salvador até seu assassinato, e de outros jesuítas que viviam no mesmo mosteiro, pelas forças militares no dia 16 de novembro de 1989. Foi numa realidade marcada pela violência de governos militares e ditatoriais e pela violência da guerra civil, e num contexto de desigualdades e muita opressão, que o jesuíta espanhol pensou a *desideologização* como *conscientização* — e esta como desalienação ("desvelamento da realidade"), inspirado em Paulo Freire[717] — e como práticas e processos no âmbito do "quefazer" de uma psicologia que pretendeu da "libertação".

---

717. FREIRE, Paulo. *Educação como prática da liberdade*. Rio de Janeiro: Paz e Terra, 1977; FREIRE, Paulo. *Pedagogia do oprimido*. Rio de Janeiro: Paz e Terra, 1978; FREIRE, Paulo. *Ação cultural para a liberdade e outros escritos*. Rio de Janeiro: Paz e Terra, 1978; para Paulo Freire, "*conscientização*" implica "*na prática do desvelamento da realidade social, no processo conscientizador, que a realidade seja apreendida não como algo **que é**, mas como **devenir**, como algo **que está sendo**. Mas está sendo, no jogo da permanência e da mudança, e se não é ela o agente de tal jogo, é que este resulta da prática de seres humanos sobre ela. [...] Agora bem, se não há conscientização sem desvelamento da realidade objetiva [...], a conscientização não pode parar na etapa do desvelamento da realidade. A sua autenticidade se dá quando a prática do desvelamento da realidade constitui uma unidade dinâmica e dialética com a prática da transformação da realidade*" (grifos do autor; FREIRE, Paulo. *Ação cultural para a liberdade e outros escritos*, p. 145). Paulo Freire via a conscientização como trabalho a ser conduzido por uma "*liderança revolucionária*" (p. 139 e segs.), que, "*exigindo uma pedagogia revolucionária, exige também ... relações entre partido revolucionário e classe dominada*" (p. 141); como escreveu ainda: "*enquanto empenho desmistificador, a conscientização não pode ser levada a efeito pelas classes*

Com essa concepção, entendendo que uma das principais tarefas da psicologia é a realização do trabalho crítico de desideologização, Martín-Baró desaprova a psicologia hegemônica em sua época, sobretudo porque considerava como uma "escravização" a existente "dependência colonial"[718] da psicologia latino-americana a modelos teóricos e práticos vindos dos centros capitalistas desenvolvidos, como Estados Unidos e Europa. Para ele, uma dependência que, na América Latina, tornava-se a causa de uma psicologia alheia à consideração da história social na qual os indivíduos estavam inseridos, e história que, para o autor, estaria acima da individual, pois, na vida vivida em sociedade, é a história social aquela que seria mais determinante que a pessoal. Como observou: *"ao assumir a conscientização como horizonte do quefazer psicológico, reconhece-se a necessária centralização da psicologia no âmbito do pessoal, mas não como terreno oposto ou alheio ao social, mas como seu correlato dialético e, portanto, incompreensível sem a sua referência constitutiva. Não há pessoa sem família, aprendizagem sem cultura, loucura sem ordem social; portanto, não pode tampouco haver um eu sem um nós, um saber sem um sistema simbólico, uma desordem que não se remeta a normas morais e a uma normalidade social"*[719].

Martín-Baró pretendeu evitar, no trabalho da psicologia e do psicólogo, a negação das condições sociais e históricas como condições que são determinantes na construção dos indivíduos e para suas relações e interações. E, com isso, evitar toda naturalização dos fenômenos psíquicos, emocionais e subjetivos, vistos separadamente da realidade concreta da

---

sociais dominantes, que se acham proibidas de fazê-lo, pela sua própria condição de classes dominantes" (p. 139) e, novamente, *"insistamos em que este é um quefazer fundamental da liderança revolucionária"* (p. 139). Se para Martín-Baró o sentido de conscientização, como desideologização, é o mesmo que para Freire, já não é este meu entendimento sobre o assunto: não considerarei a desideologização como uma prática de classe e menos ainda como algo que exige a intervenção de um partido ou uma "liderança revolucionária", ao menos se se entender por isso ideias correntes de revolução, pós revolução francesa, revolução russa, revolução maoísta, cubana e similares.

718. Como escreveu: *"Em minha opinião, a miséria da psicologia latino-americana finca suas raízes numa história de dependência colonial que não coincide com a história da colônia ibero-americana, mas com o neocolonialismo de 'garrote e cenoura' que nos foi imposto há um século"*. Ignacio Martín-Baró, Hacia una psicología de la liberación. *Boletín de Psicología*, San Salvador, n. 22, 219-231, 1986.

719. MARTÍN-BARÓ, Ignácio. O papel do Psicólogo. *Estudos de Psicologia*, Natal, 2, 1, 7-27, 1996, p. 17.

vida desses indivíduos, situados no tempo e no espaço. Isto é, situar os problemas "subjetivos", emocionais e psíquicos, em relação aos fenômenos sociais e condições econômicas e políticas. É por essa razão que, ao conceber o trabalho da psicologia como um trabalho de conscientização e desalienação, e isso como desideologização, Martín-Baró o idealiza como algo comunitário e social e não apenas individual. A desalienação e a conscientização passam a ser não apenas a compreensão da realidade da emoção, sentimento, personalidade e subjetividade individuais, mas, principalmente, a compreensão da realidade social a qual se está vinculado e submetido, tanto quanto a participação em ações que se destinem à transformação dessa mesma realidade, seja no plano individual, seja no plano social e coletivo. Para o autor, trata-se de um processo no qual a ação conscientizadora requer o fim da dicotomia entre pessoal e coletivo e o fim da separação entre condições materiais (entendidas como sociais e históricas) e o subjetivo, o pessoal. Tal implica também que *"a conscientização não consiste, portanto, em uma simples mudança de opinião sobre a realidade, em uma mudança da subjetividade individual que deixe intacta a situação objetiva"*[720].

A partir disso, Martín-Baró concebe o trabalho de desideologização como um quefazer de psicólogos e da psicologia, juntos às classes populares, que se constituísse na experiência de tomada de consciência dos grupos e pessoas de sua própria realidade, confrontando conhecimentos adquiridos (enganosos, alienadores) com dados objetivos das experiências de desigualdades, injustiças, opressões etc. Opor a esses conhecimentos que se tornam *"um fictício sentido comum, enganoso e alienador, sustento para a manutenção das estruturas de exploração e das atitudes de conformismo"* um outro conhecimento da realidade: crítico, desideologizador. Quando, então, *"desideologizar significa resgatar a experiência original dos grupos e pessoas e devolvê-la como dado objetivo, o que permitirá formalizar a consciência de sua própria realidade, verificando a validade do conhecimento adquirido"*[721]. Nesse sentido, a desideologização é *"desideologização do senso comum e da experiência cotidiana"* e *"deve se realizar, na medida do possível, em um processo de participação crítica*

---

720. Ibidem, p. 16-17.

721. Idem. Hacia una psicología de la liberación. Boletín de Psicología, San Salvador, n. 22, 219-231, 1986.

na vida dos setores populares, o que representa uma certa ruptura com as formas predominantes de pesquisa e análise"[722]. Ou como também escreveu: "*"Frente a esse ambiente de mentira social, surge a necessidade de uma tarefa de desideologização conscientizadora a qual o psicólogo social pode e deve dar seu aporte. Se trata de introduzir no âmbito da consciência coletiva, elementos e esquemas que permitam desmontar o discurso ideológico dominante, e colocar assim, em marcha, os dinamismos de um processo desalienador*"[723].

A principal crítica de Martín-Baró à psicologia dominante, à sua época (e cabe perguntar se hoje a mesma crítica não se tornaria válida!), era crítica ao que chamou "psicologismo cultural", como enfoque que privilegia a atenção aos fatores individuais e subjetivos (que denunciou como "crescente subjetivação"), em detrimento dos fatores sociais, políticos e históricos na vida das pessoas e grupos sociais. Psicologismo que, para ele, funcionava como uma "ideologia de reconversão" à ordem, "*servindo ao fortalecimento, direta ou indiretamente, das estruturas opressivas, ao desviar a atenção delas para os fatores individuais e subjetivos*"[724]. Ao que contrapunha o modelo de uma psicologia engajada numa perspectiva crítico-política e ética, pois implicando claramente uma escolha ético-política de compromisso com aqueles que sofrem os danos psíquicos da opressão, das injustiças e desigualdades: "*propondo que o quefazer do psicólogo busque a desalienação das pessoas e grupos, que as ajude a chegar a um saber crítico sobre si próprias e sobre sua realidade*"[725].

Com o projeto de uma "psicologia crítica", o psicólogo Tod Sloan retoma o conceito de desideologização de Martin-Baró, sem o seu matiz revolucionarista de antes. Concebe-o como ferramenta para uma prática clínica, ainda que com base em outros modelos que não os das psicologias das organizações acadêmicas, cientificistas, empresariais, convencionais[726], ou como ferramenta para uma psicologia social, comunitária.

---

722. Ibidem (tradução nossa).
723. Ibidem, p. 5 (tradução nossa).
724. Ibidem.
725. Idem. O papel do Psicólogo. *Estudos de Psicologia*, Natal, 2, 1, 7-27, 1996, p. 17.
726. SLOAN, Tod. Parte I: personalidade e ideologia. In: MOREIRA, Virginia; SLOAN, Tod. *Personalidade, ideologia e psicopatologia crítica*. São Paulo: Escuta, 2002. Cap. 3, p. 49-72; Cap. 4, p. 73-83; Cap. 5, p. 85-90; Cap. 6, p. 91-105.

Crítico do "individualismo psicológico", que, conforme aponta o autor, conceberia as análises e atuações da psicologia *"em torno dos processos e estruturas do indivíduo ou entre uma estrutura individual pré-concebida e o ambiente social imediato (por exemplo, família, pares)"*, mas sem considerar *"as forças ou fatores socioculturais"*, Tod Sloan almeja uma psicologia que não apenas considere essas forças mas que reconheça *"o papel da autonomia e subjetividade individual nas ações humanas"*. E que não *"desculpa a ordem social de qualquer injustiça sistemática ou desigualdade que afete e acrescente culpa aos indivíduos por problemas socialmente produzidos"*; o que, para ele, tem sido os efeitos do individualismo psicológico e metodológico como teoria na psicologia contemporânea, ao contribuírem com a *"reprodução indesejável do status quo social"*[727]. Como assinalou: *"os métodos individualistas de investigação avaliam principalmente as relações entre variáveis ou características no plano individual. Consideram as percepções do indivíduo, julgamentos, atitudes, narrativas sem considerar os contextos de vida histórica, social e cultural dos quais todos aqueles derivam seus significados"*[728].

Com a perspectiva do psicólogo social (ou "cultural", como também adota), Tod Sloan argumenta em favor da importância de se manter a análise de ideologia para a compreensão dos vários aspectos psicológicos da "sujeição ideológica", aspectos que envolvem o papel das instituições, das interações sociais e da intersubjetividade humana. Destaca principalmente o que pode ser uma "psicopatologia crítica" dos fenômenos do sofrimento emocional e psíquico que leve em consideração a variável do social na produção desses fenômenos. Considera que é *"peça ausente"*, nas psicologias de orientação "individualista" e que buscam "critérios positivistas de cientificidade", a abordagem do *"jogo de poder nos processos intersubjetivos"*[729], tanto quanto ausente a consideração da existência da ideologia e seus efeitos como variável também constituinte dos fenômenos da "doença mental", "desordens psicológicas" etc. Para Tod Sloan, considerando a *"personalidade como uma construção ideológica"*[730], a ideologia não está ausente como também

---
727. Ibidem, p. 22.
728. Ibidem, p. 23.
729. Ibidem, p. 33.
730. Ibidem, p. 79.

fonte de sofrimentos psíquicos, adoecimento emocional. Dirá: *"a não ser que seja baseada em algum tipo de desordem biomédica, a psicopatologia está sempre relacionada a alguma forma de despotencialização, sujeição, opressão, falta de posicionamento e inabilidade concomitantes, de articular as necessidades mais profundas e perseguir livremente os projetos mais genuínos"*[731]. Denuncia o fracasso da psicologia acadêmica, acusando ser ela própria lugar também da ideologia. Como apontou: *"correndo o risco de soar totalmente ultrajante, afirmarei que a principal razão do fracasso em massa da psicologia acadêmica como uma força para melhoria humana tem sido sua inabilidade de entender os processos ideológicos e seus papéis na produção do sofrimento humano"*[732]. Com essa compreensão, defende a retomada do conceito de ideologia — desde que não sejam *"os debates ... em torno de um conceito empobrecido"*[733] —, apontando a análise de ideologia como capaz de abordar as bases motivacionais emocionais e os aspectos psicológicos da "sujeição ideológica", tanto quanto as "pressões afetivas" contrárias aos processos de desideologização. Como assinalou: *"argumento aqui pela continuidade da utilização do conceito de ideologia nas ciências humanas e tento mostrar que uma perspectiva psicanalítica sobre o assunto é essencial tanto por razões teóricas quanto por razões práticas"*[734].

No capítulo anterior, discorri longamente sobre ideologia. Caberia voltar aqui para, trazendo a contribuição de Tod Sloan, situar também como somente faz sentido falar de desideologização se mostrarmos como a ideologia se exerce no nível da experiência subjetiva, afetiva e cognitiva — no âmbito, pois, do indivíduo, do sujeito, do indivíduo-sujeito. Tod Sloan aborda o assunto da ideologia fazendo lembrar que *"na atividade ideológica determinada, nós encontramos no lugar da experiência que deveria, ao contrário, ser cheia de sentimentos apropriados aos pensamentos e ações dos sujeitos, o seguinte: atos automáticos não mediados pela reflexão, comunicação bloqueada, afetos inapropriados para a situação, aceitação de sofrimento evitável"*.[735] Para o autor, as ações dos sujeitos ideologizados — e esta é a condição de todo

---

731. Ibidem, p. 33.
732. Ibidem, p. 85.
733. Ibidem, p. 92.
734. Ibidem, p. 91.
735. Ibidem, p. 94.

sujeito — os *"distanciam ... até mesmo dos pequenos movimentos em direção à subjetividade. Eles ficam bêbados ou senão se drogam, desistem antes de começarem, submetem-se, evitam conflito, aceitam injustiça, ignoram o seu tédio, desistem de suas liberdades e assim por diante"*[736].

Por que se torna importante compreender a ideologia como uma realidade ao nível do sujeito, do indivíduo? Para Sloan, se quisermos sair dos enganos que uma certa tradição filosófica do "sujeito da consciência" e uma certa tradição liberal fundaram ao conceituar o "sujeito" como uma *"entidade autônoma e racional"*, que, para o autor, *"tem sido um enorme obstáculo aos estudos de ideologia"*, por fazerem desconhecer que o sujeito nem é autônomo nem unicamente racional, temos que romper com tal concepção. Como escreve: *"de acordo com a noção liberal do sujeito, pode-se argumentar que, desde que os sujeitos são autônomos e racionais, eles devem agir em função do que eles pensam; portanto, o problema da ideologia é se ter ideias incorretas. [...] A partir de uma perspectiva psicológica, ela claramente ignora o papel do caráter emocional e dos afetos associados que rotineiramente sabotam os esforços puramente educacionais de transcender os estados ideológicos"*[737]. Claro, diferentes pensadores do século XIX para cá, Nietzsche, Marx, Freud e Foucault, entre outros, fizeram sua parte para quebrar a ilusão cotidiana do indivíduo/sujeito autônomos e unicamente racionais. Ao longo dos capítulos anteriores, creio que, mencionando um pouco de cada um, pude oferecer partes de suas reflexões nas quais buscam esclarecer que não há fundamentação possível para se conservar uma tal pressuposição ilusória. Nessa questão, como alerta Sloan, *"uma perspectiva psicológica tem mais a contribuir"*[738]. Não se trata, é claro, de *comportamentalização* do assunto, psicologismo, mas de saber que os processos da sujeição ideológica ao nível individual apoiam-se sobre aspectos psicológicos (psíquicos, afetivos, emocionais etc.): *"aspectos negligenciados"*, assim como negligenciadas *"as pressões afetivas dos processos de desideologização"*[739] por certas abordagens da ideologia. Para o autor, *"isso deverá tornar possível levar em conta a crítica*

---

736. Ibidem, p. 94.
737. Ibidem, p. 95.
738. Ibidem, p. 93.
739. Ibidem, p. 93.

pós-moderna de posições baseadas nas visões de sujeito, visto como capaz de racionalidade autônoma (ações e compreensões não ideológicas), enquanto mantém a desideologização como uma grande possibilidade"[740].

Se, em razão da ideologia, não temos indivíduos autônomos e livres, pois estes são sempre-já sujeitos, isto é, indivíduos construídos pela ideologia como sujeitos do desconhecimento do que funda a realidade social e do que lhes funda como tais, passa a ser sensato pensar, para que venham a ser indivíduos críticos, reflexivos e participativos, esses necessitam exercitar-se em atitudes de desideologização de si e desideologização da realidade. Que se torna, pois, a desideologização? De que é constituída? Para Tod Sloan, como para Martin-Baró, a desideologização requer *"práticas desideologizantes"*, isto é, práticas de *"descolonização"*[741] do ser dos indivíduos, dos espaços, dos significados subjetivos e coletivos colonizados pela ideologia; descolonização que porta consigo as possibilidades criativas de novas simbolizações, ressimbolizações, e desejos imaginativos de uma outra ordem das coisas, incorporação de reações à sujeição[742].

Note-se, na percepção de Martin-Baró e de Tod Sloan, não se trata a desideologização de algo meramente individualizado (e "mental", "psicológico"), mas processo que tanto requer contextos sociais e relações sociais apropriadas como seus efeitos implicam também resultados sociais e coletivos. Ela requer *"a expansão de formas de viver de acordo com necessidades e significados profundamente sentidos, articulados em processos democráticos totalmente participativos; a redução da submissão automática (e reação compulsiva) à dominação; a disponibilidade aumentada de espaços sociais coletivos, não diretamente mediados pelas pressões do mercado e do Estado, para alcançar status através de ações prescritas e a reorganização de estruturas políticas e econômicas fluindo a partir das bases da democracia"*[743].

Mas, para Tod Sloan, parece existir algo decisivo que pode ser o movedor da atitude do sujeito *"em direção a uma ordem alternativa"* ou em

---

740. Ibidem, p. 93.
741. Ibidem, p. 88 e segs.
742. Ibidem, p. 88 e segs.
743. Ibidem, p. 90.

direção às suas batalhas por não ser assujeitado, nem submeter outros à opressão, *"desejo por igualdade, tratamento justo, respeito e total participação"*: *"a desideologização talvez comece no cerne do desejo que busca expressão, uma imagem afetivamente carregada, e parcialmente suprimida, de um diferente tipo de relação social"*[744]; isto é, relações sociais sempre mais igualitárias, de mútuo reconhecimento, sem dominação, não associada à submissão. Mas o que pode esbarrar, e, em geral, é quase sempre o caso, nas práticas de socialização existentes, que preservam relações autoritárias. E é por isso que Tod Sloan conclui que *"a realização da desideologização nos níveis individuais e coletivos irá depender em grande parte da modificação radical das práticas de socialização anteriores. Essas precisam ser modificadas para encorajar o desenvolvimento de estruturas de caráter capazes de eventualmente transcender os impulsos sadomasoquistas e autoritários, vem como estabelecer uma adequada diferenciação self-outro como base para uma empatia genuína e mútua identificação"*[745].

Por outro lado, os sujeitos que começam a se mover em direção à desideologização experimentam o medo, a ansiedade e até mesmo alguma *"crise psicossocial"*[746], diz Sloan, pois, os questionamentos à situação que se vive, no plano pessoal ou social, ao instituído, ao *status quo* dos personagens sociais do seu mundo, podem levar o indivíduo-sujeito a crises em diversas esferas de sua vida, muitas vezes uma experiência carregada de sofrimento e temor, pela *"dolorosa consciência de seu sofrimento passado"* e por *"se dar conta dos riscos que correm ao se movimentarem rumo à mudança"*[747]. Talvez não seja outra a razão que explica, no caso de tantos, o ficar pelo meio do caminho ou o abandono completo das atitudes de desideologização — muitos ou não querem pagar o preço da frustração da satisfação vivida na situação de alienação, a sua e a de outros, ou não querem abandonar crenças que criaram para suas próprias vidas, ou ainda porque temem o confronto com os poderes que se alimentam das estruturas e dispositivos da sujeição.

Ao comentar as dificuldades e obstáculos que se apresentam às práticas desideologizantes, ao essas instarem o sujeito a sair da sua posição

---

744. Ibidem, p. 98.
745. Ibidem, p. 100.
746. Ibidem, p. 100.
747. Ibidem, p. 100.

de assujeitamento, de aceitação de sofrimento evitável, de cumplicidade com sua própria sujeição, Tod Sloan comenta reflexões sobre o assunto desenvolvidas por Slavoj Zizek, o filósofo e teórico da psicanálise de Liubliana. Em duas de suas obras, Zizek chama atenção para a posição daquele que, como sujeito, é responsável pela manutenção do estado de coisas que vive, ao não querer fazer *"o sacrifício do sacrifício"* de sua posição de "sujeito" [748]. Zizek recorre à alegoria da "mãe sofredora" para abordar a cumplicidade do sujeito com relação à sua própria sujeição: a mãe sofredora é aquela personagem que abre mão de tudo para dedicar-se à família; ela declara frequentemente que sofre por isso, mas aceita o "sofrimento" resignadamente em prol de um objetivo que se situa acima de qualquer queixa — *"Estou disposta a sacrificar tudo [pela família]"*, mas, dirá Zizek, *"tudo, exceto seu papel de vítima, exceto o próprio sacrifício"*[749]. Este é um sujeito que "prefere" os "ganhos secundários" da sujeição: gozo de um "narcisismo patológico"[750]. E denuncia: *"o papel de vítima passiva pode funcionar como uma forma de atividade por excelência"* — lembrando Hegel: *"o agir, enquanto atualização, é pois a forma pura do querer"*[751]; e, consequentemente, revela a dificuldade dos sujeitos de se libertarem a si mesmos das identidades assumidas que os estruturam. Mas, como pergunta Tod Sloan, em que medida a responsabilidade pela sujeição e pela ideologização é algo que permanece apenas com os sujeitos? Para o autor, *"é certamente o efeito da submissão deles para com as relações sociais que sistematicamente os produzem como sujeitos alienados"*[752]. Assim, não pode ocorrer desideologização sem o papel de outros envolvidos na vida do sujeito, do indivíduo, e sem contextos que fortaleçam a escolha por mudanças e ajudem a *"confrontar medos objetivos e ansiedades subjetivas geradas pelo primeiro movimento em direção à subjetividade*[753]. Nesses termos, a desideologização não é concebida como apenas

---

748. ZIZEK, Slavoj. *O mais sublime dos histéricos:* Hegel com Lacan. Rio de Janeiro: Jorge Zahar, 1991, p. 86.

749. Ibidem, p. 86.

750. Idem. *Eles não sabem o que fazem:* o sublime objeto da ideologia. Rio de Janeiro: Jorge Zahar, 1992, p. 70.

751. Idem. O mais sublime dos histéricos: Hegel com Lacan. Rio de Janeiro: Jorge Zahar, 1991, p. 85.

752. SLOAN, Tod. *Personalidade, ideologia e psicopatologia crítica.* São Paulo: Escuta, 2002, p. 104.

753. Ibidem, p. 102.

dependente da vontade do indivíduo-sujeito. Como também escreveu: "*seria melhor pensar em termos de movimentos desideologizantes parciais nas bases as quais as formas de interação e as instituições possam abrir novos espaços para a realização dos anseios individuais e coletivos*"[754]. Mas, não foi o próprio Zizek que sugeriu entender a ideologia como "*fantasia ideológica*" e, portanto, como algo que faz o sujeito "*desconhecer a fantasia que estrutura a própria realidade social*"[755]? Uma "*ilusão primordial que rege nossa atividade, nossa própria realidade [...]: a fantasia ideológica funciona como uma 'ilusão', um 'erro' que estrutura a própria 'realidade', que determina nosso 'fazer', nossa atividade*"[756]? E que, se os sujeitos "*sabem perfeitamente o que fazem, e no entanto o fazem* [Peter Sloterdijk]", não se traria nunca de uma ilusão do lado do *saber* sobre as coisas, mas do lado do *fazer*; o fazer dos indivíduos está envolto na "*ilusão fetichista*" que norteia suas próprias atividades, sendo a realidade dos efetivos atos "*o lugar apropriado da ilusão*"? Como também escreveu: "*o que eles desconhecem é a ilusão fetichista que norteia sua própria atividade efetiva [...]. O lugar apropriado da ilusão é a realidade, o processo efetivo social*"[757]. O que fica é que a fantasia ideológica estrutura o fazer (cínico ou não; o fazer consentido do sujeito, o fazer na sujeição), porque a ideologia garante a ilusão da ficção da realidade, e é essa que pauta a atividade do indivíduo-sujeito, pauta a ação de todos. E podemos relembrar aqui o que também escreveu Pierre Bourdieu: "*a ideologia [...] não aparece e não se assume como tal, e é deste desconhecimento que lhe vem a sua eficácia simbólica*"[758].

Mas, sem que seja o caso de admitir as narrativas de vitimização do próprio sujeito, é preciso lembrar, todavia, que, antes de qualquer outro acontecimento na vida do indivíduo, sua entrada na vida social já ocorre como *sujeito*, assunto sobre o qual já discorri nos capítulos precedentes. Aliás, se voltarmos a Judith Butler, veremos que "*obrigado a buscar o reconhecimento de sua própria existência em categorias, termos e nomes que não criou, o sujeito busca os signos de sua existência fora de si, em um discurso que é, ao mesmo*

---

754. Ibidem, p. 104.
755. Ibidem, p. 61.
756. Ibidem, p. 62-63.
757. Ibidem, p. 62-63.
758. BOURDIEU, Pierre. *O poder simbólico*. Lisboa: Difel/Rio de Janeiro: Bertrand Brasil, 1989, p. 48.

tempo, dominante e indiferente. As categorias sociais carregam simultaneamente subordinação e existência. Em outras palavras, dentro do assujeitamento, o preço da existência é a subordinação. Precisamente, quando a eleição se torna impossível, o sujeito persegue a subordinação como promessa de existência"[759]. E como acrescenta: "*Essa busca não é uma eleição, mas tampouco uma necessidade. O assujeitamento explora o desejo pela existência, que sempre é conferida a partir de fora; impõe uma vulnerabilidade primária ante o Outro como condição para alcançar o ser*"[760]. Nesses termos, não se pode "escolher" *a priori* não ser sujeito, esse é um movimento sempre *a posteriori*.

O sujeito existe como construção de um mundo de relações e instituições e, portanto, desconstruir-se e desconstruir esse mesmo mundo não é tarefa que possa dispensar a modificação ou a destruição dos contextos e relações que envolvem a muito mais indivíduos que apenas o sujeito ele mesmo. E, quer queiramos ou não, a ideologia impede ao sujeito que esse enxergue sua sujeição, pois, nela, é produzido como "indivíduo" (uma "identidade", uma "personalidade", uma "individualidade") e, na *individualização*, que o faz crer que é, de fato, aquilo que o aprisiona como consciência de si, desconhece que investe numa ficção que vem de fora, que lhe é imposta, embora assumindo-a como "sua", e como vontade, querer, decisão, escolha. Como indicou Michel Foucault, nas sociedades moderno-contemporâneas, a *individualização* aparece como propriamente a técnica de produzir indivíduos como sujeitos e esses como "indivíduos" — a individualização não sendo algo estranho ao arsenal de poderes e saberes nessas sociedades; ao contrário, algo que existe, simultaneamente, como seu instrumento e efeito. Como disse: "*o que faz que um corpo, gestos, discursos, desejos sejam identificados e constituídos como indivíduos é precisamente isso um dos efeitos primeiros do poder. [...] O indivíduo é um efeito do poder e é, ao mesmo tempo, na mesma medida em que é um efeito seu, seu intermediário*"[761]. E como dirá Didier Eribon, o biógrafo francês de Foucault e teórico foucaultiano, "*o poder ... opera por 'implantação' [...], por 'nova especificação*

---

759. BUTLER, Judith. *Mecanismos psíquicos del poder.* Madrid: Ediciones Cátedra, 2011, p. 31-32 (tradução nossa).

760. Ibidem, p. 32 (tradução nossa).

761. FOUCAULT, Michel. *Em defesa da sociedade.* São Paulo: Martins Fontes, 2002, p. 35.

dos indivíduos' [...]", o que *"consiste a lhes dar nomes e a ordenar os indivíduos sob as novas espécies definidas pelos atos de nominação, mas também a fazer entrar essas novas categorias na ordem da realidade, a fazer existir todo um novo jardim das espécies"*[762].

Assim, por tudo que vimos até aqui, a partir da perspectiva que o indivíduo não é dado, mas construído, a desideologização de si e da realidade se torna possível como também um trabalho de construção de si, que o indivíduo assume, num primeiro momento, como (auto)análise crítica, para, em seguida, buscar sua ressubjetivação[763]. Mas trabalho que requer, ao mesmo tempo, a construção de novas experiências de viver que representem questionamentos e revogações de práticas e modelos de existir frequentemente tidos por imodificáveis. O que não deve ser entendido como apenas aqueles da esfera pessoal, mas que incluam também *"reorganização de estruturas políticas e econômicas fluindo a partir das bases da democracia"*[764] — eu acrescentaria: provindo da mais radical aposta na democracia, entendida não como um governo político da sociedade, mas como a vigência social de práticas e relações em que os indivíduos possam dar concretude aos movimentos criativos do desejo e da imaginação, refundando a realidade, suas vidas, suas relações com o mundo, para o que é exigido que sejam decretadas a revogação de certas instituições sociais. Pois, não se trata de ver a desideologização como uma "ascese" pessoal que "não traz perturbações ao mundo"... Se é certo que *"a psique tende a seguir a ideologia, uma vez que ela é essencialmente uma estrutura ideológica"*[765] (embora, como mostra a teoria psicanalítica, a realidade psíquica transborde a sujeição ideológica), convém pensar como David Halperin, teórico estadunidense dos estudos gays, a propósito de assunto similar: para transformações, *"a arena onde se desenrola o combate não é apenas a da psique, mas a do campo de forças da sociedade ela mesma"*[766].

---

762. ERIBON, Didier. *Réflexions sur la question gay*. Paris: Fayard, 1999, p. 395.
763. O termo "ressubjetivação" trago de Didier Eribon. Em seguida, volto ao termo e situo o seu significado no pensamento do autor.
764. SLOAN, Tod. *Personalidade, ideologia e psicopatologia crítica*. São Paulo: Escuta, 2002, p. 90.
765. Ibidem, p. 98.
766. HALPERIN, David. *Que veulent les gays? Essai sur le sexe, le risque et la subjectivité*. Paris: Éditions Amsterdam, 2010, p. 84.

Por fim, duas últimas observações. A primeira delas, já vimos que conceber a ideologia como reduzida às "ideias impostas pelas classes dominantes" ou às "ideias veiculadas pela mídia", como frequentemente se fala disso, é não apenas um conceito empobrecido, mas também negligência com diversos outras formas da ideologia e seus efeitos no nível do indivíduo e do social. Talvez o mais importante desses efeitos negligenciados sendo a sujeição ideológica em sua dimensão psíquica, que efetivamente pode explicar o fenômeno tão comentado da cumplicidade ontológica do dominado com sua própria dominação, tornando-se — de Étienne La Boétie, em seu *Discurso da servidão voluntária*[767], a Pierre Bourdieu, em *O poder simbólico*[768] e *A dominação masculina*[769], passando por Hegel, em *Fenomenologia do espírito*, ao sugerir que, na relação entre o senhor e o escravo, esses "esquecem"/"negam" suas próprias contribuições à produção mútua da relação que mantém um como dominador e o outro como dominado; um "contrato" pelo qual o corpo do escravo se torna o corpo do senhor[770] — fenômeno mais complexo do que simplesmente a ideologia como discurso da "dominação de classe". Não sendo o caso de dizer que a ideologia não tem também essa forma, o que quero destacar aqui é o fenômeno da sujeição ideológica no âmbito do sujeito, na produção de sentimentos de opressão, pensamentos de desvalorização de si, atitudes de boicote de si e do outro, negação de oferta de reconhecimento ao outro, despotencialização das ações, atitudes de submissão, que acarretam sofrimentos, desorganização psíquica e emocional, sentimentos de fracasso. Realidades e situações subjetivas, emocionais, psicológicas, em grande medida não conscientes, que não estão fixadas de uma vez por todas, podendo ser modificadas, transformadas.

A segunda observação, a desideologização de si e a desideologização da realidade não devem ser concebidas como algo com final previsível ou que se pode projetar — quando o indivíduo presumivelmente (mas também

---

767. LA BOÉTIE, Etienne. *Discurso da servidão voluntária*. São Paulo: Brasiliense, 1982.

768. BOURDIEU, Pierre. *O poder simbólico*. Lisboa: Difel/Rio de Janeiro: Bertrand Brasil, 1989 (o autor fala de "cumplicidade ontológica com o mundo", p. 62).

769. BOURDIEU, Pierre. *A dominação masculina*. Rio de Janeiro: Bertrand Brasil, 1999, p. 32 e segs.

770. HEGEL, G. W. F. *Fenomenologia do espírito*. Petrópolis: Vozes, 1992, p. 126 e segs.

ilusoriamente) encerraria sua desalienação. A desideologização não se encerra, não tem nenhum "the end" do cinema, final feliz, porque é um contínuo exercício de crítica, adoção de atitudes de resistência à sujeição de si e do outro, práticas de diminuição do *quantum* de ideologia no ser de cada um, com ações cotidianas permanentes[771].

Assim, como Nietzsche falou sobre a moral, direi: para os indivíduos (e todos nós!), *o (nosso) maior inimigo é a ideologia*, seu poder de subjetivação, alienação, assujeitamento, poder de produzir a todos nós, indivíduos, como *sujeitos*. E também, parafraseando o pensador alemão, direi: *enquanto acreditamos na ideologia, condenamos a existência!*[772]

Desideologização e cuidado de si: dessubjetivação, subjetivação crítica e dessujeição

Ainda que o contexto de nascimento da ideia de desideologização tenha sido aquele da violência do Estado, de governos autoritários e da guerra civil, quando o desenvolveu Martin-Baró, creio ser possível aproximar o conceito a outros. Conceitos propostos por pensadores que, fora de contextos autoritários, ou que mesmo não deram destaque à ideologia como existindo, estavam empenhados em pensar as vias pelas quais o indivíduo, enquanto sujeito, poderia construir sua *dessujeição*.

Entre outros conceitos, parece-me que o de *"cuidado de si"*, tal como abordado por Michel Foucault, equivalendo a maneira pela qual o indivíduo pode elaborar sua própria subjetividade por um trabalho de si sobre si mesmo[773], pode e deve ser inteiramente conectado ao de desideologização.

---

771. Pude falar disso em outro de meus trabalhos. Ver, a esse propósito, DeSOUSA FILHO, Alipio. Foucault: o cuidado de si e a liberdade ou a liberdade é uma agonística. In: ALBUQUERQUE JUNIOR, Durval Muniz; VEIGA-NETO, Alfredo; SOUSA FILHO, SOUSA FILHO, Alipio. *Cartografias de Foucault*. Belo Horizonte: Autêntica, 2008.

772. A frase de Nietzsche é: *"Enquanto acreditamos na moral, condenamos a existência"*. NIETZSCHE, F. *A vontade de poder*. Rio de Janeiro: Contraponto, 2008, p. 30; a própria moral realizada é uma das formas da ideologia e, em Nietzsche, mais ainda.

773. FOUCAULT, Michel. *A hermenêutica do sujeito*. São Paulo: Martins Fontes, 2004.

Embora o autor tenha tratado do tema como algo sempre da experiência histórica na sociedade grega antiga, e tal como aparece em filósofos como Platão, não é demasiado pensar que também pretendeu trazer o assunto para nossos dias, e como um modo crítico dos sujeitos de seu tempo proceder para resistir à sujeição a subjetividades impostas, a modos de seu governo, o que, tornando meus os termos althusserianos, resumo como sujeição ideológica. Nesse sentido, trago aqui as reflexões de Didier Eribon, para quem Foucault (ainda que não tenha assumido[774]) não volta aos gregos e romanos antigos por um simples retorno à história das éticas clássicas, mas para pensar, para a atualidade, como uma (nova) *"estética da existência"*[775], nascida de um (novo) cuidado de si, poderia se tornar uma política e uma economia dos prazeres que correspondessem principalmente a se *"trabalhar por constituir belas relações"* (inicialmente com os amigos[776]), que *"servissem de ponto de ancoradouro para a invenção de uma nova cultura e para a ressubjetivação"*[777].

Quando Foucault pensou os assuntos da disciplinarização e normalização dos indivíduos e das populações com as análises da "governamentalização" ou da "governamentalidade" — como supremacia de um tipo de poder que se torna governo sobre todos os demais outros (soberania,

---

774. E mesmo chega a dizer que, com seus estudos sobre a filosofia antiga, não buscava fazer a *"história das soluções"* ou buscava *"outra escolha"* de modo de vida. Ver, FOUCAULT, Michel. À propos de la généalogie de l'éthique: un aperçu du travail en cours. In: FOUCAULT, Michel. *Dits et écrits II*. Paris: Gallimard, 2001, 1.202-1.230, p. 1.205 (tradução nossa).

775. *Estética da existência* é como Foucault chamará a preocupação e encaminhamentos dos gregos em constituir uma moral particular, nem institucional nem legal, que fosse uma atitude ética dos indivíduos nas suas ligações e relações consigo mesmos e com os outros. A estética da existência corresponderá, assim, a uma experiência ética que será, ao mesmo tempo, uma "arte da vida". O cuidado de si era apenas uma parte da estética da existência como experiência ética, pois, como Foucault dirá, "*o grande problema grego não era uma técnica de si, era uma técnica da vida, a tekhnê tou biou, a maneira de viver*": "*você tem que cuidar de si porque será preciso governar a cidade*", ou "*a ideia também que a moral pode ser uma estrutura muito forte de existência, sem ser ligada a um sistema autoritário, nem jurídico em si, nem a uma estrutura de disciplina*", ou ainda: "*trata-se de fazer de sua vida um objeto de conhecimento, de técnica, um objeto de arte*" (FOUCAULT, Michel. À propos de la généalogie de l'éthique: un aperçu du travail en cours. In: FOUCAULT, Michel. *Dits et écrits II*. Paris: Gallimard, 2001, 1202-1230, p. 1.209, 1.221.

776. FOUCAULT, Michel. De l'amitié comme mode de vie. In: FOUCAULT, Michel. *Dits et écrits II*. Paris: Gallimard, 2001, p. 982-986.

777. ERIBON, Didier. *Réflexions sur la question gay*. Paris: Fayard, 1999, p. 348.

disciplina etc.) no Ocidente moderno, a partir de uma "arte de governar" cuja racionalidade tem no funcionamento do Estado seu âmbito de aplicação e instrumento[778] —, já o fez numa perspectiva que identificava também seu *contramodelo* nas subjetividades dos sujeitos, essas como *potências* das quais emergem resistências, dissidências, oposições.

Não se tratou assim, em seu pensamento, de deixar o sujeito relegado à sua própria sorte, como sem saídas, diante de si apenas o muro alto da governamentalização da sociedade e dos indivíduos. Logo enxerga, ao lado da *"grande inquietude em torno da maneira de governar e na procura por maneiras de governar [a partir do século XV e desde antes da Reforma]"*, o que chamou *"uma perpétua questão que seria: como não ser governado"*, situada do lado daqueles que se inquietam por uma questão assim formulável: *"como não ser governado assim, por isso, em nome desses princípios, em vista de tais objetivos e por meio desses procedimentos, não assim, não por isso, não por eles"*.[779] E que a definiu como *"atitude crítica"*: *"e que eu chamaria simplesmente a arte de não se governado assim e a esse preço. E que eu proporia, então, como uma primeira definição de crítica, essa caracterização geral: a arte de não ser governado de uma certa maneira"*[780].

Assim é que também, no estudo da governamentalidade moderna — que, para Foucault, constituiu-se como desdobramentos da pastoral cristã, da técnica militar e policial, de onde nascem técnicas de governo/sujeição/dominação dos indivíduos e da sociedade nas formas das disciplinas, do Estado, da biopolítica etc. —, concomitante Foucault vai ao encontro de outras artes de governo, mas estas baseadas nas *"técnicas de si"*[781]: quando, então, é a relação do sujeito consigo mesmo que tem a primazia, e

---

778. FOUCAULT, Michel. Qu'est-ce que la critique? *Bulletin de la Société Française de Philosophie*, Paris, t. LXXXIV, p. 35-53, 1990; Ibid. *Segurança, Território, População*. São Paulo: Martins Fontes, 2008; Ibid. *Nascimento da biopolítica*. São Paulo: Martins Fontes, 2008.

779. Ibid. Qu'est-ce que la critique? *Bulletin de la Société Française de Philosophie*, Paris, t. LXXXIV, p. 35-53, 1990, p. 38 (tradução nossa).

780. Ibidem, p. 38 (tradução nossa).

781. FOUCAULT, Michel. À propos de la généalogie de l'éthique: un aperçu du travail en cours, p. 1202-1230; Vérité, pouvoir et soi, p. 1596-1601; Les techniques de soi, p. 1602-1631. In: FOUCAULT, Michel. *Dits et écrits II*. Paris: Gallimard, 2001.

técnicas nas quais se incluem o *cuidado de si*, as *asceses*, a *parrésia* etc.[782], como *"artes da existência"*, *"estilizações da vida"*.[783] E quando se insinuam *"modos de subjetivação"* como estratégias de resistência, subjetividade como experiência de liberdade política. É assim que, mesmo quando modos de subjetivação são sempre modos de sujeição, se o são por "escolha", tratar-se-á de *"um modo estético"*, de uma maneira de estilizar a vida, de produzir a vida de uma certa maneira que quer o indivíduo, e não por efeito de uma sujeição que se impõe a partir de fora como governamentalização geral. Como dirá, no âmbito das escolhas éticas e livres, para não ser governado por uma moral geral que se impõe a todos como governo da sociedade e dos indivíduos, o assujeitamento ético não se torna dominação, constrangimento da governabilidade única. Para demonstrar sua tese, recorre, num exemplo da ética clássica, aos estoicos: para esses, "*é a ideia que é preciso fazer da existência uma existência bela; é um modo estético. [...] Então, eles aceitam as restrições de maneira consciente pela beleza ou glória da existência. [...] E a escolha, a escolha estética ou política, pela qual aceitam esse tipo de existência, esse é o modo de assujeitamento. É uma escolha pessoal*".[784] E mais adiante: "*esse trabalho sobre si, com a austeridade que o acompanha, não é imposto ao indivíduo por meio de uma lei civil ou de uma obrigação religiosa, mas é uma escolha que o indivíduo faz*"[785].

Essas extensões do campo de análise de Foucault, que vão das investigações sobre o poder até o âmbito da ética, no sentido que ele dá a esse termo[786], e tudo isso passando por uma teorização sobre o sujeito,

---

782. Estou mencionando aqui diversos temas das investigações de Michel Foucault. Para esses últimos, ver, principalmente, FOUCAULT, Michel. *A hermenêutica do sujeito*. São Paulo: Martins Fontes, 2004; Ibid. *Le courage de la vérité: le gouvernement de soi et des autres II*. Paris: Gallimard/Seuil, 2009.

783. Ibid. À propos de la généalogie de l'éthique: un aperçu du travail en cours. In: FOUCAULT, Michel. *Dits et écrits II*. Paris: Gallimard, 2001, 1.202-1230.

784. Ibidem, p. 1216 (tradução nossa).

785. Ibidem, p. 1221 (tradução nossa).

786. Para Foucault, a ética é o âmbito de uma moral particular, por escolha livre, nunca uma moral por imposição. Ética é sinônimo de escolha e, por isso, diferentemente da moral, faculta adesão. É nesse sentido que dirá que *"a liberdade é a condição ontológica da ética"*; ver, FOUCAULT, Michel. L'éthique du souci de soi comme pratique de la liberté. In: FOUCAULT, Michel. *Dits et écrits II*. Paris: Gallimard, 2001, p. 1531 (tradução nossa).

tecem as condições teóricas nas quais Foucault pôde pensar como o próprio indivíduo, numa volta sobre si, poderia resistir a certas maneiras de ser governado, mas, simultaneamente, e talvez principalmente, poderia construir-se como uma obra de arte, ser o artífice de sua própria vida etc. Como dirá: *"Eis o que tentei reconstituir: a formação e o desenvolvimento de uma prática de si que tem como objetivo se constituir a si mesmo como o artesão da beleza de sua própria vida"*.[787] Em um outro de seus trabalhos, situará sua perspectiva sobre o poder exatamente em seus nexos com o sujeito, uma filosofia do sujeito. Como dirá: *"não foi, então, o poder, mas o sujeito o que constitui o tema geral de minhas pesquisas"*.[788] O que aí Foucault assinala contrapõe-se a interpretações como aquela que Jürgen Habermas apresentou, ao acusá-lo de conceber o poder como uma atividade sem sujeito: *"um puro operar descentralizado, guiado por regras com elementos ordenados de um sistema organizado supra-subjetivamente. Na genealogia de Foucault, 'poder' é sinônimo desta pura atividade estruturalista"*[789].

No próprio modo como Foucault também abordou o tema do "biopoder" – que confia à "biopolítica" as tecnologias de produção da vida dos indivíduos e da população, dentro do princípio de fazer dessa população uma máquina de produção de riquezas, bens, e de constituir indivíduos como "corpos dóceis e úteis", dentro de certos limites e certas fronteiras –, também nesse domínio, Foucault enxerga as potencialidades ético-políticas das subjetividades biopoliticamente produzidas. Para o autor, a biopolítica seria a maneira pela qual, deste o século XVIII, buscou-se racionalizar as práticas governamentais e de governamentalização, através do Estado, pela administração, pela mediação estatística, vigilância e controle, sobre um conjunto de viventes humanos como "população" e como "espécie", e essas como entidades "biológicas"; razão porque o Estado passa a se ocupar e a promover (bio)políticas de saúde, higiene,

---

787. FOUCAULT, Michel. Le souci de la vérité. In: FOUCAULT, Michel. *Dits et écrits II*. Paris: Gallimard, 2001, p. 1490 (tradução nossa).

788. FOUCAULT, Michel. Le sujet et le pouvoir. In: *Dits et écrits II*. Paris: Gallimard, 2001, 1041-1069, p. 1042 (tradução nossa).

789. HABERMAS, Jürgen. *O discurso filosófico da modernidade*. Lisboa: Publicações Dom Quixote, 1990 p. 241.

natalidade, longevidade, raça, urbanismo, segurança, meio ambiente, o problema da "cidade" etc.[790]; como dirá: *"a biopolítica lida com a população, e a população como problema político, como problema a um só tempo científico e político, como problema biológico e como problema de poder"*[791]. Ainda toda a força desse poder das políticas do nascimento, da saúde, do sexo, da morte, do espaço, da vigilância e do controle dos corpos, Foucault deixa que algo *escape* a toda essa maquinaria e artilharia moderno-contemporânea do poder, e o que justamente escapa é a própria *vida*, que se torna ela própria a potência: *"na medida em que o poder investiu a vida, significa igualmente que a vida é um poder"*, como dirá a filósofa italiana Judith Revel; para quem, comentando o pensamento de Foucault, *"pode-se localizar na própria vida — isto é, certamente, no trabalho e na linguagem, mas também no corpo, nos afetos, nos desejos e na sexualidade — o lugar de emergência de um contra-poder, o lugar de uma produção de subjetividade que se daria como momento de desassujeitamento"*[792].

O indivíduo-sujeito, investido de poder, mas também de vida, articula resistências não como negação da vida biopoliticamente produzida mas como modos de ultrapassagem dos limites previstos e impostos. Para Foucault, as resistências, como atos de desassujeitamento, articulam-se como problematizações, sempre contextuais e relacionais, mas buscando experiências ou experimentações concretas e possíveis de outras formas do viver; o que, quase sempre, passa por negociações com o outro e com as normas sociais, e que não encontra uma forma única. Aliás, a ideia que as resistências são dispersas, plurais, pontuais, específicas e contextuais, segue a concepção da crítica como também *"destinada por sua natureza"* à "dispersão", à "dependência" a alguma coisa diferente dela[793]. Nas palavras do próprio Foucault: *"a crítica existe apenas em relação a outra coisa que não ela mesma: ela é instrumento, meio para um devir ou uma verdade que ela não saberá*

---

790. FOUCAULT, Michel. *Nascimento da biopolítica*. São Paulo: Martins Fontes, 2008; Ibid. *Segurança, Território, População*. São Paulo: Martins Fontes, 2008.

791. Ibid. Segurança, Território, População. São Paulo: Martins Fontes, 2008, p. 292-293.

792. REVEL, Judith. *Foucault: conceitos essenciais*. São Carlos: Claraluz, 2005, p. 27-28.

793. FOUCAULT, Michel. Qu'est-ce que la critique? *Bulletin de la Société Française de Philosophie*, Paris, t. LXXXIV, p. 35-53, 1990, p. 36 (tradução nossa).

e que ela não será"⁷⁹⁴. E como dirá também sobre a relação entre crítica e poder: "*trata-se de pensá-lo [o poder] sempre de tal maneira que se o veja associado a um domínio de possibilidade e por consequência de reversibilidade, de inversão possível*"⁷⁹⁵. Trata-se, assim, de fazer da crítica o exercício necessário para alguma revogação/reversão/mudança possível.

Para surpresa de muitos, Michel Foucault, tido como crítico irracionalista da razão e um crítico antimoderno da modernidade; equivocadamente, alguns o tratam como "pós-moderno" (aqui novamente podemos lembrar as críticas de Habermas dirigidas a Foucault) — Habermas ataca os pensadores que criticam o "modernismo", acusando-os de *"fundar um antimodernismo implacável"* e chama-os de *"neoconservadores"* ou *"jovens conservadores"*, e ainda aponta que *"na França, essa tendência vai de George Bataille a Derrida, passando por Foucault. Em todos os seus representantes, sopra, evidentemente, o espírito de Nietzsche"*⁷⁹⁶ — certamente, Foucault nunca se reconheceu nessas críticas. Talvez a obsessão de Habermas com a ideia de "normas universais" ou mesmo de uma "racionalidade universal" tenha afastado definitivamente os dois autores, uma vez que, como dirá Didier Eribon, era *"precisamente esse recurso às normas universais que Foucault queria destruir"*⁷⁹⁷). Ora, extraordinariamente, Foucault conceituou a crítica como uma *"atitude de modernidade"*⁷⁹⁸, evocando para essa definição a tese de Kant em seu célebre artigo de jornal, em 1784, publicado com o título *"O que é o Iluminismo"*. Para Foucault, quando Kant, nesse artigo, buscou dizer o que seria o movimento da *Aufklärung* — identificando-o como um movimento

---

794. Ibidem, p. 36 (tradução nossa).

795. Ibidem, p. 52 (tradução nossa).

796. HABERMAS, Jürgen. La modernité: un projet inachevé. *Critique*, n. 413, Paris, Minuit, octobre 1981, 950-967, p. 966; as poucas vezes que Foucault respondeu diretamente a seus críticos, numa delas abordou abertamente os ataques feitos a ele de um presumido irracionalismo em seu pensamento. Dirá: "*creio que a chantagem que muitas vezes se ouviu contra toda crítica da razão ou toda interrogação crítica sobre a história da racionalidade (ou você aceita a racionalidade, ou você cai no irracionalismo) procede como se não fosse possível fazer uma crítica racional da racionalidade, ou uma história racional de todas as ramificações e de todas as bifurcações, uma história contingente da razão*" (FOUCAULT, Michel. Deux essais sur le sujet et le pouvoir.)

797. ERIBON, Didier. *Michel Foucault e seus contemporâneos*. Rio de Janeiro: Jorge Zahar, 1996, p. 177.

798. Ibid. Qu'est-ce que les Lumières? In: FOUCAULT, Michel. *Dits et écrits II*. Paris: Gallimard, 2001, p. 1387 (tradução nossa).

em relação a um certo "estado de minoridade" no qual a humanidade teria sido autoritariamente mantida, estado representado pela religião, pelo direito e pelo conhecimento — Kant teria transformado o Iluminismo na "dobradiça" que articula reflexão sobre a história com a reflexão crítica[799]. A *Aufklärung* seria o movimento de crítica que se dirige a derrubar o estado de minoridade da humanidade, incentivando o uso da *razão reflexionante* como um meio de os indivíduos tomarem em suas próprias mãos o sentido de suas vidas e da história, um *princípio de autonomia* e o lema da *coragem do saber* sendo os marcos do Iluminismo para Kant.

Para Foucault, com seu texto sobre a *Aufklärung*, Kant não teria apenas reconhecido uma "idade" do mundo ou da humanidade, seu passado e um "futuro" a que se chegou ou vai chegar, mas introduziu na filosofia um modo de se interrogar a história a partir do presente com relação ao ontem. Para Foucault, ao conceber o Iluminismo como um processo cultural cuja consciência de si mesmo era ser o Esclarecimento, "*situando-se com relação a seu passado e a seu futuro, e designando as operações que ele deve efetuar no interior de seu próprio presente*"[800], Kant teria também fundado um campo da interrogação filosófica que concerniria aquilo que Foucault identifica por ser uma interrogação sobre "*o que é nossa atualidade?*", "*o que faz que sejamos o que somos?*" e "*qual é o campo atual das experiências possíveis?*". Foucault chamou essas interrogações de uma "*ontologia de nós mesmos*", uma "*ontologia da atualidade*"[801].

Mas, para Foucault, Kant teria introduzido ainda outro aspecto importante da atitude crítica. Ao caracterizar o Iluminismo como um processo que traz as condições de possibilidade da humanidade sair de sua minoridade, sua infância, ao se libertar do obscurantismo das opiniões, do obscurantismo de concepções sobre a realidade, em direção à seu "*estado de maioridade*", Kant não apenas descreve um processo cultural/histórico. Para Foucault, ele procura mostrar como "*cada um é responsável de uma*

---

799. FOUCAULT, Michel. Qu'est-ce que les Lumières? In: FOUCAULT, Michel. *Dits et écrits II*. Paris: Gallimard, 2001, 1381-1397, p. 1387 (tradução nossa).

800. Ibid. Qu'est-ce que les Lumières (Extrait du cours de 5 janvier 1983). In: FOUCAULT, Michel. *Dits et écrits II*. Paris: Gallimard, 2001, 1498-1507, p. 1500 (tradução nossa).

801. Ibidem, p.1.506, 1.507 (tradução nossa).

certa maneira desse processo de conjunto".[802] Para esse entendimento, Foucault sugere que deixemos de pensar a modernidade apenas como uma época, um período no calendário histórico. Dirá: *"pergunto-me se não se pode pretender a modernidade mais como uma atitude que como um período da história"*[803], para em seguida afirmar: *"eu creio que o melhor é buscar [compreender] como a atitude de modernidade, depois que ela se formou, encontra-se em luta com atitudes de contramodernidade"*[804].

Mas por que Foucault pensa em termos de "atitude"? Para Foucault, se Kant destaca que o lema do Iluminismo é "tenha coragem", "tenha a audácia de saber", é que aí se encontra *"um processo no qual os homens fazem parte coletivamente e um ato de coragem a se efetuar pessoalmente"*[805]. A atitude de crítica é um ato de coragem. Nas atitudes, nos atos, na manifestação de cada um, estão indivíduos. A crítica é ato a se efetuar pessoalmente, seus efeitos podem ser enxergados coletivamente. Mas por que "ato de coragem"? Para Foucault, Kant concebeu a atitude (moderna) de crítica como uma prática que se define em relação aos usos da razão, do pensamento e da vontade em relação à autoridade, à verdade, à lei etc. Esses usos são atos de coragem quando se realizam como *desobediência* ou como uma *obediência fundada na própria autonomia* do indivíduo.[806] Como dirá também: *"a crítica tem o seu ponto de ancoragem no problema da certeza em face da autoridade"*[807].

Se, a partir de Kant, Foucault conceberá a crítica como uma atitude de reflexão voltada para o presente que recusa tudo o que se apresenta como alternativa autoritária (o "obscurantismo" em Kant) — "verdade", "ciência", "racionalidade", "autoridade", "poder" etc. —, o fez sem adesões a substancialismos, sem pretender transcendentalidade nem se constituir em metafísica — o que é mais foucaultiano que kantiano. Enxergou a crítica como atitude de engajamento ético contra toda servidão, ou contra

---

802. Ibidem, p. 1.387 (tradução nossa).
803. Ibidem, p. 1.387 (tradução nossa).
804. Ibidem, p. 1.387 (tradução nossa).
805. Ibidem, p. 1.384.
806. Ibid. Qu'est-ce que la critique? *Bulletin de la Société Française de Philosophie,* Paris, t. LXXXIV, p. 35-53, 1990, p. 41 (tradução nossa).
807. Ibidem, p. 39 (tradução nossa).

normas que se pretendam sem limites. A crítica foucaultiana torna-se uma "arte" da luta, uma agonística, que dialoga com o cotidiano e o presente, é uma atuação na vida no aqui e no agora. Como dirá: a crítica é *"a arte da inservidão voluntária"* (certamente numa alusão ao *"Discurso da servidão voluntária"*, de Étienne La Boétie; Foucault não o menciona), e uma atitude de *"indocilidade refletida"*. E completa: *"a crítica teria essencialmente por função o desassujeitamento no jogo do que se poderia chamar, numa palavra, a política da verdade"*[808].

Esses temas fizeram nosso filósofo pensar e declarar a proximidade de suas questões e investigações com os da Escola de Frankfurt[809], embora mais ocupado com uma história das ciências e os autores de Frankfurt com uma teoria crítica, que ele entendeu como duas tradições filosóficas distintas na França e na Alemanha[810], os temas comuns da racionalidade e de uma história política da sociedade os aproximavam. Dirá que o que os aproxima é: uma *"prática histórico-filosófica que seria atravessada pela questão das relações entre as estruturas de racionalidade que articulam o discurso de verdade e os mecanismos de assujeitamento que aí estão ligados, questão que nela se vê bem o deslocamento dos objetos históricos habituais e familiares aos historiadores em direção ao problema do sujeito e da verdade da qual os historiadores não se ocupam"*[811].

Para Foucault, a Escola de Frankfurt teria apresentado o problema fundamental dos efeitos de poder ligados ao exercício de uma racionalidade que se institucionalizou no Ocidente a partir do advento do capitalismo na Europa, no qual a razão autônoma, outrora imaginada como libertação, torna-se uma estrutura de dogmatismos e despotismos, assujeitamento. Nisso, ele reconhecia o que chamou ser "fraternidade" em relação aos autores alemães.[812] Como dirá, em texto que será um dos últimos que revisará antes de sua morte, e que foi escrito para a apresentação do livro

---

808. Ibidem, p. 39 (tradução nossa).
809. Ibidem, p. 44, 45 (tradução nossa).
810. FOUCAULT, Michel. La vie: l'éxperience et la science. In: *Dits et écrits II*. Paris: Gallimard, 2001, p. 1585 (tradução nossa).
811. Ibid. Qu'est-ce que la critique? *Bulletin de la Société Française de Philosophie*, Paris, t. LXXXIV, p. 35-53, 1990, p. 45 (tradução nossa).
812. Ibidem, p. 45 (tradução nossa).

"O normal e o patológico" de Georges Canguillem, Michel Foucault escreverá: "*sem dúvida do lado da Escola de Frankfurt encontraremos [...] o mesmo gênero de questões ... essas interrogações... que é preciso dirigir a uma racionalidade que se pretende universal, mas que se desenvolve na contingência, que afirma sua unidade e que não procede, entretanto, senão por modificações parciais; que se valida ela própria por sua soberania mas que não pode ser dissociada, na sua história, das inércias, dos encargos ou coerções que a submetem*"[813]. E prossegue: "*Na história da ciência na França, como na teoria crítica alemã, o que se trata de examinar no fundo é exatamente uma razão cuja estrutura de autonomia porta consigo a história de dogmatismos e de despotismos — uma razão, por conseguinte, que não tem efeito de emancipação senão na condição que ela própria se liberte*"[814].

Ao se ler as reflexões de Theodor Adorno sobre ideologia, torna-se possível compreender a referência à Escola de Frankfurt feita por Foucault, em reconhecimento a proximidade entre suas análises e as dos colegas alemães. Escreverá Adorno que "*desde que a ideologia não proclama mais outra coisa que 'as coisas são como são', sua própria não-verdade se atrofia também e termina por se reduzir a esse indigente axioma que diz que não pode ser diferentemente. Dobrando-se a essa não-verdade, os homens a cavam e secretamente a atualizam. [...] O fato que a ideologia e a realidade convergem assim uma em direção a outra, o fato que a realidade, a despeito de toda outra ideologia convincente, torna-se ideologia dela própria, não seria necessário mais que um ínfimo esforço do espírito para se livrar de sua aparência às vezes toda-poderosa e nula*"[815].

Em outros de seus escritos, comentando as teses do sociólogo estadunidense Talcott Parsons, nas quais este pensa relações entre psicologia e sociologia no estudo de fenômenos sociais, Adorno mostrará toda sua desconfiança com os termos de uma psicologia sociológica ou uma sociologia psicológica que se pretenda capaz de totalizar as descobertas do social, mas igualmente impossibilitada de explicar o que não se origina de nenhuma maneira na vida psíquica, tornando-se "uma sociologia sem

---

813. FOUCAULT, Michel. La vie: l'éxperience et la science. In: *Dits et écrits II*. Paris: Gallimard, 2001, p. 1586 (tradução nossa).

814. Ibidem, p. 1586 (tradução nossa).

815. ADORNO, Theodor. Contribution à la doctrine des idéologies. In: ADORNO, Theodor. *Société: intégration, désintégration*. Paris: Payot, 2011, 131-158, p. 153-154.

sociedade". Ou desconfiança com uma psicologia que, a pretexto de auxiliar os indivíduos "a se reencontrar a si mesmos", transforma-os, uma vez mais, em objetos de uma fabricação de conjunto, que não tolera de nenhuma maneira qualquer independência, *"não tolerando nenhum nicho onde poderia se esconder uma subjetividade que não teria sido socialmente forjada"*[816]. Como dirá, a propósito da psicologia da "psicologia" dos indivíduos nas explicações do social: *"a psicologia, considerada como uma interioridade relativamente autônoma com relação ao que é exterior, tornou-se, com efeito, para uma sociedade que não cessa de a solicitar, um mal: esta é a razão pela qual a psicoterapia recolhe o legado. O sujeito no qual predomina a psicologia enquanto elemento escapando à racionalidade social foi desde sempre considerada como uma anomalia"*[817].

No prefácio que Axel Honneth escreve para a edição francesa dos escritos de Adorno, sublinhando a denúncia adorniana da mercantilização capitalista da vida e da administralização das relações humanas, também aparece um Adorno muito próximo de Michel Foucault. Como assinala: *"dado os desenvolvimentos mais recentes do capitalismo cujos princípios de governança, doravante submetidos ao ditame da flexibilidade, estendendo seu poder a esferas mais e mais numerosas, cuja maior parte estava antes protegida contra a lógica do mercado pelo Estado-providência, o diagnóstico de Adorno parece novamente de uma atualidade inquietante. [...] O mesmo vale certamente para suas análises de uma nova forma de individualidade, doravante inteiramente estruturada pela lógica organizacional e administrativa, que termina por lhe sequestrar toda espontaneidade"*[818].

Enfim, aqui gostaria de voltar ao assunto do "cuidado de si" (foucaultiano), relacionando ao que acabou de ser visto sobre a *atitude crítica* e sobre o que antes pude apresentar como desideologização de si e da realidade.

Se os indivíduos dispõem da possibilidade de agir para interrogarem-se dos limites que lhe são impostos por normas, códigos, moral, e perguntarem-se sobre a certeza do valor de autoridade de uma verdade ou de

---

816. Idem. À propos du rapport entre sociologie et psychologie. In: ADORNO, Theodor. *Société: intégration, désintégration*. Paris: Payot, 2011, 315-367, p. 328.

817. Ibidem, p. 328.

818. HONNET, Axel. Préface. In: ADORNO, Theodor. *Société: intégration, désintégration*. Paris: Payot, 2011, p. 14 (tradução nossa).

legitimidade da lei, ou ainda dos efeitos sobre si das tecnologias biopolíticas sempre renovadas –, a atitude crítica constitui como que o ponto de partida para a criação de processos e experiências de *desassujeitamento* ou *dessujeição*, definida por Foucault, como visto logo antes, como a função essencial da crítica[819]. Foucault escreve o termo *désassujettissement* poucas vezes em sua obra, e não chega a dar desenvolvimento demorado ao assunto. Todavia, podemos entender que essa seria a situação em que o indivíduo, como sujeito, consegue, por meio de práticas, processos e experiências, realizar a ultrapassagem de sua mera condição de *sujeito*: uma vez que não se pode deixar de sê-lo inteiramente (nenhum indivíduo), ao menos se pode buscar não ser tão completamente sujeito, ter alguma autonomia.

Visto assim, o assunto das artes de si ou técnicas de si, como práticas do "cuidado de si", e, agora, como dessujeição, se pensadas como práticas de desideologização de si e da realidade, podem também ser concebidas como construção de subjetividades, mas sob o princípio da autonomia e da liberdade dos indivíduos – o que permite pensarmos em *subjetivações críticas*. Sempre conduzidas por problematizações, reflexões, contextualizações, não sendo nunca fixas e nem as mesmas para todos.

Em "*Reflexões sobre a questão gay*", Didier Eribon dirá que a "ressubjetivação", como um trabalho de transformação e de invenção de si-mesmo, somente pode ser pensado como um trabalho prático do indivíduo sobre si na forma de algo que se torne possível. Não se trata aí, mais uma vez, de um processo de conjunto, genérico demais para fazer efeito, nada que terá "seu grande dia", mas atos "bem precisos" e contínuos, que sejam capazes de transformar o próprio indivíduo-sujeito, agora por um trabalho que ele conduz autonomamente, e que sejam também capazes de interrogar as normas, o poder, as verdades, alargando as possibilidades de liberdade no mundo social no qual se vive e com o qual temos que lidar. Eribon, evocando as análises de Foucault, assinalará: "*Foucault nos ensina: não podemos jamais nos situar fora da política. Os 'espaços outros', as 'heterotopias', na medida em que superem o estágio encantatório da utopia da subversão, estão necessariamente situados no interior de um mundo social no qual as normas e as*

---

819. Ibidem, p. 39 (tradução nossa).

tecnologias disciplinares constrangem, dominam e sujeitam. Mas, nem por isso, nós não estamos condenados a cair nas armadilhas do poder e ser vencidos por suas astúcias, impotentes a escapar das malhas de suas redes. Se o gesto do "afastamento" é sempre relativo, e se as conquistas não podem ser senão parciais, locais, se elas são incertas, frágeis e provisórias, isso não significa que somos sempre perdedores. [...] Podemos, pelo trabalho crítico, incansavelmente repetido, descolar os limites que nos são impostos e alargar as possibilidades de liberdade"[820].

Assim, como prática de liberdade, como cuidado de si, a subjetivação crítica, somente pode ocorrer correspondendo à variedade e à diversidade dos indivíduos, dos sujeitos, suas diversas demandas, desejos, projetos: "*se é a reinvenção de si-mesmo, esta não pode ser pensada senão na multiplicidade e na pluralidade*"[821]. Como produção de subjetividades na dessujeição, a subjetivação crítica é necessariamente um desejo de *singularidade* dos indivíduos, quando se abrem, de fato, as vias para a construção de subjetividades criativas e ativas em resistência às subjetivações impostas e com elas as identidades e subjetividades atribuídas ao indivíduo. Sobre o sentido das singularidades, o filósofo italiano Giorgio Agamben ofereceu uma reflexão que me parece bastante aplicável ao propósito de uma ponderação sobre a dessujeição como via para a subjetivação crítica. Sobre o assunto, escreveu que o "*ser qualquer*" não é "*o ser, não importa qual, mas o ser tal que de toda maneira ele importa: o ser qualquer mantém uma relação original com o desejo. O qualquer que é questão aqui não adquire, com efeito, a singularidade na sua indiferença com relação a uma propriedade comum [...]; ele a adquire somente no seu ser tal como ela é. [...] Assim o ser-tal, que resta constantemente escondido na condição de pertencimento ... e que não é de maneira nenhuma um predicado real, vem à luz por si mesmo: a singularidade exposta como tal é qualquer, dito diferentemente, é amável*"[822].

Para Agamben, a singularidade, em si mesma, é a recusa de toda identidade, de todo pertencimento, controle, domesticação. Razão porque

---

820. ERIBON, Didier. *Réflexions sur la question gay.* Paris: Fayard, 1999, p. 481.
821. Ibidem, p. 483.
822. AGAMBEN, Giorgio. *La communauté qui vient:* théorie de la singularité quelconque. Paris: La librairie du XXI Siècle/Seuil, 1990, p. 9-10 (tradução nossa).

toda singularidade se exaspera com o poder: "*é o principal inimigo do Estado*"[823]. E acrescenta: "*por toda parte onde essas singularidades manifestem pacificamente seu ser comum, haverá uma praça Tian'anmen e, cedo ou tarde, os tanques aparecerão*"[824].

Mas, como pensar que a subjetivação crítica e a dessujeição se tornam possíveis — e como expressão de singularidade — no ser de um indivíduo sobre o qual prevalece a sujeição? Como tais fenômenos e práticas se tornam presumíveis em teorizações sobre o sujeito?

Algumas respostas a essas questões foram apresentadas por teóricos da psicanálise, das ciências sociais e da filosofia que desenvolvem uma abordagem da *psique* como instância na qual se ancoram os fenômenos da sujeição, da ideologia e do poder, mas igualmente na qual também se ancoram os fenômenos da subjetividade e da singularidade que se tornam potências da dessujeição, abertura para subjetivações críticas. Formularei assim um princípio do pensamento construcionista crítico praticado por vários desses teóricos: *ninguém se torna tão inteiramente sujeito que se constitua apenas pura obediência à sujeição.*

Sem que seja o caso de entrar demoradamente no domínio da teoria psicanalítica, convém dizer, todavia, que, há algum tempo, nas ciências humanas e filosofias, estudiosos, até bastante diferentes em suas análises, já se deram conta que considerações sobre fenômenos sociais correm o risco de nada apreender se negligenciam considerações sobre a *psique*. Não há (nem haveria) social sem a psique individual, como não há (nem haveria) psique individual sem o social; mas o que não torna um termo redutível ao outro. É, pois, também de *uma realidade psíquica*, como uma produção social e em seus efeitos também sociais, que tratamos quando refletimos sobre os fenômenos da sujeição ideológica, subjetividade, resistência, desassujeitamento etc.

Para avançar até o ponto de meu interesse, da teoria psicanalítica aprendemos que sujeito e psique não coincidem: a psique (ou realidade psíquica), da qual emerge o sujeito, não lhe é inteiramente correspondente;

---

823. Ibidem, p. 90 (tradução nossa).
824. Ibidem, p. 90.

instâncias e processos da psique transbordam o próprio sujeito. Há ainda as clivagens e ambivalências que constituem a psique e que também constituem o sujeito. Primeiro Freud e, depois, Lacan e outros teóricos trouxeram à luz o indivíduo *clivado* — dividido entre um *eu imaginário* e o *sujeito do inconsciente*, e este também divido por outras clivagens —, quebrando a ilusão do indivíduo indiviso, autônomo e inteiramente consciente de si. Clivagens que, habitando o ser do indivíduo, como sujeito, farão que este seja um ser de ambivalências: dividido, não é inteiramente inteligível a si mesmo (e ao outro), e, igualmente, mas o que está a seu favor, torna-se aquele ser cujas regulações, subordinações e sujeições investidas sobre ele não tenham sempre o êxito pretendido. Há sempre o que, no ser do indivíduo, escapa à apreensão e à regulação, movendo-se este na ambivalência de ser e não ser sujeito ao mesmo tempo.

No pensamento da filósofa Judith Butler, encontramos o desenvolvimento dessa teoria do sujeito clivado e constituído na ambivalência de um modo particularmente importante. Para Butler, de início, há que se colocar o problema da sujeição e, por conseguinte, da produção do indivíduo como sujeito, como uma constante da existência social. A sujeição torna-se, para o indivíduo, a garantia de sua existência no mundo social, numa data sociedade particular, e, portanto, "voluntariamente" o indivíduo consente sua subordinação — o que não é nem uma escolha nem uma necessidade — como garantia para sua existência, mas quando essa subordinação é também a condição prévia de sua potência. Existir, nas condições dadas do submetimento a normas, leis, poderes etc., requer pagar um preço que é aceitar ser submetido, mas o que assegura ao sujeito as possibilidades e potencialidades de enfrentar sua própria sujeição. Então, *"o assujeitamento é o processo pela qual o sujeito se converte em afiançador de sua própria resistência e oposição"*[825].

O sujeito é, assim, para Butler, um lugar de ambivalência: *"emerge simultaneamente como efeito de um poder anterior e como condição de possibilidade de uma forma de potência radicalmente condicionada. Qualquer teoria do sujeito*

---

825. BUTLER, Judith. *Mecanismos psíquicos del poder*. Madrid: Ediciones Cátedra, 2011, p. 25 (tradução nossa).

deve levar em conta a plena ambivalência das condições de seu funcionamento"[826]. E como acrescenta: *"como efeito voluntário do sujeito, o assujeitamento é uma subordinação que o sujeito se provoca a si próprio; ao mesmo tempo, produz-se o sujeito, e este é condição prévia da potência"*[827].

O que é a *potência* da qual fala a autora? *"Pode-se extrair consequências políticas e psíquicas a partir dessa ambivalência fundacional?"*, pergunta Butler.[828] Se seguimos as reflexões da autora, embora o sujeito seja uma construção do poder, em sentido foucaultiano, os propósitos do poder não coincidem (ou nem sempre coincidem) com os do indivíduo enquanto *locus* da potência que ele é, porque não é apenas e inteiramente *sujeito*. O indivíduo (e veremos, logo adiante, que a autora falará de *psique*) transborda o sujeito pela/e na própria *ambivalência* que o constitui, transbordamento que é o movimento da potência que escapa ao poder constituinte do sujeito. Butler dirá: *"a potência desborda o poder que a habilita. [...] A potência supõe a assunção de um propósito não pretendido pelo poder ..., e opera em uma relação de contingência e inversão com respeito ao poder que o torna possível e ao qual, não obstante, pertence"*[829].

A filósofa de Berkeley segue de perto as teses de Michel Foucault sobre o poder, o que a faz pensar que o poder nunca é somente uma condição externa ou anterior ao indivíduo ou ao sujeito, nem que possa existir e exercer-se independente desses. Para que se exerça, o poder necessita de repetir-se e essa repetição é garantida pela/na constituição dos indivíduos como sujeitos — *"uma repetição que nunca é meramente mecânica"*[830] — o que não está assegurado de antemão, nem predeterminado nem definitivamente fixado. A reiteração do poder persegue condições nem sempre dadas, nem sempre ofertadas pelos próprios sujeitos, sendo não apenas situações estratégicas temporalizadas, nunca garantidas por estruturas estáticas, mas principalmente dependentes de uma atuação sobre os indivíduos

---

826. Ibidem, p. 25 (tradução nossa).
827. Ibidem, p. 25 (tradução nossa).
828. Ibidem, p. 41 (tradução nossa).
829. Ibidem, p. 26.
830. Ibidem, p. 27.

que os faça agir agidos pelo poder — mas o que também confere sentido de potência aos atos desses.

Butler reconhece esse processo no qual o indivíduo "consente" sua sujeição para existir, mas, na sujeição, constituindo-se também como potência — o que não é resultado de nenhuma deliberação racional ou consciente (o que é posterior) —, como algo da ordem de um paradoxo, mas também de uma *negociação* do indivíduo-sujeito com a ordem social, e expressão de um desejo: perdurar no ser. Como dirá *"o submetimento é o efeito paradoxal de um regime de poder pelo qual a mesmas 'condições da existência', a possibilidade de persistir como ser social reconhecível, exigem a formação e a manutenção do sujeito na subordinação. Se aceitarmos a ideia de Spinoza de que o desejo é sempre desejo de persistir no próprio ser, e substituirmos a substância metafísica do ideal por uma noção mais maleável de ser social, então quiçá poderíamos redefinir o desejo de persistir no próprio ser como algo que somente pode se negociar dentro das perigosas condições da vida social"*[831].

Se assim é, como compreender o "fazer-se" ou o "refazer-se" do indivíduo-sujeito que deixei como uma questão mais atrás? Apenas um restaurar-se como sujeito? Certamente não se trata de (re)fazer-se tal como se foi produzido pelos diversos mecanismos da socialização e das subjetivações arbitrárias, impostas. Aqui, brevemente apenas, gostaria de, prosseguindo ainda com Judith Butler, trazer um conceito que a autora não deu maior desenvolvimento e que deixou como um fio solto nas suas reflexões: utilizando-se dos termos da *"dessubjetivação crítica"*[832], a autora faz menção a uma "volta" do indivíduo-sujeito sobre si mesmo que se faria com *"uma disposição a não ser"*, mas o que não corresponde a nenhum niilismo, uma volta que, resistindo às identidades e subjetivações impostas, atuaria como potência que as rebaixaria e a elas se oporia ou se *"oporia às condições de sua emergência"*[833]. Uma volta dessubjetivante *"com o fim de desmascarar a lei e mostrar que é menos poderosa do que parece"*[834]. Nos termos

---

831. Ibidem, p. 39.
832. Ibidem, p. 144.
833. Ibidem, p. 144.
834. Ibidem, p. 144.

de Butler, a dessubjetivação crítica, assim, poria o indivíduo em relação com sua potência, que, *"dando as costas à lei"*, ver-se-ia diante da escolha entre algum sentido do ser social ou um puro nada. Mas a autora prefere concluir pela ideia que, *"precisamente pela potencialidade"*, o fracasso da sujeição, que *"mine a capacidade do sujeito para 'ser' no sentido da identidade consigo mesmo, também possa mostrar o caminho até uma forma de ser mais aberta e incluso mais ética"*[835].

Sobre ainda o assunto da dessubjetivação talvez valha a pena lembrar, de passagem, que, embora tenha, num primeiro momento, alertado para os riscos de sua captura pelas máquinas do Estado ou outros dispositivos, num tom mais pessimista[836], Agamben, posteriormente, aborda a questão num tom que se aproxima bastante bem da perspectiva de Butler e Foucault (ainda que este último não tenha tratado do assunto utilizando-se do termo). Numa segunda entrevista, após a primeira na qual apresentava seus temores com respeito à ideia de dessubjetivação, Agamben assim se pronuncia: *"Eu penso que tão interessantes como os processos de subjetivação são os processos de dessubjetivação. Se nós aplicamos também aqui a transformação das dicotomias em bipolaridades, poderemos dizer que o sujeito apresenta-se como um campo de forças percorrido por duas tensões que se opõem: uma que vai até a subjetivação e outra que procede em direção oposta. O sujeito não é outra coisa que o resto, a não-consciência desses dois processos. Está claro que serão as considerações estratégias aquelas que decidirão, a cada momento, sobre qual polo fazer a alavanca para desativar as relações de poder, de que modo fazer jogar a dessubjetivação contra a subjetivação e vice-versa. Letal é, por outro lado, toda política das identidades, ainda que se trate da identidade do contestatário e a do dissidente"*[837].

Se, no Agamben da primeira entrevista, o grande risco (negativo) é cair numa nova subjetivação capturada, recair numa ressubjetivação que seria ao mesmo tempo um assujeitamento, na segunda, o autor parece admitir

---

835. Ibidem, p. 145.
836. AGAMBEN, Giorgio. Une biopolitique mineure. *Vacarme*, n. 10, jan. 2000. Disponível em: http://www.vacarme.org/article255.html. Acesso em: 13 mar. 2008.
837. AGAMBEN, Giorgio. *Entrevista com Giorgio Agamben*. Revista do Departamento de Psicologia — UFF, v. 18 — n. 1 p. 131-136, Jan./Jun. 2006. Disponível em: http://www.scielo.br/scielo.php?script=sci_arttext&pid=S0104-80232006000100011. Acesso em: 30 mar. 2008.

o risco positivo da dessubjetivação como uma prática de desconstrução da subjetivação, que, jogando contra ela, pode evitar a letalidade dos encarceramentos do sujeito em sua própria subjetivação. E se recorrermos às suas últimas reflexões sobre o que chamou *"potência destituinte"*, o temor da recuperação da subjetivação, por dispositivos de ressubjetivação ou sua "inclusão" pelo Estado, parece não mais agir solitariamente em sua análise, ao imaginar que uma *"heterogeneidade radical"* (dos viventes, das singularidades) pode, manifestando-se, *"agir como potência puramente destituinte"* — que, incluso em sua também dimensão de *"inação"* e *"contemplação"*, certamente, pouco se torna recuperável[838].

Mas, como tudo isso se torna(ria) possível? Como é possível ao sujeito sair da sujeição que o constitui, e conduzir(-se) nesse jogo que também não encontra sua forma única, uma fórmula?

Antes de tudo, é preciso destacar o pressuposto construcionista maior para o qual não sendo o indivíduo dado de uma vez por todas, mas um construto (e que se produz a si mesmo e continuamente), nada nele é definitivo. Então, assim também sua condição de sujeito. E ainda mais: a construção do indivíduo pela socialização (e, portanto, pela linguagem, ritos de instituição, discurso, poder, ideologia, *habitus* etc.) produz o *sujeito* como tal, mas não o determina a ser sempre o mesmo, numa posição imodificável. A própria construção, que procura, em todos os casos, gerar um efeito de atuação, produz habilidades, potencialidades, o que torna o indivíduo capaz de agir (e o esperado é que ele aja agido pelas instituições sociais), mas o que também o capacita a imaginar (e, se voltarmos às reflexões de Cornelius Castoriadis, imaginar na *indeterminidade* da imaginação na dimensão do *"imaginário radical"*, isto é, no da dimensão do núcleo originário da psique[839]), constituindo-se assim as possibilidades de poder (re)inventar a si mesmo. Nada de mais instrutivo, a esse propósito, que a maneira pela qual Judith Butler formulou o problema: *"a formação do*

---

838. AGAMBEN, Giorgio. *L'usage des corps*. Paris: Seuil, 2015, p. 359-379.

839. CASTORIADIS, Cornelius. *A instituição imaginária da sociedade*. Rio de Janeiro: Paz e Terra, 1982, p. 334-350; Ibid. *A criação histórica*. Porto Alegre: Artes e Ofícios, 1992, p. 81-108; Ibid. *As encruzilhadas do labirinto:* os domínios do homem. Rio de Janeiro: Paz e Terra, 1987, p. 347-406.

sujeito não pode ser compreendida se não tomamos em consideração as restrições fundacionais que paradoxalmente resultam habilitadoras".[840] É também assim que a filósofa interpreta as análises de Michel Foucault. Para Butler, o poder, em Foucault, torna possível o sujeito, e esse o adota e reitera-o em sua própria atuação, mesmo quando age em oposição a ele, quando se converte em ponto de resistência a certas formas de seu governo. Esse duplo movimento do sujeito do poder, que o adota e se oferece a ele em resistência, define a existência dos indivíduos nas várias esferas da vida social. O próprio social e seus sistemas de moral, leis, técnicas, saberes, crenças, seu simbólico, enfim, interpelando os indivíduos, tornam-se investimentos de produção de sujeitos que, ao mesmo tempo, tornam-se recursos com os quais atuam, criam, resistem, modificam a realidade. Daquilo mesmo que o sujeito é investido, forma-se uma força que ele usa a seu favor. A esse respeito, o comentário de Butler sobre Foucault é bastante esclarecedor: "*para Foucault, o simbólico produz a possibilidade de suas próprias subversões, e estas são efeitos inesperados das interpelações simbólicas. [...] O discurso disciplinar não constitui unilateralmente o sujeito ou, se o faz, constitui simultaneamente a condição para sua desconstituição. O que o efeito performativo da exigência interpeladora dá a luz é muito mais que um 'sujeito', posto que, não por ser criado, fica 'o sujeito' fixado em uma posição, senão que se converte na ocasião de um fazer-se ulterior*"[841].

No contexto de suas reflexões sobre a sujeição e o sujeito, Butler, evocando as análises de Lacan, lembra que a posição de sujeito no simbólico, tal como correspondendo ao "ideal do eu", "*a norma o instala dentro da linguagem e, por isso, dentro dos esquemas disponíveis de inteligibilidade cultural*". Assim, o sujeito, como sujeito da linguagem, "*se produz sempre com um custo*" que é aquele que faz que "*tudo aquilo que resiste às exigências normativas pelas quais se instituem os sujeitos permanece inconsciente*"[842]. Eis porque a psique,

---

840. BUTLER, Judith. *Mecanismos psíquicos del poder.* Madrid: Ediciones Cátedra, 2011, p. 99 (tradução nossa).

841. BUTLER, Judith. *Mecanismos psíquicos del poder.* Madrid: Ediciones Cátedra, 2011, p. 112 (tradução nossa).

842. BUTLER, Judith. *Mecanismos psíquicos del poder.* Madrid: Ediciones Cátedra, 2011, p. 98 (tradução nossa).

não coincidindo e nem correspondendo ao sujeito como tal, torna-se *"resíduo não socializado que se opõe à aparição do sujeito observante da lei"*[843], e, por conseguinte, também resistência à regularização, subjetivação; e, já vimos, torna-se potência: *"a psique... é precisamente o que transborda os efeitos encarceradores da exigência discursiva de habitar uma identidade coerente, de converter-se em um sujeito coerente. A psique é o que se resiste à regularização que Foucault atribuía aos discursos normalizadores"*[844]. Erroneamente, dirá Butler, Foucault teria concebido a psique como unicamente um efeito encarcerador a serviço da normalização. Mas, não sendo esse o caso, a psique, como resistência, *"torna-se os limites da normalização"*[845].

No mesmo ensaio que acabo de citar, Butler comenta tese do psicanalista esloveno Mladen Dolar, em seu artigo *"Além da interpelação"*[846], no qual ele questiona Althusser de conceber a sujeição ideológica *"baseada em uma transição tranquila de um estado pré-ideológico em ideologia: totalmente alcançada, ela limpa os traços de sua origem e resulta em uma crença na autonomia e na autotransparência do sujeito"*[847]. Mladen Dolar apresenta um sujeito ideológico diferente do sujeito althusseriano. Constituído de muito mais "ser" que apenas o ser da materialização do sujeito, há, no indivíduo, um âmbito, uma *"matéria-prima"*, como dirá, que, não se prestando à subjetivação, à simbolização, escapa à sujeição, fazendo falhar o sujeito e malograr a sujeição como um êxito total. O *sujeito* não corresponde ao ser do indivíduo inteiro e essa parte que escapa à sujeição continuamente aparece *"assombrando a subjetividade uma vez constituída"*. No ser do indivíduo, algo faz que a sujeição fracasse e que, nele, o sujeito não corresponda senão ao que se ofereceu à subjetivação, à interpelação ideológica. Citação completa, eis o que diz Dolar: *"há uma parte do indivíduo que não consegue ser bem-sucedido em passar a sujeito, um elemento de matéria prima "pré-ideológica" e "pré-subjetiva" que vem assombrar a subjetividade uma vez constituída como*

---

843. Ibidem, p. 100 (tradução nossa).
844. Ibidem, p. 98 (tradução nossa).
845. Ibidem, p. 100 (tradução nossa).
846. DOLAR, Mladen. "Beyond Interpellation". *Qui Parle*, v. 6, n. 2 (Spring/Summer 1993), p. 75-96, University of Nebraska Press. Disponível em: http://www.jstor.org/stable/20685977.
847. Ibidem, p. 77 (tradução nossa).

tal"[848]. Judith Butler, comentando a tese, interpretou, sem citar Lacan, que a "matéria prima pré-ideológica e pré-subjetiva" de M. Dolar é "*em concreto, a noção de Real, que designa aquilo que nunca chega a estar disponível para a subjetivação*"[849]. E segue: "*de fato, essa 'matéria prima' não se materializa nunca em sentido althusseriano, não emerge nunca como prática, ritual ou relação social; do ponto de vista social, a 'matéria prima' é radicalmente imaterial, excluída de aparecer dentro da materialidade*"[850].

Mas, se há, no ser do indivíduo, algo mais que o habita para além da sua sujeição ideológica e social — um "resto" cuja natureza é nunca ser socializável —, e que faz o *extravio* do sujeito, para o melhor e para o pior, não se torna o caso de pensar que apenas o eu-ideológico, com mais esse resto que escapa à sujeição, são os únicos constituintes do ser do indivíduo. Há também o que é potência ou possibilidade de um Eu-agente do trabalho racional, consciente e crítico (que Michel Foucault, com esses termos, descreveu como sendo o "cuidado de si"[851]) que poderá conduzir à dessujeição de si e à subjetivação crítica como modos agonísticos de resistência à sujeição, a de si e a de outros.

---

848. Ibidem, p. 77 (tradução nossa).
849. BUTLER, Judith. *Mecanismos psíquicos del poder*. Madrid: Ediciones Cátedra, 2011, p. 135 (tradução nossa).
850. Ibidem, p. 135 (tradução nossa).
851. FOUCAULT, Michel. À propos de la généalogie de l'éthique: un aperçu du travail en cours. In: FOUCAULT, Michel. *Dits et écrits II: 1976-1988*. Paris: Gallimard, 2001.

O pôr do sol em Marte é azul...

*Não se iludam
Não me iludo
Tudo agora mesmo
Pode estar por um segundo...*
Gilberto Gil

*Os homens enquanto puderem agir,
estão em condições de fazer o improvável
e o incalculável e, saibam eles ou não, estão sempre fazendo.*
Hannah Arendt

No começo era hidrogênio, hélio e lítio.... Os três elementos químicos produzidos com o evento do Big Bang... A leitura sobre a formação do Universo e suas diversas complexas matérias exerce sobre mim uma enorme fascinação. Nada sistemático ou aprofundado, tornou-se uma leitura que nela encontro distração, mas também que faz pensar... Não faz muito tempo, matérias na mídia noticiavam que "Imagens da Nasa revelam que o pôr do sol em Marte é azul". Logo pensei no olhar construcionista/desconstrucionista crítico que temos sobre as coisas...

Pensei por primeiro: está aí nosso *perspectivismo...* (e, mais modernamente, deste Nietzsche); se olhamos as coisas de um certo ângulo, enxergamo-las de um determinado modo; de um outro ângulo, já nos parecem diferentes. Se o pôr do sol em Marte é azul, pelo efeito dos raios de sol nas partículas de areia na atmosfera marciana, que faz que a luz azul penetre melhor na atmosfera do planeta em comparação com outras cores, novamente aqui podemos nos dar conta da diversidade, da inomogeneidade da realidade, de sua pluralidade. Nosso pôr do sol (terráqueo) alaranjado, tingido de vermelho, não é único, e não o é por todo parte. O que a Natureza nos apresenta, captável por nossos olhos, bem poderia servir para enxergarmos assim também a vida humana, nas nossas sociedades, e com esse olhar constituir nossas relações e interações sociais, mas, igualmente, outras instituições que não as existentes, conservadores das "obras" dos atuais sistemas de sociedade que dominam conjuntos inteiros de coletividades humanas. E que impõem, àqueles que a esses sistemas estão submetidos, verdades, visões da realidade, valores e perspectivas como se só tivéssemos uma única aurora ou pôr do sol que se pode(ria) enxergar por toda parte. Tal me faz pensar também em Clément Rosset e suas teses sobre o caráter ficcional e idiota do que nos é interpretado e vivido por todos nós como "a" realidade. Como ele, talvez seja o caso de pensar sempre que *a realidade não é para ser levada tão a sério!* E talvez seja também o caso de ainda citar, mais uma vez, Michel Foucault por dizer que "*afinal, somos julgados, condenados, classificados, obrigados a desempenhar tarefas e destinados a um certo modo de viver ou morrer em função dos discursos verdadeiros que trazem consigo efeitos específicos de poder*".

Não se trata, todavia, com o perspectivismo construcionista crítico, de queda em nenhum relativismo absoluto, improdutivo e acrítico. Mas também não se trata de cair no temor do relativismo. A crítica às pretensões de universalidade de certos discursos de verdade e de vários de nossas instituições não é uma invalidação da universalidade como tal e de ideias que carreguem consigo algum valor de universalidade. Como bem observou a filósofa Judith Bulter: *"não significa que a universalidade seja violenta por definição. Ela não é. Mas, sob certas condições, ela pode exercer uma certa violência"*[852] — sobretudo por aplicações que possam excluir singularidades, liberdades.

Se a perspectiva construcionista crítica admite tudo como construção, tal não corresponde a admitir toda construção como válida, legítima em si mesma. Essa é a compreensão de um relativismo absoluto acrítico que, afinal, coincide com o próprio discurso ideológico, com a ideologia na cultura, como procurei demonstrar antes. Aliás, quando o assunto é ideologia e cultura, se não quisermos repetir os erros de um relativismo absoluto (que representa uma queda na ideologia como discurso cultural particular), mas, igualmente, não quisermos cair num universalismo absoluto, não menos ideológico, etnocentrista e hegemonista, temos o caminho de *relativizar universalizando e universalizar relativizando*.

Mas há também um antirrelativismo total, profundamente ideológico, que se torna o posicionamento daqueles que, reacionários, não admitem que a realidade instituída seja relativizada de nenhuma maneira e declarada revogável. Quando Joseph Ratzinger, como papa Bento XVI, disse *"o relativismo é a praga moral de nossa época"*, põe-se nessa posição, externando o medo de muitos poderes sociais e instituições de ver questionados seus dogmatismos e despotismos, disfarçados nos eufemismos ideológicos que os tornam verdades morais e sociais universais, necessárias, que não se deve pensar em substituir. O teólogo Ratzinger resumiu, por todos os outros, e deixo aqui de citar outros tantos exemplos porque, nesse resumo, está manifesto de modo bastante claro o sentido

---

852. BUTLER, Judith. *Le récit de soi*. Paris: Presses Universitaires de France, 2005, p. 6 (tradução nossa).

indisfarçavelmente ideológico do antirrelativismo, ao tomar por uma "praga" o relativismo.

O sociólogo Michel Maffesoli revelou bem as razões desse temor ao relativismo: *"ele favorece a rebelião pontual, suscita a heresia liberadora, a dinâmica da criação artística, ele permite a marginalidade fundadora. Em resumo, ele agita o instituído, reanima o peso mortífero das instituições"*[853].

Em diversas ocasiões, pude ouvir objeções que sugeriam "mesmo a realidade sendo uma construção, os indivíduos necessitam agarrar-se a alguma coisa", ou "a existência do sujeito tem a ver com admitir alguma coisa como realidade". Pois bem, não se tratando de negar inteiramente o que aí se diz, a diferença do "agarrar-se" à realidade — sempre *uma* realidade —, mas desconhecendo inteiramente seus fundamentos, contrariamente a vivenciá-la com o conhecimento do lhe funda, é a alienação presente no primeiro caso e ausente no segundo, ao menos em certa medida. E, por conseguinte, o *efeito de liberdade no pensar*, sobre si mesmo e sobre a realidade, pela consciência do caráter arbitrário da arbitrária realidade. Ou, dito de outro modo, uma relação de alienação com a realidade, no primeiro caso, e uma relação crítica e reflexiva no segundo.

Como o antropólogo não acredita nas crenças nativas *igualmente como* crê o nativo — e isto não quer dizer que o antropólogo desdenha das crenças ou que não pode temporariamente ou ocasionalmente enxergar o mundo descrito pelos nativos por meio também de suas crenças; mas, de todo modo, *estará sempre impedido de crê como os nativos, pelo simples fato de não ser um deles* —, assim também cientistas sociais, historiadores e filósofos (e os que se ocupam com a produção do saber teórico-filosófico científico em geral) não "acreditam" nas "realidades" que enxergam à primeira vista, nas "realidades" tais como se mostram à observação imediata. Por nosso perspectivismo (des)construcionista crítico, também não acreditamos nas "crenças" de nossas sociedades como creem seus nativos mais entregues a elas.

Mas, por fim, a afirmação da irredutível diversidade das construções sociais, culturais e históricas humanas não implica nenhum relativismo

---

853. MAFFESOLI, Michel. *La part du diable*. Paris: Flammarion, 2002, p. 126.

incapaz de crítica, entregue à ideia que, como tudo é construído, todas as construções gozariam de uma legitimidade irrefutável. Para o olhar construcionista crítico (e seu desconstrucionismo), o que está em questão não é apenas descrever ou mesmo anunciar o caráter de construto das realidades sociais, mas, denunciando o caráter arbitrário-convencional de todas elas, afirmar, ao mesmo tempo, que desconstruções e refundações são possíveis, outras realidades podendo ser construídas e instaladas. E, sobretudo, que as construções de novas realidades podem oferecer às sociedades humanas alternativas de modos de vida que não sejam marcados por instituições e relações de violência, opressão e dominação entre indivíduos, grupos, classes, povos.

Referências

ABELES, Marc. *Anthropologie et marxiste*. Bruxelas: Editions Complexe, 1976.

ADORNO, Theodor. *Société: intégration, désintégration*. Paris: Payot, 2011.

AGAMBEN, Giorgio. Entrevista com Giorgio Agamben. *Revista do Departamento de Psicologia* — UFF, v. 18, n. 1, p. 131-136, jan./jun. 2006. Disponível em: http://www.scielo.br/scielo.php?script=sci_arttext&pid=S0104-80232006000100011.

_____. *La communauté qui vient:* théorie de la singularité quelconque. Paris: La librairie du XXI Siècle/Seuil, 1990.

_____. *L'usage des corps*. Paris: Seuil, 2014.

AGAMBEN, Giorgio. Une biopolitique mineure. Vacarme, n. 10, jan. 2000. Disponível em: http://www.vacarme.org/article255.html. Acesso em: 13 mar. 2008.

ALBUQUERQUE JUNIOR, Durval Muniz; VEIGA-NETO, Alfredo; DeSOUSA FILHO, Alipio. *Cartografias de Foucault*. Belo Horizonte: Autêntica, 2008.

ALMÉCIJA, Sergio et al. The femur of Orrorin tugenensis exhibits morphometric affinities with both Miocene apes and later hominins. *Nature Communications,* n. 4, 2013. www.nature.com/naturecommunications

ALTHUSSER, Louis. *Posições-1*. Rio de Janeiro: Graal, 1978.

_____. *A favor de Marx*. Rio de Janeiro: Jorge Zahar, 1979, p. 235.

_____. *Ideologia e aparelhos ideológicos de estado*. Lisboa: Presença/Martins Fontes, 1974.

ARIÈS, Philippe; DUBY, Georges. *História da vida privada*. v. 4. São Paulo: Companhia das Letras, 1991.

AUSTIN, John. *Quando dizer é fazer*. Porto Alegre: Artes Médicas, 1990.

BADIOU, Alain. *Em busca do real perdido*. Belo Horizonte: Autêntica, 2017.

BAKHTIN, Mikhail. *Marxismo e filosofia da linguagem*. São Paulo: Hucitec, 1992.

BALANDIER, Georges. *Antropologia política*. São Paulo: Difusão Europeia do Livro/Edusp, 1969.

BALANDIER, Georges. *Antropo-lógicas*. São Paulo: Cultrix/Edusp, 1976.

BARTHES, Roland. *Aula*. São Paulo: Cultrix, 1988.

BAUMAN, Zygmunt. *Modernidade líquida*. Rio de Janeiro: Zahar, 2001.

_____. *Vida líquida*. Rio de Janeiro: Zahar, 2009.

BEAUVOIR, Simone de. *Le deuxième sexe I*. Paris: Gallimard, 1976.

_____. *Le deuxième sexe II*. Paris: Gallimard, 1976.

_____. *Le deuxième sexe – II:* l'expérience vécue. Paris: Gallimard, 1976.

_____. *O pensamento de direita, hoje*. Rio de Janeiro: Paz e Terra, 1972.

BERGER, Peter; LUCKMAN, Thomas. *A construção social da realidade*. Petrópolis: Vozes, 1985.

BERGSON, Henri. *Les deux sources de la morale et de la religion*. Paris: PUF, 1982.

_____. *L'évolution créatrice*. Paris: PUF, 1940.

BOAS, Franz. *Antropologia cultural*. Rio de Janeiro: Zahar, 2004.

BOURDIEU, Pierre. *A dominação masculina*. Rio de Janeiro: Bertrand Brasil, 1999.

_____. *Economia das trocas linguísticas*. São Paulo: Edusp, 1998.

_____. *O poder simbólico*. Lisboa, Difel/Rio de Janeiro: Bertrand Brasil, 1989.

BUTLER, Judith. *Ces corps qui comptent:* de la matérialité et des limites discursives du sexe. Paris: Éditions Amsterdam, 2009.

_____. *Le souci de soi*. Paris: Presses Universitaires de France, 2007.

_____. *Deshacer el género*. Barcelona: Paidós, 2006.

_____. *Mecanismos psíquicos del poder*. Madrid: Ediciones Cátedra, 2011.

_____. O que é a crítica? Um ensaio sobre a virtude de Foucault. São Paulo: *Cadernos de Ética e Filosofia Política* (USP), 2013.

BUTLER, Judith. *Problemas de gênero:* feminismo e subversão da identidade. Rio de Janeiro: Civilização Brasileira, 2003.

CANGUILHEM, George. *Textes et documents philosophiques.* Paris: Hachette, 1960.

CAILLOIS, Roger. *O mito e o homem.* Lisboa: Edições 70, 1979.

CARVALHO, Maria do Rosário; PASSEGGI, Maria da Conceição; DOMINGOS SOBRINHO, Moisés. *Representações sociais.* Mossoró: Fundação Guimarães Duque, 2003.

CASTORIADIS, Cornelius. *As encruzilhadas do labirinto:* os domínios do homem. Rio de Janeiro: Paz e Terra, 1987.

_____. *A criação humana I.* Rio de Janeiro: Civilização Brasileira, 2007.

_____. *A instituição imaginária da sociedade.* Rio de Janeiro: Paz e Terra, 1982.

_____. *As encruzilhadas do labirinto II:* os domínios do mundo. Rio de Janeiro: Paz e Terra, 1987.

_____. *As encruzilhadas do labirinto IV:* a ascensão da insignificância. Rio de Janeiro: Paz e Terra, 2002.

CASTORIADIS, Cornelius et al. *A criação histórica.* Porto Alegre: Artes e Ofícios, 1992.

CASTRO, Eduardo Viveiros de. Os Pronomes Cosmológicos e o Perspectivismo Ameríndio. *Mana,* Rio de Janeiro, v. 2, n. 2, p. 115-144, out. 1996. Disponível em: www.scielo.br/scielo.php?script=sci_arttext&pid=S0104-93131996000200005.

CHAUI, Marilena. *Cultura e democracia: o discurso competente e outras falas.* São Paulo: Moderna, 1981.

_____. *O que é ideologia.* São Paulo: Brasiliense, 1981.

CHOMSKY, Noam. *Linguagem e mente.* Brasília/DF: EdUnB, 1998.

CLASTRES, Pierre. *A sociedade contra o Estado.* Rio de Janeiro: Francisco Alves, 1990.

CLASTRES, Pierre. Os marxistas e sua antropologia. *Almanaque 9:* cadernos de literatura e ensaio — pensamento e política. São Paulo: Brasiliense, 1979, 95-101.

COPPENS Yves e PICQ Pascal. *Aux origines de l'humanité:* de l'apparition de la vie à l'homme moderne (Tomo 1). Paris: Fayard, 2002.

DELEUZE, Gilles; GUATTARI, Félix. *Anti-Édipo: capitalismo e esquizofrenia.* Lisboa: Edições Assírio & Alvim, 1974.

DELEUZE, Gilles; GUATTARI, Félix. *Mil platôs*, v. 3. São Paulo: Editora 34, 2008.

DERRIDA, Jacques. *Gramatologia*. São Paulo: Perspectiva, 1973.

_____. *Posiciones*. Valencia: Pre-Textos, 1977.

DeSOUSA FILHO, Alipio. Por uma teoria construcionista crítica. *Bagoas*, Natal, v. 1, n. 1, p. 27-59, jul./dez. 2007.

_____. A política do conceito: subversiva ou conservadora? Crítica à essencialização do conceito de orientação sexual. *Bagoas*, Natal, v. 3, n. 4, p. 59-77, jan./jun. 2009.

_____. Ideologia e transgressão. *Psicologia Política*, São Paulo, v. 11, n. 22, 207-224, jul./dez. 2011.

DOLAR, Mladen. Beyond Interpellation. *Qui Parle*, v. 6, n. 2, 1993, p. 75-96, University of Nebraska Press. Disponível em: http://www.jstor.org/stable/20685977. Acesso em: 15 mar. 2012.

DURAND, Gilbert. *As estruturas antropológicas do imaginário*. Lisboa: Editorial Presença, 1989.

_____. *A imaginação simbólica*. Lisboa: Edições 70, 1995.

DURKHEIM, Émile. *As formas elementares da vida religiosa*. São Paulo: Edições Paulinas, 1989.

_____. *O suicídio*. São Paulo: Martins Fontes, 2000.

_____. *Regras do método sociológico*. São Paulo: Abril Cultural, 1978 (Os Pensadores).

_____. *Sociologie et philosophie*. Paris: Presses Universitaire de France, 1996.

EAGLETON, Terry. *Ideologia*. São Paulo: Edusp/Boitempo, 1997.

EDELMAN, Gerard. *Neural darwinism:* the theory of neuronal group selection. New York, Books Basic, 1987.

ELIAS, Norbert. *A sociedade dos indivíduos*. Rio de Janeiro: Jorge Zahar, 1994.

ERIBON, Didier. *Michel Foucault e seus contemporâneos*. Rio de Janeiro: Jorge Zahar, 1996.

ERIBON, Didier. *Réflexions sur la question gay*. Paris: Fayard, 1999.

FAIRCLOUGH, Norma. *Discurso e mudança social*. Brasília: EdUnB, 2001.

FOLEY, Robert. *Os humanos antes da humanidade*. Assis: EdUNESP, 2006.

FOUCAULT, Michel. *História da sexualidade I:* a vontade de saber. Rio de Janeiro: Graal, 1985.

_____. *La inquietud del otro. Cuadernos Transhumantes.* Medellín: Universidad de Antioquia, 1999.

_____. *O nascimento da clínica.* Rio de Janeiro: Forense-Universitária, 1980.

_____. *A verdade e as formas jurídicas.* Rio de Janeiro: Nau Editora, 2005.

_____. Qu'est-ce que la critique? (Critique et Aufklärung). *Bulletin de la Société Française de Philosophie,* Paris, t. LXXXIV, 35-53, 1990.

_____. *A hermenêutica do sujeito.* São Paulo: Martins Fontes, 2004.

_____. *As palavras e as coisas:* uma arqueologia das ciências humanas. São Paulo: Martins Fontes, 1985.

_____. *Ditos e escritos.* v. I. Rio de Janeiro: Forense-Universitária, 2002.

_____. *Dits et écrits I.* Paris: Gallimard, 2001.

_____. *Dits et écrits II.* Paris: Gallimard, 2001.

_____. *Em defesa da sociedade.* São Paulo: Martins Fontes, 1999.

_____. *Hermenêutica do sujeito.* São Paulo: Martins Fontes, 2004.

_____. *História da loucura.* São Paulo: Perspectiva, 1978.

_____. *Le courage de la vérité:* le gouvernement de soi et des autres. Paris: Gallimard/Seuil, 2009.

_____. *Nascimento da biopolítica.* São Paulo: Martins Fontes, 2008.

_____. *Segurança, Território, População.* São Paulo: Martins Fontes, 2008.

FOUCAULT, Michel. *Vigiar e punir:* história da violência nas prisões. Petrópolis: Vozes, 1977.

FREIRE, Paulo. *Ação cultural para a liberdade e outros escritos.* Rio de Janeiro: Paz e Terra, 1978.

_____. *Educação como prática da liberdade.* Rio de Janeiro: Paz e Terra, 1977.

_____. *Pedagogia do oprimido.* Rio de Janeiro: Paz e Terra, 1978.

FREUD, Sigmund. *Três ensaios sobre a teoria da sexualidade.* Rio de Janeiro: Imago, 1972 (Obras Completas, v. VII).

FREUD, Sigmund. A dissecação da personalidade psíquica. In: *Obras Completas*, v. XXII. Rio de Janeiro: Imago, 1976.

_____. *Além do princípio de prazer*. Rio de Janeiro: Imago, 1976 (Obras Completas, v. XVIII).

_____. *Inibições, sintomas e ansiedade*. Rio de Janeiro: Imago, 1976 (Obras Completas, v. XX).

_____. *Inibições, sintomas e ansiedade*. Rio de Janeiro: Imago, 1976 (Obras Completas, v. XX).

_____. *Mal-estar na civilização*. Rio de Janeiro: Imago, 1974 (Obras Completas, v. XXI).

_____*Novas conferências introdutórias sobre psicanálise*. Rio de Janeiro: Imago, 1976 (Obras Completas, v. XXII).

_____. *O ego e o id*. Rio de Janeiro: Imago, 1976 (Obras Completas, v. XIX).

_____. *O futuro de uma ilusão*. Rio de Janeiro: Imago, 1974 (Obras Completas, v. XXI).

_____. *Totem e tabu*. Rio de Janeiro: Imago, 1976 (Obras Completas, v. XIII).

GAGNON, John. *Uma interpretação do desejo:* ensaios sobre o estudo da sexualidade. Rio de Janeiro: Garamond, 2006.

GEERTZ, Clifford. *A interpretação das culturas*. Rio de Janeiro: Guanabara, 1989.

_____. *Nova luz sobre a antropologia*. Rio de Janeiro: Jorge Zahar, 2001.

GERGEN, Kenneth. *Le constructionisme social: une introduction*. Paris: Delachaux et Niestlé, 2001.

GIDDENS, Anthony. *A constituição da sociedade*. São Paulo: Martins Fontes, 2003.

GODELIER, Maurice. *La production des Grands Hommes:* pouvoir et domination masculine chez les Baruya de Nouvelle-Guinée. Paris: Fayard, 1996.

GRADESSO, Marilene. *Sobre a reconstrução do significado:* uma análise epistemológica e hermenêutica da prática clínica. São Paulo: Casa do Psicólogo, 2000.

GUASCH, Oscar; VIÑUALES Olga (Eds.). *Sexualidades:* diversidad y control social. Barcelona: Ediciones Bellaterra, 2003.

GUATTARI, Félix; ROLNIK, Suely. *Micropolítica:* cartografias do desejo. Petrópolis: Vozes, 1986.

HABERMAS, Jürgen. *La modernité:* un projet inachevé. Paris: Minuit, 1981.

_____. *O discurso filosófico da modernidade.* Lisboa: Publicações Dom Quixote, 1990.

HALPERIN, David. *Que veulent les gays?* Essai sur le sexe, le risque et la subjectivité. Paris: Éditions Amsterdam, 2010.

_____. *San Foucault:* para uma hagiografia gay. Buenos Aires: Ediciones Literales, 2007.

HARAWAY, Donna. Gênero para um dicionário marxista: a política sexual de uma palavra. Campinas, *Cadernos Pagu,* 2004.

HEGEL, G. W. F. *Fenomenologia do espírito.* Petrópolis: Vozes, 1992.

HEIDEGGER, Martin. *Ser e tempo.* Petropólis: Vozes, 1988.

HEINER, Robert. *Social problems:* una introduction to critical constructionism. New York: Oxford Universty Press, 2006.

HELLER, Agnes. *O cotidiano e a história.* Rio de Janeiro: Paz e Terra, 1985.

HERCULANO-HOUZEL, Suzana. Preferência sexual não é opção. *Scientific American* — Mente e Cérebro. Disponível em: www2.uol.com.br/vivermente/artigos/preferencia_sexual_nao_e_opcao.html. Acesso em: 30 mar. 2013.

_____. Cérebro se acostuma a atos desonestos. Disponível em: http://www1.folha.uol.com.br/colunas/suzanaherculanohouzel/2016/12/1842878-cerebro-se-acostuma-a-atos-desonestos.shtml. Acesso em: 20 dez. 2016.

HÉRITIER, Françoise. *Masculin/Féminin:* la pensée de la différence. Paris: Odile Jacob, 1996.

_____. Femmes et pouvoir. *Libération,* 10 de abril de 2007, supplément, p. 6.

HRYSCHKO, Myroslav Feodosijeviè. A sofiologia de Bulgakov como filosofema: não-ontologia e ontogênese. *Trans/Form/Ação* [online]. 2010, v. 33, n. 1, p. 203-224.

JODELET, Denise (Org.). *Les représentations sociales.* Paris: PUF, 1994.

KOSIK, Karel. *Dialética do concreto.* Rio de Janeiro: Paz e Terra, 1976.

KROEBER, Alfred. *A natureza da cultura.* Lisboa: Edições 70, 1993.

KUHN, Thomas. *A estrutura das revoluções científicas.* São Paulo: Perspectiva, 1987.

KURZ, Robert. *Os últimos combates.* Petrópolis: Vozes, 1997.

LA BOÉTIE, Étienne. *Discurso da servidão voluntária*. São Paulo: Brasiliense, 1982.

LACAN, Jacques. Conférences et entretiens dans des universités nord-américaines: le symptome. Disponível em: http://aejcpp.free.fr/lacan/1975-12-01.htm

_____. *Escritos*. São Paulo: Perspectiva, 1992.

_____. *Nomes-do-Pai*. Rio de Janeiro: Jorge Zahar, 2005.

_____. *O seminário – libro 10:* a angústia. Rio de Janeiro: Jorge Zahar, 2005.

_____. *O seminário – livro 1*: os escritos técnicos de Freud. Rio de Janeiro: Jorge Zahar, 1986.

_____. *O seminário – livro 11:* os quatro conceitos fundamentais da psicanálise. Rio de Janeiro: Jorge Zahar, 1988.

_____. *O seminário – livro 2:* o eu na teoria de Freud e na técnica da psicanálise. Rio de Janeiro: Jorge Zahar, 1985.

_____. *O seminário – livro 23:* o sinthoma. Rio de Janeiro: Jorge Zahar, 2007.

_____. *O seminário – livro 3*: as psicoses. Rio de Janeiro: Jorge Zahar, 1988.

_____. *O seminário – livro 4:* a relação de objeto. Rio de Janeiro: Jorge Zahar, 1995, p. 224.

_____. *O seminário – livro 7:* a ética da psicanálise. Rio de Janeiro: Jorge Zahar, 1988.

_____. *R.S.I.*, p. 192, 196. Disponível em: http://gaogoa.free.fr/SeminaireS.htm.

LACROIX, Michel. *L'idéologie du new age*. Paris: Flammarion, 1996.

LAKATOS, Imre; MUSGRAVE, Alan (Org.). *A crítica e o desenvolvimento do conhecimento*. São Paulo: Cultrix, 1979.

LAQUEUR, Thomas. *Inventando o sexo:* corpo e gênero dos gregos a Freud. Rio de Janeiro: Relume-Dumará, 2001.

LATOUR, Bruno; WOOLGAR, Steve. *A vida de laboratório:* a produção dos fatos científicos. Rio de Janeiro: Relume-Dumará, 1997.

LEAKEY, Richard. *L'origine de l'humanité*. Paris: Hachette Littératures, 1997.

LEFORT, Claude. *As formas da história*. São Paulo: Brasiliense, 1979.

LÉVI-STRAUSS, Claude. *A oleira ciumenta*. São Paulo: Brasiliense, 1986.

_____. *Antropologia estrutural II*. Rio de Janeiro: Tempo Brasileiro, 1989.

LÉVI-STRAUSS, Claude. *Antropologia estrutural*. Rio de Janeiro: Tempo Brasileiro, 1989.

_____. *As estruturas elementares do parentesco*. Petrópolis: Vozes, 1982.

_____. *Le regard éloigné*. Paris: Plon, 1983.

_____. *O pensamento selvagem*. Campinas: Papirus, 1989.

_____. *Tristes trópicos*. Lisboa: Edições 70, 1986.

LÓPEZ PENEDO, Susana. *El laberinto queer*. Barcelona/Madrid: Egales Editorial, 2008.

LOURO, Guacira (Org.). *O corpo educado*. Belo Horizonte: Autêntica, 2000.

MAFFESOLI Michel. *Homo eroticus:* des communions émotionnelles. Paris: CNRS Éditions, 2012.

_____. *A conquista do presente*. Natal: Argos, 2001.

_____. *A sombra de Dionísio:* contribuição a uma sociologia da orgia. Rio de Janeiro: Graal, 1985.

_____. Homossociabilidade: da identidade às identificações. Natal, *Bagoas:* estudos gays – gêneros e sexualidades, 2007.

_____. *La part du diable:* précis de subversion postmoderne. Paris: Flammarion, 2002.

_____. *La transfiguration du politique*. Paris: Éditions Grasset & Fasquelle, 1992.

_____. *O instante eterno:* o retorno do trágico nas sociedades pós-modernas. São Paulo: Zouk, 2003.

_____. *O tempo das tribos:* o declínio do individualismo nas sociedades de massa. Rio de Janeiro: Forense-Universitária, 1987.

_____. *O tempo retorna:* formas elementares da pós-modernidade. Rio de Janeiro: Forense-Universitária, 2012.

_____. *Sobre o nomadismo:* vagabundagens pós-modernas. Rio de Janeiro/São Paulo: Record, 2001.

_____. Utopie et divin social. *Loxias*: Revue du Centre de Recherches Litteraires Pluridisciplinaires. Paris, 2002.

MALINOWSKY, Bronislaw. *Uma teoria científica da cultura*. Rio de Janeiro: Zahar Editores, 1962.

MANNHEIM, Karl. *Ideologia e utopia*. Rio de Janeiro: Zahar Editores, 1968.

MARTIN-BARÓ, Ignacio. Hacia una psicologia de la liberación. *Revista Electrónica de Intervención Psicosocial y Psicologia Comunitaria*. San Salvador: UCA, 2006.

MARX, Karl. *Contribuição à crítica da economia política*. São Paulo: Martins Fontes, 1977.

_____. Capítulo VI inédito de *O capital*. São Paulo: Moraes, 1985.

_____. *O capital*. v.1. São Paulo: Abril Cultural, 1983.

MARX, Karl e ENGELS, Friedrich. *A ideologia alemã*. São Paulo: Boitempo, 2007.

_____. *Cartas filosóficas e outros escritos*. São Paulo: Editorial Grijalbo, 1977.

MAUSS, Marcel. *Sociologie et anthropologie*. Paris: Presses Universitaires de France, 1997.

MAUSS, Marcel. *Sociologie et philosophie*. Paris: PUF, 1996.

MELLO, Marcella Tavares; GARCIA, Pedro; DeSOUSA FILHO, Alipio; FEIJÓ, João. *O que é ideologia?* Maputo: Editora Escolar, 2016 (Coleção Cadernos de Ciências Sociais, n. 19).

MOREIRA Virginia; SLOAN Tod. *Personalidade, ideologia e psicopatologia crítica*. São Paulo: Escuta, 2002.

MORIN, Edgar. *Para sair do século XX*. Rio de Janeiro: Nova Fronteira, 1986.

_____. A suportável realidade. Natal: *Cronos*, v. 2, 2001.

MOSCOVICI, Serge. *Psychologie sociale*. Paris: PUF, 2014.

NICHOLSON, Linda. Interpretando o gênero. Florianópolis: *Revista de Estudos Feministas*, 2000.

NICOLELIS, Miguel. *Muito além do nosso eu*. São Paulo: Companhia das Letras, 2011.

NIETZSCHE, F. *A vontade de poder*. Rio de Janeiro: Contraponto, 2008.

_____. *Genealogia da moral*. São Paulo: Companhia das Letras, 1998.

NOGUEIRA, Conceição. *Um novo olhar sobre as relações sociais de gênero:* feminismo e perspectivas críticas na psicologia social. Lisboa: Fundação Calouste Gulbenkian, 2000.

OSBORNE, Raquel. *La construcción sexual de la realidad.* Madrid: Ediciones Cátedra, 2002.

PAPERT, Seymour. *A máquina das crianças:* repensando a escola na era da informática. Porto Alegre: Artes Médicas, 1994.

PICQ, Pascal; COPPENS, Yves. *Aux Origines de l'humanité,* v. 2, Paris: Fayard, 2002.

PINKER, Steven. *El instinto del lenguaje.* Madrid: Alianza Editorial, 2009.

_____. *Tábula rasa:* a negação contemporânea da natureza humana. São Paulo: Companhia das Letras, 2004.

REICHHOLF, Josef. *O enigma da evolução do homem.* Lisboa: Instituto Piaget, 1997.

REVEL, Judith. *Foucault:* conceitos essenciais. São Carlos: Claraluz, 2005.

ROGNON, Frédéric. *Os primitivos, nossos contemporâneos.* Campinas: Papirus, 1991.

ROSENSTOCK-HUESSY, Eugene. *A origem da linguagem.* Rio de Janeiro: Record, 2002.

ROSSET, Clément. *Le réel et son double.* Paris: Gallimard, 1984.

ROUDINESCO, Elisabeth; PLON, Michel. *Dicionário de psicanálise.* Rio de Janeiro: Jorge Zahar, 1998.

ROUDINESCO, Elisabeth. *Por que a psicanálise?* Rio de Janeiro: Jorge Zahar, 2000.

ROUSSEAU, Jean-Jacques. *Discurso sobre a seguinte questão, proposta pela Academia de Dijon: qual é a origem da desigualdade entre os homens, e é ela autorizada pela lei natural?* São Paulo: Abril Cultural, 1978 (Os pensadores).

RUBIN, Gayle. Thinking sex: notes for a radical theory of the politics of sexuality. In: NARDI, P.; SCHNEIDER B. *Social perspectives in lesbian and gay studies.* London/New York: Routledge, 1998.

SACKS, Oliver. *Sempre em movimento:* uma vida. São Paulo: Companhia das Letras, 2015.

SAGAN, Carl. *O mundo assombrado pelos demônios:* a ciência vista como uma vela no escuro. São Paulo: Companhia das Letras, 1996.

SAHLINS, Marshall. *Critique de la sociobiologie.* Paris: Gallimard, 1980.

SANTOS, M. Helena Varela; LUCAS, Antonio M. Rollo. *Antropologia:* paisagens, sábios e selvagens. Porto: Porto Editora, 1982.

SARTRE, Jean-Paul. *O existencialismo é um humanismo*. Lisboa: Editorial Presença, 1970.

_____. *O ser e o nada:* Petrópolis: Vozes, 2007.

SAUSSURE, Ferdinand de. *Curso de linguística geral.* São Paulo: Cultrix, 1995.

SENUT, B. M. et al. First hominid from the Miocene (Lukeino Formation, Kenya). Comptes Rendus de l'Académie de Sciences de la Terre et des planètes. Éditions scientifiques et médicales, v. 332, 137-144, Paris, 2001.

SHERMER, Michael. *Cérebro & crença:* de fantasmas e deuses à política e às conspirações — como nosso cérebro constrói nossas crenças e as transforma em verdades. São Paulo: JSN Editora, 2012.

SINGER, Peter. *Libertação animal.* São Paulo: Martins Fontes, 2013.

TIN, Louis-George. *L'invention de la culture hétérosexuelle.* Paris: Éditions Autrement, 2008.

TOURAINE, Alain. *Um novo paradigma:* para compreender o mundo de hoje. Petrópolis: Vozes, 2007.

TUDGE, Colin. *O elo:* a incrível descoberta do ancestral mais antigo do ser humano. São Paulo: Agir, 2010.

VEYNE, Paul. *Foucault:* sa pensée, sa personne. Paris: Albin Michel, 2008.

WILLIAMS, Raymond. *Marxismo y literatura.* Barcelona: Ediciones Península, 2000.

WINSTON, Robert. *Instinto humano:* como os nossos impulsos primitivos moldaram o que somos hoje. São Paulo: Globo, 2006.

WRIGHT, Robert. *O animal moral:* porque somos como somos — a nova ciência da psicologia evolucionista. Rio de Janeiro: Campus, 1996.

ZIZEK, Slavoj. *Um mapa da ideologia.* Rio de Janeiro: Contraponto, 1996.

_____. *O mais sublime dos histéricos:* Hegel com Lacan. Rio de Janeiro: Jorge Zahar, 1991.

_____. *Eles não sabem o que fazem:* o sublime objeto da ideologia. Rio de Janeiro: Jorge Zahar, 1992.

GRÁFICA PAYM
Tel. [11] 4392-3344
paym@graficapaym.com.br